한국형 시장경제체제

한국형 시장경제체제

초판 1쇄 발행 2014년 12월 10일
초판 5쇄 발행 2021년 2월 10일

엮은이 이영훈
펴낸이 오세정
펴낸곳 서울대학교출판문화원

출판등록 제15-3호

주소 08826 서울 관악구 관악로 1
대표전화 02-880-5252 | **팩스** 02-889-0785
도서주문 02-889-4424, 02-880-7995
이메일 snubook@snu.ac.kr
홈페이지 www.snupress.com

ISBN 978-89-521-1655-0 93320

한국형 시장경제체제

The Korean Market Economy System

이영훈 엮음

서울대학교출판문화원

The Korean Market Economy System

Edited by Young Hoon Rhee

Seoul National University Press

머리말

시장경제체제는 나라마다 상이한 얼굴을 갖는다. 영국과 미국의 시장경제와 독일과 일본의 시장경제는 기업과 노동자의 관계, 기업 자금을 공급하는 금융시장의 형태, 기술혁신의 비교우위 경로 등, 여러 면에서 다르다. 이에 관해서는 국제적으로 잘 알려진 자본주의 다양성 논쟁이 있다. 한국의 시장경제도 그 나름의 얼굴을 가질 것이다. 한국의 시장경제는 어떠한 유형일까. 서구의 많은 경제학자는 한국경제는 일본형에 속한다고 이야기하고 있다. 서로 인접한 국가일 뿐 아니라, 정부가 재정과 금융을 수단으로 하여 경제에 개입하고 발전을 촉진한 점이 공통되기 때문이다. 그렇지만 한국과 일본의 경제는 많이 다르다. 양국의 경제학자로서 두 경제체제가 닮았다고 이야기하는 사람은 별로 없다. 한국경제가 미국형으로 닮아가고 있다는 주장도 있다. 그렇지만 그 역시 정답은 아닌 것 같다.

한국경제는 저성장의 기조에 들어섰다. 기업이 활발하게 성장하고 증권시장에서 대박을 터뜨리는 소식이 끊어졌다. 기업은 투자를 하지 않고, 대기업의 수는 줄고 있다. 늘어나는 것이라곤 영세한 중소기업과 소상공인 밖에 없다. 대학을 졸업한 청년들이 마땅한 일자리를 찾지 못하고 있다. 한국경제의 이 같은 침체 분위기는 경기변동이나 경제정책의 탓만은 아니다. 무언가 한국경제의 시스템에 구조적으로 어려움이 발생했다는 느낌이다. 그래서 더욱 한국의 시장경제체제는 어떠한 유형인가, 국제적 비교에서 어떠한 특질을 갖는가라는 의문을 갖게 되는 것이다.

이 같은 의문에 한국의 경제학계가 공동으로 해답을 모색한 적은 없었다. 몇몇 경제학자가 자신의 전공 분야에 국한하여 의견을 개진하였다. 사회학계도 활발한 관심을 보이긴 했지만, 전문적이지 못하였다. 이 같은 문제의식에서 2012년 여름 서울대학교 경제연구소는 한국개발연구원과 삼성경제연구소에 '한국형 시장경제체제의 모색'이라는 과제의 공동연구를 제안하였다. 두 연구기관은 기꺼이 동의하면서 연구비를 분담해주었다. 이후 서울대학교 경제연구소 주도로 13명의 연구진이 구성되었다. 연구진은 문제의식을 공유하고 연구과제를 조정하기 위한 두 차례 워크숍을 가졌다. 연구진은 중간보고회로서 2013년 2월에는 서울대학교 호암교수회관에서, 같은 해 7월에는 프레스센터에서 심포지엄을 가졌다. 두 차례의 심포지엄에서는 삼성경제연구소의 협조로 많은 전문가가 참석하여 활발한 토론을 벌였다.

이 책은 이 같은 과정을 거쳐 모인 10편의 연구논문에다 당시 서울대학교 경제연구소 소장이었던 필자가 총론을 붙인 것이다. 자본주의 다양성 논쟁은 세계 각국의 시장경제체제를 미국이 대표하는 자유시장경제, 독일이 대표하는 조정시장경제, 프랑스가 대표하는 국가주의 시장경제, 이탈리아가 대표하는 보상국가 시장경제의 네 유형으로 구분하고 있다. 네 유형의 시장경제는 세계화의 물결에서 서로 수렴하고 융합하지만, 사회와 문화의 전통에 규정되어 제 나름의 유형을 고수한다.

이 책이 도달한 잠정적 결론은 한국경제는 국가주의 시장경제라는 점이다. 시장경제의 역사가 길지 않은 가운데, 건국 초기부터 지금까지 국가는 일관되게 경제에 깊숙이 개입하고 통제해왔다. 그러한 경향은 고도성장의 결과로 정부로부터 상대적으로 독립적인 기업과 기업집단의 발전에도 불구하고 약화되지 않았다. 오히려 저성장의 시대를 맞아 사회와 시장의 불균형이 심화하면서 정부의 규제는 더욱 치밀한 생태계로 발전하였다. 오늘날 한국경제는 세계의 주요 국가 가운데 정부 규제가 가장 심한 그룹에 속한다.

이 책에 그 나름의 창의적인 기여가 있다면, 한국경제의 국가주의적 특질이 규제를 선호하는 정부에만 그 책임이 있지 않음을 지적하고 있다는 점이다. 다시 말해 정부 규제를 요청하는 사회와 문화에 배태하는 역사적인 요인에 주목할 필요가 있다. 이 책에 실린 몇 편의 글은 한국사회가 제반 제도와 가치의 정합성이 떨어지는 저신뢰와 고갈등의 사회이며, 그 역사적 연원은 우리가 통상 생각해온 것보다 훨씬 깊다는 사실을 지적하고 있다. 이 책이 한국경제의 선진화를 위해 던지는 시사는 정부 규제나 경제정책만이 아니라 사회와 문화를 선진화하기 위한 국민적 관심과 꾸준한 노력이 무엇보다 절실하다는 점이다.

책의 출간에 임하여 필자의 제안에 선뜻 동의하고 연구비를 분담해주신 한국개발연구원의 현오석 원장과 후임 김준경 원장, 삼성경제연구소의 정기영 소장과 민승규 전무에게 깊은 감사의 인사를 표해 올린다. 그분들의 협조가 없었더라면 이 공동연구는 발족하기 어려웠을 것이다. 또한 서울대학교 경제학부의 학부장과 동료 교수들에게도 감사의 인사를 드린다. 홍기현 학부장은 필자의 제안에 경제학부 학술기금에서 전체 연구비의 절반을 부담해주셨다. 필자의 뒤를 이어 서울대학교 경제연구소의 책임을 맡은 이근 소장에게도 감사의 인사를 드린다. 이근 교수는 국가혁신체제에 관해 국제적으로 널리 알려진 그의 책을 소개하는 형태로 이 공동연구에 참가하였다. 두 차례의 워크숍과 두 차례의 심포지엄을 준비하느라 실무적으로 노고가 컸던 경제연구소의 이의동 행정실장과 양선경 직원에게도 감사의 뜻을 전한다. 무엇보다 큰 감사의 대상은 공동연구에 참가하고 이 책에 글을 제출해주신 연구자들이다. 그들의 글은 하나하나 한국경제의 실태를 이해하는 데 소중한 학술적 가치를 지니고 있다. 필자의 성가신 요구와 독촉에도 여러분이 기꺼운 성의로 협조해주셨다. 이 책이 한국경제가 걸어갈 선진화의 여정에 하나의 이정표로 남을 수 있다면, 그것이야말로 공동연구의 큰 보람일 터이다.

2014년 10월 31일
공동연구를 대표하여
이영훈 드림

차례

제7장 한국 고령노동시장 성격에 관한 비교사적 접근 이철희

제8장 한국의 소득분배: 장기추이와 국제 비교 김낙년

제9장 한국 사회갈등의 진단과 통합 촉진 자원으로서 신뢰 김선빈

표차례

그림 차례

제1장

총론:

한국형 시장경제체제를 찾아서

이영훈
(전 서울대학교 경제학부 교수)

I. 한국 시장경제의 양상

오늘날 한국의 시장경제는 어떠한 특질을 지니는가. 다른 나라와 비교할 때 어떠한 개성적 유형을 이루고 있는가. 주지하듯이 한국경제는 1997년 외환위기 이후 저성장 기조에 접어들었다. 한국경제의 연간 잠재성장률은 3~4%로 추정되며, 최근 몇 년간의 실제성장률은 2% 전후로 떨어져 있다. 한국경제가 다시 순조로운 경제성장의 길을 회복하기 위해서는 무언가 이미 제 나름의 유형으로 성립해 있다고 믿어지는 경제체제를 개선하고 선진화할 필요가 있다. 현실의 경제체제는 기업의 투자를 가로막고, 혁신을 저해하고, 소득·계층의 양극화를 가져오고, 사회적 갈등을 증폭시키는 요인을 안고 있다. 우리가 한국 시장경제의 유형을 묻는 것은 이 같은 실천적 문제의식에서다.

그에 대답하기 위해 한국의 시장경제가 노정하고 있는 몇 가지 잘 알려진 특질을 논리적 순서를 의식하지 않고 편하게 열거해본다. 첫째, 한국경제는 고도로 개방적인 체제이다. 2011년 한국의 GDP는 1조 1,145억 달러로 세계 제15위 규모이다. 같은 해 한국의 수출입 무역은 1조 880억 달러로 GDP와 비교하여 96.6%나 되는 큰 비중이다. 이 같은 높은 수준의 무역의존도는 OECD 국가 중 제2위이다. 제1위는 네덜란드로 149.1%이다. 같은 해 네덜란드의 GDP는 8,320억 달러로 한국 다음의 세계 제16위이다(World Bank). 이처럼 한국경제는 세계경제에서 네덜란드와 비슷한 지위에 있으면서 네덜란드와 함께 높은 수준의 개방체제를 영위하고 있다.

한국경제가 고도의 개방성을 특징으로 하게 된 것은 1960년대 이래 수출산업을 개발하고 그것을 성장의 동력으로 삼아왔기 때문이다. 드넓은 세계시장에서 한국경제는 자신의 몫을 급속히 팽창시켰으며, 한국경제가 고도성장을 이룩한 것은 그러한 수출주도형 성장전략 덕분이었다. 그런데 그 같은 성장전략은 한국경제의 체질을 깊숙하게 규정하였다. 한국의 수출산업은 세계시장에서 경쟁력을 확보하기 위해 끊임없이 기존의 노동집약적 수출상품을 자본집약적, 기술집약적 상품으로 대체해왔다. 그 과정에서 한국의 산업구조 역시 자본집약적, 기술집약적으로 고도화해왔으며, 그 결과 국가경제의 자립성도 점차 제고되었다.

그렇지만 한국경제는 수출산업의 핵심 소재, 부품, 장비를 수입에 의존해야 하는 이른바 조립형 공업화의 특질을 끝내 불식하지 못하였다(핫토리 2007: 95-113). 공업화의 역사가 짧고, 과학·기술의 수준이 낮고, 국내시장이 협소하다는 원초적 제약조건이 너무 컸기 때문이다. 수출산업이 고도화할수록 핵심 소재, 부품, 장비의 해외의존도는 점점 커졌다. 그것들은 주로 일본에서 수입되었다. 한국경제의 고도성장은 성장의 주요 애로를 인접국 일본에서의 손쉬운 공급으로 해결할 수 있었다는 지경학적(地經學的, geo-economic) 요인에 의존한 바가 컸다.

둘째, 소수 대기업이나 대기업집단이 기술혁신과 국가경쟁력의 중심을 이루고 있다. 보통 재벌로 불리는 대기업집단은 혈연을 매개로 한 소수 특정인이 비관련 부문에 종사하는, 형식적으로는 독립적인, 다수 대기업을 사실상 소유, 지배하는 선단식(船團式) 경영을 말한다. 대기업집단의 본격적 출현은 1970년대의 중화학공업화부터였다. 2011년 공정거래위원회가 지정한 대기업집단은 63개이며, 그에 소속된 기업은 1,831개에 달한다. 2012년 한국의 상위 200개 대기업 가운데 171개가 이들

63개 대기업집단에 속해 있다.

대기업집단이 국가경제에서 차지하는 비중과 추세에 관해서는 다른 해석이 대립하고 있다(황인학·최원락 2013; 위평량 2014). 황인학과 최원락에 따르면 2011년 30대 대기업집단에 속한, 금융업과 비외감기업(非外監企業)을 제외한, 기업들의 자산 총계는 금융업, 정부, 개인 소유의 자산을 제외한 전체 비금융 법인자산의 39.3%를 차지하고 있다. 30대 대기업집단의 매출도 마찬가지 비교에서 38.9%의 큰 비중을 점하고 있다. 대기업집단의 이 같은 경제력 집중이 통설적으로 이해되고 있듯이 국제적으로 비정상적으로 높은 수준인지는 재검토할 여지가 있다(황인학·최원락 2013: 9-10).

어쨌든 대기업집단은 전체 국가경제에서 큰 비중을 점하는 가운데 국가경쟁력의 중핵을 이루고 있다. 예컨대 한국 기업이 미국에서 취득한 특허는 1981년 17개에서 2010년 11,671개로 급증하였으며, 그 결과 2010년 한국은 미국 특허에서 미국, 일본, 독일 다음의 세계 제4위의 기술 강국이 되었다. 그런데 그 미국 특허의 거의 60%는 최대 5대 기업에 의해 출원된 것들이다(Lee 2013: 52, 196). 2008년 『포춘』지가 선정한 세계 500대 기업 가운데 15개가 한국의 대기업이다. 대기업의 발전에 관한 한, 한국은 상당한 정도로 선진국 수준에 근접해 있다.

셋째, 이 같은 대기업이나 대기업집단의 아래층에 혁신 역량이 없는, 생계형의, 영세소기업 집단이 방대하게 분포해 있다. 통계청의 전국사업체조사에 따르면 2011년 전국의 제조업 사업체 수는 총 34만 909개인데, 그 가운데 종업원 1~9명의, 공식적으로는 소상공인으로 불리는, 영세소기업이 27만 7,877개로 81.5%의 큰 비중을 점하고 있다. 이는 같은 규모의 영세소기업이 영국에서 75.4%, 일본에서 69.7%, 독일에서 60.5%, 미국에서 49.3%임에 비해 크게 높은 편이다. 종업원 수를 기준으로 해서도 마찬가지다. 예컨대 1~9명 영세소기업의 종업원 비중은 한국이 23.9%인 데 비해, 영국은 11.3%, 일본은 13.8%, 독일은 5.0%, 미국은 4.7%이다. 발전 수준이 비슷한 타이완과의 비교에서도 한국의 영세소기업은 과밀한 편이다(조덕희 2013: 35-52).

그뿐만 아니라 영세소기업의 수나 비중은 1990년대 초부터 지금까지 지속해서 증가해온 추세였다. 아마도 이 점은 앞으로 우리가 주목해야 할 한국형 시장경제체제의 가장 두드러진 특징에 해당할 것이다. 예컨대 종업원 5~9명의 영세소기업 수의 비중은, 해마다 증감의 진폭은 있지만, 1994년 43.9%에서 2009년 50.5%로 증가해왔다. 그 결과 2011년 현재 한국 기업군의 규모별 분포에서 영세소기업으로 편중된 정도는 국제적으로 이상치(異狀値, outlier)라고 할 정도로 높은 수준이다. 나아가 이들 영세소기업은 발전성을 결여하여 차상위 구간으로 올라가기보다 그 자리에서 정체하는 경우가 일반적인 것으로 지적되고 있다(조덕희 2013: 80-90).

제조업을 넘어 전 산업을 보면 영세소기업으로 편중 정도는 더욱 심하다. 2011년 전국의 사업체는 총 347만 34개이다. 그 가운데 종업원 1~9명의 소상공인의 수가 319만 6,335개로 92.1%의 절대적 비중을 점하고 있다(통계청). 이는 앞서 소개한 제조업에서의 소상공인 비중을 10% 포인트나 능가하는 수치다. 다시 말해 전 산업 가운데 비제조업, 그 대부분인 서비스업에서 이른바 자영업으로 불리는 소상공인의 군락이 제조업에서보다 크게 형성되어 있다. 자영업의 업종 구성을 보면, 절반 이상이 도매 및 소매업, 운수업, 숙박 및 음식점업, 부동산업 및 임대업, 수리 및 개인서비스 등과 같은 전통 서비스업이다. 사회계층으로는 구중산층에 속하는 이들 전통 서비스업은 한국경제의 고도성장에도 불구하고 자본-임노동 관계로 분해되지 않았으며, 양적으로는 오히려 증가해왔다(핫또리 2007: 173-174). 고도성장 과정에서 농촌에서 도시로의 인구 이동이 워낙 급하였기 때문이다. 그 결과 오늘날 한국경제는 동일 소득 수준의 다른 나라에 비해 그 역시 이상치라고 해도 좋을 정도로 큰 비중의 영세 자영업을 포용하고 있다. 예컨대 2010년 자영업 취업자의 비중은 28.8%로 미국 7.0%, 독일 11.6%에 비해 크게 높을 뿐 아니라, OECD 국가 가운데 터키(39.1%), 그리스(35.5%), 멕시코(34.3%) 다음으로 높은 수준이다(조선일보 2012. 12. 4.).

넷째로 지적할 수 있는 한국경제의 특질은 노동시장이 전반적으로 불안정하고 불균형이 심하다는 사실이다. 노동시장의 질을 대변하는 여러 지표에서 한국은 OECD 국가에서 최고 아니면 최저의 극단을 보이고 있다. 예컨대 종업원의 평균 근속연수는 2009년 정규직의 경우 평균 6.2년인데, 이는 OECD 국가 가운데 가장 짧은 편이다. 비정규직이나 기간제의 근속연수는 2년이 채 되지 않는다. 나아가 전체 피용자 가운데 1년 미만 근속자의 비율이 무려 36.2%나 되어 OECD 국가 가운데 단연 최고이다. 반면 10년 이상 장기근속자의 비중은 16.9%로 OECD 국가 가운데 최하이다(황덕순 2011: 309).

특정 시점에서 측정한 근속연수는 단기간의 취업과 실업을 반복하는 불안정 고용의 실태를 충분히 반영할 수 없다. 이를 포착하기 위해 경제활동인구조사를 패널로 연결하여 분석한 결과, 2006년에 취업을 경험한 사람 가운데 같은 직장에 1년 이상 취업을 한 집단은 53.7%에 불과한 것으로 확인되었다. 이는 임금노동자 가운데 절반 남짓만이 1년 내내 같은 직장에서 일하고 있음을 보여주는 것이다. 한국에서 고용의 질이 얼마나 열악한지는 임금 수준에서도 잘 나타나 있다. 2009년 저임금 노동자의 비율은 25.7%로 OECD 국가 가운데 가장 높다. 성별 임금의 격차는 평균 39%로 OECD 국가 가운데 단연 1위다(황덕순 2011: 310-311).

한국 노동시장의 사정이 이렇게 열악한 것은 앞서 지적한 대로 제조업을 포함한 전 산업에서 영세사업체가 너무나 많다는 현상과 밀접한 연관을 지닌다. 다시 한번 2011년 전국사업체조사를 보면, 총 347만여 사업체 가운데 종업원 1~9명의 소상공인과 10~49명의 소기업이 사업체 총수의 98.8%, 종업원 총수의 64.8%를 차지하고 있다(통계청). 여기가 비정규직과 저임금의 온상이다. 예컨대 같은 해 비정규직의 비중은 종업원 1~4명의 사업체에서 82.5%, 종업원 5~9명에서 63.0%에 달하는 반면, 종업원 300명 이상의 대기업에서는 16.5%에 지나지 않는다. 대기업의 노동자는 대개 정규직 노동자로서 근속연수가 10년 이상에 달하는 반면, 영세소기업의 노동자는 거의 비정규직으로 근속연수가 1년에 미치지 못하는 경우가 태반이다. 대기업과 영세소기업은 임금 수준에서도 현격한 격차를 보이고 있다. 2009년 종업원 300명 이상 대기업의 시간당 임금을 100으로 할 때 종업원 30~99명은 51.2, 10~29명은 48.7, 5~9명은 46.0에 불과하다(황인학·최원락 2013: 58-65).

대기업과 중소기업 간에 고용의 질이 이처럼 현격한 차를 보이는 것은 생산성에서 커다란 격차가 있기 때문이다. 2009년 종업원 300명 이상 대기업과 종업원 10명 이상 중소기업의 1인당 부가가치의 격차는 3.19배이다. 이는 국제적 비교에서도 심한 편이다. 예컨대 2007년 EU 15개국에서 대기업과 중소기업의 1인당 부가가치의 격차는 평균 1.68배이다(신기동 외 2012: 3). 1960년대 이래 한국의 소수 대기업은 기술혁신을 통해 선진국 대기업의 OEM 지배를 벗어나 OBM을 확보하고 방어하는 데 성공하였다. 그렇지만 대다수 중소기업은 그러한 기술혁신의 수행과 추격경로의 개척에 성공하지 못하고 저생산성의 단순조립공정에 고착되어 있다. 이 같은 대기업과 중소기업 간의 큰 격차와 분업적 연관의 결여는 전술한 대로 한국의 고도성장이 기본적으로 조립형 공업화의 경로를 따랐음과 무관하지 않을 터이다. 예컨대 추격에 성공한 대기업의 기술혁신이라 해도 핵심 소재, 부품, 장비는 수입에 의존하는 첨단조립의 형태였으며, 그러했던 한 국내 중소기업과의 분업적 연관은 희박할 수밖에 없었던 것이다.

요컨대 한국의 노동시장은 대기업과 중소기업 간의 큰 격차를 내포하는 분절구조 내지 이중구조를 특징으로 하고 있다. 대기업의 노동자는 고임금의 정규직으로서 잘 조직된 노동조합의 보호를 받고 있다. 반면에 중소기업의 노동자는 저임금의 비정규직으로서 조직되어 있지 않다. 노동조합 조직률은 1989년에 19.8%의 정점을 찍은 뒤 2005년 10.3%까지 지속해서 하락하였다. 조합원 수 역시 1989년 193만 명을 정점으로 한 뒤 2005년까지 150만여 명으로 감소하였다. 노동조합 조직이 고용량의 증가를 따라잡지 못했을 뿐 아니라 기존 조직마저 온전하게 유지하지 못하였던 것이다(조성재 외 2008: 97-98). 한국의 노동조합 조직률은 터키, 프랑스, 에스토니아, 미국과 함께 OECD 국가 가운데 가장 낮은 편에 속한다(황덕순 2011: 316).

다섯째, 역시 노동시장의 문제로 수급(需給)의 불균형이 심하다는 사실이다. 2006년 한국에서 15~64세의 고용률은 64%로 OECD 평균 66%보다 낮다. 특히 24세 이하 청년층의 고용률이 미국, 영국, 독일, 일본보다 14~30% 포인트나 낮음이 특징적이다. 이는 청년층 생산가능 인구의 절반 이상이 비경제활동인구로서 통학 중이거나 취업시험 준비를 하기 때문이다. 2007년 청년층 비경제활동인구 532만 명 가운데 419만 명이 통학 중이며, 나머지 가운데 53만 명이 각종 공무원, 전문직, 기업체, 언론사, 교원 등이 되기 위한 고시나 취업시험을 준비하고 있는 이른바 공시족(公試族)이다(박덕제 2007: 33-35).

반면 중소기업은 인력난에 시달리고 있다. 2006년 전체 사업장의 인력부족률은 2.7%인데, 10~29명의 소규모 사업장에서는 3.2%로 더 높고, 직종에 따라서는 7.2%에 달하기도 한다. 부족한 인력의 상당 부분은 외국인 근로자로 충당되고 있다. 2007년 외국인 근로자는 전체 취업자의 1.8%를 차지하며, 그들 대부분은 소위 3D 업종의 영세 사업장에 종사하고 있다. 비숙련공뿐 아니라 숙련공도 점점 부족해지고 있다. 이는 기존의 인력이 고령화하는 가운데 고학력자의 제조업 기피로 숙련과 지식을 갖춘 인력의 공급이 줄어들기 때문이다. 2005년 제조업 6개 산업에 종사하는 근로자의 평균연령과 근속연수는 1차 금속은 40.1세에 9.8년, 기계운송장비 제조업은 39.3세에 11.0년이다. 젊은 기능공의 충원이 제대로 되지 않기 때문에 나타나는 이 같은 기능 인력의 고령화 현상은 장차 이들이 퇴직할 때 산업 현장에서 숙련이 제대로 전수되지 않을 문제를 예고하고 있다(박덕제 2007: 37-40).

이 같은 인력 수급의 불균형은 1990년대 이후에 지속된 교육정책의 혼란에 그 원인이 있다. 잘 알려진 대로 한국의 대학 진학률은 세계에서 가장 높아서 한때 80%를 초과하였다. 그렇지만 이들 고등교육의 이수자들이 자기 전공 분야에서 직장을 구하는 비율은 그리 높지 않다. 2004년도 노동패널조사를 이용한 분석에 따르면 전문대졸 취업자의 63%, 4년제 대졸 취업자의 58%가 전공과 무관한 일을 하고 있다. 또한 정규직의 67%, 비정규직의 77%가 자신의 교육 수준보다 낮은 곳에 하향 취업했다고 응답하였다. 노동·교육시장에서의 이 같은 불균형으로 근로자의 숙련도는 전반적으로 낮은 편이다. 숙련과 비숙련의 골도 대개 3~4년의 근속으로 메워질 만큼 그리 깊지 않다. 대부분의 기업은 근로자의 숙련에 투자를 하고 있지 않으며, 필요한 숙련을 외부노동시장을 통해 구하고 있다. 소수 대기업만이 근로자들에게 기업특수적 숙련의 경로를 제공하고 있을 뿐이다. 그로 인해 한국 근로자의 1인당 노동생산성은 국제적으로 낮은 수준이다. 예컨대 전 산업 근로자의 1인당 생산성은 미국의 약 60%이다. 서비스업의 생산성 격차는 더욱 두드러져 수송·통신은 50%, 도·소매업과 숙박·음식업은 25%에 불과하다(박덕제 2007: 41).

여섯째는 금융시장의 실태와 동향이다. 잘 알려진 대로 한국의 금융시장은 은행이 기업에 신용을 제공하는 간접금융 또는 관계금융이 그 원형을 이루었다. 1961년 박정희 군사정부는 전 은행을 국유화하고, 개발정책이 정한 우선순위에 따라 금융을 분배하였다. 이 같은 정책금융이 1970~1980년대에 걸쳐 전체 은행신용의 거의 70%를 점하였다. 정책금융은 1990년대 이후 금융시장이 자율화함에 따라 급속하게 감소하였다. 한국의 금융시장은 1997년 말의 외환위기를 경과하면서 주식과 회사채의 발행으로 기업자금을 공급하는 자본시장으로 그 중심을 이동시켰다. 2001년 예금은행 총자산 대비 주식시장 시가총액의 비율로 보아 한국은 국제적으로 미국, 영국, 캐나다, 오스트레일리아와 같은 직접금융 그룹에 속한다(조성재 외 2007: 61).

이처럼 1990년대 이후 간접금융의 비중과 역할이 줄어든 것은 사실이지만, 그럼에도 전체 금융시장에서 간접금융의 은행시장은 직접금융의 자본시장과 경쟁하면서 또는 상호보완적으로 순기능을 하는 것으로 분석되고 있다. 은행을 통한 관계금융은 기업을 선별하고 통제하는 능력을 키우는 가운데 기업의 가치를 높이는 역할을 하고 있으며, 그 점에서 자본시장이 은행시장보다 반드시 우월하다고 단정할 수 없는 실정이다(김동환 2012). 나아가 은행의 주식·회사채 인수와 은행 금융자산의 유동화를 통한 두 시장의 융합이 그에 따른 위기관리의 문제점에도 불구하고 조금씩 진전하고 있는 실정이다. 이처럼 한국 금융시장의 비교적 특질은 다른 상품시장이나 노동시장만큼이나 뚜렷하지 않다. 그런 가운데 고도성장을 주도한 정책금융은 그 비중이 많이 낮아지긴 했지만 나름의 순기능과 함께 여전히 다른 선진국에 비해 큰 것으로 지적되고 있다(손상호 2013).

이상, 한국의 경제체제가 안고 있는 몇 가지 특징을 그 현상을 소개하는 수준에서 열거해보았다. 이것들은 서로 밀접히 연관된 가운데 하나의 복합 구조를 이루고 있다. 그 구조를 두고 한국형 시장경제체제라 해도 좋겠는데, 그것의 기본 원리와 역사적 전개과정에 관해 참고할 만한 종합적인 연구는 쉽게 찾아지지 않는다. 여기서 낮은 수준의 종합을 시도하는 것은 그리 어렵지 않다. 예컨대 수출주도형 고도성장은 성장의 주요 애로를 손쉬운 수입으로 해소하는 조립형 공업화의 경로를 따랐으며, 그러했던 한 독자의 숙련, 기능, 기술을 축적하기 위한 기업 간 분업이나 기업 내부 노동시장의 성숙에는 한계가 있을 수밖에 없었다. 조립형 공업화는 커다란 성과를 거두었지만, 동시에 적지 않은 비용을 지불하였다. 그 비용은 고도성장이 지속되었던 한 성장의 과실로 넉넉하게 상쇄될 수 있었지만, 저성장의 시대를 맞아서는 부문 간 불균형과 격차를 심화하는 부작용으로 가시화하였다.

그 당연한 귀결로서 불균형과 격차를 해소한다는 명분으로 정부의 각종 규제가 강화됐다. 이 점이 일곱째로 지적될 수 있는 한국 시장경제의 특징이다. 전경련의 발표에 따르면 행정규제기본법에 따라 정부에 등록된 규제는 2000년 6,912개에서 2013년 6월 1만 5,007개로 지속적으로 증가해왔다(전국경제인연합회 2013). 2014년 OECD가 작성한 상품시장규제(Product Market Regulation) 지표에서 한국은 2013년 조사대상 OECD 국가 가운데 네 번째로 높은 규제 수준을 보이고 있다. 한국보다 규제 수준이 높은 나라는 터키, 이스라엘, 멕시코 세 나라이다. 한국 다음은 슬로베니아, 그리스, 폴란드 순이다. OECD가 조사한 비회원국으로서 규제가 가장 강한 나라는 중국, 브라질, 러시아, 남아프리카공화국이다(기획재정부 2014). 크게 보아 한국은 이들 10개 국가와 경제체제의 질을 같이하고 있다. 그것을 한마디로 줄이면 국가주의라고 할 수 있다. 다음에 소개할 자본주의 다양성에 관한 이론과 논쟁은 국가주의 시장경제를 시장경제체제의 한 유형으로 자리매김하고 있다.

II. 자본주의 다양성 이론

2001년 홀과 소스키스는 자본주의의 다양성(Varieties of Capitalism, 이하 VoC로 약칭)에 관해 여러 명이 참가한 공동 연구서를 출간하였다(Hall and Soskice 2001). 이후 지금까지 그들의 주장을 검증하는 이론적, 경험적 연구가 적지 않게 이루어지고, 그에 따라 국제적으로 생산적인 논쟁이 유발되었다. 2009년에는 항케가 홀과 소스키스의 주장에 동조하면서 그것을 보완하거나 발전시킨 주요 논문을 모아 단행본으로 출간하였다(Hancké 2009). 홀과 소스키스가 일으킨 VoC 논쟁은 한국의 자본주의 또는 시장경제체제가 지닌 유형적 특질을 고찰하는 데 유익한 준거를 제공하고 있다.

홀과 소스키스는 종전의 비교자본주의론 또는 비교경제체제론과 달리 기업의 전략적 행동을 비교의 준거로 중시하고 있다. 자본주의 시장경제에서 기업이야말로 가장 중요한 행위자이다. 기업은 안으로는 주주, 종업원, 노동조합과 밖으로는 부품·원료의 공급자, 경쟁기업, 소비자, 협회, 정부 등과 지속적으로 관계를 맺는다. 기업의 본질은 관계적이다. 이 모든 관계에는 정보의 불충분성과 비대칭성에 기인하는 계약의 불완전성, 도덕적 해이, 배신, 꾀부림 등의 위험이 도사리고 있다. 기업은 성공하기 위해서 이 모든 위험을 훌륭하게 조정하지 않으면 안 된다.

기업이 조정에 성공해야 할 주요 관계는 다섯 가지다. 첫째, 노동자 또는 노동조합과 임금을 비롯한 근로조건에 관한 협상이다. 이 협상에서는 노동생산성의 수준, 실업률과 인플레이션율과 같은 거시경제의 동향이 제약조건을 이룬다. 둘째, 기업에 필요한 숙련노동을 확보하기 위한 직업훈련의 문제이다. 훈련의 주체로는 기업, 협회, 대학, 노동자 자신을 들 수 있는데, 주체에 따라 훈련의 내용도 달라진다. 기업과 협회가 훈련의 주체라면 숙련은 기업특수적 또는 산업특수적이 된다. 반면, 대학이 주체라면 어느 기업과 산업에도 적응할 수 있는 범용적 숙련이 교육된다. 셋째, 기업 자금을 안정적으로 확보하기 위한 금융시장과의 관계이다. 기업 자금은 크게 보아 은행과 개인 투자자의 두 경로로 공급된다. 어느 쪽인가에 따라 서로 신뢰, 감시하는 원리와 제도가 달라진다. 넷째, 기업 간 관계의 문제이다. 원료와 부품의 공급자, 제품의 판매자, 기술의 제공자, 나아가 제품과 기술의 표준을 설정하는 기관과의 관계는 새로운 기술과 제품을 개발하고 전파하는 데 중요한 역할을 한다. 다섯째, 종업원과의 관계이다. 유능한 종업원이 사무실에서, 생산라인에서, 마케팅 활동에서 취득한 숙련, 기술, 정보를 어느 정도 기업과 공유하는가, 도덕적 해이와 역선택(逆選擇)이 자주 발생하는 이 영역에서 종업원의 참여와 발언을 이끌어내는 원리는 무엇인가가 이 관계에서 생기는 주요 문제이다.

이 같은 기업의 조정 활동은 제도를 전제하며 그에 제약된다. 제도는 경제활동의 주체들이 공유하고 준수하는 일련의 공식적, 비공식적 규범의 집합이다. 재산권을 보호하는 법제와 정보를 교환, 감리하고 거래비용을 절감하는 제반 기구로 짜인 공식적 규범 또는 제도는 기업이 수행할 성공적 조정의 필요조건이다. 그렇지만 공식적 제도만으로는 조정의 성공이 보장되지 않는다. 다중(多重)플레이어의 반복(反復)게임에서는 신뢰할 만한 약속을 유도하는 제도의 명시적인 존재에도 불구하고 플레이어들은 어느 것도 선택할 수 있는 복수의 균형에 자주 봉착한다. 게임을 안정적 균형으로 이끌기 위해서는 무언가 다른 추가적인 조건이 필요하다. 그것은 특정한 상황에서 다른 플레이어들이 어떠한 선택을 할지에 대한 공유된 예상, 다시 말해 특정의 선택을 적절한 것으로 평가하는 공동의 질서 감각이다. 그것은 역사적으로 형성된 비공식적 규범으로서 곧 문화이다. 역사와 문화에 대한 이해는 경제체제의 비교적 특질을 분석하는 관문에 해당한다.

이와 관련하여 홀과 소스키스는 동일한 충격에 대한 기업의 대응 방식이 나라에 따라 다름에 주목하고 있다. 예컨대 환율이 상승하여 수입품의 가격이 올랐다 하자. 영국의 기업은 오른 가격 그대로 소비자에게 팔아 기업의 수익률을 유지하지만, 독일의 기업은 오르기 전의 가격으로 팔아 기존의 시장점유율을 유지하고자 한다. 이 같은 차이는 영국과 독일의 제도적 환경이 다르고 그에 따라 외부 충격에 대한 기업의 조정 방식이 다르기 때문에 생긴다.

영국에서 기업은 자본시장에서 투자를 직접 유치하며, 투자자는 기업의 수익률과 배당에 큰 관심을 갖는다. 이에 경영자는 가격 인상의 요인을 소비자에 전가하여 기존의 수익률과 배당을 유지하는 조정방식을 선호한다. 그에 따라 시장점유율이 감소하면 종업원을 감원하면 된다. 영국의 기업은 호황기에 종업원을 고용하고 불황기에 종업원을 해고함에 자유롭다. 이에 종업원의 근속연수는 길지 않으며, 노동조합의 조직률은 낮다. 숙련의 형성은 노동자 자신의 책임과 투자에 의한다. 기업은 그가 필요로 하는 숙련과 기술을 시장에서 고용한다. 대학은 수준 높은 교양교육을 실시하여 어느 직종이나 산업에도 적응할 수 있는 범용의, 양질의 졸업생을 시장에 공급한다. 기업 간의 장기적인 거래는 없으며, 이에 기업가단체의 활동도 미약하다. 시장의 질서를 바로잡는 역할은 정부의 몫이다.

대조적으로 독일의 기업은 은행과의 장기적이며 고정적인 거래를 통해 자금을 확보한다. 은행은 기업의 장기수익률에 관심을 가지며, 기술개발이나 영업 전략과 관련된 기업의 내부 정보를 공유하면서 기업 경영에 개입한다. 이에 기업은 단기수익률에 매여 가격 인상의 요인을 소비자에게 전가하지 않으며, 오히려 시장점유율의 유지와 확장에 더 큰 관심을 기울인다. 독일 기업의 그러한 조정방식은 노동자를 쉽게 해고할 수 없는 노동시장의 사정과 깊은 관련이 있다. 독일에서 노동조합의 조직률은 매우 높으며, 노동조합은 기업 경영에 강력한 발언권을 행사하고 있다. 숙련은 기업이나 협회가 제공하는 훈련과정에서 기업 또는 산업 특수적인 형태로 이루어진다. 교육에서도 학교는 이미 중등과정에서부터 기업과 밀접한 협동을 통해 기업 또는 산업 특수적 기술을 학생들에게 전수한다. 기업은 협회로 잘 단합되어 있으며, 이에 기업이 훈련시킨 숙련노동이 다른 기업에 탈취당할 위험은 없다.

이처럼 기업이 행하는 주요 조정과 관련된 각 부문의 제도들은 상호 정합성을 지닌다. 홀과 소스키스는 이를 가리켜 제도적 보완성(institutional complementarity)이라 부른다. 홀과 소스키스는 그 제도적 보완성의 원리를 준거로 하여 자본주의 경제체제를 크게 두 유형으로 구분하고 있다. 하나는 자유시장경제(Liberal Market Economy, 이하 LME로 약칭)이고, 다른 하나는 조정시장경제(Coordinated Market Economy, 이하 CME로 약칭)이다. LME에 속하는 나라는 미국, 영국, 캐나다, 오스트레일리아, 뉴질랜드, 아일랜드 6개국이고, CME에 속하는 나라는 독일, 일본, 스위스, 네덜란드, 벨기에, 스웨덴, 노르웨이, 덴마크, 핀란드, 오스트리아 10개국이다. LME에서 제도적 보완성의 원리는 공정한 경쟁, 계약, 그리고 기업의 조직 원리로서 위계이다. 반면 CME의 원리는 협약과 그에 기초한 전략적 협동이다. CME에서 기업은 위계라기보다 경영자와 노동자의 협약체이다.

홀과 소스키스가 강조하고 있듯이 두 유형의 구분은 어디까지나 이념형(理念型, ideal type)으로서 설명의 편의를 위해 현실의 다양성을 단순화한, 실체적이라기보다 개념적인 것이다. 나라마다 제도적 보완성의 원리와 조정방식은 각기 그의 역사와 문화에 기인하는 제도적 환경의 차이에 따라 다양할 수밖에 없다. 순수한 형태의 LME와 CME는 존재하지 않는다. 예컨대 LME를 대표하는 미국과 영국에도 협약에 기초한 전략적 조정의 역할은 작지 않으며, CME를 대표하는 독일과 일본에서도 시장을 통한 경쟁은 치열하다.

홀과 소스키스의 유형 구분은 OECD에 가입한 발달된 국가만을 대상으로 하며, 개발 중인 후진국은 그 대상에 포함되지 않는다. 그런데 OECD 국가 가운데는 LME와 CME 어디에도 속하지 않은 나라들이 있다. 프랑스, 이탈리아, 스페인, 포르투갈, 그리스, 터키 등이다. 이들 나라는 대개 전체 산업에서 농업의 비중이 큰 가운데, 재정과 금융을 수단으로 하여, 국가의 경제에 대한 개입이 강하다는 공통의 특징이 있다. 홀과 소스키스는 제도적 보완성이 떨어지는 이들 나라에 대해, 지중해를 끼고 있다고 해서 지중해시장경제(Mediterranean Market Economy, 이하 MME로 약칭)의 국가들이라고 이름붙였다.

VoC 이론은 나라에 따라 다른 사회정책에 관해서도 설명력을 가진다. 예컨대 LME에서는 노동시장이 유연하기 때문에 실업급여 수준은 그리 높지 않으며, 그 대신 정부는 실업자에게 취업 훈련의 기회를 다양하게 제공한다. 반면 CME에서는 숙련이 기업·산업 특수적이기 때문에 실업자가 재취업할 기회는 많지 않다. 이에 정부는 높은 수준의 실업급여를 제공하고 있다. 나아가 VoC 이론은 나라마다 다른 기술혁신의 경로와 비교우위산업의 배치에 대해서도 설명한다. 기술혁신에는 급속한 개발과 혁신적 디자인을 특징으로 하는 급진적 혁신과 기존 생산라인의 개선이나 숙련의 축적을 전제하는 점진적 혁신이 있다. VoC 이론은 LME에서는 급진적 혁신이, CME에서는 점진적 혁신이 유리함을 미국과 독일이 보유한 비교우위산업의 대조를 통해 설득력 있게 설명하고 있다. 이 같은 차이를 유발하는 제도적 요인을 홀과 소스키스는 비교제도우위(comparative institutional advantage)라고 부르고 있다. 그들에 따르면 비교제도우위는 자본과 산업의 국제적 이동이나 그에 따른 산업 또는 기업 클러스터의 형성을 훌륭하게 설명할 수 있다.[1]

홀과 소스키스의 VoC 이론에 대해서는 여러 수준의 비판이 제기되었다. 가장 일반적인 비판은 이른바 수렴설이다. LME와 CME는 점점 거세지는 글로벌리즘의 물결에 밀려 결국 하나의 혼성(混成) 또는 잡종(hybrid)으로 수렴할 것이라는 전망이다. 그에 대해 홀과 진저리치는 1980~90년대에 걸쳐 CME에서 일어난 상당한 정도의 자유화에도 불구하고 CME 고유의 전략적 조정을 나타내는 제반 지표는 강건하게 유지되고 있음을 계량적으로 입증하였다. 그들은 글로벌리즘의 시대에 CME는 LME와 마찬가지로 경제적 성과에서 수월하며, 대조적으로 제도적 보완성이 낮은 MME의 경제적 성과는 뒤떨어짐을 확인함으로써 VoC 이론이 여전히 유효하다고 주장하였다(Hall and Gingerich 2009).

---

1 이상은 Hall and Soskice(2001)의 Introduction을 충실히 요약한 것이다.

홀과 소스키스가 수용하는 의미 있는 비판의 하나는 그들이 국가의 역할을 경시하고 있다는 점이다. LME와 CME에서 국가는 경제에 직접 개입하지 않으며, 적당한, 공정한 거리를 두고 있다. 국가는 시장이 스스로 생산하지 못하거나 부족하게 생산하는 질서와 생산요소를 공급하며, 나아가 사회복지의 공급을 통해 경제체제의 안전판으로 역할하고 있다. 그런데 이들 선진경제에서, 특히 CME에서, 제 나름의 보완성을 갖는 제도와 기구가 생겨나는 역사적 과정에서 국가의 역할은 결코 적지 않았다. LME와 CME는 자유방임의 진화 과정으로만 성립하지 않았다. 예컨대 독일에서는 19세기 후반 격심한 계급투쟁으로 체제의 위기가 심화하자 국가가 주도적으로 계급 간의 타협을 촉구하는 개혁을 하였으며, 그 결과 오늘날과 같은 독일 고유의 CME가 성립하였다(Thelen 2004). LME를 대표하는 미국에서도 19세기 말과 20세기 초에 독점기업의 시장지배력이 지나치게 커지자 의회가 독점금지법을 제정하여 개입한 결과로 오늘날의 미국형 LME가 생겨났다.

이 같은 비판에 대해 VoC 진영은 그것을 우호적으로 수용하고 있다. 2009년 항케는 국가와 경제의 관계, 곧 국가가 경제에 밀접히 개입하는가, 아니면 적당한 거리로 분리되어 있는가를 한 가지 기준으로 하고, 사회의 상태가 조직적인가 분산적인가, 곧 사회가 이익단체로 긴밀히 조직되어 있는가 여부를 다른 한 가지 기준으로 하여 〈그림 1-1〉과 같이 주요 국가의 시장경제를 자유시장경제(LME), 조정시장경제(CME), 국가주의(Étatisme) 시장경제, 보상국가(Compensating State) 시장경제의 네 유형으로 구분하였다.

LME와 CME에서 국가는 경제와 적당한 거리를 두고 개입하지 않지만, 국가주의 시장경제와 보상국가 시장경제에서 국가는 경제에 긴밀히 개입한다. LME와 국가주의 시장경제에서 사회는 분산적인 반면, CME와 보상국가 시장경제에서 사회는 조직적이다. 국가주의 시장경제를 대표하는 나라는 프랑스이다. 프랑스에서 기업과 노동자는 단체로

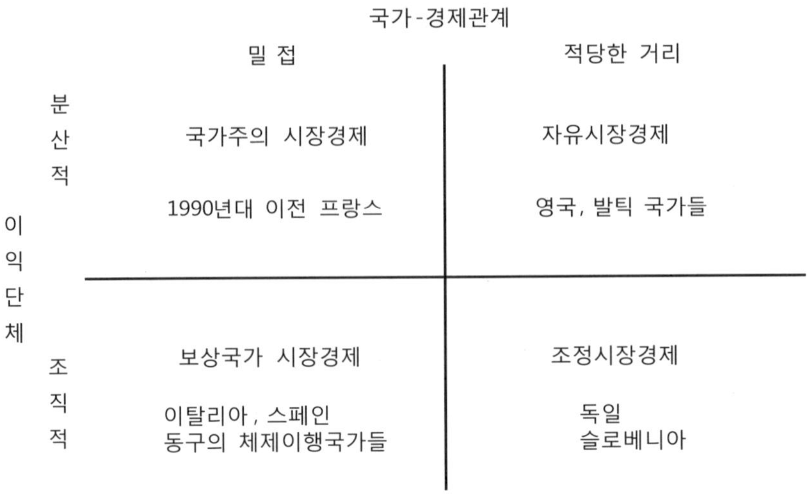

그림 1-1 국가-경제관계, 이익단체, 조정방식

자료: Hancké(2009), p. 291.

조직되어 있지 않으며, 이에 정부는 관료제를 통해 시장에 개입하고 시장을 통제하였다.[2] 보상국가 시장경제를 대표하는 것은 이탈리아, 스페인, 그리고 동유럽의 체제이행국가들이다. 여기서 기업과 노동자는 비교적 잘 조직되어 있어서 정부의 경제에 대한 개입은 직접적이지 않다. 기업과 노동자의 단체는 전반적으로 소규모인 가운데 혁신의 능력이 크지 않아 이들 나라의 경제적 성취는 정체적이다. 그럼에도 정부는 사회로부터 제기되는 높은 수준의 복지 욕구에 포획되어 재정을 주요 수단으로 하여 사회에 대해 강한 보상을 하고 있다. 결과적으로 항케는 홀과 소스키스의 MME[3] 국가들을 국가주의 시장경제와 보상국가 시장경제

---

2 항케는 1990년 이후 프랑스에서는 산업의 구조조정이 정부가 아니라 대기업에 의해 주도되고 있어서 경제체제의 특질이 변하고 있다고 주장한다(Hancké 2001).

3 항케가 편집한 2009년의 책에서 여러 연구자는 MME를 당초의 Mediterranean Market Economy가 아니라 Mixed Market Economy의 뜻으로 사용하고 있다.

의 두 유형으로 세분하고 이들에게 그 나름의 역사적 특질과 발전경로를 부여한 셈이다.

다른 한편 자본주의 경제체제의 다양성에 관해서는 1990년대 이래 프랑스의 조절학파 경제학이 주도하는 별도의 국제적 논의가 있다. 나라마다 다른 사회적 혁신과 생산시스템에 관한 조절학파의 연구에서 제도는 사회 각 집단 간 갈등의 결과로서 성립한 타협으로 정의되며, 각 부문의 제도 간에는 상호보완성이 안정적으로 존재한다. 조절학파가 비교의 대상으로 선택한 제도들은 제품시장의 경쟁 상태, 임노동체계와 노동시장, 금융과 기업지배구조, 사회복지, 교육 등이다. 2003년 아마블은 조절학파의 방법론에 입각하여 자본주의 경제체제를 미국과 영국 등의 시장기반경제, 스웨덴과 핀란드 등 북유럽국가의 사회민주주의경제, 일본과 한국의 아시아형 자본주의, 독일과 프랑스 등의 유럽대륙형 자본주의, 이탈리아와 스페인 등의 지중해형 자본주의로 구분하는 응용분석의 결과를 제시하였다(Amable 2003). 이 같은 아마블의 유형론에 대해 항케는 현실의 다양성에 더욱 근접하기 위한 설명변수의 확장으로 인해 이론으로서의 간결성, 분석력, 통찰력이 희생되었다고 비판하고 있다(Hancké 2009: 284).

III. 한국에서의 논의

VoC 이론과 논쟁이 국내에 소개된 것은 글로벌리즘 또는 신자유주의에 대한 반감과 비판의 일환이었다. 예컨대 사회학자 임현진은 신자유주의적 시장만능주의를 극복함에 있어 VoC 이론이 우리에게 유익한 시사를 준다고 하였다. 임현진이 보기에 길게는 일제강점기에서부터, 가

깝게는 박정희 정부로부터 시작한 한국의 근대화는 집단이기주의, 물질만능주의, 반인륜적 행위 등 온갖 왜곡, 불균등, 부작용을 초래한 병리적 과정이었다. 박정희 정부의 중상주의적 발전국가를 대신한 김대중 정부 이래의 신자유주의 국가는 시장 메커니즘의 확대를 통해 그러한 역사적 모순을 증폭시켰다. 그에 대한 대책으로 임현진은 VoC 이론이 이야기하는 CME가 고삐 풀린 시장경제, 곧 LME보다 훨씬 낫다고 판단한다. 그는 네덜란드, 스웨덴, 덴마크, 독일의 경제체제를 차례로 검토한 뒤, 흔히들 사회적 시장경제로 불리는 독일의 CME가 한국이 지향할 미래의 발전모델이라는 결론을 내리고 있다(임현진 2006; 2009).

김윤태가 도달한 결론도 임현진과 다르지 않다. 한국경제의 고도성장을 주도한 개발독재와 관치금융을 특징으로 하는 박정희 모델은 1980년대 이후 해체되었다. 1997년 외환위기 이후의 신자유주의 정책에 따라 한국경제는 미국 모델로 이행하는 중이지만, 재벌체제가 그렇듯이 미국 모델과 많은 차이를 안고 있다. 새로운 모델은 아직 생겨나 있지 않다. 김윤태는 임현진보다 훨씬 신중한 어조로 VoC 이론이 이야기하는 LME와 CME가 그대로 한국에 이식될 바는 아니지만, 한국이 지향할 모델은 역시 CME로서 그를 위한 한국적 사회협약을 창조해야 한다고 주장한다(김윤태 2007).

신정환은 앞의 두 연구자와 달리 절충적이다. 그 역시 다른 사회학자와 마찬가지로 신자유주의에 강한 거부감을 표하면서 한국이 지향할 바람직한 모델로서 스웨덴의 유연안정성(flexicurity)을 특징으로 하는 사회민주주의 경제체제를 선호한다. 그런데 한국경제는 고도성장의 과정에서 기술개발의 급진적 혁신을 특징으로 하는 IT 산업에서뿐 아니라, 점진적 혁신을 특징으로 하는 자동차, 조선, 화학 산업에서도 경쟁력을 갖게 되었다. 이 점을 감안하여 신정환은 새롭게 추구될 선진 모델에서 제도의 클러스터는 복선적으로, 곧 LME와 CME의 장점을 동시에 추구하는 이원적 체계로 설계되어야 한다고 주장한다(신정환 2005).

이 같은 규범적 논의를 떠나 조성재 등은 노동시장과 금융시장의 패널데이터를 활용하여 VoC 이론이 한국에도 과연 타당한지를 검토하였다. 그들의 계량분석에 의하면 한국의 경제성장률은 노동시장에서 임시일용직이 높아지는 비율, 또는 평균근속연수가 짧아지는 정도와 유의한 상관관계를 보인다. 또한 한국의 금융시장은 회사채와 주식의 자본시장으로 그 중심을 급속히 이동시키고 있으며,[4] 그럴수록 경제성장에 유의하게 기여하고 있다. 다시 말해 한국의 노동시장과 금융시장은 VoC 이론이 이야기하는 LME형의 제도적 보완성을 뚜렷이 나타내고 있다. 한국경제는 외환위기 이후의 구조개혁 과정에서 영미형 시스템을 도입하였으며, 이미 상당한 정도로 거기에 근접한 상태이다. 그러한 관찰을 뒷받침하는 다른 한 가지 현상은 노동시장에 공급되는 숙련이 기업·산업 특수적이 아니라 고학력 중심의 일반적 숙련이라는 점이다.

그렇지만 조성재 등은 한국경제의 비교적 유형이 LME에 속한다는 결론을 내리지 않는다. LME와 무관한 재벌체제가 그 가장 중요한 이유이다. 한국의 재벌들은 노동집약적 품목을 중심으로 중소기업과 하도급 관계를 중층적으로 체결하며, 그로 인해 임금 격차를 비롯한 노동시장의 불균형을 심화시키고 있다. 그러한 기업 간의 수직적 결합은 다양한 지식의 수평적 결합을 통해 혁신을 수행하는 영미형의 시스템과 다르다. 조성재 등은 한국경제의 LME로의 이행은 실패하였으며, 영미식, 라틴유럽식, 일본식이 혼재된, 그 전망이 밝지 않은, MME의 특성을 보인다는 결론을 내린다(조성재 외 2008).

노동시장의 실태와 특질은 정이환에 의해 한층 세밀하게 분석되었다(정이환 2011). 정이환은 한국과 일본의 고용체제, 곧 노동시장의 문제가

---

4 이 점은 앞서 소개한 김동환(2012)의 금융시장 실태에 대한 이해와 상이하다. 김동환은 한국 금융시장에서 자본시장의 비중이 높아지고 있지만, 은행시장의 경쟁력과 역할은 건전하게 유지되고 있음을 지적하였다.

처리되는 제도적 시스템을 비교하였다. 흔히들 한국의 고용체제는 일본과 유사한 것으로 이해되고 있다. VoC 논쟁에서도 한국은 일본과 같이 CME로 분류되고 있다(Hall and Soskice 2001: 34; Hall and Gingerich 2009: 139). 정이환은 한국의 고용체제가 장기고용, 연공임금(年功賃金), 기업별 노동조합의 면에서 일본과 유사해 보이지만, 그리고 노동시장이 정규직과 비정규직으로 갈라져 있는 분절시장(分節市場)이라는 점에서도 공통적이지만, 그것들도 세밀히 관찰하면 커다란 차이를 안고 있으며, 그런 이유에서 한국의 고용체제를 일본의 하위유형으로 간주하기는 어렵다고 주장한다.

양국 고용체제의 결정적 차이는 숙련 형성과 노무관리의 방식에서 발견된다. 한국의 임금체계는 근속연수에 기초한 연공형(年功型)이지만, 능력주의, 곧 숙련의 축적과 그에 대한 평가를 전제하고 있지 않다. 한국의 연공임금은 호봉제와 상여금의 형태로 경직적으로 운영되며, 그 점에서 능력주의에 바탕을 둔 일본의 연공임금과 큰 차이를 안고 있다. 또한 일본에서는 기업가단체와 노동자단체의 교섭에 기초한 연대임금 정책이 관철되지만, 한국에서는 대기업 노조의 비협조로 그러한 정책이 작동하지 않는다. 이에 동일 직무라 해도 기업 간, 부문 간의 임금 격차가 크며, 그에 따라 노동시장의 분절성은 일본보다 한층 강하다. 또한 비정규직의 경우, 일본에서는 정규직을 보완하는, 주부노동 중심의 자발적이며 안정적 고용인 반면, 한국에서는 정규직을 대체하는, 가교라기보다 함정에 속하는, 비자발적인 기간제(期間制) 중심의 불안정한 고용이라는 특질을 보인다. 그 점에서도 한국 노동시장의 분절성은 일본보다 심하다.

정이환은 VoC 이론의 유용성에 대해 회의적이다. VoC 이론이 이야기하는 제도적 보완성은 당초 홀과 소스키스가 주장한 만큼이나 결정적이지는 않다. 글로벌리즘의 영향 아래에서 다른 성격의 제도가 혼성, 융합하는 잡종이 성장하고 있다. 일본 기업의 지배구조가 점점 주주자본주의(株主資本主義)로 변해가지만, 노동시장은 장기고용과 연공임금의 전통을 고수하고 있음이 그 한 가지 예이다. 그 점을 전제하면서 정이환은 VoC 이론에 준하여 한국경제의 유형을 구분하자면, LME도 CME도 아닌, 악성의 잡종으로서 MME라는 태도를 보이고 있다. 노동시장의 분절성이 심할 뿐 아니라, LME와 CME 어디에도 속하지 않은 재벌체제가 가장 큰 이유로 지목되고 있다(정이환 2011: 56-93).

김선빈 외가 지은 『상생의 경제학』은 한국경제의 유형이 무엇인가를 직접 겨냥하지는 않지만, VoC 이론의 방법론을 취하여 한국경제의 선진화를 위한 제반 제도의 재정렬을 모색한 연구서로 여기서 소개할 가치가 충분하다. 한국경제는 1987년 이전의 개발연대에는 정부의 주도하에 기업금융에서, 기업 간 관계에서, 숙련을 위한 훈련·교육에서 대기업과 중소기업의, 나아가 자본가와 노동자의 상생(相生)을 지지하는, 그런대로 잘 짜인 제도의 결합을 보유하였다. 이후 한국경제는, 특히 1997년의 외환위기를 지나면서, 영미형의 제도를 무분별하게 도입하였으며, 그로 인해 제도 간의 상호보완성, 경로의존성, 환경적응성이 떨어지고, 중소기업의 경쟁력이 하락하고, 대기업과 중소기업 간의 협력이 약화하고, 투자와 고용이 부진하고, 기능과 숙련이 저하하는 악성의 고리가 성립하였다(김선빈 외 2009: 278-464).

김선빈 외는 이들 악성의 고리를 해소하여 시장과 투자를 활성화하고, 교육-고용-복지의 연관을 긴밀히 통합할 새로운 형태의 제도 정렬을 위한 모델을 덴마크를 위시한 북유럽의 유연안정성에 바탕을 둔 혼합형의 경제체제에서 찾고 있다. 이 같은 제도의 재정렬에서 지방은행을 통한 중소기업 금융이나 숙련 향상을 위한 교육과 훈련 등, 민간이 자율적으로 감당할 수 없는 과제들이 많아 정부의 역할은 여전히 중요할 수밖에 없다. 그런 이유에서 김선빈 외는 그들이 추구하는 새로운 경제체제를 정부조율형 상생발전체제라고 부르고 있다(김선빈 외 2009: 464-597).

VoC 이론과 논쟁에 대응한 국내의 연구 성과는 대략 이상과 같다. 이

외에 그에 관해 단편적으로 언급한 논문들이 여기저기에 산재하지만, 일일이 다 소개하지 않겠다. 한국경제가 어떠한 유형의 자본주의에 속하는가라는 질문에 대해 여러 연구자가 보인 공통의 반응은 한국경제는 LME와 CME 어디에도 속하지 않으며, 제도 간의 상호보완성이 떨어지는 MME에 속한다는 것이다. 이 같은 결론에 필자는 동의한다. 한국경제가 미국·영국이나 독일·일본과 같은, 자본주의의 역사가 오랜 가운데 그들 고유의 역사와 문화에 바탕을 둔, 경로의존적이며 상호보완적이며 환경적응적인 경제체제를 꾸리지 못하고 있음은 부정할 수 없는 사실이다. 그렇다고 한국경제가 MME에 속한다는 결론에 만족할 수는 없다. 애초 홀과 소스키스가 이야기한 MME는 LME와 CME에 속하지 않은 유럽의 나머지 나라들을 한데 묶어놓은 편의적인 구분에 지나지 않았다. 그 MME를 항케는 국가와 경제의 관계라는 기준을 더하여 국가주의 시장경제와 보상국가 시장경제로 구분하였는데, 이는 확실히 VoC 이론의 개선이라고 평가할 수 있다.

앞서 지적하였듯이, 어느 나라의 경제체제의 특질은 그 나라가 역사로부터 물려받은 비공식적 규범에 깊숙하게 규정된다. 경제체제의 구조, 공식적 제도, 비공식적 규범의 경로의존성과 상호보완성에 관한 한, 엄밀히 말해 어느 나라도 무정형(無定型)이거나 잡종일 수는 없다. 어느 나라의 경제체제도, 그에 관한 충분한 정보가 허용된다면, 그 구조적 원리와 특질이 과학적으로 설명될 수 있는 제 나름의 합리적 유형으로 존재한다. LME와 CME에 속하지 않은 유럽의 여러 나라에서, 나아가 이슬람 지역이나 중국을 포함한 동아시아에서, 경제체제의 운용에 있어서 가장 중요한 행위자는 일반적으로 국가이다. 세계 대부분 지역에서 국가의 경제에 대한 개입과 통제는, 지역마다 사회의 조직적 특질이 매우 다양하지만, 사회에 배태된 역사적, 문화적 요인에 의해 쉽게 불식될 수 없는 현상과 추세이다.

홀과 소스키스가 VoC 논쟁을 제기할 때 그들의 시야는 국가가 경제로부터 철수해 있는 미국·영국과 독일·일본의 선진경제에 한정되었다. 그들은 국가의 개입과 통제로써 경제적 통합을 달성하는 여타의 나라들을 후진적이거나 비정상적인 집단으로 처리하였다. 그 점에서 그들은 경제체제에 대한 비공식적 규범의 중요성을 강조했던 그들의 방법론에 끝까지 충실하지 못하였다. 다시 강조하지만, 국가와 경제의 관계는 공식적 제도만이 아니라 사회적, 문화적으로 배태된 비공식적 제도의 문제이기도 하다. 그 이유로 필자는 항케가 국가-경제 관계를 또 하나의 비교 준거로 도입하여 홀과 소스키스의 MME를 국가주의 시장경제와 보상국가 시장경제로 구분한 것을 두고 VoC 이론의 발전으로 평가하고 있다.

이 점에 유의하면서 한국의 연구자들이 보이는 공통의 결함을 지적하자면, 그들은 한국의 경제체제를 제약하고 있는, 그것의 비교적 특질을 깊숙이 각인하고 있는, 한국인들이 역사로부터 물려받은 비공식적 제도와 규범에 대해 알지 못하거나 적절한 관심조차 표하고 있지 않다는 점이다. 한국인들이 상호 신뢰하고 협동하는 원리는 무엇인가. 한국사회의 조직적 특질은 어떠한가. 그것은 역사적으로 어떻게 형성되고 발전해왔는가. 경제체제의 비교적 특질과 관련하여 제기될 수밖에 없는 이 같은 물음에 대해 한국의 경제학, 사회학, 정치학, 인류학, 역사학은 부끄럽게도 대답할 준비가 되어 있지 않다.

한국경제의 유형적 특질에 관한 국내의 논의가 경험적이라기보다 규범적이며, 전체적이라기보다 부분적이며, 심층적이라기보다 표피적일 수밖에 없는 한계를 노정하고 있음도 이 같은 이유에서이다. 앞서 지적하였듯이 한국에서 VoC 이론은 글로벌리즘과 신자유주의에 대한 비판의 일환으로 수용되었다. 최초의 소개자인 임현진은 한국사회가 안고 있는 여러 병폐의 근원을 권위주의적 근대화 내지 신자유주의에서 찾고 그 대안으로서 서유럽의 CME를 추천하였는데, 그가 그 근거로 제시한 것은 순전히 그의 개인적인 도덕적 확신뿐이었다. 한국의 사회과학자들에게서 관찰되는 이런 절망적 수준의 도덕적 규범성은 앞으로 우리가 정의하게 될 한국형 시장경제체제에 내재한 한국 지성사회의 특질이나 한계일지도 모른다.

경제학자들이 수행한 경험적 연구는 많은 경우 도덕주의의 규범성에서 자유롭지 않다. 그들이 선배 세대에서 물려받은 재벌, 곧 대기업집단에 대한 적대감은 그에 합당한 경험적 근거를 확보하고 있지 않다. 한국의 대기업집단은 국제적으로 얼마나 비정상적인 기업조직인가. 콜팬 등에 따르면, 기업집단은 시장경제가 불완전한 여러 후진국에서, 동유럽의 체제이행국가에서, 매우 일반적으로 관찰되는 존재이다. 나아가 기업집단은 스웨덴을 비롯한 서유럽의 여러 선진국에서 환경의 변화에 따라 그 역할을 바꾸면서 지금도 존속하고 있다(Coplan, Hikino, Lincoln eds. 2010: 1-9). 이 점을 고려하면 한국의 대기업집단은 그에 대한 경제학자들의 전통적인 적대감과는 무관하게 그다지 비정상적인 기업조직이 아닐 수도 있다.

한국의 대기업집단은 얼마나 비정상적으로 경제력을 독점하고 있는가. 그에 대해 황인학과 최원락이 제시한 통계는 한국인들의 일반적 이해와 거리가 멀어서 충격적이다. 예컨대 상위 20대 기업의 매출 집중도에서 한국은 미국, 일본, 타이완보다는 높지만, 영국, 독일과는 비슷한 수준이고, 프랑스와 스웨덴보다는 낮다. 또한 상위 20대 기업의 자산 집중도에서 한국은 스웨덴, 프랑스, 독일보다 낮고, 영국과 비슷하며, 일본, 타이완, 미국보다는 높다. 앞서 소개한 대로 2011년 한국의 30대 기업집단이 점하는 비금융업의 매출 집중도는 38.9%이다. 그에 대해 황인학과 최원락은 대기업 매출의 절반 이상이 해외시장에서 이루어지고 있음을 감안할 필요가 있다고 주장한다. 그들이 다시 계산한, 수출을 제외한 30대 기업집단의 국내 매출집중도는 28.9%로 낮은 수준이다(황인학·최원락 2013: 13).

필자가 보기에 한국형 시장경제체제의 특질과 관련하여 가장 의미 있는 현상은 제조업과 서비스업에서 경쟁력과 혁신능력을 결여한 영세

사업체가 국제적으로 이상치라 할 정도로 과다하고 또 적체되어 있다는 사실이다. 거기에 한국경제가 몸살을 앓고 있는 저임금, 고용불안, 저복지의 늪이 형성되어 있다. 무슨 연유에서, 어떠한 과정을 거쳐 그러한 영세사업체의 군락이 성립하였는지에 관해서는 참조할 만한 연구가 거의 없다. 조덕희에 따르면 독과점 대기업의 시장과 영세소기업의 시장은 다르다. 전자가 성장하는 대규모 시장이라면, 후자는 성장성을 결여한 소규모 시장이다. 시장과 산업이 다르다면, 영세사업체의 과다와 적체를 대기업의 탓으로만 돌릴 수 없다. 조덕희에 따르면 두 시장 간의 구조적 인과는 아직 해명되지 않은 상태이다(조덕희 2013: 105-106).

이처럼 산업, 시장, 기업에 대한 경험적 분석이 빈약한 가운데, 대조적으로 정치적으로 오염된 도덕적 논의만이 무성한 가운데, 나아가 공식적 제도나 비공식적 규범의 역사에 대한 이해가 결여된 가운데, 앞서 열거한 한국 시장경제의 여러 양상을 하나의 체계로 종합하는, 그리하여 우리를 한국형 시장경제제체에 대한 공동의 이해로 이끄는 연구는 아직 문제제기조차 이루어지지 않은 실정이다. 우리가 한국형 시장경제체제라는 제목의 공동연구에 착수한 것은 이 같은 연구사(硏究史)의 현황에 촉발되어서이다.

IV. 이 책의 요약

이 책에 실린 10편의 논문이 문제의식, 방법론, 결론에서 모두 같은 것은 아니다. 2012년 가을 공동연구를 발족할 때 공동의 문제의식은 분명하지 않았다. 연구자들은 각기 자기 전공의 주어진 과제에 충실했을 뿐이다. 우리가 선정한 연구과제는 한국형 혁신체제, 대기업집단, 중소기업, 자영업, 농산물 유통과 가공, 고령노동시장, 소득분배, 갈등과 신뢰, 제도와 가치관, 사회의 역사적 특질 등이다. 한국형 시장경제체제를 모색함에 있어 반드시 포함되어야 할 연구주제가 있지만 다 포괄하지 못하였다. 정부재정, 조세제도, 복지제도, 금융시장, 노동시장, 정부규제 등이 그것이다. 복지제도에 관해서는 2011년 서울대학교 경제연구소가 복지제도의 실태에 관한 심포지엄을 열었으며, 거기서 보고된 4편의 논문을 『경제논집』 50-3호(2011)에 게재하였다. 그 논문들을 이 책의 자매편으로 참조해주길 바란다. 금융시장에 관해서는 앞서 소개한 김동환의 「한국 금융시스템의 비교제도분석: 은행 vs. 시장」이 2012년 7월에 발표되어 이 책의 공백을 메우고 있다(김동환 2012). 노동시장에 관해서는 조성재, 정이환, 남성일 등의 훌륭한 연구서들이 이미 출판되어 있어서 처음부터 별도의 부담을 느끼지 않았다(조성재·정준호·황선웅 2008; 정이환 2011; 남성일 외 2007).

공동연구의 책임자로서 필자가 처음부터 강인하게 의식한 것은 경제체제의 유형을 규정하고 제약하는 비공식적 규범으로서 사회와 문화의 특질이다. 아오키의 표현을 빌자면 '경제체제의 비교제도분석'이다(Aoki 2001). 농산물의 유통과 가공, 사회갈등, 가치관, 사회의 역사적 특질에 관한 전문가가 초대된 것은 그러한 문제의식에서였다. 그 점에 관한 한 이 책은 한국의 경제체제를 비교제도분석의 관점에서 접근한 최초의 시론으로서 나름대로 조그만 의의를 지닌다고 생각한다.

이하 독자의 편의를 위해 10편의 글을 하나씩 소개한다. 제2장 이근의 「한국의 국가혁신체제: 국제 비교와 추격형에서 선진국형으로의 전환」은 1980년대 중반 이후 한국경제가 몇 분야에서 선진국을 추격하게 된 혁신의 경로와 그 특질을 분석한 것이다. 저자가 이야기하는 국가혁신체제는 성장의 근본 동력으로서 지식의 생산, 확산, 사용에 관련된 여러 주체와 그들 간의 관계를 가리킨다. 거기에는 추격형의 혁신체제와 선진국형의 혁신체제가 있다. 저자는 미국 특허에 등록된 특허 간 인용 자료의 데이터베이스에서 한국의 추격형 혁신체제의 특질을 찾아내고 있다. 한국은 1980년대 중반 이후 자동차, 가전, 반도체, 통신장비, 디지털TV 등 기술수명이 짧은 분야에 진입하여 기술혁신을 이루었으며, 그 성과를 바탕으로 점차 기술의 다각화와 토착화를 달성하였다. 그 점은 타이완의 성공적 추격에서도 마찬가지다. 곧 추격형 혁신체제의 기본 요건은 선진국과 직접 경쟁하지 않은 기술수명이 짧은 분야에서 혁신을 추구하는 것이다. 한국경제는 2000년대 이후 기술수명이 긴 분야에서 혁신을 추구하는 선진국형 혁신체제로 전환하기 시작하였다. 그 전환이 성공을 거두기 위해서는 중소기업을 비롯한 다양한 경제 주체의 참여와 대기업과 중소기업 간의 새로운 결합이 요구된다고 저자는 주장하고 있다.

제3장 이건범의 「한국 대규모 기업집단의 특징과 전망」은 우선 전체 국가경제에서 대기업집단의 비중이 점점 커지고 비관련 부문으로 계열사를 다각화하고 있는 잘 알려진 추세를 소개한다. 대기업집단의 지배구조에서 핵심 역할을 하는 것은 총수 일가의 지분이 아니라 계열사의 지분이다. 2013년 총수 일가는 평균 1% 미만의 지분으로 방대한 규모의 대기업집단을 지배하고 있다. 대기업집단은 소속 기업 간의 내부거래, 특히 비상장 계열사로의 일감몰아주기를 통해 기업 이윤을 총수 가문으로 빼돌리거나 혁신적 기업의 등장을 막아 국가경제의 혁신 역량을 위축시키는 문제를 일으키고 있다. 이 글에서 주목되는 바는 대기업집단은 여러 나라에서, 스웨덴과 같은 선진국에서도, 광범하게 존재한다는 사실이다. 대기업집단은 특별한 위협 요인이 없는 한, 가족기업에서 출발한 기업이 대기업으로 성장하는 과정에서 어디서나 일반적으로 출현한다. 독립적 대기업이 기업의 지배적 형태를 이루는 것은 미국과 영국에서인데, 세계에서 오히려 예외적인 경우이다. 또한 많은 나라에서 기업집단은 가문에 의한 소유의 집중과 경영 참가의 특징을 보이고 있다. 그 점에서 한국의 대기업집단은 결코 예외적인 존재가 아니다. 다만 총수 일가의 지배권과 기업집단의 현금흐름 사이의 괴리가 매우 큰 가

운데, 그것에 유인되어 총수 일가의 예외 없는 경영참가와 경영권의 세습이 다른 나라에 비해 강렬하게 획일적으로 나타나는 특징을 이루고 있다. 저자는 그에 따른 문제점을 해소해가기 위해서는 노동조합과 같은 대항세력이 성장하는 가운데 총수 일가의 통제권 프리미엄을 완화하는 제도의 개선이 필요하다고 주장한다.

제4장 김주훈의 「경제발전의 전개 형태와 중소기업」은 한국에서 중소기업 문제가 발생하고 심화해온 역사를 설명하고 있다. 산업의 전통이 결여된 한국에서 중소기업은 정부주도 하에서 대기업이 우선 성립한 다음, 그에 부품을 공급하는 하청제의 형태로, 선진국의 경험과는 역(逆)의 경로로 생겨났다는 연원을 지닌다. 그 결정적 계기는 1970년대 중화학공업화의 추진 과정에서 제정된 계열화촉진법이었다. 1980년대 말까지 중소기업은 대기업과의 고정적 거래관계를 통해 해외의 기술을 도입하고, 자체 연구개발로 부품의 국산화를 이루고, 기업의 수를 증가시키는 가운데 전체 산업에서 그 비중을 늘리는 동반성장을 구가하였다. 1990년 이후 대기업은 기술집약산업으로 특화하기 시작하였다. 노동집약적 생산과정은 하청제를 통해 중소기업의 몫으로 돌려졌다. 그 과정에서 대기업과 중소기업 간의 격차가 확대되기 시작하였다. 중소기업의 생산성은 정체하였으며, 기업 규모는 수직적 중층구조의 하청제 하에서 점점 영세해졌다. 중소기업의 기술개발 효과는 대기업이 비용절감을 위해 납품단가를 인하함으로써 대기업에 흡수될 뿐이었다. 저자는 기업 간의 새로운 거래관계를 모색하기 위해서는 공정거래의 질서를 바로잡고 징벌적 배상제도를 엄격히 시행하는 가운데, 중소기업 간의 수평적 네트워크와 그것을 뒷받침하는 지역혁신 클러스터를 육성할 필요가 있다고 주장한다.

제5장 김창욱과 김정근의 「한국 자영업 부문의 현황과 구조적 특성: 경쟁의 성격을 중심으로」는 근래 더욱 심각해지는 서비스업의 자영업 문제를 다룬 것이다. 자영업의 취업자 비중은 2010년 28.8%로 OECD

평균 16%보다 상당히 높다. 자영업 부문은 베이비붐 세대의 은퇴에 따라 2010년 이후 증가추세로 돌아섰다. 증가하는 자영업은 대부분 도·소매업과 음식·숙박업 중심의 생계형으로 저생산성을 특징으로 한다. 그에 따라 자영업의 경상소득은 줄고 부채는 증가하고 있다. 자영업의 평균 수명은 3.4년에 불과하다. 기존의 연구는 자영업자들의 낮은 인적자본에 그 원인을 찾고 컨설팅, 시장정보, 직업훈련의 제공 등의 정책을 추구하였다. 그렇지만 문제의 근원은 경쟁의 성격에 있다. 자영업 부문의 경쟁은 상대방 죽이기로 과도한 비용과 사회적 비효율을 초래하는 '상대적 경쟁'이다. 이는 소상공인 단체의 부재, 지역 주민과의 네트워크 결여와 같은 '사회적 덫'에 기인하고 있다. 두 저자는 자영업 문제를 해결하기 위해서는 국가적으로는 사회적 서비스와 사업 서비스 부문에서 취업의 기회를 확대하고, 지역적으로는 주민과 그의 네트워크에 기반을 둔 각종 서비스 사업을 개발하고, 나아가 자영업자 상호간의 자율적인 규범을 함양할 필요가 있다고 주장한다.

제6장 이명헌의 「한국 식료 부가가치 사슬의 특징: 시장지배력과 협동조합을 중심으로」는 농산물의 유통과 가공에 관한 창의적인 글이다. 한국의 농업은 1995년 이후 실질 총생산은 증가하지만 실질 총소득은 오히려 감소하는 현상을 보이고 있다. 농업 취업자의 생산성 상승률은 국제적으로 높은 편이다. 그럼에도 총소득이 감소하는 것은 생산과 소비 사이에 형성된 식료 부가가치 사슬의 변화에 그 주요 원인이 있다. 한국의 식료 부가가치 사슬은 선진국과 마찬가지로 중간재 투입의 증대, 가공·외식과 같은 우회 판로의 증가, 유통마진의 증대와 같은 변화의 추세를 보이고 있다. 그렇지만 농가의 규모는 매우 영세하여 유럽 국가들에 비해 7~15%에 불과하다. 농가가 부가가치 사슬에서 상대하는 식료품 가공업체나 대형 소매유통업체는 훨씬 거대한 규모이다. 또한 한국의 농가는 급속히 고령화하여 경영주의 46%가 65세 이상이다. 고령 농가는 새로운 투자와 정보에 소극적이며, 농협에 출하를 의탁하

는 등, 판로의 개척에도 수동적이다. 이러한 이유로 한국의 농업 주체들은 점점 복잡하고 길어지는 부가가치의 사슬에서 경쟁력을 확보하고 있지 못하다. 그 대안으로 역할을 해야 할 협동조합은 공동출하와 같은 외연적 활동에서는 선진국과 차이가 크지 않지만, 생산물의 선별, 매취(買取), 가공 등 유통과정에서 경쟁력을 높이는 질적 활동에서는 여전히 미약한 수준이다.

제7장 이철희의 「한국 고령노동시장 성격에 관한 비교사적 접근」은 우선 한국의 55~64세와 65세 이상 고령자의 고용률이 OECD 국가 가운데 최고 수준임을 지적하고 있다. 고령자의 평균 근속연수는 최하위이다. 고령자의 임시직 비율은 최고위이다. 고령자의 임금 수준은 청장년에 비해 40~60%에 불과하다. 그로 인해 노인층의 빈곤율은 OCED에서 최고 수준이다. 이 같은 고령노동시장의 열악한 실정은 1980년 이전부터의 추세였다. 그 한 가지 원인은 선진국의 역사적 경험과 마찬가지로 산업구조의 변화, 기술의 변화, 노동 강도의 변화, 공교육의 중요성 강화 등의 요인에 따라 고령노동에 대한 수요가 감소한 데 있다. 수요의 감소에도 불구하고 고령자의 취업이 증가한 것은 공급이 많이 증가하였기 때문이다. 이는 전통적 노인부양 방식의 약화와 공적 연금의 미비에 그 원인이 있지만, 그 이외에 조기 퇴직으로 대표되는 고령 근로자의 고용 불안정성, 가중되는 교육비 및 주거비 부담, 근래에 더욱 심각해지고 있는 미취업 성인 자녀의 존재 등과 같은 사회적, 문화적 요인도 있다고 저자는 주장한다.

제8장 김낙년의 「한국의 소득분배: 장기추이와 국제비교」는 소득불평등의 장기 지표를 새롭게 제시한 개척적 연구이다. 1990년 이후 매년 통계청이 가계조사를 통해 발표하는 소득분배의 불균등 정도를 나타내는 지니계수는 시장소득 기준으로 OCED 국가 가운데 예외적으로 낮은 수준을 보여왔다. 그런데 국세청의 소득세 통계와 대조하면 통계청의 가계조사는 5,400~7,500만 원을 기준으로 그 이상 구간의 소득을 상

당히 과소하게 파악하였음을 알 수 있다. 이를 보정하면 시장소득 기준의 불균등 정도는 이전보다 크게 높아지며, 가처분소득 기준으로는 칠레, 멕시코, 터키, 미국에 이어 5번째로 높은 나라로 확인되고 있다. 국세청의 소득세 통계를 활용하여 상위 1% 또는 0.1%가 차지하는 소득의 비중을 추계하면, 해방 후 1990년대 중반까지는 안정적이다가 이후 급상승하는 추세로 돌아섰다. 한국의 소득분배구조는 국제적으로 1980년대 이후 상위 소득자의 비중이 급속히 증가해온 미국·영국형에 접근하고 있다. 1990년대 이후 소득불평등이 심화된 것은 산업의 중심이 기술집약적 산업으로 옮겨가면서 고용 증가가 둔화하고 성장의 효과가 저변으로 확산되기 어려워졌기 때문이다. 외환위기 이후 기업지배구조가 바뀌면서 CEO의 연봉이 파격적으로 인상되고, 일반 직원의 보수체계도 성과주의로 재편되어 고소득자가 증가하였다. 그 외에 지난 30년간 소득세의 누진율을 지속해서 하락시켜온 조세정책도 소득집중도를 높이는 역할을 했던 것으로 분석되고 있다.

제9장 김선빈의 「한국 사회갈등의 진단과 통합 촉진 자원으로서 신뢰」는 사회갈등의 실태와 수준에 관한 국제적 비교를 한 다음, 한국이 고신뢰의 선진사회로 나아가기 위한 경로를 제시하고 있다. 사회갈등은 민족·종교 갈등, 계층 갈등, 노사 갈등, 지역 갈등, 세대 갈등의 범주로 구분된다. 각 갈등에 관한 국제기구의 조사를 토대로 갈등의 종합적 정도를 계산하면, 한국과 무관한 민족·종교 갈등을 배제할 경우, 한국은 OECD 30개국 가운데 3위의 고갈등 국가에 속한다. 갈등을 관리할 수 있는 정치·시장제도의 합리성, 사회적 통합, 문화적 관용, 법과 제도의 공고성(鞏固性)에 관한 국제기구의 조사를 토대로 갈등의 관리능력을 계산하면 한국은 OECD 내에서 27위의 매우 낮은 자리에 있다. 결과적으로 한국은 멕시코, 터키, 이탈리아, 그리스, 헝가리, 폴란드 등과 함께 고갈등(高葛藤)과 저관리능력(低管理能力)의 그룹을 형성하고 있다. 이 같은 분석 결과는 한국의 사회적 신뢰가 국제적으로 낮은 수준이라고 지적

해온 이전의 연구들과 맥락을 같이한다. 한국이 고갈등과 저관리능력의 그룹에서 벗어나기 위해서는 단기적으로는 영미형의 관리능력, 곧 법치를 비롯한 기술적 관리역량을 강화할 필요가 있다. 중기적으로는 독일형의 이해관계자 협의체제를 강화할 필요가 있다. 나아가 한국이 북유럽 국가와 같은 저갈등과 고관리능력의 선진사회로 나아가기 위해서는 개인의 자율성과 시민적 덕성을 조화시키는 장기에 걸친 문화적 변용이 요구된다고 저자는 강조한다.

제10장 김병연의 「한국의 시장경제: 제도의 부정합성과 가치관의 혼란」은 우선 경제성장의 근본 요인은 제도와 문화에 있음을 지적한다. 물적자본과 인적자본은 제도가 제대로 갖추어지면, 또한 문화가 건전하다면, 경제 주체의 자유로운 선택으로 자연스런 축적이 가능한 생산요소이다. 물적자본과 인적자본 면에서 한국은 다른 선진국에 비해 뒤떨어지지 않거나 오히려 높은 수준이다. 그렇지만 제도 관련 변수에서 한국의 후진성은 두드러지고 있다. 제도의 질을 국제적으로 비교할 때, 한국의 기업·투자·금융·재산권의 자유도는 비교적 양호하지만, 부패와 노동시장의 자유도에서는 매우 열악하다. 또한 정부의 효율성, 규제의 질, 법의 지배 등에서 지난 15년간 거의 진전이 없었다. 한국은 OECD 국가 가운데 이탈리아, 스페인, 그리스, 헝가리, 폴란드 등과 함께 중소득(中所得)과 저제도(低制度)의 그룹을 이루고 있다. 한국 경제체제의 또 한 가지 특징은 제도 상호간의 부정합성이 크다는 점이다. 한국은 외환위기 이전까지는 일본과 유사한 경제체제였지만, 이후 글로벌 스탠더드를 도입함으로써 제도의 부정합성이 커졌다. 그로 인해 단기고용과 장기고용이 혼재한 노동시장, 직접금융과 간접금융이 혼재한 금융시장, 점진적 혁신의 기계·부품산업과 급진적 혁신의 IT산업에서 동시에 경쟁력을 보유하는 산업구조 등이 경제체제의 특질을 이루게 되었다. 이같이 일관성을 결여한 경제체제가 언제까지 경쟁력을 가질지는 의문이다. 더구나 한국인의 가치관은 그것을 대변하는 여러 지표에 관한 국제

적 비교조사에서 각각의 등위(等位)가 가장 분산적이어서 일관성을 결여하고 있다. 또한 한국인의 가치관은 두드러지게 물질주의적으로 조사되고 있다. 저자는 이 같은 제도와 문화에서의 불균형과 혼란이야말로 한국의 장기적 경제성장을 저해하는 가장 심각한 근본적 장애라고 진단하고 있다.

마지막으로 제11장 「한국사회의 역사적 특질: 한국형 시장경제체제의 비교제도적 토대」는 필자의 글이다. 이 장은 이 책 10편의 글 가운데 유일하게 역사적 서술로서 17세기 이후 20세기까지 한국사회의 조직적 특질을 동리(洞里)를 중심으로 추적하고 있다. 후쿠야마가 지적한 대로 한국은 저신뢰(低信賴)의 사회이다(Fukuyama 1995: 127-145). 저자는 조선왕조의 토지와 인간에 대한 지배체제에서 그 역사적 기원을 찾고 있다. 조선왕조의 지배체제는 신분적 차별을 기본 원리로 하였다. 그에 규정되어 조선시대의 동리는 공동체이지 못하였다. 동리를 구성한 여러 형태의 계(契)는 양반의 상민에 대한 지배를 주요 기능으로 하였다. 20세기 일본으로부터 근대적 법제가 이식되고 그에 따라 근대적 사권(私權)의 주체로서 개인의 범주가 출현하였다. 그렇지만 양반-상민의 신분질서와 그를 둘러싼 문화는 해체되지 않았으며, 오히려 근대적 법제와 결합하여 점점 대중화하는 추세를 걸었다. 근대화의 과정은 유교적 인간화의 과정이기도 하였다. 20세기 한국사는 이같이 근대적 전환과 유교적 전환이 맞물린 복선의 전환이라는 관점에서 그 전체상이 복원될 수 있다. 그 결과 1950~60년대에 이르러 사회는 가족과 친족집단 이외의 조직이 희박한 가운데 고립적 개인이 그의 사회적 지위의 향상을 위해 중앙권력으로 향하는 위계를 맹렬히 추구하는 나선형(螺旋型) 구조를 지니게 되었다. 일본이 단체사회이고, 중국이 관계사회라면, 한국은 나선사회이다. 나선사회는 저신뢰의 사회이다. 나선사회에서 인간관계는 불안정하며, 기회주의적이며, 당파적이다. 1960년대 이후 고도성장의 동력은 이 같은 나선사회의 조직적 특질로부터 공급되었다. 대기업과 대기업집단은 이 사회의 인간들이 혼신의 힘을 다하여 추구할 만한 유사(類似) 관료제의 위계를 풍부하게 공급하였다. 대기업집단은 대외 경쟁에 노출된 연유에서 중앙권력의 통제 밖에 있었으며, 그리하여 이 사회를 진정한 의미의 근대사회로, 다원적 권위의 사회로 변모시켰다. 그렇지만 중앙권력을 정점으로 하는 나선사회의 관료제적 위계질서는, 그것이 체현하는 국가주의적 지향은, 완화되지 않았다. 저성장의 시대를 맞아 사회적 불평등의 심화와 더불어 국가는 이전에 그가 육성하였던 대기업을 이제는 각종 규제로 옥죄는 것으로 그의 역할을 바꾸었다. 한국의 사회와 경제는 예나 지금이나 국가주의이다

V. 헌법의 경제질서

경제학자들의 논문만을 초대한 이 책은 애초 대한민국의 헌법이 규정하는 경제질서에 관해 마땅한 주의를 기울이지 않았다. 그런데 이상의 소개와 같이 공동연구의 대상과 관심이 신뢰, 가치관, 사회의 역사적 특질과 같은 비공식적 규범으로 확장되면서, 그것들의 소산이라 할, 거꾸로 그것들을 밀접히 대변하고 있는, 헌법상의 경제조항에 눈길을 주지 않을 수 없게 되었다. 법의 지향과 경제의 현실은 일치하지 않는다. 법의 제정은 그를 둘러싼 정치 상황이나 제정 주체의 정치적 의지에 긴밀히 규정된다. 그렇지만 법과 경제의 괴리는 무한정일 수 없고, 당해 사회가 공유하는 이념의 폭과 편차에 제약되기 마련이다. 법의 제정은 크게 말해 국가이성의 발로라고 할 수 있다. 그러한 관점에서 한국형 시장경제체제 모색의 일환으로 헌법이 규정하는 경제질서에 대한 고찰을 생략하기 곤란하다.

1948년 7월 17일 제정된 건국헌법은 제5조에서 "대한민국은 정치, 경제, 사회, 문화의 모든 영역에서 각인의 자유, 평등과 창의를 존중하고 보장"한다고 함으로써 개인의 자유와 평등을 국가의 최고이념으로 설정하였다. 뒤이어 건국헌법은 제8~15조에서 국민의 기본권으로서 신체의 자유, 거주·이전의 자유, 신앙·양심의 자유, 언론·출판·집회·결사의 자유, 학문·예술의 자유, 그리고 재산권을 보장하였다. 이 같은 건국헌법의 최고이념과 기본권 보장은 대한민국의 국가체제가 정치적으로는 자유민주주의로, 경제적으로는 자본주의적 시장경제로 출범했음을 이야기하고 있다(강정민 2005: 88).

그렇지만 건국헌법의 민주주의와 시장경제는 그것이 서유럽에서 발흥할 때의 고전적 형태와는 자못 달랐다. 당시까지 보통의 한국인들에게 민주주의와 시장경제는 수입된 지 얼마 되지 않은, 여전히 생소한 수입품이었다. '자유'나 '개인'과 같은 기초적 가치는 천박한 이기심으로 오해되거나 기득권층의 사치스런 타령으로 폄하되기 일쑤였다. 불행하게도 한국사에서 '자유'와 '개인'은 식민지 지배체제의 하나로 이식되었으며, 그리하여 그 태생에서 반민족적이었다(이나미 2001). 건국 당시 다수의 한국인은 여전히 자급적 농업으로 생계를 영위하였으며, 그들의 정신생활은 전통 성리학의 질서에 깊숙이 포섭되어 있었다(이영훈 2009).

그런 가운데 헌법은 국민국가를 창출하기 위한 법적 요식으로 제정되었다. 헌법은 이해관계를 달리하는 사회 계층이나 집단 간의 투쟁과 타협으로 도출된 것이 아니었다. 헌법 제정에 참여한 법률가들은 정치에 관해서는 미국 헌법을, 경제에 관해서는 바이마르공화국 헌법을 참조하였다(류수현 1986: 209-211). 헌법의 이 같은 특질은 자유 내지 민주주의의 이중구조로 표출되었다. 예컨대 인간은 기본적으로 자유의 존재이지만, 그 자유는 사회적 공공의 이익에 구속되어야 할 바였다. 헌법 제18조는 재산권과 관련하여 "재산권은 보장된다. 그 내용과 한계는 법률로써 정한다"고 하면서 "재산권의 행사는 공공복리에 적합하여야 한다"

고 규정하였다. 이는 바이마르공화국 헌법의 해당 규정을 그대로 옮겨 온 것인데(金孝全 1986: 18-19), 이후 몇 차례의 헌법 개정에서도 그대로 계승되어 현행 헌법에 이르고 있다.

근대 서유럽에서 재산권은 자유주의 정치철학이 생겨날 때 개인의 국가권력으로부터의 자유를 근저에서 지지하는 자연법적 권리의 하나로 인식되었다. 건국헌법 이래 현행 헌법에 이르기까지 대한민국의 헌법이 규정한 재산권은 그와 성격이 다른 것이다. 개인의 자유는 공공의 복리에 제한되는, 또는 그에 부속하는 가치이며, 이에 재산권 역시 사회적 공공에 제약되어야 하는 상대적 권리에 지나지 않았다. 그에 대한 반성은 아홉 차례에 걸친 헌법 개정의 과정에서 한 번도 진지하게 제기되지 않았다.

뒤이어 건국헌법은 신생국의 경제질서와 관련하여 특이하게도 경제장(經濟章)을 설정한 다음, "대한민국의 경제질서는 모든 국민에게 생활의 기본적 수요를 충족할 수 있게 하는 사회정의의 실현과 균형 있는 국민경제의 발전을 기함을 기본으로 삼는다. 각인의 경제상 자유는 이 한계 내에서 보장된다"라고 규정하였다(제84조). 그와 더불어 지하자원, 수산자원, 기타 유용한 자연력을 국유로 하며(제85조), 운수·통신·금융·보험·전기·수리·수도·가스 등의 기업을 국영 또는 공영으로 하며, 대외무역을 국가의 통제 하에 둔다고 하였다(제86조). 또한 국민생활상 긴요한 필요에 따라 사영기업을 국유 또는 공유로 이전하거나 그 경영을 통제, 관리할 수 있다고 하였다(제87조).

이처럼 건국헌법이 지향한 경제질서는 중요 자원과 산업을 국유화하고 사영기업과 대외무역을 국가의 통제와 관리로 두는, 자본주의와 사회주의를 섞어놓은, 사회민주주의 또는 혼합경제체제에 해당하였다. 개인의 재산권과 경제활동의 자유를 기본 원리로 하는 자유시장경제는 아니었다. 그 같은 정치적 지향은 건국에 참여한 모든 정파가 공유한 바였다. 건국헌법에 혼합된 사회주의적 요소는 국민 기본권의 일환으로서 노동자의 권리를 규정한 제18조에서 "영리를 목적으로 하는 사기업에 있어서는 근로자는 법률의 정하는 바에 의하여 이익의 분배에 균점(均霑)할 권리가 있다"고 규정한 데서 가장 극명하게 드러났다. 이 규정은 헌법 기초안에 없었던 것인데, 국회 본회의의 심의과정에서 조병한(趙炳漢) 의원에 의해 수정 발의된 뒤 불과 이틀간의 토론으로 헌법에 오른 것이다. 시장경제의 원리를 근본에서 부정하는, 다른 나라에서 비슷한 예를 찾을 수 없는, 근로자의 이익균점권은 당시 사기업 대부분이 귀속재산으로서 민족의 공유라는 특별한 인식을 배경으로 하였다(黃承欽 2001).

건국헌법이 지향한 혼합경제체제의 밑바닥에는 민족주의와 그에 바탕을 둔 평등주의가 두텁게 깔려 있었다. 대한민국임시정부 광복군의 총사령관을 지낸 이청천(李青天) 의원은 사기업을 국유 또는 공유로 이전할 수 있다는 헌법의 규정을 맹렬히 옹호하면서 다음과 같이 주장하였다. "우리는 자유를 위하여 평등을 위하여 잘 살고 고르게 살자는 기본 이념이기 때문에 (중략) 전체주의라는 공산주의체제와 무제한 자본주의를 취하지 않고 국가권력으로서는 철두철미 민족주의로 나가야 되겠습니다. 경제적으로는 사회주의로 나가야 되겠습니다. 이것은 다시 말하면 민족사회주의입니다."(장동진 2005: 77)

'민족사회주의'가 울리는 공감대는 컸지만, 그것을 논리적으로 엄밀하게 정의하기는 힘들었다. 한국인들은 골고루 함께 잘사는 국민경제의 건설을 염원하였지만, 그들이 어디로 가고 있는지, 어디로 가야 하는지 잘 알지 못하였다. 중요 자원과 산업을 국유화하고, 사영기업과 대외무역을 국가의 통제 하에 둔다는 헌법의 규정은 비현실적이었다. 신생국의 행정력은 중요 자원과 산업을 국·공유로 관리하기에는 너무나 빈약하였다. 신생국의 재정은 중요 산업을 국·공유로 관리하는 데 소요되는 투자자금을 조달할 능력을 결여하였다. 한국전쟁에 따른 산업시설의 파괴는 신생국의 경제를 마비시켰다. 사영기업과 대외무역을 국가통제 하에 둔다는 헌법의 규정은 신생국의 정체성에 대한 우방의 의구심을 불러일으켰다.

1954년 제2차 개정헌법에 이르러 위와 같은 사회민주적 헌법 조항은 수정되거나 삭제될 수밖에 없었다. 중요 자원에 대해서는 민간의 특허에 의한 소유가 허용되었으며, 사영기업과 대외무역에 대한 국가의 통제도 특별한 경우에 한하도록 제한되었다. 금융·운수·통신 등 중요 산업을 국영 또는 공영으로 한다는 규정도 폐지되었다. 1962년 제5차 개정헌법에서는 그간 아무런 효력도 없이 사문으로 지내온 사기업 근로자의 이익균점권도 폐지되었다. 그렇지만 건국헌법이 내포한 '민족사회주의' 지향은 완전히 소멸하지 않았으며,[5] 오히려 개헌을 거듭하는 과정에서 그 외연을 넓히고 있었다.

예컨대 1987년 개정된 현행 헌법의 119조는 "대한민국의 경제질서는 개인과 기업의 경제상의 자유와 창의를 존중함을 기본으로 한다"고 하면서도 "국가는 균형 있는 국민경제의 성장 및 안정과 적정한 소득의 분배를 유지하고, 시장의 지배와 경제력의 남용을 방지하며, 경제주체 간의 조화를 통한 경제의 민주화를 위하여 경제에 관한 규제와 조정을 할 수 있다"고 규정하였다. 이 이른바 '경제민주화' 규정은 대한민국의 경제체제가 여전히 국가의 개입과 통제 하에서 영위되는 '민족사회주의' 체제임을 천명하고 있다. 그에 준하여 현행 헌법은 국가가 농업 및 어업을 보호·육성해야 하며, 중소기업을 보호·육성해야 하며, 지역의 균형개발과 농·어촌의 종합개발을 지원해야 하며, 농수산물의 유통

5 노동자의 이익균점권은 1980년 헌법개정 논의 중 이른바 '6인 교수안'에서 그 부활이 진지하게 검토되었다. 1987년 헌법개정 논의에서도 당시의 민주당 안에서 이익균점권의 부활이 제안되었다. 헌법개정안을 작성한 민정당과 민주당 각 4인씩의 8인 정치회담에서는 근로자의 이익균점권이 관계 조문에 간접 반영된 것으로 인정하고 이를 조문화하지 않기로 하였다(黃承欽 2001: 320).

구조를 개선해야 하며, 농·어민과 중소기업의 자조조직을 육성해야 하며(제123조 제1~5항), 나아가 소비자를 보호해야 하며(124조), 대외무역의 육성을 위해 이를 규제해야 하며(125조), 과학기술의 혁신과 인력의 개발에 노력해야 한다(127조)고 규정하고 있다.

요컨대 현행 헌법은 대기업을 제외한 모든 경제주체가 국가의 보호와 육성의 대상임을 천명하고 있다. 대기업에게는 "시장의 지배와 경제력의 남용을 방지"한다는 명분으로 각종 규제가 강화되었다. 결과적으로 현행 헌법은 국가에 의해 보호, 육성되지 않거나 통제되지 않은 경제주체는 단 하나도 존재하지 않음을 천명하고 있다. 아마도 후세의 역사가들은 이상과 같은 역대 헌법에 근거하여 이 나라의 경제체제가 줄곧 그들의 전통에 충실한 국가주의체제로 영위되었다고 기술할 것이다.

VI. 맺는말: 국가주의 시장경제

결론을 내려야 할 때는 언제나 망설인다. 준비가 부족한 것을 느끼기 때문이다. 그렇다고 언제까지 늦출 수도 없다. 모든 결론은 잠정적이며, 주체의 성찰과 타인의 비판을 기다려 다음 단계로 나아가는 과정에 불과하다. 먼저 잘 알려진 고도성장의 역사부터, 제1절의 서술과 다소 중복되지만, 차분히 되돌아본다. 한국경제가 고도성장의 길에 접어든 1963년을 전후한 무렵, 한국경제에 잠재한 '후발성의 이익'은 우리가 통상적으로 간주해온 것 이상의 크기였다. 재산권 제도가 잘 정비되어 있었으며, 교육받은 양질의 인적자본이 축적되어 있었다. 이러한 조건들의 상당 부분은 일제가 한반도를 그의 부속영토로 영구병합하기 위해 그들의 제도를 강제 이식한 결과이다. 미군정과 초대 이승만 정부는 교육혁명이라 해도 좋을 정도로 각급 교육에 많은 투자를 하였다. 건국과 뒤이은 한국전쟁의 폭력적 정치과정은 대부분의 공산주의자를 이 땅에서 소거해버렸다. 그로 인해 이 나라는 2차 세계대전 이후에 생겨난 많은 신생국이 겪어야 했던 국가정체성의 혼란을 피할 수 있었다. 이승만 대통령의 권위주의 정치가 야당과의 격렬한 정쟁을 통해 추구한 대통령중심제 정부 형태는 4·19와 5·16의 정치적 격동을 거친 뒤 박정희 대통령에 의해 복구, 계승되었다(이영훈 2013: 232-236, 302-307). 대통령중심제 정부는 서투른 민주주의로 인해 국가가 사회에 포획되는, 전술한 보상국가 시장경제로 떨어지는, 위험성을 차단하였다.

이러한 한국 나름의 주체적 조건 위에 국제경제의 유리한 환경이 조성되었다. 전후 세계경제의 번영을 뒷받침한 자유무역주의는 선진국이 후진국의 노동집약적 공산품을 수입하는 새로운 국제적 분업을 창출하였다. 그 새로운 시장이 1950년대의 일본을 거쳐 1960년대의 한국에 찾아들었다(이영훈 2012). 무엇을 생산할지, 어떻게 생산할지, 어디에다 팔지는 어려운 문제가 아니었다. 선진국이 개발해놓은 제품을, 선진국의 기술로 생산하여, 선진국을 비롯한 여러 나라에 팔면 충분하였다. 노동력은 남아 돌았으며, 모자라는 기술·부품·장비는 미국과 일본의 우호적 공급으로 해결될 터였다. 박정희 정부는 이같이 한국경제에 잠재한 '후발성의 이익'을 구현하고 조직함에 솜씨를 발휘하였다. 정부는 능력이 검증된 소수의 기업가들에게 금융자원을 배분하였으며, 대량의 숙련공을 양성해주었으며, 기술개발을 촉진하였으며, 수출 증대를 핵심 고리로 하는 계획, 조정, 집행의 발전국가체제를 민활하게 운영하였다.

이후 1987년까지 이어진 한국경제의 고도성장은 앞서 소개한 김선빈 외의 『상생의 경제학』이 지적하였듯이, 또 이 책의 김주훈의 글에서 강조하고 있듯이, 정부와 기업 간에, 대기업과 중소기업 간에, 자본과 노동 간에 상호보완성을 구현하는 경제체제를 성립시켰다. 대기업과 중소기업은 노동집약적 수출상품을 개발함에 있어서, 기술의 도입과 훈련에 있어서, 상생의 협력관계를 구축하였다.[6] 자본과 노동의 관계는 권위주의적이었지만 성장의 과실을 공유하였다. 그 결과 이 책의 김낙년의 글에서 명확히 하고 있듯이, 그 시대의 소득분배는 비교적 평등한 구조였다.

그렇지만 이 같은 고도성장기의 경제체제는 자기유지적(自己維持的)인 동학(動學)을 확보하지 못하였다. 그것은 한국경제에 역사적으로 축적된 '후발성의 이익'이 정부 주도로 실현되어 민간에 배분되는 경과적이었다. '후발성의 이익'은 과잉인구의 소멸, 기술체제의 변화, 후발자의 추격에 따라 조만간 사라질 수밖에 없었으며, 민주화 시대를 연 1987년이 그 기점으로 이해되고 있다. 이후 한국경제는 실제성장률, 잠재성장률, 내수증가율, 총요소생산성, 대기업의 수 등, 모든 지표에서 지속적으로 하락 추세를 보여왔다(좌승희 2006: 256-264).

그사이, 볼만한 혁신이 없었던 것은 아니다. 1980년대 중반 이후 몇몇 선도적 대기업은 기술개발에 대대적으로 투자하여 선진국의 경쟁상대를 추격하는 데 성공하였다. 기술개발에서의 추격은 일정한 시차를 두고 시장매출에서의 추격으로 이어졌다(오철 2014). 이 책의 2장에서 잘 밝히고 있듯이 추격의 성공은 IT 등 기술수명이 짧고 기술체제의 교체가 빈번한 부문을, 다시 말해 선진국과의 격차가 원래 심하지 않은 신산업을 무대로 하였다. 자동차, 조선, 제철과 같은 전통산업에서도 성공적인 추격이 있었는데, 그 역시 세계적으로 새로운 기술체제가 성립함에 따라 선진국과 상이한 기술혁신의 경로를 개척할 수 있는 기회가 한국의 기업들에 제공되었기 때문이다. 그 덕분에 서두에서 소개한 대로 오늘날 한국경제는 국제경쟁력을 갖춘 몇몇 제조업과 더불어 세계 제15

6 이 점을 과장해서는 곤란하다. 대기업-중소기업의 하도급 관계는 그것이 생겨난 1970년대 중반부터 갈등적이었으며, 대기업의 중소기업에 대한 기술과 자금의 지원은 증가하는 추세이긴 했지만 1990년에도 수급 중소기업의 39.7%에 불과하였다(金周祥 1991: 75).

위의 경제 규모를 보유하고 있다.

소수 선도적 대기업의 성공적인 추격에도 불구하고 한국경제의 질적 구조전환은 의식되거나 의도되지 않았다. 고도성장을 뒷받침한, 주요 기술과 부품·소재·장치를 수입에 의존하는 조립형 공업화의 경제구조와 그에 조응하는 기술혁신, 숙련 형성, 노무관리의 경로와 방식에는 근본적인 변화가 없었다. 예컨대 한국경제를 선도하는 삼성전자는 반도체 조립에 드는 핵심 소재와 설비를 여전히 수입하고 있다. 대기업의 기술혁신은 생산라인에서 축적된 점진적이고 암묵적인 숙련이 아니라 대학을 졸업한 소수의 우수한 기술자가 실험실에서 행하는 급진적인 설계와 실험에 의하였다. 대기업은 숙련의 형성을 기대하거나 지원하지 않았으며, 오히려 기존 생산설비를 높은 수준의 수치제어와 자동화를 구현하는 수입품으로 자주 교체함으로써 숙련의 형성을 저해하였다. 서두에서 강조한 대로 한국경제의 성공적인 추격은 기본적으로 단순조립에서 첨단조립으로의 이행이었다.

기술혁신과 추격경로의 이 같은 특질로 인해 1987년 이후 한국의 시장경제는 부문 간에 불균형과 격차가 심화하는 문제점을 노정하였다. 대기업과 중소기업 간의 생산성 및 임금의 격차는 점점 벌어졌으며, 양자의 하도급으로 맺어진 계열 관계는 더욱 갈등적으로 되어갔다. 노동시장은 기능, 숙련, 기술을 기업 밖에서 구하거나 수입하는 외부노동시장으로 변모해갔다. 소수 대기업의 노동자들은 강력한 노동조합의 결성으로 비정규직과 차별된 그들의 특권을 추구하였다. 반면에 비정규직이 다수를 점하는 중소기업 이하의 노동자들은 지연 등의 연고를 매개로 이리저리 옮겨다니는 높은 유동성의 외부노동시장을 형성하였다. 1990년대 들어 과도하게 성급히 추구된 금융시장의 자유화는 1997년 말 비극적인 외환위기를 가져왔다. 이후 구조개혁의 명분으로 무분별하게 도입된 영미형 시장제도는 그때까지 비교적 평등했던 분배구조를 악화시켰다.

부문 간의 불균형과 격차는 당연하게도 정부규제를 강화시켰다. 1975

년 '중소기업계열화촉진법'이 제정되었다. 애초 이 법은 중화학공업화와 더불어 대기업에 부품을 공급하는 중소기업이 증가하고 그들의 역할이 중요해짐에 따라 양자의 관계를 건전하게 육성할 목적으로 제정되었다. 정부는 대기업이 중소기업에 도급할 업종과 품목을 지정하였으며, 모기업과 계열기업의 공동사업계획서를 요구하였으며, 모기업과 협상할 계열기업협의회를 조직하였으며, 모기업의 계열기업에 대한 부당행위를 금지하였다. 1981년에는 불균형과 격차의 주범으로 간주된 대기업집단의 독과점과 불공정행위를 단속하기 위한 '독점규제 및 공정거래에 관한 법률'이 제정되었다. 이 법은 2013년까지 모두 45회나 개정되면서 대기업집단을 겨냥한 방대한 규제의 생태계를 조성하였다.

정부의 규제가 강화된 데에는 여러 가지 요인이 작용하였는데, 여기서는 부문 간의 불균등과 격차를 스스로 조정할 능력이 취약하다는 한국사회의 조직적 특질에 주목한다. 1973년 중화학공업화가 착수된 이래 한국경제는 기업 간의 협력과 조정이라는 이전에 경험한 적이 없는 생경한 문제에 부딪쳤다. 생산과정의 우회도가 큰 중화학공업화의 원만한 추진을 위해서는 대기업에 부품과 소재를 공급하는 중소기업의 건전한 역할이 필수적이다. 노동집약적 경공업제품을 가공, 조립하여 수출하던 이전 시기에 중소기업의 역할이나 발전은 없었다. 중소기업의 수는 1966년 2만 2,000여 개에서 1973~1976년까지 큰 변화가 없었다. 수출은 긴 조립라인에 다수 노동자를 배치한 대기업에 의해 담당되었다. 대기업과 중소기업의 협력관계는 그다지 중요하지 않았으며, 그에 따라 1966~1976년 중소기업으로서 하도급 업체의 비율은 10~20%에 불과하였다. 이후 중화학공업화의 본격적인 진전에 따라 1990년까지 중소기업의 수는 6만 7,000여 개로, 하도급 업체의 비율은 70% 전후로 많이 증가하였다.

그렇게 대기업과 중소기업의 관계가 긴밀해지자 1975년 정부는 전술한 계열화촉진법을 제정하여 양자의 협력을 증진코자 하였다. 그렇지만 결과는 실패작이었다. 관련 연구들을 검토하면, 그 기본 원인은 정부 정책의 부실에 있다기보다 대기업과 중소기업 간의 신뢰가 원래 빈약한 데 있었다. 대기업은 하도급 중소기업을 종속기업으로 간주하였으며, 하도급 기업의 기술과 품질을 신뢰하지 않았으며, 자금과 기술을 지원하지 않았으며, 하도급의 결제를 미루었으며, 하도급 기업을 병합하여 기업조직을 확장하고자 했다. 중소기업 역시 대기업을 신뢰하지 않았으며, 특정 기업에 매인 장기간의 고정거래가 그를 종속시킬 위험성을 처음부터 경계하였다. 정부가 요구한 공동사업계획서는 형식에 불과하였으며, 계열기업협의회의 활동은 미미하였다(金周祥 1991: 74-91). 당연하게도 정부의 규제는 강화되었다. 1975년 제정 당시에 계열화촉진법이 금지한 대기업의 부당행위는 6가지였지만, 1993년까지 5차례의 개정을 거치면서 그 수는 11가지로 증가하였다.

1975년 정부가 계열화촉진법을 제정할 때 정부는 일본의 하도급 관계를 모델로 삼았다. 계열화촉진법은 일본의 관련법을 그대로 옮겨온 것이다. 정부는 일본식의 하도급 관계를 추구하였지만 뜻대로 되지 않았다. 핵심 기술·부품·소재·장비를 손쉽게 수입할 수 있다는 지경학적 조건이 그것의 국내 자급에 요청되는 기업 간의 수평적 협조를 가로막은 경제적 요인이었을 터이다. 그렇지만 기업 간의 협력을 가로막은 요인은 그것만이 아니었다. 다른 어떤 조건이 충족되었더라면 경제적 요인의 제약을 넘어 협력을 균형해(均衡解)로 하는 쌍방의 행동전략이 도출될 수도 있었다. 다시 말해 일본식의 하도급 관계를 추구한 정부정책이 실패한 것은 일본에서와 같은 기업 간 신뢰와 협력의 문화가 한국에서는 존재하지 않았기 때문이다.

기업 간 관계에서만 그러한 것이 아니었다. 기업 간의 관계는 그것이 처음 발생한 1970년대 사회의 실태를 충실하게 반영하였다. 그러한 시각에서 우리는 정부규제의 강화를 초래한 요인을 규제 자체를 선호하는 정부의 속성이나, 기업 간 협력을 저해한 지경학적 요인을 넘어, 사회의 조직적 특질과 그것의 역사적 전개과정에까지 관심의 지평을 넓히지 않으면 안 된다. 여기서 우리는 한국사회는 역사적으로 과연 신뢰사회인가라는 질문을 던지게 된다. 이 책은 그러한 질문을 의식하고 그에 대답할 준비가 되어 있는 몇 편의 글을 포함하고 있다.

제5장 김창욱과 김정근의 글에서 우리는 한국의 자영업자들은 무엇 때문에 자발적으로 협력하지 않을까라는 의문을 갖게 된다. 자영업자들이 그들의 영세한 사업체를 합자회사와 같은 파트너십으로 통합한다면 틀림없이 훨씬 큰 이익을 향유할 수 있다. 그럼에도 그들이 서로 죽이기 위한 질이 나쁜 경쟁을 멈추지 않은 것은 무엇 때문일까. 제6장 이명헌의 글은 한국의 농업협동조합이 왜 선진국의 협동조합처럼 농산물의 선별, 매취, 가공 부문에까지 적극 진출하여 농가소득을 높이려고 노력하지 못할까라는 의문을 제기하고 있다.

그와 관련하여 제9장 김선빈의 글은 한국은 멕시코, 터키, 이탈리아, 그리스, 헝가리, 폴란드와 함께 고갈등과 저관리능력의 그룹에 속한다고 지적한다. 이들 나라는 대부분 VoC 이론이 이야기하는 MME에 소속하고 있다. 앞의 김창욱과 김정근의 글에서 이들 나라는 공교롭게도 자영업의 비중이 높은 그룹을 형성하고 있다. 앞서 소개한 조덕희 글에서 이들 나라는 영세제조업의 비중이 높다는 공통의 현상을 보이고 있다. 확실히 이들 나라는 사회의 특질이나 경제체제의 구조에서 닮은꼴이다. 이들에서 관찰되는 고갈등과 저관리능력의 인과는 어떻게 되는가. 어디가 원인인가. 그 복잡한 인과의 고리는 장기에 걸쳐 역사적으로 형성된 것이기에 좀처럼 풀기 어려울 터이다. 한국이 국제적으로 고갈등과 저관리능력의 그룹에서 탈출하기는 쉽지 않을 터이다.

제10장 김병연의 글 역시 한국이 이탈리아, 스페인, 그리스, 헝가리, 폴란드와 함께 중소득과 저제도의 그룹을 형성한다고 지적하고 있다. 김병연에 따르면 재산권을 비롯한 한국의 공식적 제도의 질은 비교적 양호한 상태이다. 앞서 지적한 대로 그것은 한국이 일제하에서 무임승

차로 취득한 것이다. 그것을 넘어 비공식적 규범에서, 그의 제반 가치관에서, 한국은 불균형과 모순의 상태이다. 한국인의 가치관은 심하게 물질주의로 경도되어 있다. 한국인의 물질주의는 국제적 비교에서 이상치라 해도 좋을 정도로 심각한 수준이다.

한국이 저신뢰 사회라는 여러 사회학자의 공통된 지적은 흔히들 그것이 일제의 지배나 이승만과 박정희의 권위주의 통치 때문이라는 유교주의적, 민족주의적, 포스트모더니즘의 담론으로 이어져왔다. 그렇지만 한국사회가 보유한 신뢰의 지수는 권위주의 통치가 종식된 이른바 민주화시대에 이르러 점점 낮아지는 추세를 보이고 있다(이재열 2011: 63). 한국사회의 저신뢰를 한국인들이 경험했던 짧은 기간의 권위주의 탓으로 돌리는 제반 언설은 그 몰역사성과 비과학성만큼이나 무책임하게 저신뢰의 추세를 부추겨왔을 뿐이다.

필자의 제11장은 한국의 전통사회와 오늘날의 시장경제체제 사이에 암묵적으로 존재하는 역사적 인과를 추구하였다. 15~19세기 조선왕조의 농촌사회는 공동체사회가 아니었다. 한국이 전통적으로 공동체사회라는 통속적으로 형성된 민족주의 담론은 이제 접을 때가 되었다. 5세기 간 조선사회가 밟은 진화의 길은 양반 신분의 친족집단이 농촌사회의 말단에까지 확산하는 유교적 전환의 과정이었다. 농촌 주민은 그 신분이 양반과 상민으로 갈렸으며, 조선왕조가 구축한 토지와 인간에 대한 지배체제 역시 그 같은 신분 차별에 기초하였다. 유교적 전환은 일제에 의해 근대의 제도가 이식되고 그에 따라 사권의 주체로서 개인의 범주가 성립한 20세기 초 이후에도 멈추지 않았다. 20세기 한국의 문명사는 근대적 전환과 유교적 전환이 복선으로 전개되는 과정이었다. 반상(班常)의 신분 감각이 농촌사회에서 말끔히 사라지는 것은 1970~1980년대의 일이다. 때를 같이하여 민주화시대가 개막되었다. 이 같은 문명사적 전환의 결과 20세기 후반에 이르러 한국사회는 국가와 개인이 직면하는, 개인 상호의 관계는 중앙으로 향한 관료제적 위계에 의해 결정되는, 나선으로 말려올라가는 구조로 짜이게 되었다.

1960년대의 고도성장을 일으킨 것은 이 나선사회에 잠재한 에너지였다. 사람들은 정부와 대기업집단이 풍부하게 제공한 관료제적 위계와 위신을 그의 사회경제적 지위를 상승시킬 기회로 맹렬하게 추구하였다. 나선사회가 일으킨 선풍과 같은 동력은 물질주의적 부와 지위만을 위한 것이 아니었다. 고도성장이 야기하는 사회와 정치의 격렬한 긴장은 산업보국(産業輔國) 또는 조국근대화의 구호를 내건 박정희 대통령의 민족주의에 의해 통합되었다. 일찍이 거센크론이 지적하였듯이 후진국의 산업혁명은, 그의 후진성이 깊으면 깊을수록, 황금빛 미래에 대한 정치적 약속과 이념으로 지지되지 않으면 안 되었다(Gerschenkron 1962: 22-26). 고도성장을 기획하고 지휘한 박정희 대통령은 이 나라의 경제체제가 독일·일본과 같은 신뢰와 협동으로 조정되는 자본주의로 나아가기를 추구하였다. 그의 이념적 지향은 농촌마을과 도시공장에서 전개된 새마을운동에서 극명하게 드러났다. 앞서 소개한 계열화촉진법이 추구한 기업간 관계는 공장새마을운동의 일환으로 실현될 바였다. 그에게서 기업은 사용자와 종업원이 상생하는 공동체였다. 그에 조응하여 고도성장기의 사회와 경제는, 격렬한 정치적 갈등에도 불구하고, 이례적으로 높은 수준의 신뢰와 통합을 보였다.[7]

그렇지만 그 같은 박정희의 근대화혁명은 그의 비극적 죽음과 더불어 중도반단(中途半斷)으로 끝이 났다. 이후 지금까지 어느 정치가도 이 나라가 지향할 모델이 무엇인지에 관해 드러낼 만한 소신을 갖지 못하였다. 박정희의 혁명을 실패하게 만든 것은 이 나라의 나선사회가 역사적으로 배태하고 있는 분열의 동력 그것이었다. 인간들의 일상생활이나

---

7 최근에 제출된 柳光浩(2014)의 박사학위논문에서 이와 관련된 기업 사례 하나를 찾을 수 있다. 이 개척적 연구가 대상으로 삼은 고도성장기의 豊山金屬 安康工場은 국가-기업-기능공이 상호배태의 규율적 발전을 추구한 모범을 이루었다.

정치의식에서 민주주의의 진정한 토양이라고 할 시민사회는 미성숙했다. 전술한 대로 인간들은 그의 사회경제적 지위를 추구할 수 있는 정치적 기회에서 평등하였을 뿐이다. 박정희의 권위주의 정치에 저항한 정치세력을 두고 진정한 의미의 시민적 민주주의 세력으로 평가함은 온당하지 않다. 그들은 박정희의 권위주의를 민주주의의 이름으로 비판하고 대중을 동원함에 성공하였지만, 그 이념적 지향에서는 불투명하거나 혼란스러운, 나선사회에 배태된 분열적 계기로 인해 처음부터 과도하게 정치화한 세력이었다.

이후 민주화시대에 들어 지금까지 근 30년간 한국의 정치, 사회, 경제는 표류하였다. 전술한 대로 고도성장기에 뿌리를 내린 대기업집단은 기술혁신과 추격에 성공함으로써 이 나라의 경제를 선진국의 문턱으로까지 밀어올렸다. 그렇지만 혁신과 추격의 경로가 조립형 공업화였던 이상, 첨단산업과 재래산업 간의, 대기업과 중소기업 간의, 정규직과 비정규직 간의 불균등과 격차는 더욱 벌어졌다. 가장 심한 불균형은 노동시장에서 조성되었다. 한국의 노동시장은 위계적으로 분절된 외부노동시장이다. 대기업의 정규직 노동자들은 민주화시대가 제공한 여러 가지 정치적 권리를 그들만의 노동조합을 조직하는 데 활용하였다. 대기업 노동조합의 강인한 협상력과 투쟁력은 불가피하게 대량의 비정규직 노동자를 양산함으로써 노동시장을 분절시키는 역할을 하였다. 대기업의 정규직 노동자들은 그들만의 특별한 지위와 권리를 위해 비정규직에 대한 차별을 용인하였다. 한국에서 진정한 의미의 노동계급이나 그를 위한 연대는 존재하지 않는다. 그런 가운데 사용자와 종업원의 관계는 상호 불신 속에서 과도하게 정치화한 대립을 특징으로 하고 있다.

민주화시대의 역대 정부는 소수 대기업집단에 이 모든 불균형과 부조화의 책임을 묻는 방식으로 정부규제를 강화하였다. 제1절에서 소개한 대로 오늘날 한국은 상품시장규제의 지표에서 러시아, 중국, 브라질, 터키, 이스라엘, 멕시코 등과 함께 세계에서 가장 억제적인 국가군에 속한다. 특히 억제적인 것은 외국인기업의 설립과 투자에 관해서이다. 그에 관한 정부규제의 강도는 세계 제2위를 과시하고 있다(기획재정부 2014). 국민계정상에서 실질 총고정자본형성의 증가율이 1970년대 연평균 17.9%에서 1980년대 연평균 9.1%, 1990년대 연평균 6.7%, 2000년대 연평균 3.3%로 지속해서 하락한 것은, 더구나 2008년 이후 2012년까지 2010년을 제외하고서는 계속해서 음(陰)의 증가율을 보이게 된 것은(한국은행 경제통계시스템) 모두 과도하게 정치화한 노사관계와 억압적인 정부규제 때문이다.

여기서 다시 제5절에서 살핀 헌법의 경제질서를 되돌아본다. 역대 헌법과 현행 헌법은 한국형 시장경제체제를 모색하려는 경제학자들의 노력을 비웃기라도 하듯이 잘 다듬어진 정답을 오래전부터 제시하고 있었다. 경제학자들은 그들이 입버릇으로 되뇌어온 경제활동의 자유가 그들의 삶을 큰 윤곽에서 결정하고 있는 헌법에서 얼마나 치밀하게 은밀한 형태로 차단되어 있는지 알지 못하였다.

이제 결론을 맺는다. 한국의 시장경제는 그의 사회와 문화에 배태된, 오랜 역사에 걸쳐 형성된, 요인에 규정되어 국가주의의 특질을 강하게 드러내고 있다. 한국형 시장경제체제를 정의하자면 국가주의 시장경제이다. 한국의 자본주의는 VoC 이론이 제시하는 자본주의의 네 가지 유형으로서 자유시장경제, 조정시장경제, 국가주의 시장경제, 보상국가 시장경제 가운데 국가주의 시장경제에 속한다.

한국의 자본주의가 그를 국가주의 시장경제로 이르게 한 진화의 경로를 탈출할 수 있다면, 그러한 행운을 자신의 책무로 실천하는 정치적 리더십이 출현한다면, 그와 더불어 이 나라를 네덜란드와 같은 교역국가의 수준으로 완전 개방할 수 있다면, 이 나라가 새롭게 나아갈 방향은 조정시장경제보다 자유시장경제 쪽이 훨씬 친화적이다. 강력하고 공정한 법치가 행해진다면, 이 나라의 개성적인 인간들은 자유시장경제의 기본 원리인 경쟁, 계약, 위계의 덕목을 새로운 통합의 질서로 수용함에 커다란 능력을 발휘할 것이다. 왜냐하면 그와 유사한 덕목으로 짜인 나선구조의 전통사회에 의해 오랫동안 단련되어왔기 때문이다. 김선빈의 글이 지적하고 있듯이 이 나라가 조정시장경제로 곧바로 나아가기는 어렵다. 조직되지 않은 인간들을 자발적 신뢰로 묶는 사회조직의 진화는 훨씬 느린 속도로 진행하기 때문이다.

그렇지만 진화의 세계는 전쟁이나 공황이나 국망(國亡)과 같은 수준의 충격이 가해지지 않은 이상, 인간들이 그들의 사회를 특정한 방향으로 밀어온 진화의 경로를 이탈하는 것이 얼마나 힘든 일인지를 잘 보여주고 있다. 아마도 한국경제는 보상국가 시장경제로 떨어지는 최악의 경로를 회피할 수 있다면, 그런 정도의 국민적 상식이 건재해준다면, 국가주의 시장경제의 틀에서 심하게 갈등하면서 전진과 후퇴를 반복해갈 것이다.

참고문헌

강정민, 2005,「제헌헌법의 자유주의 이념적 성격」,『정치사상연구』11(2): 83-105.

기획재정부, 2014,「OECD 구조개혁 평가보고서[Going for Growth] 주요 내용」, 보도참고자료(2014.3.2).

김동환, 2012,「한국 금융시스템의 비교제도분석: 은행 vs. 시장」, 한국금융연구원.

김선빈 외, 2009,『상생의 경제학』, 삼성경제연구소.

김윤태, 2007,「자본주의의 다양성과 한국의 발전모델」,『동향과 전망』70: 46-76.

金周祥, 1991,「製造中小企業 系列化促進政策의 改善方向에 關한 硏究: 企業間 協力行爲와 利益分配를 中心으로」, 서울대학교 행정대학원 행정학과 석사학위논문.

金孝全, 1986,「韓國憲法과 바이마르憲法」,『公法硏究』14: 7-48.

남성일 외, 2007,『한국의 노동 어떻게 할 것인가?』, 서강대학교출판부.

柳光浩, 2014,「1970~80년대 양성된 중화학공업부문 기능공의 계층이동에 관한 생애사적 연구: (주)풍산 안강공장 사례를 중심으로」, 연세대학교 대학원 사회학과 박사학위논문.

류수현, 1986,「제1공화국 헌법제정과정」,『한국의 사회와 문화』7, 한국정신문화연구원: 181-243.

박덕제, 2007,「인력의 원활한 수급과 생산성 향상」, 남성일 외,『한국의 노동 어떻게 할 것인가?』, 서강대학교출판부.

손상호, 2013,「한국 정책금융의 평가와 분석 및 미래비전」, 한국금융연구원.

신기동·김군수·김을식·이정훈, 2012,「대·중소기업 동반성장의 새로운 시각」,『이슈&진단』37, 경기개발연구원.

신정완, 2005,「한국 경제의 대안적 체제 모델로서 '한국형 사회적 시장경제 모델' 구상」,『동향과 전망』65: 119-146.

오철, 2014,「기술과 시장에서 추격의 패턴: 4가지 사례를 통한 특허 데이터 분석」, 서울대학교 대학원 경제학부 박사학위논문.

위평량, 2014,「재벌 및 대기업으로 경제력 집중과 동태적 변화분석(1987-2012)」, ERRI 경제개혁리포트 2014-02호.

이나미, 2001,『한국 자유주의의 기원』, 책세상.

이영훈, 2009,「성리학 전통에 비친 대한민국의 건국」,『정신문화연구』32(2): 31-57, 한국학중앙연구원.

이영훈, 2012,「1960년대 전반 개발 전략의 전환과 그것의 경제사적 배경」,『經濟論集』

51(1): 107-123, 서울대학교경제연구소.

이영훈, 2013, 『대한민국 역사』, 기파랑.

이재열, 2011, 「사회 발전과 사회적 갈등 해소 능력」, 김광억 외, 『한국 기업과 사회의 경쟁력』, 서울대학교출판문화원.

임현진, 2006, 「한국의 발전 경험과 대안 모색: 새로운 발전모델을 찾아서」, 『한국사회학』 40(1): 1-31.

임현진, 2009, 「21세기 한국의 발전모델 탐색: 소강(小康) 강중국(强中國) 발전모델을 향하여」, 박삼옥 외, 『지속 가능한 한국 발전 모델과 성장 동력』, 서울대학교출판문화원.

전국경제인연합회, 2013, 「우리나라 규제현황과 개선방안」, 규제개혁시리즈(2013. 6).

장동진, 2005, 「대한민국 제헌과정에서 나타난 자유주의: 정부형태, 기본권, 경제제도를 중심으로」, 『정치사상연구』 11(2): 63-81.

정이환, 2011, 『경제위기와 고용체제: 한국과 일본의 비교』, 한울.

조덕희, 2013, 『제조업의 영세소기업 편중 현상에 관한 연구』, 산업연구원 연구보고서 2013-660.

조선일보, 2012년 12월 4일.

조성재·정준호·황선웅, 2008, 『한국경제와 노동체제의 변화』, 한국노동연구원.

좌승희, 2006, 『新국부론』, 굿인포메이션.

중소기업중앙회, 2011, 『해외중소기업통계』.

통계청, 전국사업체조사: http://www.kostat.go.kr/survey/saup/index.action.

한국은행 경제통계시스템: http://ecos.bok.or.kr, 주요통계간행물 국민계정리뷰.

핫토리 타미오 지음, 2007, 『개발의 경제사회학』, 유석춘·이사리 옮김, 전통과 현대.

황덕순, 2011, 「한국의 복지국가 발전과 노동」, 『경제논집』 50(3), 서울대학교 경제연구소.

黃承欽, 2001, 「제헌헌법상의 근로자의 이익균점권의 헌법화과정에 관한 연구」, 『공법연구』 31(2): 299-320.

황인학·최원락, 2013, 「경제력집중 통계의 진실」, KERI 정책제언 13(4).

Amable, Bruno, 2013, *The Diversity of Capitalism*, Oxford University Press.

Aoki, Masahiko, 2001, *Towards a Comparative Institutional Analysis*, The MIT Press.

Colpan, Asli M., Hikino, Takashi, and Lincoln, James R.(eds.), 2010, *The Oxford Handbook of Business Groups*, Oxford University Press.

Fukuyama, Francis, 1997, *Trust: The Social Virtues and the Creation of Prosperity*, The Free Press; 프랜시스 후쿠야마 지음, 1996, 『트러스트: 사회도덕과 번영의 창조』, 구승회 옮김, 韓國經濟新聞社.

Gerschenkron, Alexander, 1966, *Economic Backwardness in Historical Perspective*, The Belknap Press of Harvard University Press.

Hall, Peter and Daniel, Gingerich, 2009, "Varieties of Capitalism and Institutional Complementarities in the Political Economy: An Empirical Analysis," Hancké, Bob (eds.), 2009, *Debating Varieties of Capitalism*, Oxford University Press.

Hall, Peter and David, Soskice (eds.), 2001, *Varieties of Capitalism: The Institutional Foundations of Comparative Advantage*, Oxford University Press.

Hancké, Bob (eds.), 2009, *Debating Varieties of Capitalism*, Oxford University Press.

Hancké, Bob, 2001, "Revisiting the French Model: Coordination and Restructuring in French Industry," Hall, Peter and Soskice, David (eds.), *Varieties of Capitalism: The Institutional Foundations of Comparative Advantage*, Oxford University Press.

Lee, Keun, 2013, *Shumpeterian Analysis of Economic Catch-up: Knowledge, Path-Creation, and the Middle-Income Trap*, Cambridge University Press.

Thelen, Kathleen, 2004, *How Institutions Evolve: The Political Economy of Skills in Germany, Britain, the United States, and Japan*, Cambridge University Press; 캐쓸린 씰렌 지음, 2011, 『제도는 어떻게 진화하는가: 독일·영국·미국·일본에서의 숙련의 정치경제』, 신원철 옮김, 모티브북.

World Bank: http://data.worldbank.org/indicator.

제2장

한국의 국가혁신체제:

국제 비교와 추격형에서 선진국형으로의 전환

이근
(서울대학교 경제학부 교수)

I. 머리말

해방 이후, 특히 1960년대 이후, 한국은 눈부신 고속성장을 해왔다. 소위 압축성장이라고 불릴 정도로 선진국이 100년 이상 걸린 과정을 몇십 년 만에 달성하는, 그래서 선진국과의 격차를 급속히 줄이는 추격형 성장을 해왔다.

이러한 추격형 성장의 핵심은 소위 선도형 추격으로서, 추격을 선도한 주체는 대기업, 제조업 부문, 수출산업과 정부 부문이었다. 반면에 뒤처진 분야는 중소기업, 서비스업, 내수산업, 시민사회라고 할 수 있다. 그리하여 장기적으로 볼 때 과거 선도형 추격 모델의 힘이 소진되어가고, 이제는 그동안 뒤처져 있던 부문과 같이가는 동반형 추격(co-catch-up)이 필요한 시점에 이르렀다.

한편, 좀 더 구체적으로 한국경제의 성장과 도약의 원천을 살펴보면, 1980년대 중반 이후로 급격히 상승한 연구개발 투자의 중요성을 간과할 수 없다. 1980년대 중반에 이르러서 한국경제는 대내적으로는 임금상승과 대외적으로는 동남아 등 후발국가의 등장으로 기존의 노동집약

* 이 글은 2012~2013년 서울대학교 경제연구소 학술사업의 연구비 지원을 받았다.

적인 저가품의 수출경쟁력이 급속히 압박을 받는 어려움에 봉착하였다. 여러 후발국가가 공통으로 겪는 어려움의 요체는 특정 나라의 제품이 아직도 저임금에 기초하는 반면, 더욱 고가의 차별화된 제품을 만들 수 없는 상황에서 임금이 상승하기 때문에 발생한다. 그래서 여러 후발국가가 중진국에 도달하여서 성장이 정체되는 소위 '중진국 함정' 현상이 종종 발생한다. 이 현상은 최근에 세계은행(World Bank 2010)의 연구보고서 등 많은 연구에서 매우 중요한 과제로 인식되고 있다.

한국과 타이완이 이러한 중진국 함정을 넘어서서 선진국 수준에 도달할 수 있었던 것은 1980년대 중반부터 혁신, 즉 연구개발 투자에 집중한 덕이라고 볼 수 있다. 이때부터 한국의 R&D, 즉 연구개발 투자 대비 GDP 비율이 1%를 넘어서고 전체 R&D 중에서 민간 R&D의 비중이 공공 R&D를 넘어서는 현상이 발생하였다(Lee and Kim 2009). 이러한 한국과 타이완의 경험은 중진국 함정을 넘어서는 근본적 해결책은 결국 기술혁신을 통해서 더욱 고가의 차별화된 제품을 만들 수 있는 혁신 능력임을 시사한다.

더욱 나아가서 각 국가의 혁신능력은 어디서 나오는가 하는 것은 매우 중요한 주제이며, 이에 대해서는 슘페터학파의 국가혁신체제(National Innovation System)의 개념을 중시하지 않을 수 없다. 룬드발(B. Lundvall), 넬슨(Nelson) 등 슘페터학파는 일찍이 국가혁신체제라는 개념을 주창하며, 이 국가혁신체제의 차이가 각 국가의 혁신성과의 차이를 낳고, 그것이 그 나라의 경제성장을 결정지음을 주장한 바 있다. 룬드발은 국가혁신체제를 지식의 생산, 확산, 사용에 관련되는 여러 주체와 그들 간의 관계라고 정의한 바 있다(Lundvall 1992). 결국 국가혁신체제란 지식의 습득, 창조, 확산, 사용에서의 효율성에 관한 개념이다. 이 글에서는 한국이 과거 추격형 성장단계에서의 국가혁신체제는 어떠한 것이었는가를 살펴보고, 나아가서 앞으로 한국이 선진국에 안착하고 성장을 지속하기 위해서는 어떠한 형태의 선진국형 국가혁신체제를 갖추어야 할 것인가하는 정책과제를 다룬다.

최근 에이스모글루(D. Acemoglu) 등이 제도, 특히 포용적 제도와 수탈적 제도를 비교하면서 제도의 중요성이 국가의 경제성장을 결정짓는다고 주장한 바 있다(Acemoglu and Robinson 2012). 에이스모글루가 분석한 전근대 사회나 저소득 국가에서 기초적 제도가 큰 중요성을 지님은 사실이다. 그렇지만 이근과 김병연의 연구는 중진국 이상의 발전단계에서는 혁신적 성과가 더 중요함을 논증하였다(Lee and Kim 2009). 다만 이근과 김병연의 연구에서는 혁신의 지표로 각 국가가 출원한 미국 특허 수를 채택하였으나, 이근의 최근 연구에서 보여준 바와 같이 단순히 특허 수를 넘어서 국가혁신체제의 더욱 다양한 측면을 보여주는 지표가 필요하고, 그것이 국가혁신체제를 제대로 분석해내는 방법론이라 할 수 있다(Lee 2013). 그래서 이 글에서는 한국의 추격형 및 선진국형 국가혁신체제를 분석하기에 앞서 다음 절에서 국가혁신체제의 연구방법론을 소개한다. 그리고 마지막으로 창조경제에 대한 시사도 간단히 언급하고자 한다.

II. 국가혁신체제 연구방법론

이 절에서는 국가혁신체제를 미국특허 자료에서 추출 사용가능한 특허 간 인용 데이터를 인용하여 수량화할 수 있는 각종 방법을 소개하고, 그의 활용에 대해서 간단히 설명하고자 한다. 더욱 자세한 내용은 이근의 연구를 참조하고(Lee 2013; 이근 2007), 여기에서는 대략의 내용만 소개한다.

한국특허는 최근에야 어떤 특허가 과거의 어떤 특허를 참조하였는지를 나타내는 특허인용 자료를 데이터베이스화하기 시작했지만, 미국특허청은 이를 오래전부터 실시해서, 모든 특허 간의 인용자료가 존재한다. 특허 간의 인용자료는 각 발명에서 기존의 어떤 지식이 활용되었는지를 나타내는 것으로, 지식의 흐름(획득과 사용)에 대한 중요한 정보이다. 바로 이런 이유에서 특허 인용자료는 지식의 생산과 사용에서의 효율성을 포착하고자 하는 혁신시스템 연구에 매우 유용한 자료이다. 일찍이 야페와 트라젠버그는 방대한 미국특허 자료를 연구 목적에 편하도록 데이터베이스화하여, 해당 책에 CD 형태로 제공하고 있다(Jaffe and Trajtenberg 2002). 이 책에는 이 자료에 대한 설명과 특허를 이용한 각종 계량분석에 대한 방법론이 제시되어 있다. 이근의 연구도 이들 그룹이 제공하는 데이터를 사용하였다(Lee 2013). 국가 간의 혁신체제를 비교하기 위해서는 각기 다른 나라의 특허자료를 이용해서는 되지 않고, 각국이 어떤 특정한 나라에 출원한 같은 특허자료를 이용해야 하기에, 이 글에서도 비교대상 국가들이 미국에 출원한 특허자료를 이용하여 분석하였다. 아래에서 설명되는 기본 변수들에 대한 설명과 III절의 추격형 혁신체제 내용은 이근의 것을 요약·제시하는 것이고, IV절의 선진국형 혁신체제 내용은 새로 분석을 수행한 내용이다(Lee 2013).

우선 국가혁신체제를 표현하는 첫 번째 측면은 지식 획득의 원천과 토착화에 관한 지표이다. 이는 후발국의 관점에서 후발국이 어느 정도 해외 지식 원천에 의존하여 자신의 지식을 창출하는가 하는 측면과 또 나아가서 얼마나 스스로 내부의 지식 원천에 의존하고 지식생산 메커니즘을 토착화하였는가 하는 측면이다. 이것은 지식생산의 토착화 지표라고 부를 수 있으며, 개념적으로는 그 나라가 출원한 특허의 인용도를 조사해볼 때 얼마나 많은 정도로 과거 그 나라가 가진 특허를 인용하는가 하는 그 국가의 자기인용 정도로 표시될 수 있다. 물론 이는 기업 차원에 적용하면, 기업특허의 자기인용 정도로 포착될 수 있으며, 이는 해당 기업이 얼마나 지식생산을 독립적으로 해내는가에 대한 지표이다.

이근의 연구에서 보면, 한국과 타이완은 1980년대 초반까지만 해도 다른 중진국들과 비슷하게 또는 선진국과 비교하면 매우 낮은 지식생산의 토착화 정도를 보였으나, 1980년대 중반 이후 이 지수를 급속히 높여서 1990년대 말이 되면 거의 선진국 수준에 도달하였다(Lee 2013).

국가혁신체제의 두 번째 지표는 지식생산의 집중도이다. 이는 각 국가에서 지식을 생산하는 주체가 소수 대기업에 의한 것인가, 아니면 다수 주체가 참여해 골고루 분포되는가 하는 측면을 포착한다. 당연히 이 지표에서 선진국은 굉장히 분산화된 양상을 보이고, 중진국과 후진국일수록 지식생산이 소수 발명자에 집중되어 있는 현상이 나타난다.

지식생산의 세 번째 지표는 각 국가가 출원한 특허가 얼마나 독창성(originality)이 높은 분야의 특허를 창출하는가 아닌가 하는 지표이다. 기존 문헌에서 이 독창성은 해당 특허가 얼마나 다양한 분야의 특허를 인용해서 만들어지는가 하는 정도를 표시한다. 즉, 어떤 지식이 다양한 분야의 광범위한 지식에 의존하여 만들어질수록 한층 더 독창성이 높은 지식이라고 본다는 생각이다. 당연히 이 지표면에서도 선진국은 상대적으로 매우 높은 수준을 보여주며, 중진국은 그렇지 못하다. 그런데 재미있는 것은 남미국가들의 특허가 오히려 한국과 타이완보다도 독창성 면에서는 더욱 높은 수준을 보여주고 있다는 점이다.

국가혁신체제를 표현하는 네 번째 지표는 해당 국가가 기술수명이 짧은 분야에 많이 특화하고 있는가 아니면 기술수명이 긴 분야의 기술에 많이 특화하고 있는가 하는 측면이다. 이는 기술수명주기라고 한다. 기술수명이란 어떠한 기술이 얼마나 오래가느냐 또는 오래 사용되느냐 하는 개념이며, 기술수명이 짧다는 것은 그 분야의 기술이 금세 수명을 다해서 몇년 지나면 그 유용성이 급격히 감소한다는 특성을 말한다. 기술수명주기는 해당 특허가 인용한 특허들의 평균 출원(등록) 연도를 가지고 계산할 수 있다. 즉, 평균적으로 몇년이나 오래된 특허를 인용하는지를 가지고 기술수명주기를 측정할 수 있다. 이근의 연구에서 보면, 주요 선진국이나 다른 중진국들은 상대적으로 기술수명이 긴 분야에 많이 집중하고 있으나, 한국과 타이완은 1980년대 중반 이후에 점점 기술수명이 짧은 분야로 진행하였다(Lee 2013).

국가혁신체제의 다섯 번째 지표는 기술다각화 지표이다. 이 지표는 어떤 국가나 기업이 매우 다양한 기술 분야에 특허를 내고 있는가 아니면 소수의 한정된 분야에 특허를 내고 있는가 하는 지표이다. 이근에 따르면 당연히 선진국들은 기술적으로 많이 다각화되어 있는 반면, 중진국들은 다각화의 정도가 높지 못한 양상을 보인다(Lee 2013). 그런데 한국과 타이완은 1980년대 중반 이후에 다각화 정도를 높여서 1990년대 중반이 되면 독일, 일본 등에는 못 미치지만, 고소득국 평균 수준에는 도달하였다.

그래서 이러한 다섯 가지 지표를 가지고 각 국가의 국가혁신체제를 묘사하고 분석할 수 있다. 또한 이 다섯 가지 지표는 기업에도 똑같이 정의, 측정될 수 있어서 이런 지표와 기업의 각종 성과와의 관계를 분석하는 데도 사용되고 있다(Lee 2013의 5장). 또한 산업별 혁신체제를 분석하는 데도 이러한 지표를 정의하고 측정하여, 각 산업이 상호간에 얼마나 어떻게 다른가 하는 것을 분석하는 데 이용할 수 있다. 예를 들면, 박규호와 이근의 연구는 한국, 타이완과 같은 추격국가들이 기술수명이 짧은 분야에 많이 특허를 낸 반면에, 선진국들은 상대적으로 수명이 긴 분야에 특허를 많이 내고 있음을 보여준 바 있다(Park and Lee 2006). 이러한 차별적인 기술적 특화는 한국과 타이완이 기술추격을 빨리 달성하는 데 기여하였다. 이 글에서는 이러한 지표들을 이용해서 추격형 국가혁신체제와 선진국형 국가혁신체제를 구분하고, 한국의 국가혁신체제를 다른 국가의 국가혁신체제와 비교하고자 한다.

III. 추격형 국가혁신체제와 한국

이근의 최근 연구는 성공적인 추격을 달성한 한국과 타이완의 국가혁신체제를 다른 중진국 및 선진국과 비교해서 추격형 국가혁신체제의 주요 특징을 규명하였다(Lee 2013). 그 연구에서는 위의 다섯 가지 변수를 이용하여 국가의 1인당 소득 증가 결정요인에 대한 계량분석을 수행하였다. 또한 이들 변수를 산업 차원에서 정의하여 어떤 특정 산업이 추격이 더 쉬운가 또는 더 어려운가 하는 점을 규명하였고, 마지막으로 한국과 미국 기업의 자료를 이용하여 한국이라는 추격형 기업과 미국이라는 선진국형 기업이 그 목적함수, 행태, 성과의 결정요인 면에서 어떻게 다른가를 규명하였다. 이 기업, 산업, 국가라는 세 차원에서 수행된 실증분석의 가장 중요한 결과는 성공적 추격국가 및 기업들은 기술수명주기가 짧은 분야에 집중적으로 특화하여 성장해왔다는 점이다.

기술수명주기가 짧은 것이 추격형 성장에 유리한 직관적 이유는 수명이 짧을수록 선진국들이 장악하고 있는 기존 기술의 유용성이 금세 하락하기 때문에 기존 기술에 덜 의존해도 되며, 동시에 기술수명이 짧다는 것은 계속 새로운 기술이 등장한다는 것을 의미하기 때문에 성장가능성이 높다는 것을 의미한다. 또한 동시에 지식생산의 토착화 면에서도 선진국이 장악하고 있는 기술에 덜 의존하기 때문에 더욱 빨리 국가 차원의 자기인용도를 높일 수 있는, 즉 지식생산의 토착화를 빨리 달성할 수 있는 유리한 점이 있다.

실제로 이근의 연구(Lee 2013) 3장에서 수행된 국가 차원의 실증분석에서는 한국과 타이완의 동아시아 국가가 수명이 짧은 기술 분야에 특허를 많이 출원한 것이 1인당 소득성장률에 양의 유의미한 관계가 있음을 증명하였다(〈표 2-1〉 참조). 또한 4장의 산업 차원의 분석에서는 한국과 타이완은 기술수명이 짧은 분야에 많이 특허를 출원한 반면, 그 밑의

표 2-1 경제성장의 결정요인: 추격형 대 선진국형

	아시아 4개국 (추격형)	고소득 (선진국형)	중진국	전 세계
기술수명주기	(−)*	(+)*	(+)*	(+)*
토착화	+	(+)*	+	(+)*
독창도	+	+	+	+
집중도	(−)*	(−)*	(−)*	(−)*
아시아 4개국 더미		(+)*	(+)*	(+)*
기타 통제 변수: 초기소득, 인구성장률, 투자, 중등교육재학률				

주: *는 유의수준 10% 이하를 의미함.
자료: Lee(2013)의 3장의 회귀분석결과를 요약함.

남미 국가들을 포함한 차세대 중진국들은 그렇지 못함을 보여주었다. 또한 5장의 기업 차원의 실증분석에서는 한국 기업들은 미국 기업들보다 기술수명이 짧은 특허를 많이 보유하고 있으며, 이것이 기업의 이윤율과 양의 유의미한 관계가 있음을 실증하였다. 이러한 발견은 기술수명이 짧은 분야에 특화하는 것이 선진국과의 직접적 충돌을 피하며, 후발자가 자신의 틈새(niche)를 확보하여 일정 정도의 이윤성을 확보하는 길임을 보여준다. 반면에 미국 기업의 실증분석에서는 기술수명주기 변수는 전혀 유의하지 않아서 성과에 아무런 관련이 없는 반면, 지식생산 메커니즘의 사내토착화 정도를 보여주는 자기인용도가 높은 것이 생산성 및 기업가치 등 기업의 주요성과 변수에 양으로 유의미함이 나타났다. 이러한 점은 추격형 기업과 선진국형 기업이 매우 다른 기업혁신체제와 성과를 나타냄을 보여준다.

정리하면, 바로 앞 절에서 소개한 다섯 가지 변수 중 지식생산의 집중도는 국가 차원 또는 기업 차원의 성과에 일관되게 어떠한 방향으로 유의하지 않은 반면, 기술수명주기와 지식생산의 토착화 변수가 매우 중요함을 보여준다. 또한 부수적으로 기술적 다각화 변수가 토착화 변수와 상당히 높은 상관관계를 보이며 비슷한 성과를 보여준다. 보다 중요한 이 세 가지 변수, 즉 기술수명주기, 지식생산의 토착화, 기술적 다각화 간의 관계를 다음과 같이 정리할 수 있다. 추격국이 성공적인 추격을 달성하면 사후적으로 지식생산의 토착화와 다각화 면에서 선진국 수준에 도달하는 양상을 보여준다. 기술수명주기 면에서는, 선진국은 기술수명이 긴 분야에 많은 특허를 보유한 반면에, 추격국은 기술수명이 짧은 분야에 특허를 많이 출원하는 정반대의 양상을 보여준다. 그래서 이근 연구(Lee 2013)의 결론은 지식생산의 토착화와 다각화의 개선은 성공적 추격의 결과로 나타나는 사후적 현상인 반면, 이러한 성공적인 추격을 이끈 도구변수 또는 이행변수(transition variable)는 기술수명주기라고 본다.

즉, 한국과 타이완의 1980년대 중반 이후의 기술발전 양상을 보면, 그 이전에는 섬유, 의류 등 수명이 긴 분야에 특화하다가 1980년대 들어서서 자동차, 가전, 반도체, 통신장비, 디지털 TV 등 점점 기술수명이 짧은 분야로 진입하였으며, 그 결과 다양한 산업 분야에 진입하게 되는 다각화를 이루었고, 또한 동시에 지식생산의 토착화도 점점 늘어나는 양상을 보여왔다. 요컨대 기술수명이 짧은 분야로의 순차적 진입이 다각화를 낳았고, 수명이 짧기에 선진국 기술에 덜 의존하면서 지식생산의 토착화를 빨리 달성하였던 것이다.

여기서, 혹자는 당시에 정책 담당자들이 기술수명주기라는 개념을 의식하였겠냐고 의문을 가질 수 있다. 당연히 그렇지 않았지만, 한국의 산업정책은 항상 "이 다음은 무엇이 뜰까?" 하는 앞으로의 성장 산업에 대한 집착을 가지고, 그러한 유망산업을 먼저 인식하고 거기에 진입하려 했다고 할 수 있다. 이런 인식은 바로 '짧은 기술수명주기'라는 기준과 일치한다. 반면 남미 등의 국가들이 상대적으로 기술수명이 긴 의료, 바이오 등에 특허가 많고 그런 산업을 진흥하려고 하였으나, 경제성장에 성공하지 못하였다는 점은 만약 한국이나 타이완이 그런 긴 수명주기 산업을 진흥하고자 산업정책을 폈다면, 많은 자원만 투입하고 실패하였을 가능성이 크다는 점을 시사한다. 즉, 그런 산업을 목표로 삼지 않았던 것은 매우 다행이라고 하겠다.

이상의 측면이 추격형 국가혁신체제의 주요 내용이라 볼 수 있다. 즉, 한국과 타이완 등의 성공적 추격국가는 기술수명이 짧은 분야에 특화하면서 추격을 달성하였던 반면, 상대적으로 지식생산의 집중도 및 독창성 확보 면에서는 다른 개도국과 특별한 차이를 보이지 못했다. 즉, 지식생산의 집중도나 독창성 확보는 추격형 성장을 가능케 한 핵심요소가 아니었음을 보여준다. 그러나 이러한 측면도 선진국형 국가혁신체제로의 전환 과정에서는 개선되어야 할 필요가 있다고 볼 수 있다.

IV. 선진국형 국가혁신체제로의 전환

선진국형 국가혁신체제와 추격형 국가들의 가장 큰 차이는 이근의 연구(Lee 2013)에서 보여주듯이, 선진국에서는 기술수명이 긴 분야(의학, 생명과학, 소재, 기계)에 특허가 많은 것이 경제성장과 유의미한 관계를 갖는다는 것이고, 지식생산의 토착화 정도가 높은 것이 성장에 양으로 유의미한 관계를 맺으며, 또한 지식생산의 집중도가 낮을수록 성장에 유의미하다는 것이다. 그렇다면 추격을 완성한 시점, 즉 탈추격(post catch-up) 단계에서는 추격형 국가들도 기술수명이 긴 분야에 특허를 더 많이 내고 지식생산의 주체를 좀 더 다양화, 분산화하고 지식생산의 토착화 정도를 더 높일 필요가 있음을 시사한다.

실제로 이근의 연구는 2000년대 이후 한국의 특허에서 기술수명이 많은 분야로 특허가 늘어나는 현상이 나타남을 지적한다(Lee 2013). 〈그림 2-1〉에서 왼쪽의 숫자는 평균 기술수명주기로, 가령 10이라는 숫자는 한국이 평균 10년 정도 오래된 특허를 인용하여 자신의 지식(특허)을 생

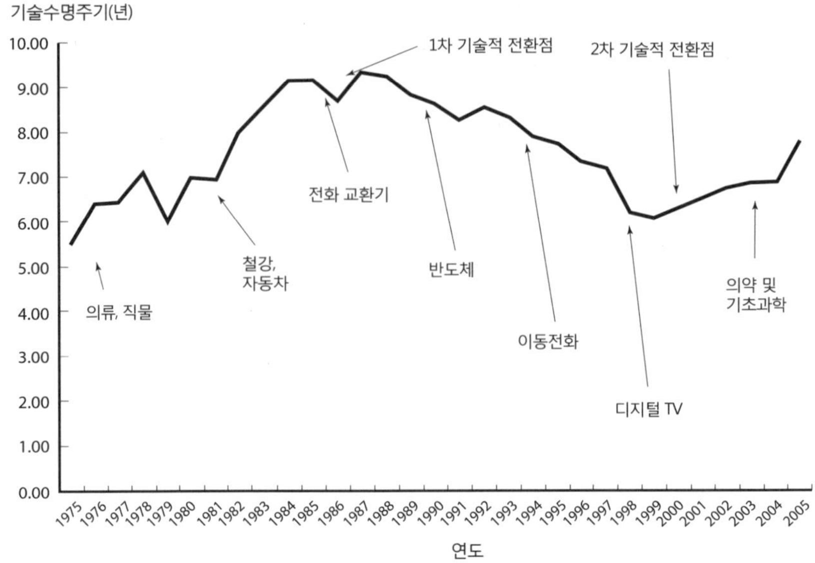

그림 2-1 한국의 기술수명주기와 두 개의 기술적 전환점

산한다는 의미다. 이 숫자가 낮을수록 수명주기가 짧은 특허를 이용하는 셈이 된다. 이 그림을 보면 성공적 추격국은 두 개의 전환점(turning point)을 통과했음을 알 수 있다. 첫 번째 전환점은 1980년대 중반으로, 그 이전까지는 기술수명이 긴 분야에 특허를 많이 내다가 1980년대 중반이라는 전환점부터 기술수명이 짧은 분야로 특허를 내기 시작하고, 그래서 평균 기술수명주기가 계속 하강하다가 이것이 2000년 부근에서 멈추며 그 이후에서는 다시 기술수명주기가 길어지는 두 번째 전환점을 통과하는 현상이 관측된다.

여기에서는 좀 더 구체적으로 2000년대 이후를 중심으로 한국을 독일, 일본, 타이완과 대비하여 국가혁신체제를 분석한다. 〈그림 2-2〉에서 보면, 한국의 기술수명주기는 2000년대 이후부터 긴 분야로 가기 시작하였으며, 전반적으로 일본보다는 기술수명이 짧은 분야의 특허를 더 많이 가지고 있음을 보여준다.

그다음으로 기술다각화 지표를 보면, 한국과 타이완은 다각화 정도가

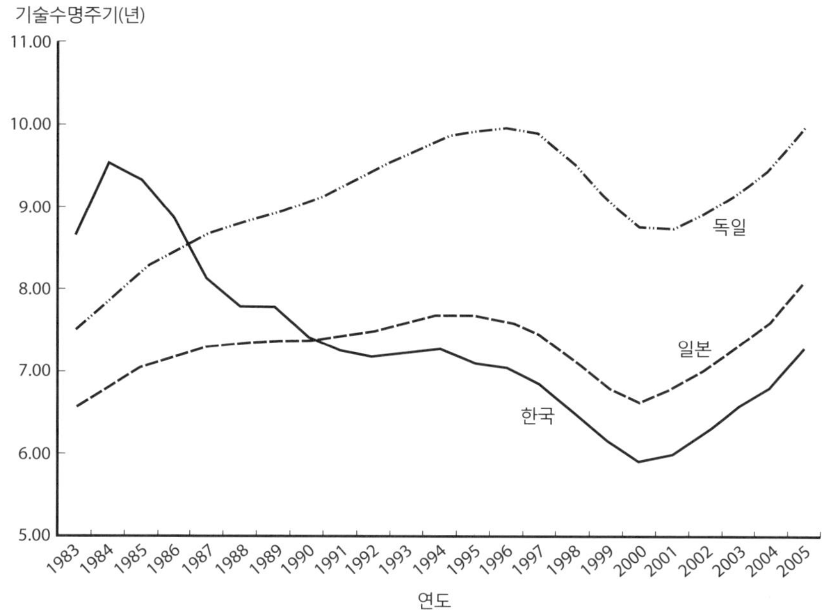

그림 2-2 주요국의 평균 기술수명주기

자료: Lee(2013)의 통계자료를 이용하여 작성.

비슷하나, 독일과 일본에 비해서는 아직 많은 차이가 있음을 알 수 있다(〈그림 2-3〉). 〈그림 2-4〉는 독창도를 보여주는데, 최근의 한국은 일본과 거의 근접한 수준에 도달하였으나, 독일보다는 상당히 낮고 타이완보다는 높음을 보여준다.

〈그림 2-5〉는 혁신의 집중도가 한국이 다른 모든 나라에 비해서 과도하게 높음을 보여준다. 이는 한국의 지식생산, 즉 특허출원이 소수 대기업에 집중되어 있는 데서 나오는 것이다. 한국과 선진국(독일, 일본 등) 간에는 엄청난 차이가 존재하며, 비슷한 추격국인 타이완과 비교해서도 한국은 집중도가 과도하게 높다. 타이완은 이근과 윤민호의 연구에서 보여주듯이(Lee and Yoon 2010) 특허생산이 다수의 중소기업에 의해서 이루어지고 있다는 점에서 한국과 다르다.

마지막으로 〈그림 2-6〉은 지식생산의 토착화 정도를 보여주는데, 일

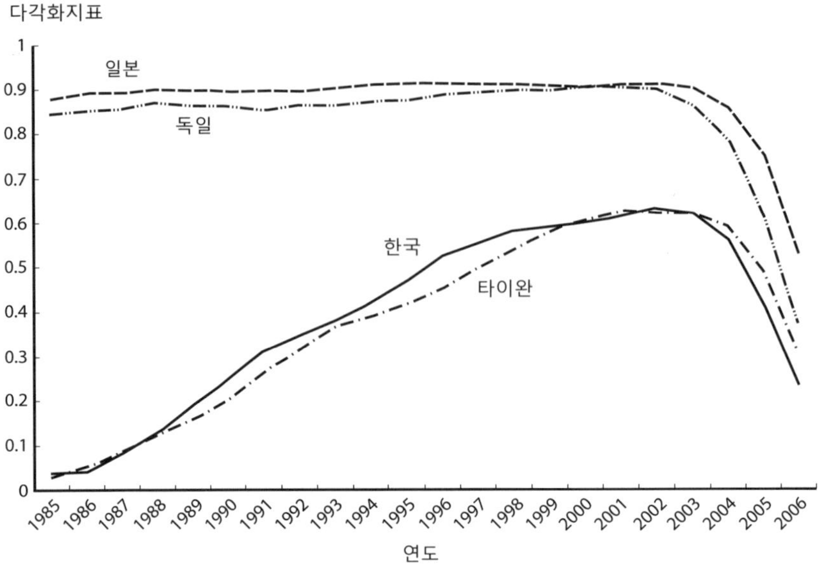

그림 2-3 주요국의 기술적 다각화

자료: Lee(2013)의 통계자료를 이용하여 작성.

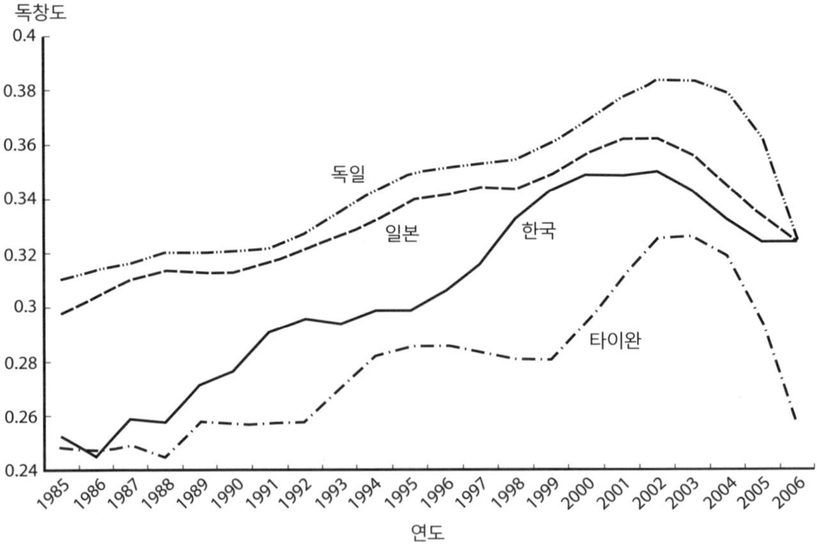

그림 2-4 주요국의 독창도

자료: Lee(2013)의 통계자료를 이용하여 작성.

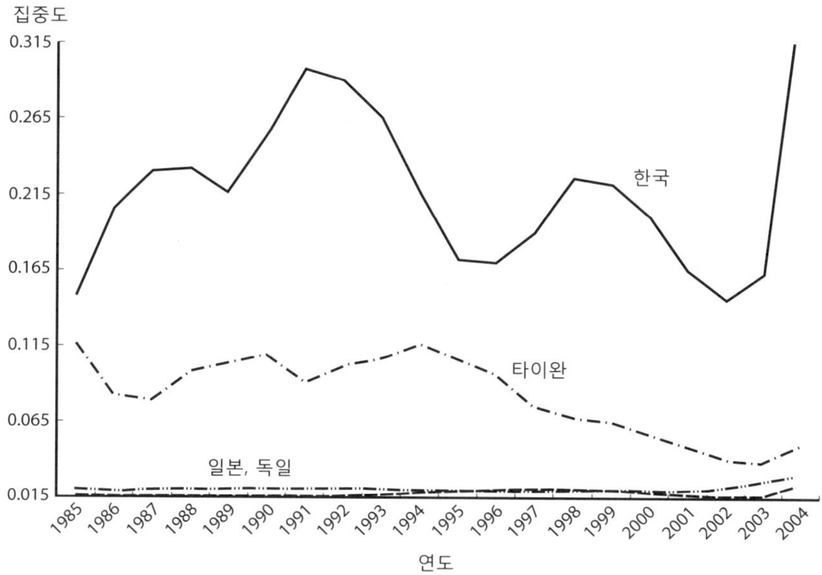

그림 2-5 주요국의 지식생산의 집중도

자료: Lee(2013)의 통계자료를 이용하여 작성.

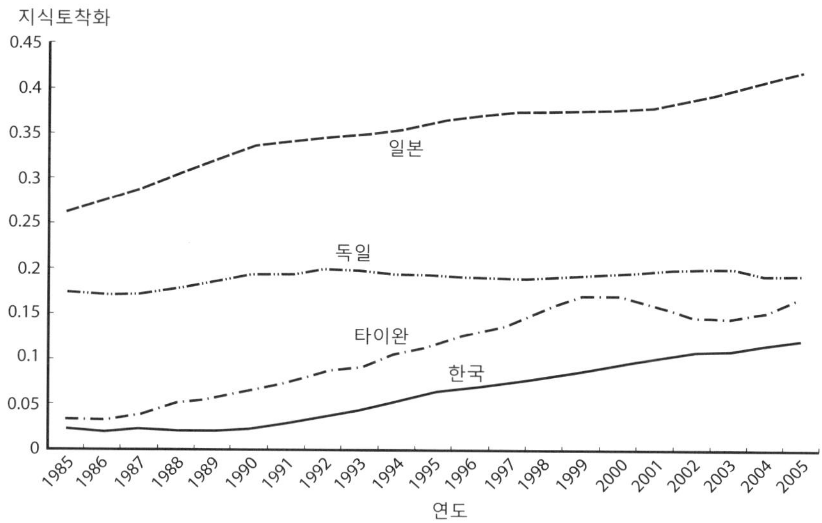

그림 2-6 주요국의 지식생산의 토착화 정도

자료: Lee(2013)의 통계자료를 이용하여 작성.

본이 압도적으로 높으며, 그다음으로 독일, 타이완이고, 한국은 그다음 밑임이 그려져 있다. 이 그림은 한국이 선진국으로 가기 위해서는 지식생산의 토착화 정도를 더 높여야 함을 시사한다. 특히 타이완보다 낮은 것은 타이완은 국내기업들, 특히 중소기업들이 상호 간에 인용 정도가 높아서 지식의 확산이 활발한 반면, 한국은 주요 대기업 중심의 지식생산체제이고 다른 대기업 집단 간에는 상호인용 정도가 낮아, 지식의 확산 정도가 낮게 나타나는 데 원인이 있다(Lee and Yoon 2010).

이상의 결과를 보면, 한국이 선진국형 국가혁신체제를 갖추기 위해서 필요한 것은 여러 가지가 있겠으나, 특히 지식생산 주체의 과다한 집중도를 해소하고, 지식생산의 토착화와 다각화 정도를 더 높이고, 이미 시작된 기술수명이 긴 분야로의 전환을 좀 더 가속하는 것이 필요하다고 볼 수 있다.

V. 맺는말: 국가혁신체제의 전환을 위한 정책적 시사

지금까지의 분석을 보면, 한국은 1980년대 중반 이후 제1의 기술적 전환점을 통과하면서 선진국과 차별되는 영역, 즉 기술주기가 짧은 분야에 특화, 진입하면서 선진국과의 소득수준의 격차를 줄이는 추격을 상당히 달성하였다. 동시에 지식생산의 토착화 및 기술다각화도 어느 정도 진행되었다. 이후 한국은 2000년대 들어서서 기술수명이 긴 분야로도 진입하기 시작하면서 제2의 전환점을 통과하였으나, 아직은 미완성으로 보인다. 특히 2000년대 이후에 나타난 기술수명이 긴 분야로의 특허출원은 이 시기의 한국 정부가 추진한 바이오산업, 생명과학 분야에 대한 집중지원의 결과로 보인다. 그러나 이러한 생명과학 산업의 진흥 정책은 어느 정도 특허를 내는 데는 성공했으나, 산업으로서 상업적 성공을 아직 거두지 못했다는 것이 일반적 판단이다.

혹자는 기술수명이 긴 분야가 진입장벽이 높고 후발자가 성공하기 어렵다면 왜 그 분야에 굳이 진입해야 하는지 의문을 가질 수 있다. 그리고 한국이 현재 잘하고 있는 IT 등의 짧은 수명주기 산업에 계속 특화해도 되는 것이 아닌지 생각할 수 있다. 물론 현재 잘 되는 산업을 계속 발전시키는 것은 바람직한 일이지만, 문제는 기술수명이 짧은 분야는 우리가 빨리 추격하였듯이 중국과 같은 또 다른 후발자가 쉽게 쫓아올 수 있는 분야라는 것이다. 현재 중국과 한국의 추격 속도를 검토해보면, 중국의 추격이 가장 빠른 분야가 바로 기술수명이 짧은 분야이다. 상대적으로 자동차나 기계부품 소재는 추격속도가 IT에 비해서는 느리다. 그래서 한국이 또 한번의 도약을 통해서 진입장벽이 높고 기술수명이 긴 부품소재, 의료, 바이오와 같은 분야에 성공적으로 안착한다면, 후발자의 추격에 대해서 덜 걱정하면서 좀 더 안정적인 경제성장을 유지할 수 있다. 다만, 바이오산업 같은 경우라 하더라도 의학과 같은 Red 바이오, 식품과 같은 Green 바이오, 그리고 바이오 플라스틱 같은 White 바이오로 나눌 때, 그동안 시도한 Red 바이오는 상대적으로 더 어렵다는 것이 판단되었으므로 바이오 플라스틱과 같은 White 바이오 등이 더 적절한 선택일 수 있다. 그리고 그 외에 태양광, 풍력, 조력, 지열 등 신재생 에너지 산업에 들어가는 것도 필요하다.

기술수명이 긴 분야로의 진입이라는 과제 외에도, 한국은 지식생산의 토착화나 기술다각화 수준을 더 높일 필요가 있고, 과다한 집중도도 개선할 필요가 있다. 그런데 이러한 전환은 기존의 소수 대기업 주도의 혁신체제로는 어렵고, 중소기업 등 다양한 경제주체의 참여가 필요하다. 즉, 선도형 추격에서 동반형 추격으로의 전환 및 창조경제라는 화두가 어느 정도 적절함을 시사한다.

일찍이 슘페터는 창조라는 것은 완전한 무에서 새로운 것을 만들어내는 것이라기보다는 기존의 것을 새롭게 결합해내는 new combination임을 역설한 바 있다(Schumpeter 1934, 65). 이러한 슘페터의 생각을 감안하면, 우리가 창조경제라고 해서 완전히 새로운 것을 어디에서 찾기는 어렵고, 기존의 것을 새롭게 결합해내서 새로운 시장, 새로운 성장동력을 만들면 그것이 곧 창조경제를 쉽게 풀어나가는 길이라고 볼 수 있다.

구체적으로 다음의 세 측면에서 생각해볼 수 있다. 첫째는 앞에서 지적된 바와 같은 과다한 지식생산의 집중도를 개선하기 위해서 대기업과 중소기업을 새롭게 결합(new combination 1)하여 중소기업이 좀 더 다양한 지식생산을 담당하게 하는 것이다. 여기에서 새로운 결합이란 기존의 성장엔진, 잘 나가는 부분인 대기업 부분을 무조건 누르려고 할 것이 아니라 중소기업과의 관계에 있어 새로운 상생적인 관계에 놓이게 하는 의미에서의 새로운 결합을 의미한다. 두 번째 새로운 결합은 노사 간의 대타협이라는 새로운 결합(new combination 2)을 통해서 노동시간은 줄이되 생산성은 높이고 그래서 일자리를 늘리는 혁신을 만들어내는 것이다. 이는 혁신의 원천을 단순히 고급 명시적 지식을 가진 과학자가 아니라 암묵적 지식을 가진 사내의 보다 중하급 근로자까지 확산시킴으로써, 지식생산의 원천을 다양화하고 상호확산을 높여서 지식생산의 토착화 정도를 높이는 것이다. 세 번째 새로운 결합(new combination 3)은 여러 분야의 기술을 새롭게 결합, 융합(fusion of technology)함으로써 새로운 기술을 만드는 것을 의미하고, 이는 곧 기술적 다각화가 향상됨을 의미한다. 가령 한국의 강점인 IT와 BT(biotechnology), NT(nanotechnology) 등을 결합하여 새로운 기술영역을 개척하는 것이다.

이상과 같은 세 가지 차원의 신결합, 즉 대·중·소기업의 새로운 결합, 노사 간의 새로운 결합, 기술 간의 새로운 결합을 통해서 기존의 국가혁신체제의 세 가지 약점인 과다한 대기업 집중도, 아직 낮은 지식생산의 토착화 및 아직 낮은 기술다각화 정도를 개선해가자는 것이다.

참고문헌

이근, 2007, 『동아시아와 기술추격의 경제학』, 박영사.

Acemoglu, Daron and James A. Robinson, 2012, *Why Nations Fail*, New York: Crown Business.

Jaffe, Adam B. and M. Trajtenberg, 2002, *Patents, Citations, and Innovations: A Window on the Knowledge Economy*, US: MIT Press.

Lee, Keun, 2013, *Schumpeterian Analysis of Economic Catch-up: Knowledge, Path Creation, and the Middle-income Trap*, Cambridge: Cambridge University Press.

Lee, K. and B.Y. Kim, 2009, "Both Institutions and Policies Matter but Differently at Different Income Groups of Countries: Determinants of Long Run Economic Growth Revisited," *World Development* 37(3): 533-549.

Lee, K., and M. Yoon, 2010, "International, Intra-national, and Inter-firm Knowledge Diffusion and Technological Catch-up: The US, Japan, Korea, and Taiwan in the Memory Chip Industry," *Technology Analysis and Strategic Management* 22(5): 553-570.

Lundvall, Bengt-Ake, 1992, *National System of Innovation: Toward a Theory of Innovation and Interative Learning*, London: Pinter Publishers.

Park, K. and K. Lee, 2006, "Linking Technological Regimes and Technological Catch-up: Analysis of Korea and Taiwan using the US Patent Data," *Industrial and Corporate Change* 15(4): 715-753.

Schumpeter, Joseph A., 1934, *Theory of Economic Development: An Inquiry into Profits, Capital, Credit, Interest, and the Business Cycle*.

World Bank, 2010, Exploring the Middle-Income-Trap: World Bank East Asia Pacific Economic Update: Robust Recovery, Rising Risks, Vol. II. Washington, D.C.: The World Bank.

제3장

한국 대규모 기업집단의 특징과 전망

이건범
(한신대학교 경영학과 교수)

I. 머리말

한국경제의 한 가지 주요 특징은 소위 재벌이라고 불리는 대규모 기업집단의 규모가 확대되고, 경제 전체에서 차지하는 비중이 증대하고 있다는 사실이다. 미국과 영국 등 선진국의 대규모 기업에서는 찾아보기 어려운 가문 중심의 강력한 통제권이 행사되는, 다양한 산업에 종사하는, 여러 기업으로 구성된 대규모 기업집단이 앞으로 수십 년간에도 과연 현재와 같은 형태로 지속할 것인지를 살펴보는 것은 한국경제의 진로를 모색하는 데 중요한 과제라고 할 수 있다.

더욱이 최근 경제성장률이 정체하면서 경제민주화에 대한 요구가 증가하고 대기업집단에 대한 개혁의 요구가 증가하고 있다. 즉 대·중소기업 간 거래상의 불균형 문제뿐만 아니라 대규모 기업집단의 승계 과정의 불공정 행위, 총수일가의 불법 행위 등에 대한 비난이 증가하고 있기 때문에, 경제민주화에 대한 요구가 주로 대규모 기업집단에 대한 불만으로 표출되고 있다고 할 수 있다. 이러한 일련의 문제점은 대규모 기업집단의 특수한 형태에 내재한 문제라고 지적되고 있으며, 이를 해결하기 위한 다양한 대안이 제시되고 있다.

---

* 이 글은 2012~2013년 서울대학교 경제연구소 학술사업의 연구비 지원을 받았다.

올바른 방향의 개혁을 모색하기 위해서는 대규모 기업집단에 대한 좀 더 근본적인 고찰이 필요하다. 한국 대기업집단의 현황은 어떠한지, 한국의 상황은 국제적인 비교에서 예외적인지, 한국 대기업집단의 특수한 형태의 근원은 무엇인지, 전망과 개선을 위한 방향은 어떠한 것인지에 대한 모색이 필요하다.

이 글에서는 이러한 점에 주목하여 우선 한국의 대규모 기업집단의 현황을 살펴보고, 기업집단에 대한 일반적인 이해를 돕기 위하여 기업의 소유·지배 형태와 해외의 사례를 알아본다. 그 위에 한국의 대규모 기업집단의 미래를 전망해본다.

II. 한국 대규모 기업집단의 현황

한국경제에서 기업집단의 형태를 취하고 있는 경제주체가 국민경제에서 차지하는 비중은 매우 높다고 할 수 있다. 기업집단에 대한 정의는 연구자에 따라서 또 국가에 따라서 다양하게 정의될 수 있다. 기업집단에 대한 형식적인 정의를 하는 법제인 공정거래법[1]에 따르면, 기업집단은 동일인이 2개 이상의 회사를 지배하는 것을 판정기준으로 하고 있으며, 공정거래위원회는 출자총액제한이나 상호출자제한 등의 규제대상을 지정하여 매년 발표하고 있다. 대규모 기업집단과 관련하여 고려해

1 2조 2항 "기업집단"이라 함은 동일인이 다음 각목의 구분에 따라 대통령령이 정하는 기준에 의하여 사실상 그 사업내용을 지배하는 회사의 집단을 말한다. 가. 동일인이 회사인 경우 그 동일인과 그 동일인이 지배하는 하나 이상의 회사의 집단, 나. 동일인이 회사가 아닌 경우 그 동일인이 지배하는 2 이상의 회사의 집단.

표 3-1 상호출자제한 대규모 기업집단 자산, 매출액 총액

구분	2004	2005	2006	2007	2008	2009	2010	2011
자산총액 (억 원)	6,964,000	7,785,000	9,735,000	9,797,000	10,437,000	13,106,000	14,772,000	16,902,000
GDP대비 비중	0.84	0.90	1.07	1.00	1.02	1.23	1.26	1.37
매출액 총액 (억 원)	5,199,000	6,267,000	6,970,000	7,623,000	7,805,000	10,098,000	10,207,000	12,442,000
GDP대비 비중	0.63	0.72	0.77	0.78	0.76	0.95	0.87	1.01

자료: 공정거래위원회, 한국은행.

야 할 점은 대규모 기업집단의 구성원인 개별회사들에 대한 지배가 (정도의 차이는 있으나) 통일적으로 이루어지며, 이들 대규모 기업집단이 국민경제에서 차지하는 비중이 매우 높다는 것이다.

한국에서 대규모 기업집단 지정제도는 1987년에 최초로 도입되었으며 시기별로 그 기준이 변경되었다. 1992년까지는 자산총액 4,000억 원 이상인 민간 기업집단이 대상이었고, 1993년부터 2001년까지는 자산순위 상위 30대 그룹(공기업집단 제외)으로 변경되었다. 이후 2002년부터 2008년까지는 자산총액 2조 원 이상, 2009년부터는 자산총액 5조 원 이상의 기업집단을 지정, 발표하고 있다.[2]

공정거래위원회가 상호출자제한 대규모 기업집단으로 지정한 기업집단이 국민경제에서 차지하는 위상은 최근 상승하고 있는 추세이다.[3] 우선 자산과 매출액을 GDP와 비교할 때 2004년 대규모 기업집단의 자산과 매출액은 GDP 대비 0.84, 0.63배였으나 이후 꾸준히 증가하여 2011년에는 각각 1.37, 1.01배로 증가하였다(〈표 3-1〉). 연도에 따라서 지정

2 공정거래위원회의 대기업 지정의 변천에 대하여는 각년도 공정거래백서를 참조하라.

3 연도별 상호출자제한 기업집단의 숫자와 계열사 수는 위평량·김우찬(2011), p.16 참조하라.

표 3-2 상호출자제한 대규모 기업집단 출하액, 부가가치, 종사자 수 (%)

구분	2008	2009	2010
출하액(광업, 제조업)	44.6	49.1	42.9
부가가치(광업, 제조업)	44.3	46.3	44.3
종사자 수(광업, 제조업)	18.0	18.5	16.6
출하액(전 산업)	–	–	25.7
종사자 수(전 산업)	–	–	6.9

자료: 한국개발연구원(2011).

집단이 변화하고 또 기업집단의 구성 회사에도 변동이 있다는 점을 고려하여 해석할 필요는 있으나, 한국에서 대규모 기업집단으로서 규제 대상이 되는 일군의 생산주체가 국민경제에서 차지하는 위상은 매우 크며, 또한 최근에 상승하고 있음에 유의할 필요가 있다.

한편 대규모 기업집단의 생산시장 내 위상을 더욱 엄밀히 측정하기 위해 출하액, 부가가치, 종사자에서의 비중을 살펴보면 다음과 같다. 〈표 3-2〉에서 보듯 우선 대규모 기업집단 소속기업들의 출하액 및 부가가치 비중은 전체 광업과 제조업 출하액 및 부가가치의 약 40%를 웃도는 것으로 나타났다. 출하액에서 대규모 기업집단은 2008년 44.6%, 2009년 49.1%, 2010년 42.9%의 비중을 차지하고 있으며, 부가가치에서도 44.3%, 46.3%, 44.3%를 차지하고 있다.[4] 한편 대규모 기업집단이 광업 및 제조업 전체 월평균 종사자에서 차지하는 비중은 매우 낮은 것으로 나타났다. 2008년 18.0%, 2009년 18.5%, 2010년 16.6%에 그치고 있어, 대규모 기업집단은 출하액 및 부가가치에 비해 고용창출에 기여하는 바는 매우 저조하다고 할 수 있다. 한편 전 산업을 대상으로 2010년 현재 대규모 기업집단의 출하액과 종사자의 비중을 살피면 각각 25.7%, 6.9%이다. 대규모 기업집단의 출하액 및 종사자 비중은 상대적으로 광

4 한국개발연구원(2011)은 2010년 대규모 기업집단의 출하액 및 부가가치 비중이 크게 하락한 이유를 경제 전반에 걸쳐 생산이 확대되었기 때문이라고 설명하고 있다.

업과 제조업에서 높다고 할 수 있다.[5]

대규모 기업집단의 계열사 수와 영위 업종을 살펴보는 것은 기업집단의 규모 확대와 성장전략이 어떻게 이루어졌는지 살펴보는 데 중요하다. 총수가 있는 민간 대규모 기업집단의 계열사 수와 영위 업종을 살펴볼 때, 외환위기 이후 계열사 수가 크게 늘어나고 영위 업종 수가 대폭 확대된 것을 확인할 수 있다. 또한 이러한 계열사 확대와 다각화 전략은 모든 규모의 기업집단에서 일어났다는 점이 특징적이다.[6] 특히 10대 재벌의 경우 2001년 평균 17.1개의 계열사를 보유하였으나, 2011년 56.9개의 계열사를 거느리게 되어 3.3배 확대되었다. 같은 기간 영위 업종도 한국표준산업분류(KSIC) 중분류기준 10.1개에서 41.7개로 4.1배 증가하여 다각화가 크게 확대되었다. 11~20대 그룹도 같은 기간 계열사 수는 4.3배, 영위 업종은 4.3배 증가하였고, 21~30대 그룹의 경우 계열사 수는 3.5배, 영위 업종 수는 3.4배 증가하였다(〈표 3-3〉).[7]

한편 대규모 기업집단이 각각의 산업에서 어떠한 중요성을 차지하고 있으며, 대규모 기업집단 기업이 진출한 산업은 그렇지 않은 산업에 비하여 독과점의 폐해가 나타날 가능성이 있는지를 확인할 필요가 있다. 〈표 3-4〉는 해당 산업에 대규모 기업집단 소속기업이 진출해 있으며 순

---

5 불과 몇십 개에 불과한 대규모 기업집단이 생산에서 차지하는 비중이 이와 같이 높다는 점, 그리고 고용에서 차지하는 비중은 높지 않다는 것은 부가가치의 분배상의 불평등 문제 그리고 소수 대기업집단의 위기가 경제 전체에 미치는 파급효과 등을 고려할 때 지속가능한 바람직한 현상인가에 대한 의문을 제기한다.

6 최근 총수가 없는 기업집단도 총수가 있는 기업집단과 유사한 계열사 확장과 다각화 전략을 취하고 있다는 것도 유의할 사항이다. 위평량·김우찬(2012) 참조.

7 또한 출자총액제한제도가 폐지된 2008년 이후 재벌의 계열사 수와 영위 업종 수가 급격하게 증가된 것을 확인할 수 있다. 즉 기업에 대한 규제완화 정책의 하나로 출자총액제한제도가 폐지되자 기업집단은 계열사 수를 늘리면서 다양한 업종에 활발하게 진출했다고 할 수 있다.

표 3-3 민간 대규모 기업집단의 계열사 수와 영위 업종 수의 변화

구분	2001	2002	2003	2004	2005	2006	2007	2008	2009	2010	2011
계열사 수											
1~10대 재벌 평균	17.1	20.4	21.9	28	29.3	32.2	39	42.9	49.3	49.3	56.9
11~20대 재벌 평균	6.7	7.6	8.0	10.3	11.9	13.1	14.9	17.5	19.6	23.2	29.0
21~30대 재벌 평균	8.2	9.4	10.8	11.2	12.4	14.4	16.6	19.6	21.7	25.2	28.6
영위 업종 수: KSIC 중분류 기준											
1~10대 재벌 평균	10.1	11.8	12.9	14.3	18.2	19.4	22.0	27.4	30.6	35.4	41.7
11~20대 재벌 평균	5.2	5.8	6.2	8.0	9.4	10.5	12.3	14.5	16.1	18.7	22.5
21~30대 재벌 평균	6.5	7.1	8.4	8.8	9.6	11.3	12.8	14.9	16.3	19.1	21.8

자료: 위평량·김우찬(2012).

표 3-4 대규모 기업집단의 산업 진출 경우별 평균집중률(가중평균)

구분	CR3			HHI		
	2008	2009	2010	2008	2009	2010
경우 1	63.7	63.2	60.9	2,219	2,159	2,207
경우 2	24.6	24.7	25.0	484	461	482
경우 3	29.9	30.7	31.6	786	800	902
광업 및 제조업 전체	55.3	55.4	53.3	1,857	1,821	1,856

주: 경우 1) 산업별 상위 3개 사에 대규모 기업집단 소속기업이 1개 이상 포함되어 있는 경우.
경우 2) 산업별 상위 3개 사에는 대규모 기업집단 소속기업이 포함되어 있지 않지만 당해 산업에는 포함되어 있는 경우.
경우 3) 당해 산업에 대규모 기업집단 소속기업이 진출해 있지 않은 경우.
자료: 한국개발연구원(2011).

위가 높은 경우에는 전반적으로 시장집중률이 높은 것으로 나타나고 있어서 독점의 폐해가 있을 가능성을 보여준다. 2010년 산업별 상위 3개 사에 대규모 기업집단 소속기업이 1개 이상 포함되어 있는 경우, 상위 3개 사의 점유율(CR3)이 60.9%, 허쉬만-허핀달지수(HHI)가 2,207인 반면, 당해 산업에 대규모 기업집단 소속기업이 진출해 있지 않은 경우 CR3가 31.6%, HHI가 902에 불과하였다.[8] 또한 대규모 기업집단 소속

기업의 시장지위가 3위 이내가 아니거나 대규모 기업집단이 진출하지 않은 산업의 가중평균집중률은 단순평균치에 비해 오히려 낮은 것으로 나타났다. 즉 대규모 기업집단이 진출해 있는 산업에서 독점의 폐해가 나타날 가능성은 그렇지 않은 산업에 비해 높다고 할 수 있다.

대규모 기업집단 소속기업의 거래 특성을 분석하는 데 기업집단의 내부거래를 살펴보는 것은 중요한 의미가 있다. 즉 기업의 규모에 따른 시장지배적 지위와 그에 따른 독과점의 폐해와는 달리, 기업집단이라는 조직 특성을 이용하여 거래상의 경쟁을 제한하여 지배력을 확장할 수 있기 때문이다. 이는 가격상의 혜택뿐 아니라 사업기회상의 배타적 우선권을 이용하여 기업 및 산업에 걸쳐 지배력을 확장할 수 있게 하는 기업집단의 전략과 밀접히 관련되어 있다. 특히 산업 내 수직적 통합이나 수평적 통합을 통하여 경쟁력을 제한하는 전통적 독점 문제와는 달리, 여러 산업에서 다수 기업을 영위하면서 거래관계를 이용하여 독점력을 확대하는 기업집단의 복합적 통합에 따른 경쟁제한은 규제의 공백이 발생하기 쉬운 부문이라고 할 수 있다.

2011년 현재 대규모 기업집단의 전체 매출액 중 계열사에 대한 매출액 비중은 13.2%를 차지하고 있다(〈표 3-5〉). 그리고 비상장사의 내부거래 비중이 24.5%로 상장사의 8.6%보다 15.9%포인트 높다. 더욱이 특징적인 것은 내부거래 비중이 소유구조와 밀접히 관련되어 있다는 점이다. 예컨대 계열사의 지분이 높거나 총수나 동일인 2세의 지분이 많은 회사의 내부거래 비중이 높은 것으로 나타난다. 특히 동일인 2세의 지분율이 50% 이상인 기업집단 소속기업은 내부거래의 비중이 56.3%에 달하여 평균을 크게 웃도는 것으로 나타난다(〈그림 3-1〉).

이러한 현상은 일감 몰아주기 등과 같은 불합리한 거래관행을 통하여

8 CR3와 HHI가 높을수록 집중도가 높다.

표 3-5 대규모 기업집단의 내부거래 비중(2011)

구분		모든 계열사		상장회사		비상장회사	
		내부거래 비중(금액)	회사 수	내부거래 비중(금액)	회사 수	내부거래 비중(금액)	회사 수
전체 집단(46개)		13.24 (186.3)	1,373	8.62 (86.0)	237	24.52 (100.2)	1,136
	총수 있는 집단 (38개)	13.57 (165.0)	1,236	8.57 (73.8)	217	25.64 (91.3)	1,019
	총수 없는 집단 (8개)	11.12 (21.2)	137	8.89 (12.3)	20	16.95 (9.0)	117

자료: 공정거래위원회.

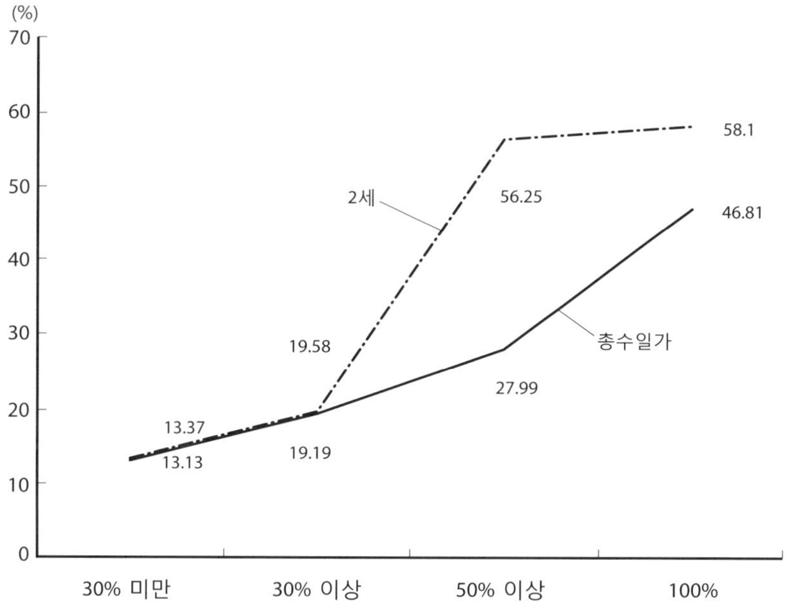

그림 3-1 총수일가와 2세의 지분율과 내부거래 비중(2011)

자료: 공정거래위원회.

경쟁을 제한하고 총수 가문의 사적 이익을 위한 터널링(tunnelling)의 가능성을 높일 뿐만 아니라, 대기업집단 이외의 혁신적 기업의 등장을 불가능하게 하여, 경제 전반의 혁신역량을 위축시키는 문제를 일으킬 수 있다.[9] 더욱이 총수와 동일인 2세 기업에 대한 내부거래의 집중은 정상적

표 3-6 총수가 있는 상위 10대 대기업집단의 내부지분율 변화 (%)

구분	'94	'95	'96	'97	'98	'99	'00	'01	'02	'03
총수	3.2	3.0	2.9	2.5	2.9	1.8	1.1	1.3	1.4	1.2
계열회사	35.3	35.5	36.3	35.5	37.9	46.6	41.2	43.0	42.2	42.4
내부지분율	43.6	43.4	44.0	42.7	45.1	51.5	44.9	46.4	45.9	46.2

구분	'04	'05	'06	'07	'08	'09	'10	'11	'12	'13
총수	1.3	1.4	1.4	1.3	1.1	1.1	1.0	1.1	0.94	0.99
계열회사	43.3	45.3	46.0	44.1	44.7	45.6	44.0	50.3	52.77	49.61
내부지분율	47.1	49.2	49.8	47.9	48.3	49.3	47.4	53.5	55.73	52.92

자료: 공정거래위원회.

인 상속 과정에서 부과되는 막대한 세금을 회피하면서 경영권을 승계하도록 하는 우회수단으로 이용되고 있어서 새로운 규제의 요구가 증가하고 있다.[10]

그러면 대규모 기업집단은 어떠한 방법을 통하여 기업집단이라고 하는 경제주체를 형성하고 있는지 살피도록 하자. 총수가 있는 기업집단을 중심으로 한국 기업집단의 소유구조를 살펴볼 때 몇 가지 특징을 발견할 수 있다. 한국의 대규모 기업집단 소속기업은 총수일가의 지분 비중은 매우 낮은 반면, 계열회사의 지분은 매우 높은 특질을 보이고 있다(〈표 3-6〉). 상위 10대 재벌 총수의 지분율은 1990년대 중반 3.0%였으

---

9 기업경영성과 평가 사이트인 CEO 점수에 따르면 최근 20년간 국내 500대 기업 진입 현황을 조사한 결과 지난 1993년 이후 설립되거나 대기업에 인수돼 500대 기업으로 성장한 기업은 총 119개인데 이 중 대기업 그룹 계열, 외자투자기업, 공기업을 제외하고 순수하게 독립적으로 창업하여 성장한 기업은 13개 사에 불과하고 33개 재벌그룹은 72개 사를 진입시켰다. 이러한 결과는 기업집단의 거래관행과 무관하다고 할 수 없을 것이다.

10 공정거래위원회는 2013년 10월 1일 특수 관계인에게 부당한 이익 제공 금지규정의 적용대상 기업집단 및 계열회사의 범위와 금지행위의 세부기준 등을 규정한 '독점규제 및 공정거래에 관한 법률 시행령' 개정안을 마련하여 입법 예고하였으나 적용범위와 규제대상에 대하여 논란이 지속하고 있다.

나 2013년 현재 약 1% 수준으로 낮아졌다. 반면 계열회사의 지분율은 1990년대 중반 35%에서 2013년 50%로 증가하였다. 이러한 현상은 여러 제도적인 변화와 함께 장기적으로 진화한 것이기 때문에 간단히 그 원인을 설명하기는 어렵다. 그러나 대규모 기업집단의 총수일가가 낮은 지분율에도 불구하고 절대적인 지배권을 행사할 수 있는 이유는 출자관계를 형성하는 계열사의 높은 지분율에 기초하기 때문이다.

이러한 기업집단의 소유구조는 형태적으로는 다양한 구조를 통하여 나타난다. 즉 순수지주회사 형태의 그룹구조, 사업지주회사 형태의 그룹구조, 상호주식 보유구조 등 다양한 형태를 보이고 있다. 형태의 다양함에도 불구하고 공통점은 총수일가의 지분이 적음에도 불구하고 지주회사 또는 지주회사 역할을 하는 사업회사의 지분을 활용하여 전 그룹에 걸친 통제권을 유지한다는 것이다. 즉 총수일가의 지분만으로는 미치지 못하였을 전 그룹 계열사에 대한 지배권을 계열회사들의 주식보유를 통하여 확대하였다는 점이다.

이러한 대규모 기업집단의 특징은 주식시장에서 주식소유 분포의 양태와도 밀접히 관련되어 있다. 2011년 유가증권시장 상장주식의 소유 분포는 (소유주식 수 기준) 개인 36.3%, 일반법인 28.73%, 외국인 15.89%, 은행 6.14%, 보험 4.09%, 기금 및 공제회 3.63%의 구성을 보이고 있다. 즉 개인을 제외할 때 일반법인의 비중이 매우 높으며, 이러한 특징은 주식의 분산소유 및 기관투자가의 비중이 높은 미국이나 영국과는 다르다고 할 수 있다.[11]

---

11 한편 대규모 기업집단의 규모 확대와 계열사 확대, 그리고 내부지분율의 상승 기조는 IMF 외환위기 이후 국제금융기구 등의 영향하에 시도된 제도개혁에도 불구하고 진행되었다는 점에 주목할 필요가 있다. 즉 IMF 외환위기 직후 기업집단의 구조조정 과정에서 재무구조 개선과 함께 사업역량 집중, 인원조정 등이 진행되면서 다른 한편에서는 소액주주 권리 강화, 이사회 개선 등 지배구조 개선을 위한 법적,

III. 기업집단과 기업의 소유·지배 형태

그러면 이와 같은 기업집단(corporate groups)은 한국에만 고유하고 국제적인 기준으로 볼 때 예외적인 현상인가? 기업집단은 법인으로서의 기업들이 일정한 형태의 소유관계를 통하여 경제적 동일체를 형성하고 있는 기업의 형태이다. 자연인과는 구분되는 법인으로서의 회사는 역사적으로 다양한 형태를 띠면서 발전했으며, 현대 자본주의사회에서는 주식회사가 대표적인 기업의 형태로 자리잡고 있다. 그 주식회사가 다른 회사의 주식을 보유할 수 있게 되면서 기업집단이 형성되었다.[12] 사실 경제학 교과서가 상정하는 분산된 소유구조하의 독립된 회사(stand alone company)는 후발산업화 국가에서는 일반적이지 않다. 후발산업화 국가에서 상위 대기업은 국가 소유가 아니라면 기업집단의 소속기업인 경우가 많다.

콜팬(Colpan et al. 2010)의 연구에서 나타나고 있듯이 대부분의 후발 산업화 국가의 상위 대기업은 공기업을 제외하고는 기업집단 소속이 일반적이다. 예컨대 한국, 타이완, 중국, 태국, 싱가포르, 인디아, 아르헨티나,

---

제도적 장치가 강화되었고 기업공시 등 투명성이 강화되는 조치가 취해졌다. 그러나 2000년대 중반 이후 규제완화 요구로 출자총액제한제도가 폐지되는 등, 소유제한이 완화되기도 하였다. 결국 외환위기 당시 기업집단의 폐해로 국가부도의 위기에 처했다는 명분으로 시도된 여러 가지 조치가 기업집단의 소유, 경영 행태를 변화시키는 데 기여하지 못하였을 뿐만 아니라, 오히려 기업집단 중심의 경제체제를 공고화했다고 평가할 수도 있다.

12 물론 자연인으로서 개인이 동시에 여러 회사의 주식을 지배력을 확보할 수 있을 만큼 보유하여 자연인이 중심이 되는 기업집단을 형성할 수 있으나, 개인적 부의 제약으로 성장에 한계를 보일 수밖에 없다. 따라서 대부분 기업집단은 법인 간의 기업주식 보유가 기업집단 형성에서 중요한 역할을 수행한다.

브라질, 칠레, 멕시코, 이스라엘, 터키, 러시아, 남아프리카의 경우 기업집단이 대표적인 기업 형태로 자리잡고 있다.

〈표 3-7〉에서와 같이 후발산업화 국가에서 대규모 사업체의 경우 한국을 필두로 가족이 지배주주(controlling shareholders)인 다각화된 기업집단이 주요 기업 형태임을 알 수 있다. 가족중심의 기업집단이 아닐 경우에는 국가소유의 기업이 중요한 역할을 하고 있다. 즉 경제학이 상정하는 분산된 소유구조하의 독립적인 기업이 경제에서 대표적인 역할을 하는 것은 오히려 예외적인 현상이라고 할 수 있다.

더욱이 역사적으로 볼 때도, 19세기 초에 등장한 영국의 무역상사(trading company)의 예와 같이 다각화 과정에서 출범한 기업집단이 선진국에서는 21세기까지 존속하고 있기도 하여, 기업집단을 2차 세계대전 이후의 후발산업화 국가의 고유한 현상이라고만 할 수도 없다. 특히 스웨덴이나 이탈리아는 현재에도 상위 대기업이 기업집단의 형태를 취하고 있기도 하여, 기업집단이 후진국만의 고유 현상이라고 보기 어렵다.

이러한 이유로 슈나이더는 "특별한 위협요인이 없는 한 기업집단(business group)은 어떠한 경우라도 나타난다고 가정하는 것이 합당하다"고 주장한다(Schneider 2010: 666). 즉 생태학적인 표현에 따라 자연포식자가 존재하지 않는다면, 기업집단은 어디에서나 살아날 수 있다는 것이다.

따라서 기업집단의 존재와 지속을 설명하는 다양한 이론이 등장하는 것은 자연스러운 현상이다. 거래비용(transaction costs)의 존재, 제도의 공백(institutional void), 내부자본시장(internal capital markets)의 존재, 정부와의 유착을 강조하는 정치경제학적 해석, 시장지배력의 확장을 위한 형태 등 다양한 이론이 기업집단의 존재와 성장을 설명하고 있다.[13] 선진

13 기업집단의 존재에 대한 다양한 이론에 대하여는 Yiu et al.(2007), Colpan et al.(2010)을 참조하라.

표 3-7 후발산업화 국가의 대규모 기업체 (일본 제외, 2007)

순위	기업/그룹명	수입 (US백만 달러)	국가	연도	지배 소유주	산업	2개 이상 상장사 보유 여부	기업집단 여부
1	Samsung	161,780	한국	2007	가족	다각화	Yes	Yes
2	China Petrochemical Co.(Sinopec)	159,260	중국	2007	국가	석유,천연가스,석유화학	Yes	Yes
3	State Grid. Co. of China	132,885	중국	2007	국가	전기	No	Yes
4	China National Petroleum Co.	129,798	중국	2007	국가	석유,천연가스,석유화학	No	Yes
5	Petrobras	112,046	브라질	2007	국가	석유,천연가스,석유화학	No	Yes
6	Premex	103,961	멕시코	2007	국가	광업및석유	No	x
7	Gazprom	98,642	러시아	2007	국가	가스,에너지	Yes	x
8	Hyundai Motor	83,392	한국	2007	가족	다각화	Yes	Yes
9	SK	75,784	한국	2007	가족	다각화	Yes	Yes
10	LG	71,498	한국	2007	가족	다각화	Yes	Yes
11	Lukoil	67,205	러시아	2007	가족	석유,천연가스,석유화학	No	Yes
12	Petronas	66,218	말레이시아	2007	국가	석유,천연가스,석유화학	Yes	na
13	Tata Group	62,500	인도	2008	가족	다각화	Yes	Yes
14	Indian Oil	57,427	인도	2007	국가	석유	Yes	x
15	Temasek Holding	54,000	싱가포르	2008	국가	다각화	Yes	Yes
16	Industrial & Commercial Bank of China	51,526	중국	2007	국가	상업은행	No	x
17	Carso	51,199	멕시코	2006	가족	다각화	Yes	Yes
18	PTT	51,193	태국	2007	국가	석유,천연가스,석유화학	Yes	Yes
19	Korea Electric Power	50,271	한국	2007	국가	전기	Yes	Yes
20	Formosa Plastic	49,519	타이완	2006	가족	다각화	Yes	Yes
21	Hon Hai	47,571	타이완	2006	가족	다각화	Yes	Yes
22	China Mobile Telecom-munications Co.	47,055	중국	2007	국가	전화	No	Yes
23	China Life Insurance	43,440	중국	2007	국가	보험	No	x
24	China Construction Bank	41,307	중국	2007	국가	상업은행	No	x
25	Koc Holding	39,392	터키	2007	가족	다각화	Yes	Yes

순위	기업/그룹명	수입(US백만 달러)	국가	연도	지배 소유주	산업	2개 이상 상장사 보유 여부	기업집단 여부
26	BHP Billiton Plc	39,210	남아프리카/호주	2007	기관 투자가	광업,정제,석유,천연가스	Yes	Yes
27	Bank of China	38,904	중국	2007	국가	상업은행	No	x
28	Bradesco	38,264	브라질	2007	가족	다각화	Yes	Yes
29	Russian Railways	38,139	러시아	2007	국가	철도	No	x
30	Rosneft Oil	36,184	러시아	2007	국가	석유,천연가스,석유화학	No	x

주: 다각화는 3개 이상의 비연관 업종에서 활동하는 것을 의미. 기업집단의 의미는 국가마다 다를 수 있음.
자료: Colpan et al.(2010: 332-333).

국과는 달리 후진국에서 다각화된 기업집단이 지배적인 기업 형태로 드러난 이유로 독창적 기술(proprietary technology)에 의존하기보다는 다른 생산능력에 의존하여 성장하는 과정에서 습득한 노하우로 타 산업에 진출하기 쉽기 때문이라는 기술적 역량(capability)을 강조하는 주장도 설득력이 있다. 자본시장, 노동시장 등 제도적 시장이 미비한 후발산업화 국가에서 기업집단은 그 자신이 지니고 있는 역량으로 인해 발전된 시장을 갖고 있는 선진국에 비해 더욱 지배적인 형태를 보이게 된다고 할 수 있다.

기업집단의 존재와 진화를 설명하는 이론이 기업집단의 경쟁력을 강조하는 반면, 기업집단이 오히려 경쟁력의 위험요인으로 작용할 수도 있어서 기업집단에 대한 규제가 필요하다는 논의도 있다. 우선 기업집단의 위험요인으로 대형화된 기업집단의 대마불사(too big to fail)에 따른 도덕적 해이를 들 수 있다. 기업 파산 시에 국민경제에 큰 부담으로 작용할 수 있다는 점을 이용하여 기업 규모를 무조건 확장하는 경영전략을 말한다. 또한 가족중심의 기업집단은 최고 의사결정자의 선택 풀이 제한적일 뿐만 아니라, 상속 및 경영권 승계에서의 가족 간 분쟁이 기업집단의 위협요인으로 작용할 수도 있다. 실질적인 소유지분이 적은 지배가문이 레버리지 효과를 노리고 고위험 투자를 증대하여 국민경제의 불안정성을 심화시킬 위험도 존재한다. 한편 기업집단의 거래상의 지배력을 통하여 경쟁을 제한하고 혁신적인 기업의 성장을 제약할 가능성이 존재하는 것도 기업집단의 부정적인 측면으로 지적되고 있다.[14]

기업집단이 취하는 형태는 국가와 시대에 따라서 다양하다. 특히 회사라고 하는 법인(legal person)은 법에 의하여 정의되기 때문에 법 규정에 영향을 크게 받는다. 그러나 사회경제적인 동기에 의하여 기업집단을 형성하는 경우에 의회와 정부에 영향력을 행사하여 법적인 제약을 완화할 수 있기 때문에 법적인 제약이라고 하더라도 절대적인 제약이라고 볼 수는 없다.

기업집단의 형성은 피라미드형 소유 형태, 지주회사 형태, 상호주 보유 형태 등 형식적인(formal) 소유를 통할 수도 있으나, 소유가 아닌 계약이나 기타의 비형식적인(informal) 관계를 통할 수도 있다. 또한 대부분 국가에서 기업집단은 가문(family)이 소유에서 중요한 역할을 차지하고 있는데, 하나의 가문인 경우가 대부분이나 복수의 가문이 하나의 기업집단을 형성하기도 한다.

대규모 기업이 분산된 소유구조하에서 독립적 기업으로 존재하는 미국과 영국 등을 제외한 나라에서는 경제에서 중요한 위치를 차지하는 기업의 (궁극적) 소유주가 가족이거나 국가인 경우가 많다. 세계적으로 보아 분산된 소유구조하의 전문경영인 중심의 회사가 대기업의 지배적인 형태를 이루는 것은 오히려 예외적이라고 할 수 있다.

〈표 3-8〉에서 볼 때 국가마다 대기업의 소유분산 정도의 차이가 매우 크며, 소유분산이 크지 않은 나라는 가문과 국가가 주요 주주이며 통

14 세습된 부자의 비중이 큰 나라의 경제성장률이 낮다는 연구도 있다(Morck et al. 1998).

표 3-8 상장 대기업의 소유, 통제권 분포(20% 기준)

국가	소유분산	가문	국가	소유분산 금융사	소유분산 기업	기타
영국	1.00	0.00	0.00	0.00	0.00	0.00
일본	0.90	0.05	0.05	0.00	0.00	0.00
미국	0.80	0.20	0.00	0.00	0.00	0.00
오스트레일리아	0.65	0.05	0.05	0.00	0.25	0.00
아일랜드	0.65	0.10	0.00	0.00	0.10	0.15
캐나다	0.60	0.25	0.00	0.00	0.15	0.00
프랑스	0.60	0.20	0.15	0.05	0.00	0.00
스위스	0.60	0.30	0.00	0.05	0.00	0.05
한국	0.55	0.20	0.15	0.00	0.05	0.05
독일	0.50	0.10	0.25	0.15	0.00	0.00
덴마크	0.40	0.35	0.15	0.00	0.00	0.10
핀란드	0.35	0.10	0.35	0.05	0.05	0.10
스페인	0.35	0.15	0.30	0.10	0.10	0.00
네덜란드	0.30	0.20	0.05	0.00	0.10	0.35
뉴질랜드	0.30	0.25	0.25	0.00	0.20	0.00
노르웨이	0.25	0.25	0.35	0.05	0.00	0.10
스웨덴	0.25	0.45	0.10	0.15	0.00	0.05
이탈리아	0.20	0.15	0.40	0.05	0.10	0.10
싱가포르	0.15	0.30	0.45	0.05	0.05	0.00
그리스	0.10	0.50	0.30	0.10	0.00	0.00
홍콩	0.10	0.70	0.05	0.05	0.00	0.10
포르투갈	0.10	0.45	0.25	0.15	0.00	0.05
오스트리아	0.05	0.15	0.70	0.00	0.00	0.10
벨기에	0.05	0.50	0.05	0.30	0.00	0.10
이스라엘	0.05	0.50	0.40	0.00	0.05	0.00
아르헨티나	0.00	0.65	0.15	0.05	0.15	0.00
멕시코	0.00	1.00	0.00	0.00	0.00	0.00

자료: La Porta, Lopez-de-Silanes and Shleifer(1999: 492).

제자인 경우가 많다.[15] 대기업은 일반적으로 중소기업에 비해 규모가 커

15 한국의 소유분산이 높게 나오는 것은 여러 계열사가 다른 소속기업의 주식을 나누어 보유할 경우 단일 주체로 보지 않고 다른 주체로 보기 때문이다.

서 소유분산의 가능성이 높다고 할 수 있다. 따라서 대기업의 소유분산이 크지 않을 경우, 중소기업을 포함한 기업 부문 전체의 소유집중도는 매우 높다고 할 수 있다.

기업집단의 형성에서 피라미드 형태나 지주회사 형태 등은 통제권(control right)과 현금흐름권(cash flow right)의 괴리를 유도하고, 소위 소수주주에 대한 지배주주의 탈취(tunnelling)를 가능하게 하는 기업집단의 특징을 보여준다. 이는 기업집단의 형성에 있어 제한된 자원을 갖고서 지배력을 최대화하려는 지배주주의 행동과 밀접히 관련되어 있다. 사실상 기업 간 주식소유가 자유롭고, 차별적인 투표권을 갖는 주식의 발행이 가능하다고 한다면, 통제권을 확대하려고 하는 지배주주의 욕구는 쉽게 충족될 수 있다. 이러한 통제권 확대메커니즘(control enhancement mechanism)은 다양한 방식이 있으며, 결국 현금흐름권과 통제권의 괴리도를 높이면서 제한된 자원으로도 통제권을 확대할 수 있다. 복수투표권주식(multiple voting right), 무의결권주식(non-voting shares), 무의결권우선주(non-voting preference shares), 피라미드구조(pyramid structure), 주식예탁증서(depository certificates), 투표권제한(voting rights ceilings), 황금주(golden shares), 상호주(cross-shareholdings) 등이 이러한 통제권 확대수단들이며, 국가마다 다양한 형태로 존재한다.

이상에서 살펴본 기업 형태를 통해서 미국이나 영국 등을 제외한 대부분 국가에서 소유분산은 높지 않으며, 소유의 집중도가 상당히 높은 것이 현실임을 알 수 있다. 심지어 미국에서도 집중화된 소유가 일반적으로 생각하는 것보다 많이 발생한다는 연구가 있다(Holderness 2009). 그리고 소유분산이 이루어지지 않은 경우 가문이 중요한 소유자이며 통제자이고, 가문의 소유비중이 높은 기업에서 지배가문은 일반적으로 경영에 참여하고 있다. 특히 후진국의 가문중심 기업집단에서 가문은 경영에 참여하고 있으며(Colpan et al. 2010), 스웨덴과 같이 선진국의 가문중심 기업집단에서도 그러한 경우가 많다. 파치오와 랭의 서유럽 5,232

개 공개기업 조사에 따르면, 소유분산된 기업이 36.93%, 가문소유기업이 통제하는 기업이 44.29%이고, 소유분산이 이루어지지 않은 기업 중 68.45% 기업에서 가문이 경영에 참여하고 있어서(Faccio and Lang 2002), 전체 기업 중 약 36%에서 지배가문이 경영에 참여하고 있는 실정이다.

사실 모든 창업기업, 중소기업은 대부분 가족기업으로 출발하고 대기업으로 성장하는 가운데 소유권 변화, 다각화의 문제에 직면하게 된다. 기업들이 그 문제를 해결함에 있어서 내부유보이익, 그룹 내 여타 회사로부터의 출자, 외부 차입에 의한 투자자금의 조달 등에 의존할 경우 주식소유분산 없이도 성장할 수 있다. 그밖에 성장 과정에서 내적 성장(internal growth)에 의존하는지 또는 인수와 합병에 의존하는지도 중요하며, 합병 등을 통하여 성장할 경우 주식의 자연스러운 분산소유가 유도될 수도 있다.

그렇다면 선진국들은 어떠한 이유로 전문경영체제, 소유분산, 피라미드형 기업집단의 부재와 같은 현재의 기업 형태를 취하게 되었는가. 우선 미국의 경우, 소유분산과 전문경영인의 기업 형태는 미국 사회와 문화의 자연스런 선택의 결과만은 아니고, 경쟁을 강화하고 독점의 폐해를 방지하려는 의식적인 노력의 결과이기도 하였다. 대공황 이후 진보적 뉴딜(New Deal) 정책의 추진과정에서 '강한 경영자, 약한 소유자(strong manager, weak owner)' 정책을 추진하였고,[16] 이에 대하여 대가문들은 기업분할 및 주식처분을 하게 되었다. 더불어 강력한 독점금지법이 시행되었으며, 기업 간 배당소득세가 부과되었으며, 주식처분에 대한 조세 인센티브가 도입되어 결국 소유분산을 유도하고 트러스트를 해체하게 되었다. 그에 따라 자회사를 설치할 경우에는 100%에 가까운 지분율을 보유함이 일반적이었다.[17] 또한 회사법상 법인격부인론(piercing

---

16 Roe(1994) 참조.

17 lumberg et al.(2010)에 따르면 미국 100대 기업의 경우 대부분 자회사의 지분율이

표 3-9 통제권 확대 메커니즘의 활용 가능 여부

국가	복수 투표권 주식	무의결권 주식	무의결 우선주	피라미드 구조	특별 권리주	주식 예탁증서	투표권 제한	소유제한	절대 과반수 조항	황금주	Partnership limited by shares	상호주	주주간 특별계약
벨기에	No	No	Yes	Yes	Yes	Yes	Yes	Yes	Yes	Yes	Yes	Yes	Yes
독일	No	No	Yes	Yes	Yes	No	No	No	Yes	No	Yes	Yes	Yes
덴마크	Yes	No	No	Yes	Yes	Yes	Yes	Yes	Yes	Yes	No	Yes	Yes
에스토니아	No	No	Yes	Yes	Yes	Yes	No	No	Yes	Yes	No	Yes	Yes
핀란드	Yes	Yes	Yes	Yes	No	No	Yes	No	Yes	No	No	Yes	Yes
프랑스	Yes	Yes	Yes	Yes	Yes	No	Yes	No	불명확	Yes	Yes	Yes	Yes
그리스	No	No	Yes	Yes	No	No	No	No	Yes	No	No	Yes	Yes
헝가리	Yes	No	Yes	Yes	No	No	Yes	불명확	Yes	No	No	Yes	Yes
아일랜드	Yes	Yes	Yes	Yes	Yes	불명확	Yes	Yes	불명확	No	Yes	Yes	Yes
이탈리아	No	Yes	Yes	Yes	불명확	No	No	Yes	Yes	Yes	Yes	Yes	Yes
룩셈부르크	No	No	Yes	Yes	불명확	Yes	불명확	불명확	Yes	불명확	Yes	Yes	Yes
네덜란드	Yes	No	No	Yes	Yes	Yes	Yes	Yes	Yes	Yes	No	Yes	Yes
폴란드	No	No	Yes	Yes	No	No	Yes	불명확	Yes	Yes	No	Yes	Yes
스웨덴	Yes	No	No	Yes	Yes	불명확	Yes	No	Yes	No	No	Yes	Yes
스페인	No	No	Yes	Yes	No	No	Yes	No	Yes	No	Yes	Yes	Yes
영국	Yes	Yes	Yes	Yes	Yes	No	Yes	Yes	Yes	No	No	Yes	Yes
오스트리아	No	Yes	Yes	Yes	Yes	불명확	No	Yes	Yes	No	불명확	Yes	Yes
일본	Yes	Yes	Yes	Yes	Yes	No	불명확	No	Yes	Yes	No	Yes	Yes
미국	Yes	Yes	Yes	Yes	Yes	No	No	Yes	Yes	No	Yes	Yes	Yes

자료: Report on the Proportionality Principle in the European Union, p. 15.

the corporate veil)의 정립이나 그에 상응하는 조세제도는 기업집단의 형성 비용을 막대하게 하는 효과를 가져왔다.

영국에서도 소유분산, 전문경영의 기업 형태가 일반적인데, 이는 20세기 초에 기업 간 인수합병 과정에서 주식교환이 증대되어 소유지분이 희석되었기 때문이다. 지역 증권거래소에서 성숙한 신뢰(trust)에 기반을 둔 전문경영인에 의한 (소수)주주권 보호의 전통이 이러한 소유분산 추세를 지지하였다. 20세기 중반 합병에 기초한 기업집단 현상이 잠시 등장하였지만, 기관투자가들의 강력한 반대와 의무공개매수제의 시행이 기업집단을 형성하려는 시도를 무력화하였다(Franks, Mayer, Rossi 2008).

일본도 가문이 배제된 전문경영인 체제를 취하고 있다. 이는 2차 세계대전 이후 미군정에 의한 가문배제 정책으로 전문경영인 시대가 전개되었기 때문이다. 이후 주거래 은행을 중심으로 그룹이 성립하였으며, 경영권 안정화를 위해 게이레츠와 같은 공동의 유대를 강화하였다. 최근 그룹 간 상호주 보유의 축소 등, 독립경영을 강화하는 경향이 있는데, 이것이 앞으로 미국이나 영국과 같은 독립경영으로 이어질지는 두고 볼 일이다.

IV. 맺는말: 한국 기업집단의 특징과 전망

한국의 가문중심 기업집단은 가문의 소유지분이 낮고, 지배하는 기업집단이 후발산업화 국가의 기업집단 중 가장 큰 규모이며, 예외 없이 지배

95%를 웃돌고 있어서, 다수 기업을 부분 소유하고 여러 개의 회사를 상장하는 후진국의 기업집단과는 다르다고 할 수 있다.

가문이 경영에 주도적으로 참여하는 특징을 보이고 있다. 나아가 통제권과 현금흐름권의 괴리도가 높아서 두 가지 대리인 비용(경영자와 주주 간 대리인 비용, 소액주주와 지배주주 간 대리인 비용)이 모두 상승할 위험을 내포하고 있다. 이러한 특질은 2차 세계대전 이후 빠른 시간 내에 유례없는 성장을 이룩한 한국경제의 승자의 재앙(winner's curse)이라고 볼 수 있다.

한국 대규모 기업집단의 이러한 특질은 소유분산, 주주보호, 전문경영인 주도 자본주의로의 전환을 강력하게 추진할 대항세력이 성숙하지 않았음에 그 연유가 있다. 미국에서와 같이 독점의 저항을 효과적으로 억제할 수 있는 정치세력이 존재하거나, 독일에서와 같이 경영진을 견제하는 강력한 노동세력이 존재하지 않는 상황에서, 가문 중심의 대규모 기업집단을 견제할 세력이 성숙하지 못하였다. 또한 영국에서와 같이 모든 주주(소액주주)에 대한 평등한 주주권 보호를 추진할 기관투자가가 형성되지 못하는 등, 독립적인 금융 부문의 발전이 지체된 것도 대규모 기업집단의 존속 이유라고 할 수 있다.

유일한 견제세력이라고 할 수 있는 국가 부문도 규제완화와 자유화의 영향으로 규제역량이 약화되고, 오히려 국가와 대규모 기업집단의 유착이 문제로 부각되는 실정이다. 이러한 사정으로 말미암아 외환위기 이후에 추진된 영미식 주주자본주의의 기업지배구조 확립을 위한 제도 개선은 한국에서는 별 효과를 발휘하기 어려웠다.

이러한 점을 고려할 때 한국 기업집단의 전망은 아래와 같은 제약하에서 전개될 것으로 예상된다. 우선 가족기업에서 전문경영인 체제로 전환한 역사가 깊은 선진국의 사례를 살펴볼 때, 현재 한국에서 지배적 형태인 가문중심 기업집단체제가 그대로 존속할지는 의문이다. 한국과 같은 가문중심 대규모 기업집단을 지배적 기업 형태로 하면서 선진국으로 도약한 사례를 찾기가 쉽지 않기 때문이다.

그렇지만 앞에서 살펴본 바와 같이 미국의 반트러스트 운동이나 영국의 전통적인 독립적 금융자본주의, 독일의 노동조합과 같은 강력한 대항세력이 성장하지 않는다면, 급격하게 소유의 분산을 기대하거나 가족 소유와 경영을 배제하기는 쉽지 않을 수 있다. 한국의 대규모 기업집단의 미래를 전망할 때 영미식의 분산된 소유구조하의 전문경영인 체제로의 급격한 변화는 쉽지 않을 것으로 보인다. 그런 가운데 유럽의 내부자 모형(internal control)이나 일본의 게이레츠 형태 기업집단으로의 변화, 또는 이러한 변화를 거친 후 영미식의 소유·지배구조로의 전환을 고려할 수 있다.

기업집단의 경제적 장점을 유지하면서 사회적 비용을 줄이는 방향으로 변화를 유도한다고 할 때, 다음을 고려할 필요가 있다. 우선 기업 형태의 획일성을 지양하고 다양한 형태의 기업체제가 공존할 수 있는 여건이 조성될 필요가 있다. 다수 기업집단이 존재하는 상황에서 기업집단을 활용한 다양한 형태의 경쟁제한적 환경이 이어진다면, 성장하는 기업 역시 기존의 지배적 기업 형태를 취하는 것이 유리하다고 판단할 수 있다. 최근의 총수 없는 기업집단의 경영 행태도 비연관 다각화와 계열사 확대라는 기존 가문중심 기업집단의 경영 행태를 답습하는 예라고 할 수 있다.

다음으로 기업경영의 책임성을 확립하고 기업경영의 민주성을 담보할 수 있어야 한다. 실질적으로 총수일가를 이루는 지배소수주주(controlling minority shareholder)의 권위와 힘은 앞서 살펴본 통제권 확대 메커니즘에 의존한다. 즉 소유구조의 구조적 특성을 이용하여 통제권과 현금흐름권의 격차를 최대한 활용할 수 있는 경제적 유인이 존재하는 것이 기업집단이 장기적으로 존속하는 유인이다. 이 같은 문제점은 제도의 개선을 통하여 일정 부분 해결할 수 있을 것이다. 다중대표소송제 등의 소수주주 보호 장치, 기업 간 배당소득세제의 실질화, 경쟁제한적 주식소유에 대한 경쟁 당국의 처분권 강화 등, 법인 간 주식소유의 비용을 높이는 정책은 기업집단 형성의 유인을 줄일 수 있을 것이고, 결국은 소수의 주식 보유로 그룹 전체를 지배하는 현재 형태의 기업집단의 유인을 줄일 것이다.

한편 가족경영의 문제점을 시정하기 위하여 지배가문이 쉽게 소유와 경영에서 빠져나갈 수 있게 하는 출구전략도 필요하다. 미국은 1935년 계열사 청산에 따른 자본이득세 면세 조항을 만들어 지주회사의 하위 자회사 청산에 유인을 부여하여 대규모 기업집단의 해체를 촉진한 경험이 있다. 그러나 기업집단 통제권의 엄청난 프리미엄이 지속된다면 지배가문의 질서정연한 퇴출과 기업집단 체제의 완화는 기대하기 어렵다고 하겠다.

이러한 점을 고려할 때 한국 기업집단의 변화는 다음 사항에 의하여 제약될 것으로 짐작된다. 우선 기업집단 자체의 변화 가능성 및 지배가문의 전략이 가장 중요하다. 그다음, 외부 요인으로서 경제위기 및 구조조정의 가능성, 그리고 개방과 경쟁 확대의 정도, 상대적으로 독립적인 법적, 제도적 개선 노력의 가능성, 산업자본과 독립적인 금융 부문의 발전 가능성, 노조 등 대항세력의 형성 가능성 등이 중요하게 작용할 것이다.

그 위에 경제적 인센티브 구조의 변화가 중요한 요인으로 작용할 수 있다. 소유의 편익보다 지배의 편익이 상대적으로 클 경우, 기업집단의 확대 및 통제권 확대메커니즘 활용의 유인이 증대한다. 이 같은 근본적 유인이 제거되지 않으면 현재와 같은 기업집단 체제는 언제까지라도 존속할 수 있다. 그러한 의미에서 통제권 확대메커니즘을 항구화하는 지주회사제도의 권장이 바람직한 정책인지는 재고할 필요가 있다. 즉 복잡한 출자구조를 단순화한다는 취지로 도입된 지주회사제도가 자회사 및 손자회사의 유지 요건인 주식보유율이 하락하면서 통제권과 현금흐름권의 괴리를 항구화하는 장치로 변질될 수 있기 때문이다. 또한 현재의 통제권과 현금흐름권의 괴리도를 개선하는 데 기여할 여지가 없는 신규 순환출자만을 금지하는 정책의 효과도 제한적일 수밖에 없다고 생각한다.

참고문헌

위평량·김우찬, 2012, 「총수 없는 기업집단 분석과 시사점: 공기업집단 및 30대 재벌과의 비교를 중심으로」, 경제개혁리포트, 2012-19호, 경제개혁연구소.

한국개발연구원, 2011, 『시장구조조사』, 공정거래위원회 용역 최종보고서.

Blumberg, Phillip et al., 2010, Blumberg on Corporate Groups.

Chandler, Alfred, Franco Amatori, and Takashi Hikino (eds.), 1997, *Big Business and the Wealth of Nations*, Cambridge University Press.

Claessens, Stijin, Simeon Djankov, and Larry Lang, 2000, "The Separation of Ownership and Control in the East Asian Corporations," *Journal of Financial Economics* 58.

Colpan, Asli, Takashi Hikino, and James Lincoln (eds.), 2010, *The Oxford Handbook of Business Groups*, Oxford University Press.

Faccio, Mara and Larry Lang, 2002, "The Ultimate Ownership of Western European Corporations," *Journal of Financial Economics* 654: 365-395.

Franks, Julian, Colin Mayer, and Hannes Wagner, 2006, "The Origins of the German Corporation: Finance, Ownership and Control," *Review of Finance* 10: 537-585.

Franks, Julian, Colin Mayer, and Miyajima Hideaki, 2009, "Equity Markets and Institutions: The Case of Japan," RIETI Discussion Paper Series 09-E-039.

Franks, Julian, Colin Mayer, and Stefano Rossi, 2008, "Ownership: Evolution and Regulation," *The Review of Financial Studies* 22(10).

Holderness, Clifford, 2009, "The Myth of Diffuse Ownership in the United States," *The Review of Financial Studies* 22(4).

ISS, Shearman & Sterling, ECGI, 2006, Report on the Proportionality Principle in the European Union, External Study Commissioned by the European Commission.

La Porta, Rafael, Fleorencio Lopez-de-Silanes, and Andrei Shleifer, 1999, "Corporate Ownership Around the World," *Journal of Finance* 54(2): 471-517.

Morck, Randall (ed.), 2000, *Concentrated Corporate Ownership*, The University of Chicago Press.

Morck, Randall (ed.), 2005, "A History of Corporate Governance around the World: Family Business Groups to Professional Managers," NBER.

Morck, Randall, David Stangeland, and Bernard Yeung, 1998, "Inherited Wealth, Corporate Control and Economic Growth: The Canadian Disease," NBER Working Paper No.6814.

Morck, Randall, 2005, "How to Eliminate Pyramidal Business Groups: The Double Taxation of Intercorporate Dividends and Other Incisive Uses of Tax Policy," James Poterba (ed.), *Tax Policy and the Economy*: 135-179.

Roe, Mark, 1994, *Strong Managers, Weak Owners: The Political Roots of American Corporate Finance*, Princeton University Press.

Yiu, Daphne, Yuan Lu, Garry Bruton, and Robert Hoskisson, 2007, "Business Groups: An Integrated Model to Focus Future Research," *Journal of Management Studies*, 44: 8.

Yoshikawa, Toru and, Abdul Rasheed, 2009, "Convergence of Corporate Governance: Critical Review and Future Directions," *Corporate Governance: An International Review* 17(3): 388-404.

제4장

경제발전의 전개 형태와 중소기업

김주훈
(KDI 산업·서비스연구부장)

I. 한국 중소기업의 특성과 성장 경로

1. 중소기업의 생성 연원

오늘날에는 마치 오래전부터 존재한 것처럼 익숙하게 여겨지는 거대기업이 출현한 것은 불과 100여 년 전인 19세기 말이다. 이때까지 기업의 규모는 수공업자 수준에서 크게 벗어나지 않는 수준이었다. 전기에너지가 개발되고 자동차와 전화 등의 발명으로 교통 및 통신 혁명이 일어나면서 생산성이 폭발적으로 증가하여 소수의 기업만으로도 시장수요를 충족시킬 수 있을 정도로 생산력이 높아진 제2차 산업혁명이 일어났다. 다수의 소기업 간에 경쟁이 벌어지다가 기업가적 역량이 뛰어난 기업이 주변의 경쟁업체를 흡수하면서 거대기업으로 성장하게 되었다(Chandler 1990: 1-2).

예를 들어, 미국의 헨리 포드가 자동차회사를 설립한 20세기 초에 미국의 자동차회사들은 약 200개가 넘었다. 그러나 1930년대에 이르면 미국의 자동차회사는 GM 등 4개 사로 집중되었다. 이 같은 산업집중은 자동차산업에 그치지 않고 다른 산업에서도 광범위하게 확산되었다. 비

* 이 글은 2012~2013년 서울대학교 경제연구소 학술사업의 연구비 지원을 받았다.

록 수적으로 보면 1%에도 미치지 못하지만, 이들 소수 거대기업의 생산 비중은 매우 높아 국민경제에서 점하는 비중과 경제에 미치는 영향력이 매우 높아졌다.

그런 가운데 대기업의 반대편에는 규모도 작고 생산 및 경영도 전근대적이어서 대기업과의 경쟁에서 밀리지만 그 수에서는 압도적인 기존의 기업군이 남아 있었다. 이들은 새롭게 출현한 극소수의 대기업과 구별하고 수적으로 큰 비중임을 강조하기 위해 소기업은 물론 중기업까지 합쳐진 중소기업(small and medium-sized enterprises)으로 불리게 되었다. 대기업의 출현이 근대적 산업기술과 과학적 경영에서 나온 것이므로 전근대적 생산방식에서 벗어나지 못한 중소기업은 경쟁에서 도태되어 궁극적으로는 소멸해갈 것이라고 20세기 전반기에는 예견되었다(Storey 1994: 25-34).

그러나 다른 한편에는 대기업의 확대는 시장구조의 독과점화를 가져오고 도태되는 중소사업자들로 인해 사회 불안이 일어나게 되므로, 국가가 중소기업의 경쟁력 강화를 지원하여 대기업의 독과점화에 대한 길항세력으로 육성해야 한다는 주장도 제기되었다. 미국은 대공황을 거치면서 혹독한 경영환경 속에서 다수 중소기업이 빠른 속도로 몰락해갔다. 이에 대기업들에 의한 산업집중이 심화되면서 중산층의 몰락을 우려하게 되는 상황이 전개되었다. 1930년대 중반부터 미국 의회를 중심으로 독과점 금지에 관한 입법 노력과 함께 중소기업 대책을 전담하는 중소기업청(Small Business Adminstration)의 설립이 활발하게 논의되었다. 1930년대 말에 이르면 중소기업청 설립이 거의 성사 단계에 이르렀으나 2차 세계대전의 발발로 연기되었다가 종전 후인 1953년에 발족되었다.

그러나 중소기업청의 역할은 1930년대 논의 당시에 비해 대폭 변질되었다. 그 배경에는 대기업에 대한 인식의 전환이 있었기 때문이었다. 대기업의 소유가 일반 대중에게 개방되어 소유구조가 분산되었고, 대기업 종사자들이 중산층을 이루는 중요한 축이라는 인식이 형성되었기 때문이다. 대기업에 의해 실현되는 규모의 경제가 생산성의 향상과 미국 경제의 성장을 이끈다는 사실이 새롭게 부각되었던 것이다(Reich 1991: 43-57). 영국에서는 1960년대에 들어 경제성장이 미국에 뒤지게 된 원인이 미국과 같은 대기업 주도의 규모의 경제가 실현되지 못하였기 때문이라고 보고 정책적으로 대기업화를 유도하였다. 기업이 부실해지면 정부의 적극적 알선으로 대기업에 편입시키는 노력을 기울일 정도였다(Bolton 1971: 79-81).

그러나 1970년대를 지나면서 중소기업에 대한 인식에 커다란 전환이 일어났다. 2차 세계대전 이후부터 1960년대 말에 이르기까지 선진국에서는 경제성장이 높고 실업률도 낮아지는 이른바 황금기(golden age)를 보냈으나 1970년대 초에 이르면 각국의 성장이 낮아지고 스태그플레이션을 겪었다. 그렇지만 일본과 이탈리아는 높은 수출 증가에 의해 경제가 활력을 유지하였고, 그 배경에는 중소기업의 역할이 있음에 주목하게 되었다. 이탈리아는 중소기업 간 협업에 의해, 일본은 대기업과 중소기업 간 협업에 의해 시장수요의 변화에 신속하게 대응하는, 다양하고 차별화된 생산체제가 수립되었기 때문이라고 본 것이다(OECD 1992: 90-110).

그에 따라 그때까지 중소기업은 전근대적 부문이라서 소멸할 것이라고 보았던 부정적 인식이 힘을 잃고 중소기업이 갖는 긍정적 역할에 주목하게 되었다. 더욱이 실증적 분석을 보더라도 각국에서 중소기업은 예측과 달리 그 비중이 축소되어간 것이 아니라 상당부분 유지되고 있어 부정적 인식에 문제가 있음이 발견되었다(Sengenberger etc. 1990: 8-20). 규모의 경제를 활용하기 위해 대기업화를 적극 추진하였던 영국의 경제가 나아진 것도 아니었고, 오히려 대기업의 방만한 경영으로 효율성이 저하된 것으로 평가받게 되었다. 1990년대에 나타난 미국의 벤처기업 붐은 혁신형 중소기업이 경제성장을 견인한다고 볼 수 있는 실례를 제공하였다.

그에 비해 일본과 한국 등 동아시아의 후발공업국에서는 서구의 산업발전 역사와 전혀 다른 발전 경로를 보였다. 서구에서는 대기업으로의 집중이 일어나기 이전에 이미 소기업들이 존재하고 있었다. 이들 소기업은 독자적인 시장을 확보하여 생산과 판매 활동을 유지해오다가 생산방식의 변혁에 의해 대기업들로 대체된 것이다. 그리고 그러한 변화는 시장에 의해 주도된 것이었다.

그러나 일본과 한국 등에서는 산업화가 정부에 의해 주도되었고, 정부는 조속한 산업화를 위해 대기업을 선택하였다. 좀 더 정확히 말한다면, 산업화 착수 시점에 소기업조차 존재하지 않았던 농업국가 수준에 있었기 때문에 그 수단으로서 대기업을 선택할 수밖에 없었던 것이다. 경제적 의미만으로 볼 때, 이미 근대화된 서구의 산업과 기술 수준을 조속히 따라잡아야 했고, 근대적 생산방식의 핵심인 규모의 경제를 확보해야 했으므로, 해외 기술과 경영기법을 도입할 수 있는 창구로서 대기업이 효과적이었다.

따라서 소기업에서 출발하여 대기업으로 변화되었던 서구의 산업구조 진화와 달리 동아시아 후발공업국에서는 대기업이 먼저 육성되고 그 후 이들 대기업의 경쟁력을 보완해주기 위한 수단으로 중소기업이 설립되는 역의 발전 경로를 보이게 되었다. 그리고 이러한 동아시아 국가들의 산업발전 경로는, 정부에 의한 산업화가 강력하게 추진된 한국이 가장 전형적이었다. 일본은 메이지유신 후 근대화가 시작되어 19세기 방식의 소기업들이 어느 정도 존립하고 있었지만, 한국에서는 세계경제가 이미 규모의 경제를 기반으로 하는 대기업 중심체제로 성숙한 1960년대에 비로소 산업화가 시작되었기 때문이다.

가장 뒤늦게 시장경제로 진입한 중국에서는 사회주의 시절에 난립하여 설립된 기업들을 1990년대 산업화 과정에서 합병하여 대기업화를 추구하였다. 그렇지만 또 다른 중대한 축으로서 외국기업들의 중국 내 현지생산에 의해 산업화를 추진해온 결과, 부품 공급은 아직도 해외에 의존하고 있다. 그에 따라 한국과 일본에서와같이 선(先)대기업, 후(後)중소기업의 산업발전 형태가 나타나지 않고 있다.

일본과 한국의 산업발전 경로는 이들 국가에서 나타난 중소기업의 종속적 위상을 설명해주는 중요한 요인이 될 수 있다. 대기업이 주도하는 산업화와 이를 보완하기 위한 중소기업의 역할이 가장 먼저 나타난 사례는 일본의 하청제라고 볼 수 있다. 하청제의 기원에 관한 엄밀한 경제사적 규명과 달리, 오늘날의 비대칭적인 대기업과 중소기업 간 관계를 형성한 근대적 형태의 하청제가 형성된 것은 중일전쟁(1937~1945) 시기의 자동차생산체제로 거슬러 올라갈 수 있다. 그 당시 일본의 자동차 산업에서는 종주국인 미국에서 형성된 대량생산체제가 이루어져 있지 못했다. 그럼에도 전쟁 수행을 위하여 반드시 필요한 자동차를 생산해야 했으므로 일본 정부는 자동차를 각 부품 단위로 분할하여 전국에 산재된 소기업들에 강제 할당한 후 자동차회사에서 이를 취합하여 조립하게 하는 생산체제를 구축하였다. 그리고 이러한 수직적 기업 간 생산분업 방식이 효율적이라는 평가를 받으면서 2차 세계대전 후에는 일본 전 산업에 걸쳐 광범위하게 확산되었다(박준경 1989: 71-94).

그러나 대기업에 대한 부품 공급으로 시작된 후발 중소기업의 역할이 가장 두드러진 사례는 한국의 중화학공업화일 것으로 생각한다. 1960년대 섬유, 가발 등 일부 경공업에서 해외수출에 의존한 산업화가 시작되었지만, 근대적 공업의 중추인 중화학공업화가 착수될 무렵 한국에서 그에 대한 산업기반은 거의 전무하였다. 한국의 중화학공업화는 정부의 강력한 의지에 의해 추진된 것이었다.

주지하듯이, 중화학공업 제품은 수많은 부품으로 구성된다. 1973년 정부에서 대기업에 의한 중화학공업화에 착수하였으나 부품 공급이 마련되지 않은 상태에서는 추진이 어렵다는 점을 뒤늦게 깨닫고, 부품 공급자로서의 중소기업 육성을 서둘러 추진하였고, 그를 위한 제도적 기반이 1975년 제정된 '계열화촉진법'이었다. 그렇지만 아마도 중화학공

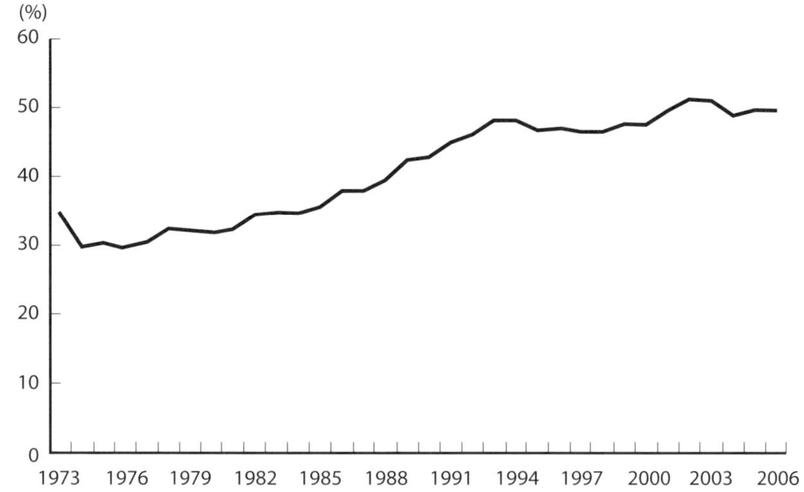

그림 4-1 중소기업의 생산비중(1973~2006)

자료: 통계청, 『광공업통계조사보고서』, 각 연도.

업화 착수 시점에서 부품 공급원으로서 중소기업의 역할을 인지하고 있었다 할지라도 결과에서는 큰 차이가 없었을 것이다. 왜냐하면 그 당시 중화학공업화에 참여할 정도의 기술수준을 가진 중소기업은 없었기 때문이다.

'계열화촉진법'으로 표현될 정도로, 부품 공급원으로서 중소기업이 육성되었다는 점에서 한국의 중소기업 발전은 곧 부품 국산화의 과정이었다고 해도 크게 틀리지 않을 것이다. 중화학공업화에 참여한 대기업조차 독자적인 기술개발이 어려워 해외기술의 도입에 의존하였으므로, 기술집약적 부품의 공급은 자연히 해외수입에 의존할 수밖에 없었다.

그 후 1980년대와 1990년대를 거치면서 대기업이 생산하던 부품 중 일부가 중소기업으로 이양되거나 중소기업의 독자적인 해외기술 도입 또는 자체 연구개발 등 다양한 경로를 통해 부품 국산화가 이루어졌고, 이의 생산 주체인 중소기업이 지속적으로 육성되었다. 그 결과 〈그림 4-1〉에서 보는 바와 같이 중소기업의 생산비중이 지속적으로 증가하였다.

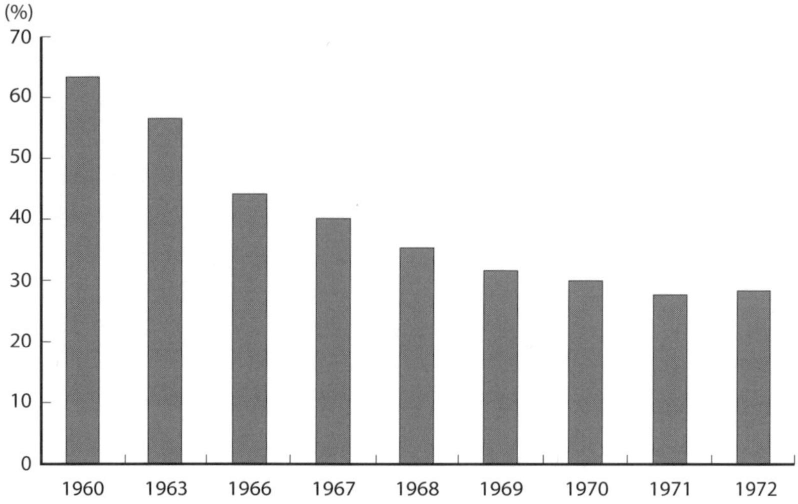

그림 4-2 중소기업의 생산비중(1960~1972)

주: 여기에서 중소기업은 250명 미만으로 정의되었음.
자료: 통계청, 『광공업통계조사보고서』, 각 연도.

특기할 만한 것은, 비록 짧은 기간이었지만, 서구의 과거 경험과 유사하다고 볼 수 있는 현상이 나타난 적이 있었다는 점이다. 한국에서도 1960년대에 중소기업 비중이 감소하였다(〈그림 4-2〉 참조). 당시 경제성장은 섬유, 신발 등 노동집약적 산업에 의해 주도되었는데, 단일 공장 내 수천 명 심지어 수만 명에 이르는 대규모 사업장이 속속 신설되었다. 그 후 한국 경제가 중화학공업 중심으로 개편되면서 중소기업 비중은 1976년부터 증가 추세로 돌아섰다.

2. 비대칭적 교섭력

현대 기업의 주요 특성 중 하나는 네트워크형 생산분업이 발달해 있다는 점이다. 과거에는 규모의 경제가 중시되어 수직적 혹은 수평적 통합을 강화하는 추세가 지배적이었다. 그러나 근래에는 기업 고유의 핵심 역량(core competence)에 특화하는 대신, 그 밖의 활동은 외주(outsourcing)로 구매하는 기업 간 분업이 발달하였고, 외주를 담당하는 공급업체(suppliers)의 역할이 중요해졌다. 모든 공급업체가 중소기업일 수는 없지만 통상 중소기업일 가능성은 매우 높다. 앞서 기술한, 1970년대부터의 중소기업 비중 증가는 네트워크형 생산분업의 확대로 인한 중소기업의 역할 강화에 기인한 것으로 해석된다(Piore and Sabel 1984: 258-280).

이같이 기업 간 분업이 확대된 것은, 2차대전 후 시작된 세계경제의 황금기가 1960년대 말 종료되면서 위축된 수요를 선점하려는 혁신경쟁이 치열해졌기 때문이다. 혁신 속도를 높이는 한편, 제품개발 경쟁에서 오는 비용부담을 줄이기 위해서 핵심역량에 특화하면서 그 밖의 활동은 다른 기업에 의존하는 상호협력의 분업체제가 발달하였다. 1980년대 미국의 금융업이 비약적으로 발전한 것도 그 배경에는 기업 구조조정의 활발한 전개가 있었기 때문이다. 1960년대까지 기업들의 통합이 확대되어 기업 규모가 비대해졌는데, 1970년대에 들어 네트워크형의 기업 간 분업체제가 혁신경쟁에서 우위를 발휘하는 것으로 나타남에 따라, 비대해진 부실기업을 금융기관에서 인수하여 경쟁력 있는 부문은 살리고 그 밖의 부문은 매각 또는 폐기하는 사업활동의 재구축(business restructuring)이 활성화되었다. 1990년대에 미국 경제성장을 견인한 벤처기업들도 이 과정의 한 갈래가 발전한 것으로 볼 수 있다.

뒤늦게 산업화에 합류한 한국에서도 기업 간 분업이 신속하게 확대되었다. 중화학공업화 초기 단계에는 대기업이 육성 대상이었으나, 필요한 부품을 이들 대기업의 확장으로 대처하지 않고 중소기업을 신설하고 이들에게 맡기게 되어 중소기업 비중이 높아졌다. 한국의 기업 간 분업체제는 일본식의 하청제를 도입하여 수직적 분업으로 발달하였다. 일본과 한국은 수직적 분업에 적합한 자동차, 전자 등의 조립산업에서 뛰어난 경쟁력을 발휘하였다.

외형적으로는 서구와 마찬가지로 일본과 한국 등 동아시아에서도 기업 간 분업이 발달해 있는 것으로 보이지만, 네트워크를 구성하는 기업 간의 거래관계에서는 성격이 상당히 다르다. 서구에서는 기업 간 거래가 기본적으로 시장거래에 기초하고 있다. 비록 장기간에 걸쳐 거래관계가 유지되고 있었더라도 가격이 더 낮거나 품질이 더 좋은 공급업체가 새롭게 나타나면 거래관계가 언제라도 변경될 수 있다. 기업 간 분업관계를 구성하는 네트워크가 이완적인 것이다.

그에 비해 일본이나 한국의 기업 간 거래는 장기적이고 지속적인 특성을 보인다. 여기에서 '장기지속적'이라 함은 물리적 시간의 길이보다는 거래관계의 지속성을 의미한다. 만일 더 낮은 가격을 제시하는 신규 공급업체가 출현하였을 경우에 서구적 거래관계에서는 기존 공급업체와 거래를 즉시 중단하고(exit) 새로운 공급업체로 거래를 전환하게 된다. 반면에 장기지속적 거래에서는 기존 공급업체에게 신규 공급업체가 제시한 조건만큼의 가격 저하를 요구하고(voice), 그 대신 거래관계는 계속 유지하게 된다(Hirschman 1970: 36-43).

거래관계가 장기지속적일 경우 상호간에 기회주의적 행동이 자제되어 거래비용을 줄일 수 있고, 지식과 정보의 공유로 신제품 개발 등에서 우위를 점할 수 있는 장점이 있다. 그러나 거래관계가 고착되어 전환비용(switching cost)이 비싸지고 거래자 간에 교섭력이 비대칭적일 경우, 이를 악용할 수 있다는 단점이 있다. 이러한 단점을 극복하기 위해서는 상호간에 신뢰관계의 조성이 필요하다. 일본에서는 대기업과 중소기업 간에 신뢰가 두텁게 조성되어 있다. 그에 비해 한국은 저신뢰 사회로 분류되며(Fukuyama 1995: 127-145), 대기업과 중소기업 간에 신뢰가 높지 않아 대기업에 의한 지배력 남용이 높다고 평가된다(中村 1989: 75-76).

앞의 〈그림 4-1〉을 보면 1970년대 중반 이후 중소기업의 생산비중이 늘어나 대기업을 정점으로 하는 중소기업과의 분업관계가 확대되었다고 추론해볼 수 있다. 그런데 〈그림 4-3〉을 보면 한국의 대기업과 중소

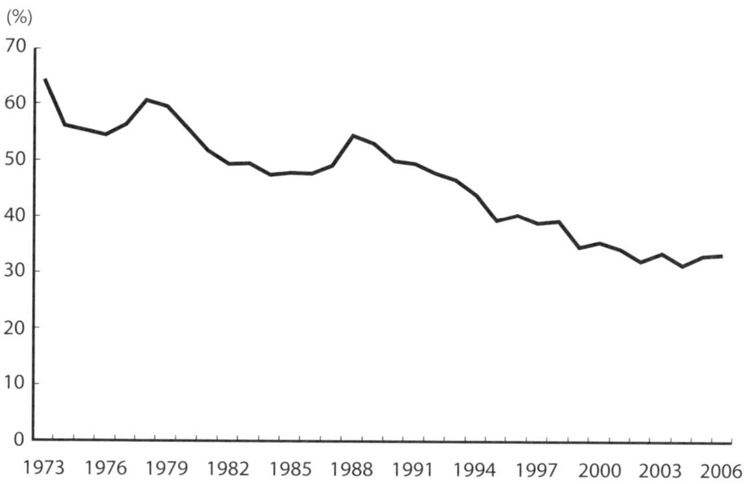

그림 4-3 대기업에 대한 중소기업의 1인당 부가가치 비교(대기업 = 100)

자료: 통계청,『광공업통계조사보고서』, 각 연도.

기업 간 1인당 부가가치의 격차는, 시기별로 속도의 차이는 다소 다르지만 지속해서 확대되고 있다. 그에 비해 일본에서는 대기업과 중소기업 간 격차가 변함없이 지속하고 있다(〈그림 4-4〉).

대외적 환경의 변화를 고려하면 한국과 일본 간의 차이는 더욱 두드러지게 나타난다. 〈그림 4-5〉는 한국과 일본의 세계수출시장 점유율을 나타낸 것이다. 한국은 1995년 이전까지는 매년 수출 점유율이 증가하다가 그 후 정체상태에 들어갔다. 그 결과 〈그림 4-3〉에서 보듯이 1980년대에는 상당히 완만하게 대기업과 중소기업 간 격차가 진행되었으나 경영환경이 가혹해진 1990년대에는 그 격차가 빠르게 확대되었다.

그에 비해 일본의 세계수출 점유율은 급격하게 추락하고 있고 '잃어버린 10년' 등의 장기불황이 지속하고 있으나, 대기업과 중소기업 간 격차는 일정하게 유지되고 있다. 즉, 일본은 1980년대의 호황국면에서나 1990년대의 불황국면에서나 어떤 국면에 있더라도 대기업과 중소기업 간 격차가 일정하게 유지되고 있음을 보여주고 있다. 일본에서는 기업

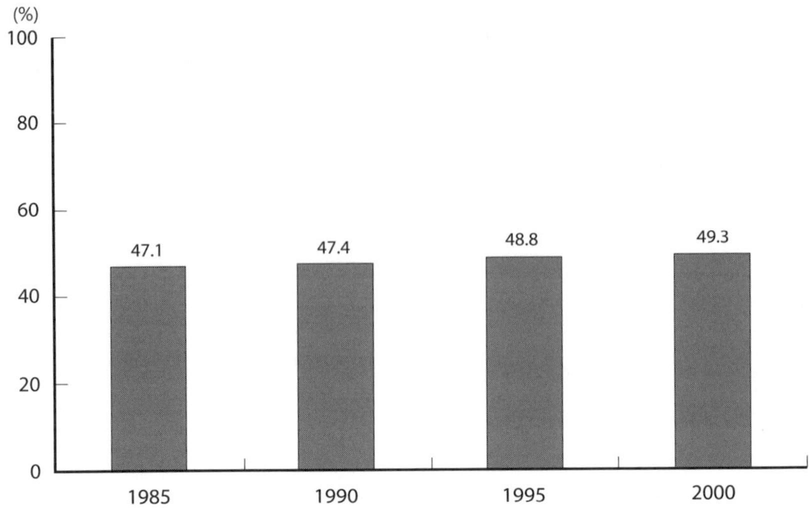

그림 4-4 일본의 대기업에 대한 중소기업의 1인당 부가가치(대기업 = 100)

자료: 경제산업성, 『공업통계표』, 각 연도.

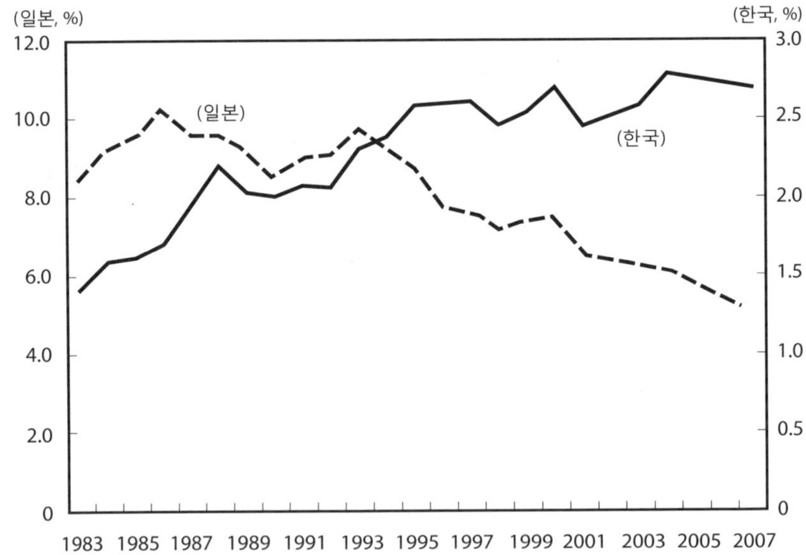

그림 4-5 세계 수출 중 한국과 일본의 점유율

자료: 한국무역협회, 무역통계정보시스템.

간 거래관계가 장기적으로 지속할 때, 교섭력에서 우위에 있는 기업이 취약자에게 일방적으로 희생을 강요하는 폐해가 방지될 수 있도록 거래 상대방에 대한 배려가 주어진다는 상호신뢰가 형성되어 있다.

일본식의 하청제는 영어로 subcontracting으로 번역된다. 이는 장기지속적인 하청거래에서는 시장거래의 전형인 계약이 불완전함을 상징적으로 표현된 것이다. 오늘날 한국에서 기업 간 분업관계를 지배하고 있는 일본식 하청제(한국에서는 하도급으로 표현)는 중화학공업화 시기에 도입되었다. 한국과 일본은 다소 시간적 차이가 있지만, 후발공업국이라는 속성에서 같다. 또한 경제정책의 거의 모든 면에서 앞선 일본의 정책이 참조되던 시절이라 기업 간 분업에서도 일본식 하청제가 자연스럽게 도입되었으리라 추측된다. '계열화촉진법'의 '계열화'라는 용어도 대기업과 공급업체인 중소기업 간에 준수직적 통합을 추진하기 위한 일본식 용어였다.

그러나 일본에서는 정치적, 사회적 안정성을 유지하기 위하여 우월한 지위자일지라도 자유분방한 권한 행사가 제약을 받고 있음이 한국에서는 간과되었던 것으로 보인다. 경제적으로 보더라도 일본에서 계열화가 추진되던 1950~60년대에는 이미 기존 중소기업들이 존재하고 있었고, 이들과 대기업 간 네트워크화를 추진한 것에 불과하여, 어느 정도 견제력이 작용할 수 있었을 것이다. 반면에 한국은 대기업을 통해 중소기업이 창출되던 상황이었으므로 견제는 기대하기 어려웠을 것이다.

따라서 신뢰라는 사회적 자본이 일천한 한국의 상황을 살펴 일본식 하청제의 도입을 재고하거나, 당시 여건상 일본식 하청제의 도입이 불가피하더라도 대기업의 우월적 지위 남용을 방지할 수 있는 제도적, 정책적 안전장치가 병행되었어야 한다고 생각된다. 1980년대 고도성장이 유지되어 대기업의 경영 여건이 순조롭던 시기에는 중소기업 문제가 심각하지 않았으나, 1990년대 들어 성장이 둔화하여 대기업의 경영 여건이 악화하면서 중소기업에 대한 압박 혹은 전가의 문제가 일어났다. 다음 절에서는 이러한 문제들을 통계분석 등을 통해 실증적으로 살펴보고자 한다.

II. 경제발전 단계별 중소기업의 지위

한국 제조업에 속하는 중소기업의 약 60~70%는 다른 기업에 대한 공급업체 역할을 수행하는 것으로 알려졌다. 중소기업은 대기업과 장기지속적 거래를 유지하고 있어 대기업이 처한 경영 여건에 따라 큰 영향을 받을 수밖에 없다. 따라서 이 절에서는 대기업을 포함한 경제환경의 변화에 따라 중소기업의 경제 내 역할과 비중, 그리고 지위가 어떻게 변화했는지를 살펴보고, 그러한 변화 속에서 한국적 중소기업의 특질을 파악해보고자 한다.

〈그림 4-6〉은 중소기업의 사업체 수를 나타낸 것이다. 이를 보면 1960년대 이후 현재까지 중소기업 사업체 수의 변화를 크게 3단계로 나누어 볼 수 있다. 경제개발이 시작된 1960년대 초부터 1970년대 중반까지 중소기업의 수가 거의 변하지 않은 1단계, 1970년대 중반부터 1980년대 말 또는 1990년대 초까지 사업체 수의 증가가 가속되어 지수함수 형태의 증가 모습을 보인 2단계, 그 후 현재에 이르기까지 사업체 수의 증가는 유지되고 있으나 증가율은 둔화한 3단계로 볼 수 있다. 또한 〈그림 4-7〉은 대기업의 사업체 수를 나타낸 것이다. 대기업은 경제개발 초기부터 1980년대 말까지의 증가 국면과 그 후의 감소 국면으로 양분된다.

따라서 〈그림 4-6〉의 중소기업과 〈그림 4-7〉의 대기업을 조합하면, 첫째 1960년대 초부터 1970년대 중반까지 대기업은 증가하였으나 중소기업의 증가로 이어지지 않은 단계, 둘째 1970년대 중반부터 1980년대

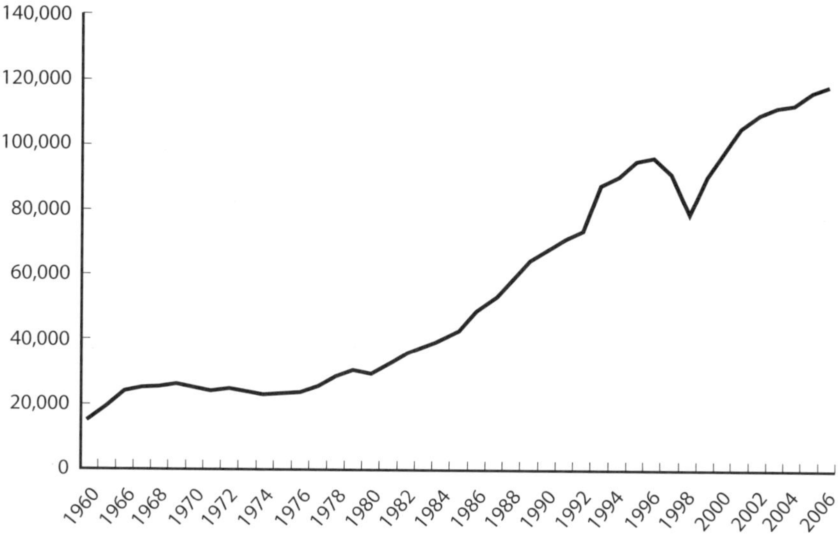

그림 4-6 중소기업 사업체 수

자료: 통계청, 『광공업통계조사보고서』, 각 연도.

그림 4-7 대기업 사업체 수

자료: 통계청, 『광공업통계조사보고서』, 각 연도.

말까지 대기업과 중소기업이 함께 증가한 단계, 셋째 1980년대 말부터 현재에 이르기까지 중소기업은 여전히 증가하고 있으나 대기업은 감소한 단계로 나누어볼 수 있다. 첫 번째 단계인 '대기업 증가, 중소기업 불변'은 여기서 논의할 성격이 아니라서 그 후 두 단계에서의 중소기업과 대기업 간 관계에 집중하기로 한다.

1. 대기업과 중소기업 모두 증가한 단계

대기업과 중소기업이 모두 증가한 것은 1970년대의 중화학공업화를 계기로 산업화가 본격적으로 전개되었기 때문일 것이다. 1960년대에 원시적 수준의 산업발전이 이루어지면서 산업화의 경험이 축적되고 이를 기반으로 산업화가 가속적으로 추진되었다. 정부에서는 중화학공업화를 표방하였지만, 실제 성장과 수출의 엔진은 섬유, 신발 등 노동집약적 산업이었고, 중화학공업 중에서도 해외수출과 직결된 전자산업이 비약적으로 발전하였다. 오히려 방위산업의 육성 등, 다목적용으로 추진된 중공업은 경제에 부담이 되었다.

이 시기를 집약적으로 표현한다면 '국산화'의 성공적 추진이라고 할 수 있을 것이다. 뒤늦은 산업화의 덕분에 컬러 TV, 비디오, 자동차 등 선진국 시장에서 이미 시장성이 입증된 제품들의 국내 생산화가 추진될 수 있었다. 제품 개발의 리스크가 없어 생산에만 집중하면 되는 후발자의 이득이 있었다. 해외수출은 물론 국내수요까지 가세하여 폭발적인 수요 증가가 있었으므로, 신제품을 생산하려는 대기업과 이에 필요한 부품 공급업체로서 중소기업이 함께 증가할 수 있었을 것이다. 따라서 이 시기에는 부품 국산화는 물론, 제품 국산화까지 함께 어우러져 고도성장을 견인할 수 있었다.

높은 수요에 이끌린 신제품 생산에 대기업의 관심이 집중되어 있었으므로 공급업체인 중소기업과 대립적인 관계가 형성될 이유가 없었다. 더욱이 중소기업은 물론 대기업조차 해외기술의 도입에 의존하고 있었으므로, 대기업과 중소기업 모두 부가가치 창출의 원천은 노동 기반의 생산에 있어서 양자간 격차도 확대되지 않았다. 〈그림 4-3〉을 보면 대기업에 대한 중소기업의 1인당 부가가치 격차가 확대되었지만, 1990년대 이후만큼 크지는 않았다. 또한 〈그림 4-8〉에서 보듯이 대기업에서도 고용이 증가하여 오늘날 겪고 있는 고용의 문제가 일어나지 않았다.

이 시기에 중소기업의 문제는 자금조달의 애로에 있었다. 거시적으로 볼 때 고도성장이 지속하여 자금에 대한 초과수요가 발생한 것이고, 미시적으로 볼 때에는 선진국 시장에서 시장성이 입증된 신제품이 속속 도입되고 있었으므로, 이를 생산하기 위한 설비투자 자금을 누가 확보하는가에 기업의 성패가 결정되었으므로 자금수요 경쟁이 높아질 수밖에 없었다. 대기업에 비해 대출 회수의 리스크가 높고 대출 처리에 드는 거래비용이 높게 드는 중소기업은 불리한 위치에 있을 수밖에 없었다.

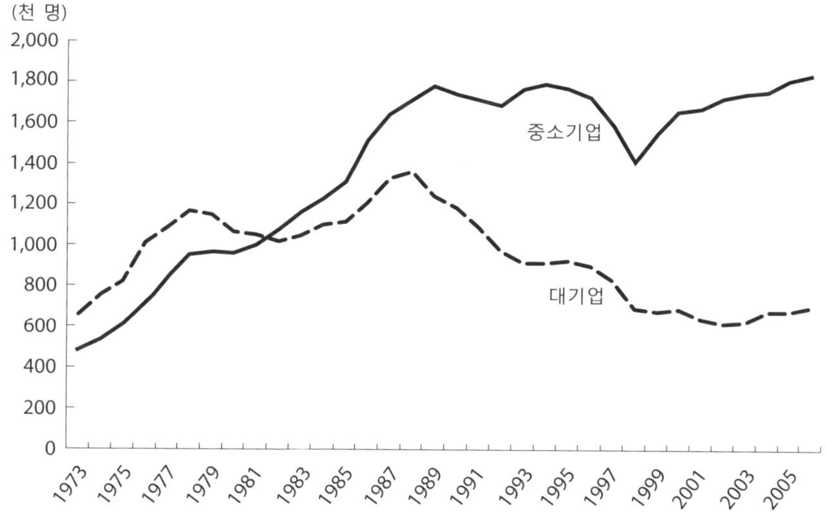

그림 4-8 대기업과 중소기업의 고용

자료: 통계청, 『광공업통계조사보고서』, 각 연도.

자금조달에서는 대기업과 경쟁관계에 있었지만 기업 간 분업에서는 대기업과 갈등을 빚지 않았다.

2. 대기업은 감소한 반면 중소기업은 증가한 단계

1980년대 말을 지나 1990년대에 들어오면서 대기업의 사업체 수는 물론 고용도 감소하였다(〈그림 4-7〉, 〈그림 4-8〉). 이 같은 대기업의 축소는 대기업을 둘러싼 경영환경이 비우호적으로 바뀌었기 때문인데, 그 배경에는 중국의 산업화를 비롯한 세계화가 있었다. 더욱이 1980년대 말에 노사분규와 고임금화가 발생하여 대기업의 가격경쟁력 약화를 가속하였다. 섬유, 신발 등 노동집약적 산업은 붕괴되었고, 전자산업에서도 노동집약적 가전제품은 생산이 중단되거나 해외생산으로 전환되었다. 그리고 기술집약적 산업으로의 전환이 추진되었다.

중소기업의 본질적 속성이 대기업에 대한 공급업체로서 육성된 것임을 감안할 때, 한 가지 의문이 드는 것은 대기업이 감소하면서 그와 결합된 중소기업 또한 감소하지 않고 왜 증가하였느냐는 점이다. 부분적으로는 1990년대에 기술집약적 산업 구조조정이 진행되면서 부품 공급에 대한 의존이 상대적으로 적은 노동집약적 산업의 비중이 낮아진 반면에 부품공급 의존도가 높은 기술집약적 산업의 비중이 높아진 점이 답이 될 수 있다.

그러나 더욱 근본적으로는 소기업으로의 생산 전가가 일어났기 때문이라고 설명될 수 있다. 우선 〈그림 4-1〉에서 보았듯이 1990년대가 되면 중소기업의 생산비중이 정체 상태가 된다. 다시 말하여 중소기업의 사업체 수가 증가하였음에도 중소기업의 생산비중이 늘지 않았다는 것은 사업체당 생산이 축소되었을 개연성이 높은 것이다.

〈그림 4-9〉와 〈그림 4-10〉은 사업체 규모가 가장 작은 5~9명 계층

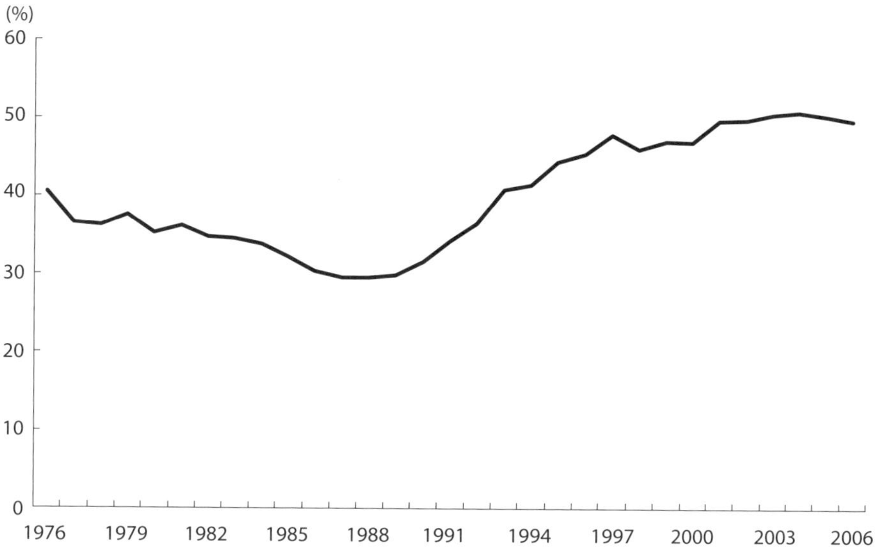

그림 4-9 5~9명 규모 기업의 비중(사업체 수 기준)

자료: 통계청, 『광공업통계조사보고서』, 각 연도.

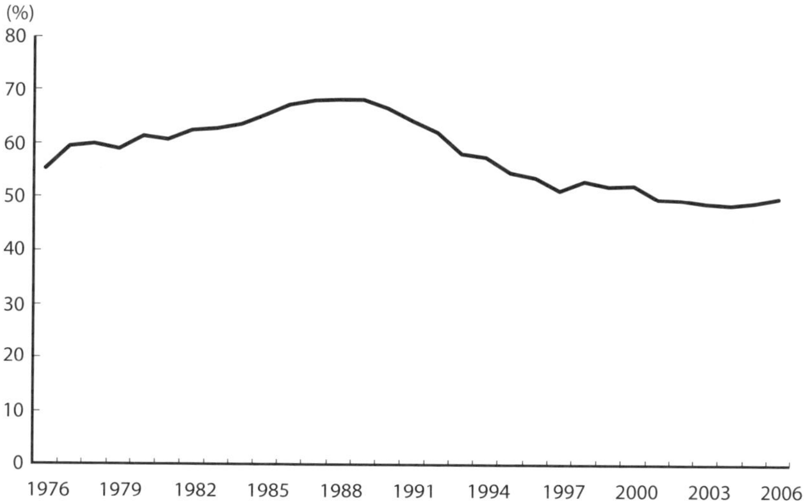

그림 4-10 10~299명 규모 기업의 비중(사업체 수 기준)

자료: 통계청, 『광공업통계조사보고서』, 각 연도.

과 그 이상 규모 계층의 비중(사업체 수 기준)을 각각 나타낸 것이다. 먼저 5~9명 계층은 1980년대 그 비중이 거의 정체 상태에 있다가 1990년대 들어 증가하였다. 반면 그 이상 규모(10~299명)의 계층에서는 1980년대에 비중이 증가하다가 1990년대에 하락하였다. 실제 사업체 수에서는 1990년대에 5~9명 계층의 사업체 수는 많이 증가하였고, 10~299명 사업체 수는 정체 상태에 있었다. 이를 종합하면 다음과 같은 변화의 개략적인 모습이 그려질 수 있다. 세계화 등의 외부 충격을 받아 대기업은 축소되고 중규모 기업은 정체되었으며 소규모 기업은 증가하였다.

1990년대에 들어 한국의 산업은 경제개발 이후 처음으로 겪는 심각한 도전에 직면하게 되었다. 그때까지 산업발전의 요체는 자유세계 시장경제권의 변두리에 있으면서 저임금을 기반으로 저부가가치 산업영역에서 경쟁우위를 확장해가는 데 있었다. 그런데 공산권이 몰락하고 사회주의 국가였던 중국이 세계경제로 편입되면서 한국이 누리던 위치를 대신하게 되었다. 한국 산업으로서는 존립기반이 상실될 수 있는 위기에 봉착된 것이었고, 그 해결 방안으로서 기술집약화를 채택하였다.

1990년대 한국의 R&D 투자 증가율은 세계에서 가장 높을 정도로 기술개발에 전력을 기울였다. 그 결과 반도체, 무선통신, 자동차 등을 자체 기술로 개발하는 등 기술적 성과가 가시화되었고, 2000년대에는 기술집약적 산업의 성장에 힘입어 다시 증가 추세로 반전될 수 있었다. 이 같은 1990년대의 기술집약적 산업 구조조정은 높은 평가를 받을만한 것이었다고 판단된다.

1990년대에 기술집약화가 추진되었을 때 한국 기업들의 앞에 드리워진 높은 장벽은 일본이었다. 1980년대까지 일본 산업은 높은 기술력과 품질로 전 세계 시장을 석권하고 있었다. 한국 기업들이 기술력을 확보한다고 할지라도 세계시장에서 일본 기업들과 힘든 경쟁을 벌여야 했다. 한국 기업이 일본 기업이 지배하고 있던 시장에 진입한 전략은 가격경쟁력의 확보였다. 기술개발의 노력으로 일본과 거의 비슷한 수준으로 기술 수준이 향상된다면 일본보다 임금이 낮은 등 생산비가 저렴할 수 있기 때문이었다. 그리고 저급시장(low-end market)부터 진입하여 점차 경쟁우위를 넓혀간 결과, 오늘날 보는 바와 같은 성과를 거두게 되었다.

가격경쟁력을 확보하기 위하여 추진된 전략의 하나는 외주생산의 확대였다. 기술집약적 제품은 수많은 부품으로 구성되므로 최소한의 핵심역량에 해당하는 생산활동만 대기업에 남기고 그 밖의 생산활동은 중소기업들로 이전하였다. 그와 동시에 중소기업들에 낮은 비용의 부품생산을 강력하게 요구하였다. 이 같은 대기업의 요구에 직면한 중소기업, 즉 1차 협력업체는 대기업의 요구조건을 충족시키기 어려워 이를 다시 다른 중소기업, 즉 2차 협력업체에 더 낮은 생산비로 생산해 달라고 요구하는 등, 일련의 연쇄 반응이 일어나게 되었다. 종국에는 가장 최하위층으로 저비용 생산이 귀착되고, 국내인력으로는 감당하기 어려워 외국인 노동력에 의존하게 된 것이다. 그리하여 1990년대 한국 기업 간 분업구조에서는 수직적인 중층화가 일어났다.

주목할 만한 것은 사업체 수와 고용의 증가는 최하위 계층에 해당하는 5~9명 및 10~19명 규모에서 일어난 것이고, 중간계층으로 볼 수 있는 20~299명 규모에서는 변화가 없었다는 점이다. 다시 말해 대기업이 자체 생산을 축소하면서 중소기업 외주로 전환한 것은 결국 최하위 계층의 소기업들에 귀착된 것이고, 중간계층의 중기업들은 대기업의 생산비 인하 요구를 하위계층으로 전가했을 뿐이라고 해석할 수 있다(〈표 4-1〉 참조).

이러한 맥락에서 볼 때 사회정책적 목적에서 경제적 약자인 중소기업에 대한 보호와 지원이 필요하다면, 정책대상이 좀 더 세분되어야 할 것으로 생각한다. 현재 중소기업정책은 중소기업기본법에서 정의한 300명 미만 기업 모두를 정책대상으로 하고 있기 때문이다.

1990년대에 대기업의 사업체 수와 고용이 축소된 것은 경쟁우위 영역의 축소로 인한 퇴출 증가에 기인한다. 근래 대기업 취업난이 사회적

표 4-1 기업 규모별 사업체 수와 고용

사업체 수	5~9명	10~19명	20~49명	50~99명	100~ 199명	200~ 299명	300명 이상
1990 2006	21,652 59,016	20,114 31,647	17,093 19,649	5,546 5,349	2,490 2,246	784 598	1,199 676
증가	2.7배	1.6배	1.1배	1.0배	0.9배	0.8배	0.6배
고용	5~9명	10~19명	20~49명	50~99명	100~ 199명	200~ 299명	300명 이상
1990 2006	153,860 375,733	278,107 422,331	534,340 590,394	386,645 368,995	349,145 309,247	195,555 144,025	1,182,280 700,210
증가	2.4배	1.5배	1.1배	1.0배	0.9배	0.7배	0.6배

자료: 통계청, 『광공업통계조사보고서』, 각 연도.

문제로 대두하면서 각 대기업의 고용이 축소한 것으로 이해하는 경향이 있는데, 실은 '대기업 부문'에서 고용이 축소된 것이며, 개별 대기업에서 고용이 축소된 것은 아니라고 하겠다. 〈그림 4-11〉을 보면 대기업의 평균 고용규모는 약 1,000명 내외 수준에서 지속하고 있다.

1990년대 이후의 '대기업 감소, 중소기업 증가' 현상과 그로 인한 대기업과 중소기업 간 격차의 확대를 가장 극명하게 축약하여 보여주는 것이 〈표 4-2〉라고 생각된다. 과거 대기업과 중소기업이 함께 증가하던 시기를 '국산화'로 상징되는 확장 국면이라고 한다면, 그 후의 시기는 세계화로 인해 시장이 잠식되는 수축 국면이라고 할 수 있다.

1976~1988년의 확장 국면에서는 대기업의 신사업 진출에 따라 사업체 수가 증가하여 〈표 4-2〉에서 보는 바와 같이 고용 및 부가가치의 증가가 있었다. 대기업의 증가에 연계되어 중소기업 또한 증가하였을 것인데, 중소기업의 확대가 더 컸던 것으로 나타났다. 그러면서도 이 시기에는 질적 성장을 보여주는 1인당 부가가치의 증가율에서 대기업과 중소기업이 같았다.

그에 비해 1988~2006년의 수축 국면에서는 중국의 시장 잠식으로 노동집약적 산업이 붕괴하고, 대기업에서 퇴출이 일어나 사업체 수가 감소하고, 그에 따른 고용 감소가 발생하였다. 그러나 이 시기에 대기업의 기

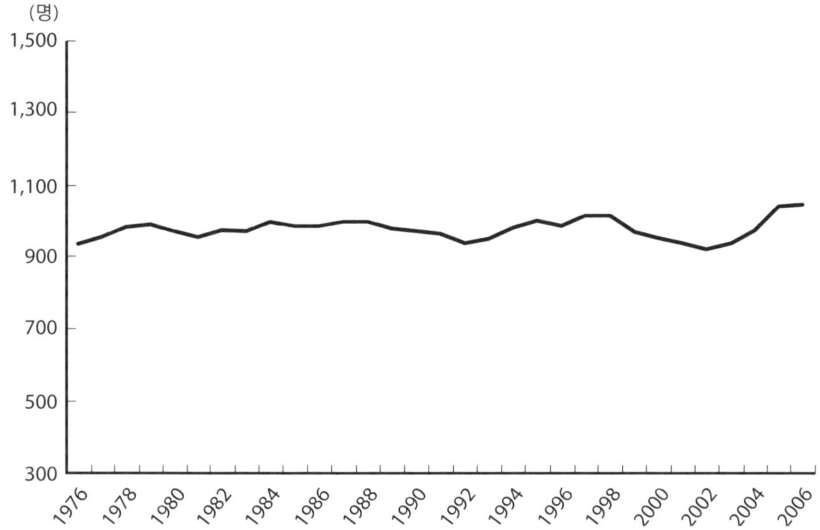

그림 4-11 대기업의 기업 규모 추이(고용 기준)

자료: 통계청, 『광공업통계조사보고서』, 각 연도.

표 4-2 대기업과 중소기업의 1인당 부가가치 증가율 (%)

구분	부가가치		종사자		1인당 부가가치	
	중소기업	대기업	중소기업	대기업	중소기업	대기업
1976~1988	26.4	20.7	7.3	2.5	17.8	17.8
1988~2006	12.2	10.1	1.0	−3.6	11.1	14.2

자료: 통계청, 『광공업통계조사보고서』, 각 연도.

술집약화가 추진되어 고용이 감소하는 만큼에 비례하여 부가가치 증가가 둔화하지는 않아, 1인당 부가가치 증가율이 부가가치 증가율보다 높았다. 반면에 중소기업에서는 대기업에 비해 부가가치 증가율이 더 높았지만, 그 가운데에는 사업체 수의 확대와 그에 따른 고용 증가가 있었기 때문에 1인당 부가가치의 증가율은 부가가치 증가율보다 낮았다.

따라서 〈그림 4-3〉에서 보는 바와 같이 1990년대 이후 현재까지 대기업과 중소기업 간 질적 성장, 즉 1인당 부가가치 증가율에서의 격차가 지속해서 확대되어온 것은 대기업은 기술집약화된 반면, 중소기업은 노동집약적 생산에 여전히 머물고 있는 점에 기인할 것이다.

그렇다면 문제는, 대기업은 기술집약적으로 전환할 수 있었던 반면, 중소기업은 왜 노동집약적으로 남아 있는가로 집약될 수 있을 것이다. 일각에서는 기술인력의 확보 등, 중소기업이 기술집약화를 추진하기 위한 자원 접근에 애로가 있음을 이유로 들기도 한다. 그러나 이러한 주장은 인과관계가 뒤바뀐 것으로 생각한다. 왜냐하면 만일 중소기업의 수익성이 높거나 높을 것으로 기대된다면 기술적 자원의 고용이 얼마든지 이루어질 수 있기 때문이다.

한국의 주력산업은 전자, 자동차 등이라서 기업 간 분업구조가 수직적이며 그 정점에는 대기업이 있다. 더욱이 거래관계가 장기지속적이라서 폐쇄적이다. 따라서 대기업에 의해 거래중단의 퇴출을 요구받은 중소기업은 다른 기업 간 분업구조로 진입하기가 어렵다. 이로 인해 대기업이 지배력을 행사할 수 있게 된다.

1990년대 들어 기업 환경이 악화되어 기업 간 분업구조에 변화가 생겼다. 대기업은 고부가가치가 창출되는 기술집약적 생산활동은 내부화하는 한편, 저부가가치의 노동집약적 활동은 중소기업으로 이전하는 분업구조의 재편을 추진하였다. 그 결과 대기업과 중소기업 간의 양극화가 발생하였고, 중소기업 내에서는 소기업 비중이 높아졌고, 이들에게 노동집약적 생산활동이 집중되고 있다. 중소기업이 노동집약적 생산에 머물고 있는 한, 대기업과 중소기업 간의 격차 확대가 개선될 가능성은 낮아 보인다.

III. 기존 기업 간 분업구조의 역기능과 중소기업 지위 향상의 문제

1990년대 들어 대두한 중소기업 문제는 지난 20여 년간 개선되기보다는 〈그림 4-3〉에서 보는 바와 같이 오히려 악화되었다. 정부는 1996년 중소기업청을 설립하는 등, 중소기업 문제를 최우선순위의 정책과제로 놓고 전력을 다하고 있으나, 해결의 실마리가 좀처럼 풀리지 않고 있다. 중소기업의 문제는 경제 전반에 걸쳐 연결된 경제시스템의 결함에서 야기된 것이라, 단편적이거나 일시적 대책으로는 효과를 보기 어려울 것으로 보인다.

현재 한국 중소기업의 특성을 규정짓는 대기업과 중소기업 간 분업구조는 일본식 하청제에 기반을 두고 있다. 산업구조가 확장되고 있던 경제개발 시기에 하청형 분업구조는 근대적 기술과 경영의 신속한 확산에 기여하는 순기능을 발휘하였지만, 경제환경이 악화되고 성장이 둔화하는 환경에서는 교섭력이 취약한 하위계층으로 고통을 전가하는 역기능을 빚어내고 있다고 생각된다.

여기에서는 아직 실증되지 못한 가설들이지만 어떤 역기능들이 나타나는지를 구체적으로 제시해보기로 하겠다. 첫째, 기존의 장기지속적 분업관계로는 혁신성이 제고되기 어려울 것으로 보인다. 추격형 발전단계에서는 조속한 숙련 형성이 긴요하였으므로 장기적이고 지속적인 거래관계는 숙련의 확산에 큰 도움을 줄 수 있었다. 그러나 창의력이 필요한 혁신형 발전단계에서는 장기지속적 거래가 갖는 단점인 폐쇄성으로 인해, 외부로부터의 새로운 이종교배 기회가 저하되어 혁신 창출이 감소할 수 있다.

둘째, 기업 간 분업구조의 정점에 있으면서 전체 분업집단에 대해 강력한 통제력을 행사할 수 있는 대기업은 창의와 혁신에 도전하기보다 중소기업으로의 전가 유혹을 받기 쉽다. 혁신에 대한 유인이 없기는 중소기업도 마찬가지다. 안정적 거래가 보장되어 있고 심지어 대기업이 거래관계에 있는 중소기업의 생산비 정보를 파악하여 납품 단가를 책정하므로 구태여 생산성을 높여 생산비를 낮출 유인이 없다. 정부출연연구소의 기술 지원을 받아 생산비를 낮추었더니, 대기업에서 그만큼 단가를 인하하여 혁신 이전의 상태로 되돌아갔다는 실제 사례가 있을 정도이다.

셋째, 대기업의 공급업체로서 중소기업은 생산에만 집중하므로 독자적 시장 개척에 필요한 마케팅, 제품기획 등의 활동에 대한 필요가 감퇴한다. 이렇게 되면 이들의 수요에 기반을 둔 전문서비스업이 쇠퇴하게 되어 중소기업이 독립할 수 있는 경로가 막히게 되므로 대기업의 지배력은 더욱 강화될 수 있다.

넷째, 중소기업의 지위 향상을 위해 정책적 지원이 강화되어도 그 효과를 거두기 어려울 수 있다. 정부 지원에 힘입어 중소기업의 수익성이 향상될 경우 대기업에서는 추가적인 단가 인하를 요구하여 다시 과거의 낮은 수익성으로 회귀하게 된다. 결과적으로 정책적 지원은 중소기업이 아니라 대기업으로 귀착될 수 있다.

IV. 맺는말

지금까지 살펴본 바와 같이 한국의 중소기업은 대기업의 공급업체로서 육성되었고 그 후에도 근본 속성에서는 변함이 없다. 대기업과 직접 거래관계에 있는 중소기업의 수는 제한적이지만, 수직적 분업구조가 발달해 있어 대기업의 구매정책은 전체 중소기업으로 파급될 수 있다.

전 세계적으로 산업 생산의 효율성을 높이기 위하여 네트워크형의 기업 간 분업이 발달해 있지만, 다른 나라와 달리 한국에서는 기업 간 거래관계가 장기지속적인 특성이 있다. 산업의 성장기에는 장기지속적인 거래 관계를 유지하는 것이, 대기업을 통해 유입된 근대적 기술 및 경영 지식의 중소기업에 대한 확산에 기여할 수 있었다. 그러나 경영 여건이 어려워지면서 중소기업으로 문제를 전가하는 단점이 나타나고 있다.

한국 경제가 선진국 수준의 혁신형 발전단계로 진입하면서 장기지속적 거래 관계로 인한 폐쇄성은 혁신의 유인을 저하하고 중소기업의 지위를 향상하려는 정책적 노력을 반감시키게 된다. 따라서 과거 산업 성장기에 도입되었던 장기지속적 거래에 기초하는 기업 간 분업관계를 청산하고, 새로운 대안을 모색해야 하는 단계에 도달했다고 생각된다.

이를 위한 정책적 방안으로서는 우선 대기업의 중소기업에 대한 과도한 지배력 행사를 방지하기 위한 공정거래정책의 엄격한 집행이 필요하다. 더 나아가 시장경제의 기초질서를 무너뜨리는 행위들, 예를 들어 전속거래의 강요, 중소기업 생산비의 파악 요구 등이 근절되어야 한다. 이와 함께 불공정거래에 대한 피해보상이 강화되어야 한다. 피해보상액에는 소송 패소의 리스크, 소송비용 등이 고려되어야 비로소 손해를 입은 중소기업들이 소송에 나설 수 있게 될 것이다. 내부고발(whistle blowing)의 도입도 적극 검토할 필요가 있다. 다음으로 장기지속적 거래를 청산하여 개방적 분업구조로 전환해야 한다. 공정거래정책의 강력한 집행은 대기업의 지배력 남용에 대한 리스크를 높이게 되어 장기지속적 거래관계를 유지할 유인을 낮추게 될 것이다.

끝으로 혁신형 경제로의 전환과 새로운 성장동력의 창출에 반드시 필요한 중소기업 정책과제는 중소기업 간 수평적 네트워크의 활성화라고 생각된다. 현재 중소기업 간에서도 분업이 있지만 수직적인 생산분업이 지배적이다. 대기업의 생산비 인하 요구를 충족하기 위하여 하위계층의 저임금을 간접적으로 활용하기 위한 것이다. 이러한 분업관계가 아니라 기능적 분업, 예를 들어 중소제조업체와 중소서비스업체 간 협력관계의 조성이 필요한 것이다. 중소기업 간 수평적 분업은 교섭력의 대칭성을 회복하여 경제구조의 양극화를 개선할 뿐만 아니라, 개방적 분업구조를 형성하여 혁신의 창출에 이바지할 수 있다. 선진국에서 역점을 두고 있는 지역혁신 혹은 지역클러스터정책은 이러한 분업집단의 조성을 위한 것으로 이해된다(Pyke and Sengenberger 1992: 177-196). 그리고 정부의 중소기업 지원도 경제적 약자 혹은 경제시스템의 희생자라는 인식의 틀에서 나온, 현재와 같은 개별적이며 직접적인 자금지원방식에서 벗어나, 수평적 분업의 촉진을 위한 간접적이고 공통기반의 조성에 대한 지원으로 바뀌어야 할 것이다.

참고문헌

김정렴, 2006, 『최빈국에서 선진국 문턱까지』, 랜덤하우스.

김주훈, 1990, 『개방화와 하도급체제의 개편 방향』, 한국개발연구원.

김주훈, 1996, 『중소기업의 구조조정과 지식집약화』, 한국개발연구원.

박준경, 1989, 「경제구조변화와 하청생산체제」, 『한국개발연구』, 1989년 봄호.

오원철, 1996, 『한국형 경제건설: 엔지니어링 어프로치』 1~6권, 기아경제연구소.

통계청, 『광공업통계조사보고서』.

한국무역협회, 무역통계정보시스템.

経済産業省, 『工業統計表』, 各年度.

中小企業事業團 中小企業研究所 編, 1987, 『日本經濟の發展と中小企業』, 同友館.

中村精, 1989, 『中小企業と大企業』, 東洋經濟新報社.

青木昌彦, 1991, 『日本企業の組織と情報』, 東洋經濟新報社.

土屋守章 · 三輪芳朗 編, 1990, 『日本の中小企業』, 東京大學出版會.

鶴田俊正, 1982, 『戰後日本の産業政策』, 日本經濟新聞社.

Amsden, A., 1989, *Asia's Next Giant*, Oxford University Press.

Bolton, J., 1971, *Report of the Committee of Inquiry on Small Firms*, Her Majesty's Stationary Office, London.

Chandler, A., 1990, *Scale and Scope*, The Belknap Press of Harvard University Press.

Cooke, P. and K. Morgan, 1998, *The Associational Economy*, Oxford University Press.

Fukuyama, F., 1995, *Trust*, Free Press.

Harrison, B., 1994, *Lean and Mean*, The Guilford Press.

Hirschman, O., 1970, *Exit, Voice, and Loyalty*, Harvard University Press.

Johnson, C., 1982, *MITI and the Japanese Miracle*, Stanford University Press.

OECD, 1992, *Technology and the Economy*.

Piore, M. and C. Sabel, 1984, *The Second Industrial Divide*, Basic Books.

Porter, M., 1990, *The Competitive Advantage of Nations*, The Free Press.

Pyke, F. and W. Sengenberger, 1992, *Industrial Districts and Local Economic Regeneration*, International Institute of Labor Studies.

Reich, R., 1991, *The Work of Nations*, Knopf.

Sengenberger, W., G. Loveman, and M. Piore, 1990, *The Re-Emergence of Small Enterprises*, International Institute of Labor Studies.
Storey, D., 1994, *Understanding the Small Business Sector*, Routledge.

제5장

한국 자영업 부문의 현황과 구조적 특성: 경쟁의 성격을 중심으로

김창욱·김정근
(삼성경제연구소 수석연구원 ·
강남대학교 사회복지학과 교수)

I. 머리말

자영업 부문은 자본주의 시장경제체제의 요람이자 뿌리다. 역사적으로 자본가와 임노동자는 소농과 소상공인으로부터 형성되어왔다. 자본주의적 기업도 초기에는 자영업 형태에서 출발하여 성장해온 경우가 대부분이다. 또한 발달한 시장경제체제 하에서도 사람들의 일상적 소비의 상당부분은 소매 유통 및 서비스 제공을 담당하는 자영업자를 통해 이루어진다. 자영업 부문이야말로 시장경제체제 내에서 사람들 사이의 사회관계망의 기초를 이루고 있다고 할 수 있다. 따라서 한 사회의 시장경제체제의 성격은 자영업 부문의 성격에 크게 영향을 받는다. 자영업 부문에 형성되어 있는 경제적, 사회적 관계의 특질과 그 속에서 형성된 행동 규범이 경제 전체의 관계의 특질과 행동 규범에 크게 영향을 미친다고 할 수 있다.

또한 자영업 부문은 자본주의 기업 부문에서 떨어져나온 사람들에게 경제적 기회와 일자리를 제공하는 역할을 한다. 자영업 부문은 기업의 피고용인으로 있던 사람들에게 창업을 통해 새로운 도전을 할 수 있는 기회를 제공한다. 이러한 자영업 창업은 이전에 미처 활용되지 못했

* 이 글은 2012~2013년 서울대학교 경제연구소 학술사업의 연구비 지원을 받았다.

던 다양한 경제적 기회를 발굴해내는 역할을 수행한다. 또한 자영업 부문은 경기 위축이나 산업구조 변화로 인해 기업에서 퇴출된 인력에게 경제활동의 터전을 제공한다. 기업이 감당하지 못하는 개별적 서비스나 지역 기반 서비스에서 개인들에게 사업 기회를 제공하는 것이다. 이로써 자영업 부문은 전체 경제에서 새로운 활력의 공급처이자 사회적 안전판으로서의 역할을 수행한다.

그런데 한국의 자영업 부문은 전통 소상공인 부문이 철저히 해체된 바탕 위에서 형성되어왔다. 한국전쟁을 거치면서 그 전까지 형성되었던 소상공인 부문의 물질적 기초와 경제적 관계는 대부분 파괴되었다. 이후 자영업 부문은 근대화 과정에서는 이농인구에 의해 형성된 도시 비공식 부문으로, 최근에는 기업구조조정에 의한 퇴출인력의 집적지로 형성되어왔다. 과거 소상공인 부문의 전통 및 유산과 단절된 채 전후 새로운 원천으로부터 자영업 부문이 형성된 것이다. 이러한 역사적 형성과정으로 인해 한국 자영업 부문은 안정적인 물질적 토대나 사회적 관계망을 형성하지 못했으며, 전통적으로 형성되었던 상거래의 도덕의식이나 규범도 희박하게 만들었다. 그야말로 아무런 토대나 전통 없이 생존을 위해 밀려난 사람들의 각축장으로서 자영업 부문이 형성되었다고 할 수 있다. 이로 인해 한국의 자영업 부문은 과당 경쟁과 불안정성, 열악한 생활 조건을 그 특징으로 지니게 되었다.

이러한 자영업 부문의 열악한 현실을 지적한 연구는 많다. 자영업 종사자의 생활수준과 근로조건 등의 분석을 통해 낮은 소득, 과도한 근로시간 등의 특징이 지적되었다. 심지어는 상당수 자영업자들이 적자 상태를 벗어나지 못해 생활 및 사업의 유지가 어려운 것으로 드러났다. 한국에서 자영업 부문은 그 부문의 종사자에게 독자적인 생존 기반을 제공하지 못함으로써 '기회의 창'이 아니라 '몰락의 통로' 역할을 하고 있는 것이다.

그러나 이들 연구는 대부분 자영업 부문의 현실을 묘사하는 데 그칠

뿐, 그러한 현실을 낳는 원인이 무엇인지에 대해서는 충분한 논의를 진행하고 있지 못하다. 일부 원인에 대한 논의들은 자영업 종사자가 대부분 고령, 저숙련 인력임에 주목하여 기술과 경험 부족, 자금력 부족 등을 원인으로 지적한다. 이로부터 자영업자에 대한 교육 및 훈련 제공, 각종 자금 지원 등을 정책 대안으로 내놓는다. 또 다른 한편에서는 대기업 등 자영업 외부로부터의 영역 침범이 문제의 원인으로 인식된다. 이로부터 외부의 영역 침범을 제한하고 자영업의 영역을 보호하는 것이 정책의 주된 목표여야 한다고 주장한다. 하지만 이러한 원인 분석과 정책 대안은 자영업 부문의 현실을 그 내부의 구조적 특성에서 파악하기보다는 참여자의 개별적 특질이나 외부의 환경 요인에 기반하여 파악하는 한계를 지닌다. 자영업 부문의 열악한 현실이 특정 분야에 한정된 이야기가 아니며, 또 어제 오늘의 이야기가 아니라 장기간 지속되고 있는 현상임을 감안할 때, 이러한 개별적 특질이나 외부 요인에 그 원인을 돌리는 것은 불충분한 논의라고 생각된다. 자영업 문제의 뿌리는 이보다는 더 근본적인 데 있다고 할 수 있을 것이다.

한국의 자영업 부문이 이처럼 불안정한 구조를 가지게 된 것은 그 내부에서 벌어지고 있는 경쟁의 성격에 기인하는 측면이 크다. 조금만 장사가 된다 싶으면 너도 나도 그 분야, 그 지역에 진입하여 과당 경쟁을 벌이고, 얼마 지나지 않아 결국 상당수가 망해서 떨어져나가는 양상이 반복되고 있는 것이다. 경쟁이 공정하고 조화로운 규범에 기반하여 이루어지기보다는 무분별한 밥그릇 뺏기 경쟁, 상대방 죽이기 경쟁의 양상을 띠고 있는 것이다. 이는 앞에서 서술했듯이 한국의 자영업 부문이 전통적 소상공인 부문으로부터 단절된 채 생존의 각축장으로 형성되어 온 배경이 작용한 결과라고 할 수 있다. 자율적 소상공인 단체의 미형성, 지역 주민과의 밀착 네트워크의 해체, 건전한 경쟁 규범의 부재에서 기업 부문으로부터 퇴출인력의 과도한 진입이 일어나면서 과잉 경쟁, 자리 뺏기 경쟁의 양상이 전개되고 있는 것이다.

이 글에서는 이와 같은 문제의식에 기반하여 한국 자영업 부문의 현실을 경쟁의 성격이라는 구조적 특성에 초점을 맞추어 분석하고자 한다. 우선 기존 연구의 한계를 검토한 후에 왜 경쟁의 성격을 봐야 하는지에 대해 논의를 진행한다. 여기서는 절대적 경쟁과 상대적 경쟁을 구분하고 이러한 경쟁의 성격 차이가 어떠한 의미를 가지며 어떠한 결과를 낳는지를 개념적으로 논의한다. 다음으로 한국 자영업의 현실을 다양한 측면에서 분석한다. 이들은 이미 알려진 사실들이지만, 상대적 경쟁을 보여준다는 관점에서 새롭게 해석된다. 이후에는 경쟁의 성격을 바꾸는 데 초점을 맞추어 현실을 극복하기 위한 방안을 모색한다.

II. 자영업 현실을 보는 관점

1. 기존 연구 검토

1) 자영업 부문에 대한 노동시장적 분석

자영업에 대한 기존 연구 중 많은 부분을 차지하는 것이 자영업 부문의 노동시장적 특징을 분석하는 것이다. 이들 연구는 우선 자영업 부문의 상대적 비중과 자영업 취업자의 연령별, 학력별, 업종별 분포를 분석한다(류재우·최호영 1999; 금재호 외 2003; 금재호 외 2006; 김선빈 외 2012). 그 내용을 요약하면 다음과 같다. 우선 비중 면에서 한국의 자영업은 선진국에 비교하여 매우 높은 수준이다. 이렇게 비중이 높은 이유는 외환위기 이후 고용 불안이 심화됨에 따라 40대 이상 계층에서 자영업 증가가 크게 늘어났기 때문이다. 취업자 특성 면에서는 자영업자가 임금근로자에 비해 평균 10세 이상 고령이고, 평균적으로 학력 수준이 낮다. 업종별 분포에서는 도·소매 및 음식·숙박업에 가장 많은 자영업주가 집중되어 있다. 전반적으로 이들 연구는 한국 자영업 부문은 과다 취업 상태에서 고령, 저학력의 자영업자들이 특정 부문에 밀집되어 있음을 보여준다.

또한 많은 연구가 임금근로자와 자영업자를 비교하는 작업을 수행하고 있다. 주로 소득 수준이나 생활 상태를 비교함으로써 자영업자가 상대적으로 열악한 조건에 처해 있음을 보여주고 있다. 이들 연구에 따르면, 자영업자의 소득 수준은 중위소득 기준으로 사업 기간에 상관없이 전 기간에 걸쳐 임금근로자에 비해 항상 낮은 것으로 나타났다(이병희 2012: 197-198). 또한 빈곤 상태에 빠질 확률도 임금근로자에 비해 자영업자가 훨씬 높으며(윤희숙 2012: 5), 이러한 임금근로자 대비 소득 격차와 자영업자의 빈곤 위험은 외환위기 이후 증가하기 시작하였고, 최근에 올수록 더욱 증가하는 것으로 나타난다(반정호 2012: 36-39). 근로시간에서도 자영업자는 임금근로자에 비해 주당 8~9시간을 더 일하는 것으로 나타났다(금재호 외 2006: 51).

기존 연구는 이러한 저소득과 빈곤의 원인을 주로 자영업 종사자의 개별적 특질이나 사업의 영세성에서 찾는다. 이승렬 외(2009)는 자영업자의 낮은 소득을 낮은 인적자본 수준에 기인하는 것으로 본다. "인적자본 축적 수준이 낮은 자영업자는 생산성이 높지 못하므로 고소득을 올리지 못한다. 이때 역시 인적자본 축적 수준이 낮은 집단이 자영업 부문으로 몰려들면서 이들의 경쟁이 극심하여 그야말로 상당수의 자영업자가 한계 상황에서 경영활동에 종사하게 된다"(이승렬 외 2009: 226). 이러한 맥락에서 자영업 대책의 핵심은 수백만에 달하는 영세 자영업주들에게 필요한 컨설팅, 시장정보, 직업훈련 등의 서비스를 효과적으로 개발하고 제공하는 것이라는 정책적 함의가 도출된다.

금재호 외(2011)는 종업원 수와 매출액 등 사업체 규모가 자영업자의 소득에 중요하게 영향을 미치는 것으로 파악하였다. 그는 "사업규모가 큰 자영업은 더욱 번성하고, 소규모 영세 자영업은 더욱 위축되어 존폐의 위기에 부딪치게 될 위험성이 높아지는 양극화 현상이 관찰된다"고 하였다(금재호·이인실 2011: 136). 이러한 연구에서는 영세 자영업자에 대한 정부의 적극적인 지원, 특히 경영 정상화를 위한 자금 지원과 직업훈련 등을 강조한다.

이상 자영업 부문의 노동시장적 특징을 분석하는 대부분의 연구들은 자영업 부문이 경제적으로 불안정하고 취약한 처지에 놓여 있는 것으로 현실을 제시하고 있다. 또한 그러한 현실의 원인으로 사업규모의 영세성이나 부족한 인적자본 등, 자영업자의 개별적 특성에 주목한다. 그러나 이러한 분석은 현상적 분석에 지나지 않는다는 평가를 피하기 어렵다. 그러한 현실을 초래하고 지속적으로 재생산하고 있는 구조적 원인을 파악하는 데까지는 나아가지 못하고 있는 것이다.[1]

2) 유인가설과 구축가설의 검증

자영업 부문 연구의 또 하나의 흐름은 자영업 진출의 동기에 대한 연구이다. 이들 연구는 자본주의 경제에서 자영업 부문이 왜 기업 부문에 의해 구축되지 않고 유지되며, 심지어 확대되는 현상까지 나타나고 있는가라는 문제의식에 기초하고 있다. 이에 대한 이론은 '유인가설(pull hypothesis)'과 '구축가설(push hypothesis)'이 있다(김기승 · 조준모 2006: 164-165).

유인가설은 자영업으로의 진출은 자발적인 선택이라는 것이다. 자영업을 선택하는 것은 기업가 정신의 발현으로 자신의 사업을 일구기 위

1 최근 이재형(2012)은 자영업의 어려운 현실을 자영업자의 영세성이나 취약한 경영형태로 설명하는 것에 반대하고, 산업 구조조정의 한 과정으로 이해할 것을 주장하였다. 업종별로 부침이 매우 심하게 나타나는 것으로부터 산업별 특성의 차이가 더 중요하다고 본 것이다(이재형 2012: 7-8). 그러나 이는 임금근로자와 자영업자 사이에 엄연히 존재하는 격차를 간과한 논의라고 할 수 있다.

한 도전이다. 여기서는 주로 고학력의 전문성을 갖추거나 기업가적인 자질과 능력을 보유한 상위자들이 자영업의 이점인 자율성, 사업 개척의 모험심 발휘 및 성취감 추구, 고소득 기회, 가족부양을 위한 근로유연성 확보 및 피고용에 따른 관료적 통제의 회피 등을 추구하여 자영업을 자발적으로 선택하는 것으로 이해된다. 선진국에서는 최근에 이러한 기업가형 자영업이 늘어났는데, 그 배경은 유연노동공급(flexible labour supply)체계의 확산에 따른 기업 업무 외주화(outsourcing)의 진전으로 보고 있다(Müller and Arum 2004: 11).

구축가설은 자영업으로의 진출이 임금근로자 지위에서 밀려나 어쩔 수 없이 택하게 된 결과라는 것이다. 이에 의하면 자영업 부문은 능력이 낮은 노동자들이 최후로 의지하는 부문이다. 임금노동자로 남아있을 수 있을 만큼 충분한 숙련이나 능력을 갖추지 못한 노동시장 열위자들이 경기 불황이나 소수자로서의 구조적 제약 하에서 실업 상태를 벗어나기 위해 자영업자로 떠밀려 취업한다는 것이다. 따라서 자영업 부문이 늘어난다면 이는 경제 불황과 구조조정이 그 배경이 되는 것이다.

그동안 한국의 자영업 부문에 대해 유인가설이 맞는지, 구축가설이 맞는지 검증하려는 연구들이 진행되어왔다. 이들 연구는 대부분 한국의 자영업 부문이 '구축가설'에 더 가까운 것으로 지적하고 있다. 이에 따르면, 한국의 자영업은 경기 상황이 악화되고 임금근로자의 실업이 늘면 자영업으로의 진입도 전체적으로 늘어나는 것으로 나타나, 비자발적으로 밀려난(pushed) 측면이 강한 것으로 분석된다. 단, 학력별로 살펴보았을 때는 저학력자는 구축가설을 강하게 지지하지만, 고학력자는 유인가설에 가까운 것으로 나타났다(김기승·조준모 2006: 21-22; 금재호 외 2006: 125-126). 한편 경기의 영향을 연령집단별로 구분하여 살펴보면, 한국은 청년층에 비해 40대가 실업률의 압력이 커질 경우 자영업으로의 이행이 많아지는 것으로 나타났다(지은정 2012: 162). 결국 한국에서는 경기 불황이나 구조조정의 영향을 가장 크게 받는 저학력, 고령, 임금근로자가 기업에서 일자리를 잃으면서 어쩔 수 없이 자영업에 뛰어드는 양상이 전개되고 있는 것이다.

하지만 이들 자영업 진출 동기를 검증하는 연구들도 자영업의 열악한 현실에 대해 그 근본 원인이 어디에 있는지를 탐구하는 데는 미흡하다고 할 수 있다. 이들은 구축가설의 확인을 통해 자영업자들이 "준비 안 된 창업"에 내몰리고 있으며, 이것이 소득 저하와 사업 실패를 낳고 있다고 한다. 여전히 자영업자의 역량 부족이 문제인 것이다. 하지만 자영업 부문으로의 유입이 기업가 정신의 발현이든 어쩔 수 없는 선택이든, 더 중요한 것은 그들이 경제활동을 지속할 수 있는 여건을 자영업 부문이 제공하는가의 여부라고 할 수 있다. 자영업 부문이 노동능력을 가진 사람들에게 경제활동을 지속할 수 있는 여건을 제공하지 못한다면, 그 원인은 개인의 능력보다는 구조적인 문제에 있을 가능성이 높다고 할 것이다.

2. 경쟁 성격 고찰의 필요성

1) 현실은 경쟁의 성격에서 비롯

한국 자영업 부문의 현실을 규정하는 근본 원인은 무엇일까? 앞에서 살펴보았듯이 기존의 많은 연구가 자영업자의 경영능력이 부족해서라고 본다. 하지만 한때 잘 나갔던 음식점이 언제부턴가 손님이 줄고 가게 형편이 어려워지는 경우를 흔히 볼 수 있다. 잘 유지되던 가게가 어려워지는 경우, 이를 자영업자의 능력 탓이라고 보기는 어렵다. 그의 능력이 갑자기 줄거나 사라졌다고 볼 수 없기 때문이다. 사실 한국 자영업자는 세계 어느 나라보다 근면, 성실하고 친절한 것으로 정평이 나 있다. 성실과 친절은 자영업 부문에서 그 무엇보다 중요한 경쟁력 요인이다. 그럼에도 외국 자영업자에 비해 형편이 좋지 않다는 것은 자영업자 개인의 능력이 문제의 근본 원인은 아니라는 사실을 암시한다.

혹자는 대기업의 자영업 영역 침탈을 문제의 원인으로 지목한다.[2] 하지만 대기업의 진입이 일어나지 않은 영역이라고 해서 형편이 낫다고 할 수는 없을 것이다. 자영업 부문의 사정이 열악한 것은 대기업의 진입 여부와 상관없이 자영업 부문에서 전반적으로 볼 수 있는 현상이다. 상대적으로 대기업의 진입이 적다고 볼 수 있는 이·미용업이나 세탁업도 형편이 어렵기는 마찬가지다. 오히려 자영업자들은 자신을 위협하는 주된 경쟁상대로 주변의 다른 자영업자를 들고 있다.[3] 대기업의 진입을 막더라도 자영업자 사이의 영역 침탈은 계속 될 수밖에 없는 것이다. 영역 침탈의 주체만 바뀔 뿐, 침탈이 사라지는 것은 아니다.

우리는 자영업 내부의 구조적 특성으로 눈을 돌려야 한다. 자영업 부문에서 벌어지고 있는 경쟁의 성격을 봐야 하는 것이다. 지금 자영업 부문에서 과도한 노력 투입과 과당 경쟁이 만연해 있다는 것은 잘 알려진 사실이다. 생활 조건이 열악하고 과다한 노력 투입이 이루어지는 것이 경쟁의 성격에서 비롯되는 것일 가능성이 높다. 서로 간에 뺏기 경쟁이 만연해 있기 때문에 이러한 현실이 초래되는 것이다. 경쟁이 새로운 경제적 기회를 발견하는 경쟁이 아니라 서로 간에 상대방이 가진 기회를 뺏어오는 경쟁이 되면, 과다한 노력 투입과 지속적인 몰락이 불가피해진다.

---

2 이러한 주장은 주로 학계보다는 언론이나 업계 및 시민단체에서 제기된다(소상공인단체연합, 「대기업이 문구·사무용품까지 손뻗어」, 『파이낸셜 뉴스』, 2011.5.17). 2012년에는 동반성장위원회가 중소기업적합 업종을 지정하고 이 업종에서 대기업이 철수할 것을 권고하였다.

3 중소기업청의 조사에 따르면 자영업자의 41.2%가 주된 경쟁상대를 '주변의 다른 자영업자'로 인식하고 있었다. '주변 대형업체'나 '인터넷 또는 TV홈쇼핑'을 경쟁상대로 고려하는 비율은 각각 25.0%, 4.5%에 불과하였다(중소기업청 2010: 70-71).

2) 절대적 경쟁과 상대적 경쟁

지금까지 경제학에서는 경쟁의 성격에 대한 충분한 주의가 없었다. 신고전파 경제학에서는 경쟁을 정태적인 개념으로 이해하였다. 여기서는 완전경쟁을 이상으로 놓고 그것을 기준으로 경쟁의 정도를 파악한다. 완전경쟁은 "진입에 제한이 없는 상태"이자 "무수한 생산자가 있는 상태"이다. 따라서 내가 공급량을 늘리든, 새로운 경쟁자가 진입하든 가격에 전혀 영향을 주지 않는 상태이다. 각 기업은 주어진 가격과 기술에서 생산량 조절을 통해 이윤을 최대화한다. 결국 신고전파 경제학에서 경쟁은 자원이동과 진입퇴출이 자유로운 상태를 가리키는 것이다(Stigler 2008).

슘페터나 오스트리아학파는 경쟁을 혁신이 끊임없이 일어나는 동태적 과정으로 파악한다. '창조적 파괴(creative destruction; 슘페터)'나 '기업가적 발견(entrepreneurial discovery; 커즈너)'이 이들이 자본주의 경쟁을 이해하는 개념이다(조지프 슘페터 2011; Kirzner 1997). 이들에 따르면 끊임없이 새로운 것을 찾아내고 개척하는 과정이 바로 경쟁이다. 이 과정에서 개별적인 혁신이나 발견은 일시적인 초과이윤을 가져다준다. 바로 이 초과이윤이 혁신을 부추기는 근본 유인인 것이다. 물론 이는 일시적인 것이고, 혁신의 확산과 다른 기업의 새로운 혁신에 의해 이 초과이윤은 곧 사라질 것이다. 그러나 이 초과이윤을 추구하는 혁신경쟁을 통해 자본주의 경제는 지속적으로 발전해나가는 것이다. 이들에 따르면, 경쟁은 동태적인 기회영역의 확대, 기업의 적응능력 향상을 통한 효율성의 제고, 경제 전반의 발전과 생활조건의 개선을 낳는 것이다.

그런데 신고전파의 정태적 경쟁 개념이나 슘페터 및 오스트리아학파의 동태적 경쟁 개념 모두 절대적 경쟁을 상정하고 있다는 점에서는 공통적이다. 즉 나의 생산량 조절이나 혁신이 다른 기업의 이윤이나 생존에 영향을 주지 않는다. 다른 기업과 대비된 상대적 지위에 의해서 이윤이 결정되는 것이 아니라, 나의 생산비용과 내 제품에 대한 수요에 의해서만 이윤이 결정되기 때문이다. 이러한 절대적 경쟁 상황에서는 시장 실패가 발생하지 않거나 심각한 문제로 되지 않는다.

하지만 경쟁이 상대적 경쟁의 성격을 띠게 되면 이야기는 달라진다. 상대적 경쟁은 다른 기업과 대비해서 나의 상대적 수준이 어떠냐에 따라 이윤이나 보상이 달라지는 것이다.[4] 나의 생산량이나 기술에는 변화가 없어도 다른 기업의 행동에 따라 나의 이윤이 달라질 수 있다. 또한 나의 경쟁력 강화 노력이 다른 사람의 이윤을 줄어들게 만들 수도 있다. 절대적 경쟁은 다른 생산자의 공급량 변화나 능력 변화가 나의 상황에는 영향을 주지 않는 것이다. 그러나 상대적 경쟁 상황에서는 다른 기업의 행동이 나의 상황에 영향을 준다. 일종의 외부효과가 발생하는 것이다.

그러면 어떤 상황에서 경쟁은 상대적 성격을 띠게 되는가? 왜 상대적인 수준에 따라서 보상이 결정되는가? 그것은 사람들의 지불 의사나 능력이 한정되어 있어서 한쪽이 많이 지불을 받게 되면 다른 쪽은 줄어들게 되는 구조가 형성되어 있기 때문이다. 즉 한정된 시장을 놓고 서로 경합을 벌이는 상황이 되면 서로 상대방 몫을 빼앗아와야 하는 '뺏기' 경쟁 상황이 벌어지는 것이다. 시장이 제한되어 있으면 상대적 경쟁이 발생할 가능성이 커지게 되는 것이다.

상대적 경쟁이 지배적인 상황에서는 내 순위가 어디냐에 따라 수입이 없을 수도 있다. 즉 수입 획득 여부가 내 능력이나 역량의 절대적인 수준이 아니라 상대적으로 하위로 밀리느냐 아니냐에 의해 결정된다.

---

4 상대적 경쟁의 문제점을 본격적으로 분석한 사람은 로버트 프랭크(Robert Frank)이다. 그는 상대적 지위에 따라 보상이 달라지는 경쟁 상황을 "지위 군비 경쟁(positional arms race)"이라고 명명하고 이러한 상황에서는 자원과 노력의 과다한 투입이 일어나서 사회 전체적으로 비효율이 발생한다고 하였다(로버트 프랭크 2008).

이렇게 되면 내 역량을 높이는 행위는 다른 기업을 하위로 밀리게 만들어 수입을 사라지게 할 수도 있다. 이러한 상황에서는 노력을 덜 했을 경우 예상 피해가 크기 때문에 과도하게 많은 노력을 투입하게 된다.[5] 보상은 더 커질 수 없는 구조임에도 불구하고 단지 뒤떨어지지 않기 위해 끊임없이 투입을 늘릴 수밖에 없게 된다. 그 지출이 수입의 증가를 낳지 않지만, 지출하지 않으면 막대한 피해를 입기 때문에 어쩔 수 없이 지출하는 것이다. 따라서 사회적으로 적절한 수준 이상으로 과도한 비용의 지출이 발생하며, 이로 인해 사회 전체적으로 비효율이 발생한다. 상대적 경쟁은 시장실패를 가져오는 것이다.[6]

3) 상대적 경쟁의 영향

경쟁이 절대적인 능력에 달려 있다는 것은 절대적으로 기여한 바에 따라 보상을 받는 것을 의미한다고 할 수 있다. 멀리 볼 수 있는 능력을 가진 매는 그만큼 더 많은 먹이를 얻을 수 있다. 하지만 상대적 능력에 따라 보상이 돌아가는 경우는, 먹이가 한정된 상황에서 싸워서 이기는 놈에게만 먹이가 돌아가는 경우라고 할 수 있다. 이때에는 아무리 능력이 있는 매라도 그보다 싸움을 잘하는 놈이 있으면 먹이를 얻지 못하게 된다. 시장에 적용하여 얘기하면, 수요가 무한하다면 내가 기여하는 만큼 얼마든지 수익을 얻을 수 있다. 그러나 수요가 제한되어 있다면, 나는 능력을 가지고 있고 가치를 제공함에도 불구하고 수익을 얻지 못하는

---

5 프랭크는 상대적 경쟁이 벌어질 때 능력 향상을 위한 과도한 노력과 투입이 일어나게 됨을 간단한 모형을 통해 보여주었다(Frank and Cook 2012). 그는 또한 다음과 같이 지적하였다. "상대적인 능력에 따라 보상이 달라질 경우 능력 개발에 대한 투자는 과잉 상태가 된다."(로버트 프랭크 2008: 190)

6 "보상이 상대적인 능력에 달려 있는 경우 이런 보상구조는 시장실패를 초래할 수 있는 집합적 행동(collective action)을 낳는다."(로버트 프랭크 2011: 33)

경우가 발생하는 것이다.

한국의 자영업 부문에서는 제한된 시장에 무분별한 진입이 계속되고 있다. 시장이 진입하는 자영업자를 다 포용할 수 없는 상황인 것이다. 이렇게 시장 규모가 상대적으로 작은 상황에서는 상대적 경쟁이 벌어질 가능성이 높다. 여기에 '밥그릇 뺏기' 경쟁을 규제할 상도덕이나 규범도 미비하다. 나만 살면 된다는 의식이 팽배해 있는 것이다. 상대적 경쟁이 팽배하면 모두 피해를 보는 상황에 빠지게 된다. 각자 살아남기 위해 애를 쓰는 행동들이 모여 모두가 어려워지는 상황으로 끌려들어가고 있다.

상대적 경쟁이 지배하면 남보다 앞서려는 경쟁이 모두에게 소모적 비용을 초래하고, 결국 모두를 망하게 하는 군비 경쟁(소모적 경쟁) 상황이 발생한다. 이것이 사회적 덫이다. 이 개념은 플라트(J. Platt)가 1973년에 처음 제출한 것이다. 그는 '사회적 덫'을 "개인, 조직 혹은 사회 전체가 나중에 바람직하지 않거나 치명적인 것으로 판명이 날 방향이나 관계로 스스로 빠져들면서 그것을 피하거나 빠져나오는 길을 찾기가 쉽지 않은 상황"으로 정의하였다(Platt 1973: 641). 그리고 이러한 상황의 예로 죄수의 딜레마(prisoner's dilemma), 공유자원의 비극(tragedy of commons), 군비 경쟁(arms race) 등을 들고 있다.

한국사회에서 사회적 덫에 빠진 상황은 여러 분야에서 관찰된다. 대표적인 분야가 바로 사교육이다(한준 외 2006). 누구나 과도하고 불필요한 사교육이 행해지고 있다는 데 동의한다. 하지만 "남들이 하니까 나도 어쩔 수 없다"는 의식에서 모두 소모적인 경쟁에 매달리고 있다. 군비 경쟁과 유사한 상황이 벌어지고 있는 것이다. 자영업 부문도 마찬가지다. 그런데 군비 경쟁보다 더 나쁜 것은 군비 경쟁에서는 패자가 정해지면 끝나지만, 자영업 경쟁에서는 새로운 참여자들이 계속 진입하기 때문에 패자가 정해지더라도 경쟁은 끝나지 않는다는 것이다.

이처럼 한국 자영업 부문의 열악한 현실의 본질은 바로 '사회적 덫'에 빠져 있다는 것이다. 각자 살아남기 위해 남을 밀어낼 수밖에 없는 시스템에서 소모적인 경쟁이라고 하더라도 끝까지 매달릴 수밖에 없는 상황에 빠져 있는 것이다.

III. 한국 자영업의 현실

1. 상대적 비중과 규모 추이

1) 과잉 취업 상태인 자영업 부문

OECD 자료에 따르면 2010년 한국 취업자 중 자영업 종사자 비중은 2000년에 비해 감소했지만, 여전히 OECD 주요국에 비해 상당히 높은 수준(28.8%)을 보이고 있다(OECD 2011). 이는 소득수준이 엇비슷하거나 낮은 나라보다도 자영업 부문 비중이 높은 상태이며, 터키(39.1%), 그리스(35.5%), 멕시코(34.3%)에 이어 OECD 30개국 중 네 번째로 높은 수준이다. OECD 국가의 평균 비중인 15.9%와 비교하면 12.9%p 높은 수준이다(〈그림 5-1〉).

국가 간 소득수준을 통제하여 OECD 주요국의 자영업 부문 비중과 비교해도 한국의 자영업 부문 비중은 OECD 주요국을 10%p 내외 상회한 과잉 취업 상태임을 알 수 있다. OECD 30개국의 1인당 경상 GDP(PPP 기준)와 자영업 부문 비중을 교차해 분석하면, 소득수준이 높을수록 자영업 부문 비중이 감소하는 경향이 나타나고 있다(〈그림 5-2〉). 소득수준이 가장 높은 룩셈부르크의 자영업 부문 비중이 가장 낮고(5.9%), 소득수준이 가장 낮은 터키는 39.1%로 가장 높게 나타났다. 한국은 소득수준을 감안하더라도 그리스, 이탈리아 등과 같이 상대적으로 자영업자 비중이 높은 국가에 속하며, 소득수준이 한국보다 낮은 슬로

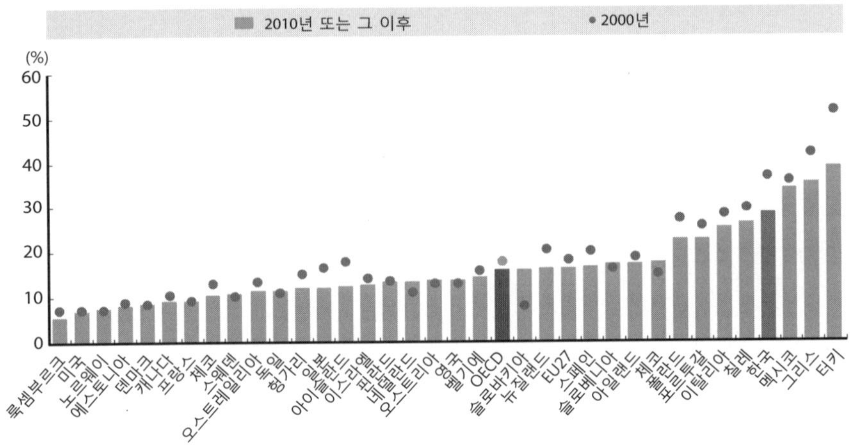

그림 5-1 OECD 주요국의 자영업자 비중

자료: OECD(2011).

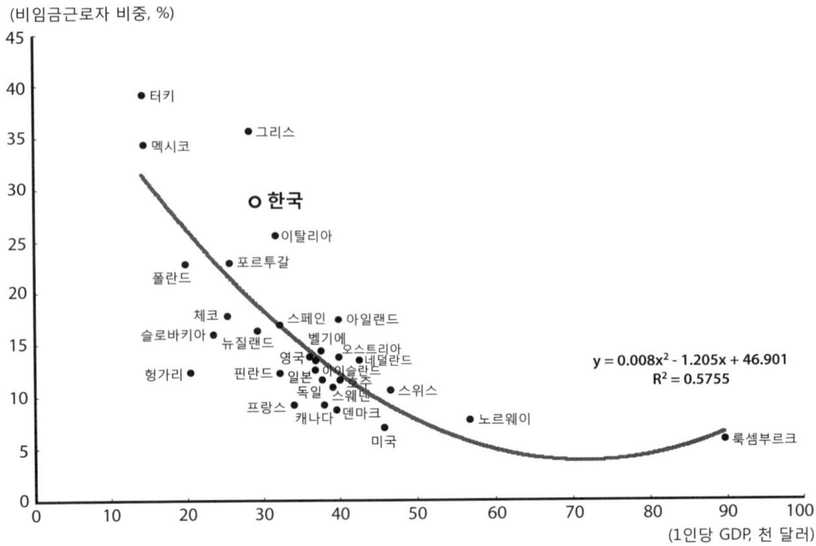

그림 5-2 1인당 GDP와 자영업 부문 비중과의 상관관계(2010년 기준)

자료: OECD 통계 DB(http://stats.oecd.org)를 이용하여 저자가 추정.

바키아(16.0%), 헝가리(12.3%), 폴란드(22.8%)보다도 자영업 부문의 비중이 높은 것으로 나타났다.

2) 최근 증가세 보이는 자영업 취업자

2005년 이후 급격한 감소세를 보이던 자영업 취업자 규모가 2010년부터 증가세로 전환하고 있다(〈그림 5-3〉).[7] 2005년 자영업자 증감률은 1.01%로 증가추세를 보이다가, 2006년부터 -0.6%로 감소하기 시작해, 2007년에는 -1.4%, 2009년에는 최저점인 -4.1%를 기록하였다. 하지만, 2010년부터 감소폭이 -2.1%로 감소하면서 2011년에는 0.03%, 2012년에는 2.2%의 증가율을 보이고 있다. 자영업 취업자 규모도 2005

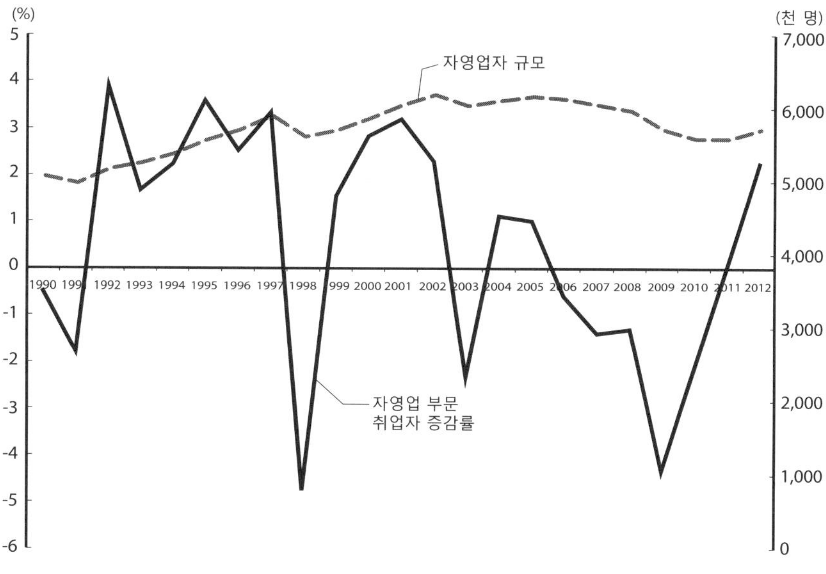

그림 5-3 자영업 부문 취업자 증감률 및 규모

자료: 국가통계포털, http://www.kosis.kr.

---

7 이하 자영업 취업자 추이는 통계청의 『경제활동인구조사』 각년도 자료를 종합한 것이다.

년 617만 명을 정점으로 2010년 559만 명까지 감소했다가, 2011년부터 증가하기 시작하여 2012년에는 572만 명 수준까지 이르렀다. 이는 1차 베이비붐 세대(1955~1963년생)가 2010년 55세인 퇴직연령에 도달하면서 자영업 창업이 증대한 탓으로 추정된다. 재취업이 어려운 퇴직 중·고령층이 소액으로 창업할 수 있는 자영업에 진출하기 시작했기 때문이다.

하지만, 베이비부머의 은퇴로 인한 자영업 부문의 진입 증가는 다른 나라에 비해 자영업 비중이 높은 한국 현실에서 자영업 취업자의 과잉 경쟁을 심화시킬 것으로 우려된다. 특히 도·소매업과 음식업 등, 창업이 상대적으로 쉬운 분야에 새롭게 진입하는 사람들이 많아지면서 경쟁이 치열해졌다. 최근 자영업 종사자 중 50대의 비중이 지속적으로 증가하고 있는 것도 이와 같은 이유에 기인하는 것으로 보인다.

2. 떠밀린 진입

1) 고령, 저숙련 인력이 대부분

베이비부머들이 퇴직 이후 자영업 부문에 유입하면서 종사자의 평균 연령도 높아지고 있다. 2000년 가장 큰 비중을 차지한 연령층은 41~45세로 전체 자영업자의 17%를 차지했으나, 2012년에는 51~55세가 전체 자영업자의 17%를 차지하였다(〈그림 5-4〉). 또한 자영업자의 연령별 변화를 보면 최근 50~59세 연령층의 급격한 증가와 40~49세 및 30~39세 연령층의 감소가 동시에 발생하고 있음을 알 수 있다. 2005년에 가장 많은 비중을 차지하고 있는 40~49세 연령층은 33.2%에서 2011년 28.9%로 감소한 반면, 50~59세 연령층은 2005년 22.6%에서 2011년 30.1%로 증가하였기 때문이다. 이는 인구 고령화의 변화가 자영업 부문에서도 두드러지게 나타나고 있음을 보여준다.

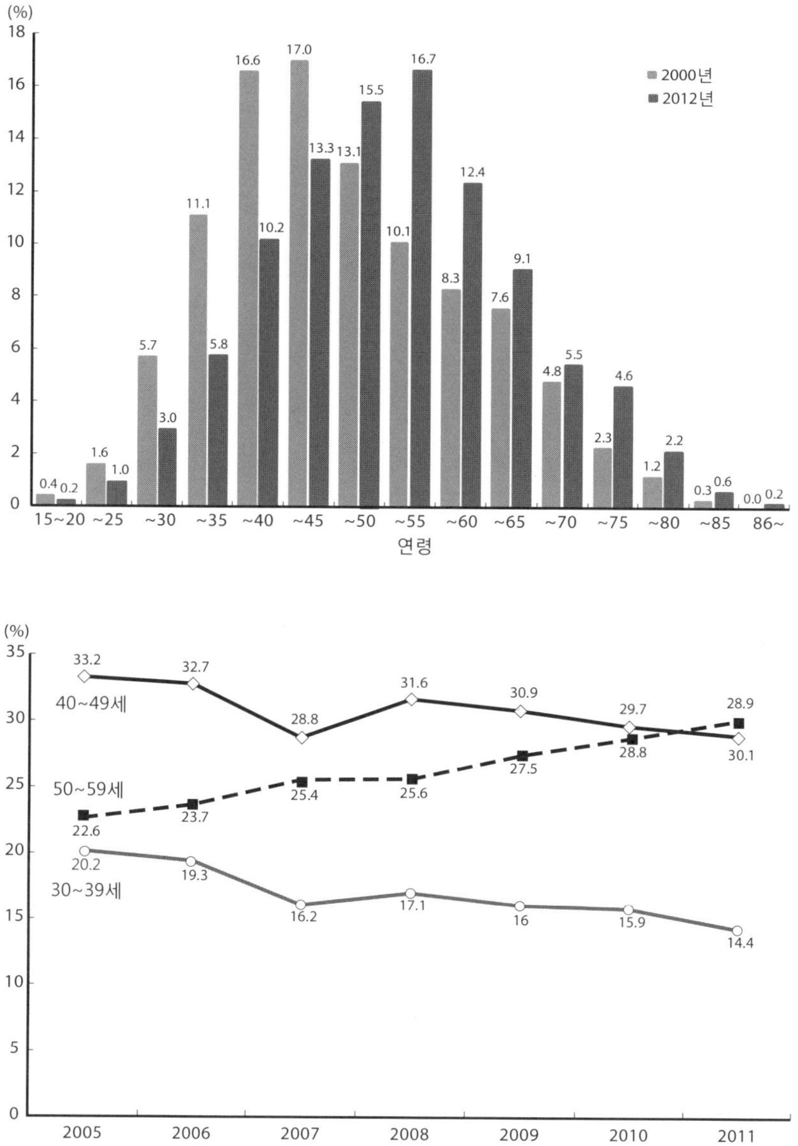

그림 5-4 자영업자의 연령별 분포 변화

자료: 국가통계포털, http://www.kosis.kr.

최근 베이비부머의 자영업 진입으로 발생하는 또 하나의 특징은 전통적인 자영업 분야에서 고밀도화가 발생하고, 이로 인해 경쟁이 더욱 심해진다는 것이다. 이는 베이비붐 세대가 진입장벽이 낮은 생계형 자영업에 집중하기 때문인데, 실제적으로 도·소매업, 운수업, 음식·숙박, 부동산, 수리업 등 전통서비스업의 자영업자 수가 2010년 302만 명에서 2012년 311만 명으로 증가하여 영세자영업 종사자의 증가 현상이 발생하고 있다.[8] 또한 베이비붐 세대가 진입한 생계형 자영업은 대부분 숙련을 요구하는 분야가 아니기 때문에, 과잉 진입에 따른 과당 경쟁으로 사업의 지속성을 위협받을 수 있다는 약점이 있다.

또한, 생계형 자영업 종사자 대부분의 학력 수준이 낮아 과당 경쟁으로 인한 생존확률 저하가 예상된다. 한국복지패널 자료에 따르면 생계형 자영업 종사자 중 중졸 이하의 학력 비중이 64.1%로 임금근로자의 18.6%, 일반 자영업 종사자 30.7%에 비해 상당히 높은 수준이다(〈표 5-1〉). 특히, 최근 동향을 보면 초등 이하 학력의 저학력 생계형 자영업 종사자 비중이 2007년 41.6%에서 2009년 44%로 증가하고 있어 생계형 자영업자의 저숙련 문제가 심화되고 있는 양상을 보이고 있다.

표 5-1 자영업 종사자와 임금근로자의 교육 수준 분포 (2009)

구분	자영업자			임금근로자		
	계	일반	생계형	계	일반	생계형
연령	49.5	48.2	55.9	40.8	39.8	47.5
교육 수준(%)						
초등 이하	18	12.8	44	9.5	7.1	26.5
중학교	18.2	17.9	20.1	9.1	7.9	17.4
고등학교	41.4	44.6	25.2	37.7	37.7	37.8
전문대 이상	22.4	24.7	10.7	43.7	47.3	18.3

자료: 한국복지패널, http://www.koweps.re.kr.

8 〈표 5-2〉를 참조.

2) 진입 후 소득 감소 및 부채 증가

2005~2011년 복지패널(wave 1~wave 7)을 이용한 사례연구에서는 임금근로자에서 자영업으로 전환한 경우 소득의 감소와 가계부채의 증가가 발생하는 것으로 나타났다. 연령 측면에서는 2006년 31세 이상의 임금근로자 중에서 2011년까지 자영업자로 전환한 집단의 평균 연령은 51.7세였으며, 1차 베이비부머 이상 연령이 전체의 62.6%를 차지하는 것으로 분석되었다.

임금근로자의 경상소득은 〈그림 5-5〉에서처럼 자영업으로 경제활동을 변경하였을 때, 저소득가구는 931만 원에서 1,311만 원으로 40.9% 증가하였지만, 일반가구는 2,686만 원에서 2,617만 원으로 2.6% 감소하여, 전체 평균은 2,422만 원에서 2,420원으로 감소한 것으로 조사되었다. 개인소득의 경우 역시 일반가구는 1,365만 원에서 1,300만 원으로 감소하는 것으로 나타났다(〈그림 5-6〉).

임금근로자에서 자영업으로 경제활동을 전환하는 경우 부채의 규모는 〈그림 5-6〉에서처럼 일반가구와 저소득가구 모두에서 증가한 것으로 조사되었다. 일반가구의 부채규모는 4,410만 원에서 5,028만 원으로 14.0% 증가하였고, 저소득가구는 1,722만 원에서 2,983만 원으로 73.2% 증가하였다(〈그림 5-6〉).

3. 밀어내기 경쟁

1) 특정 분야에 밀집

자영업의 증가는 초기 진입비용이 낮고, 특정한 기술이나 지식의 축적이 필요하지 않아 상대적으로 진입장벽이 낮은 분야인 전통서비스 분야(도·소매, 음식·숙박, 운수, 부동산업)에 밀집되어 있는 특징을 보이고 있다. 산업부문별 자영업자 밀도를 보면 2012년 기준 운수업이 45.3%, 도·소

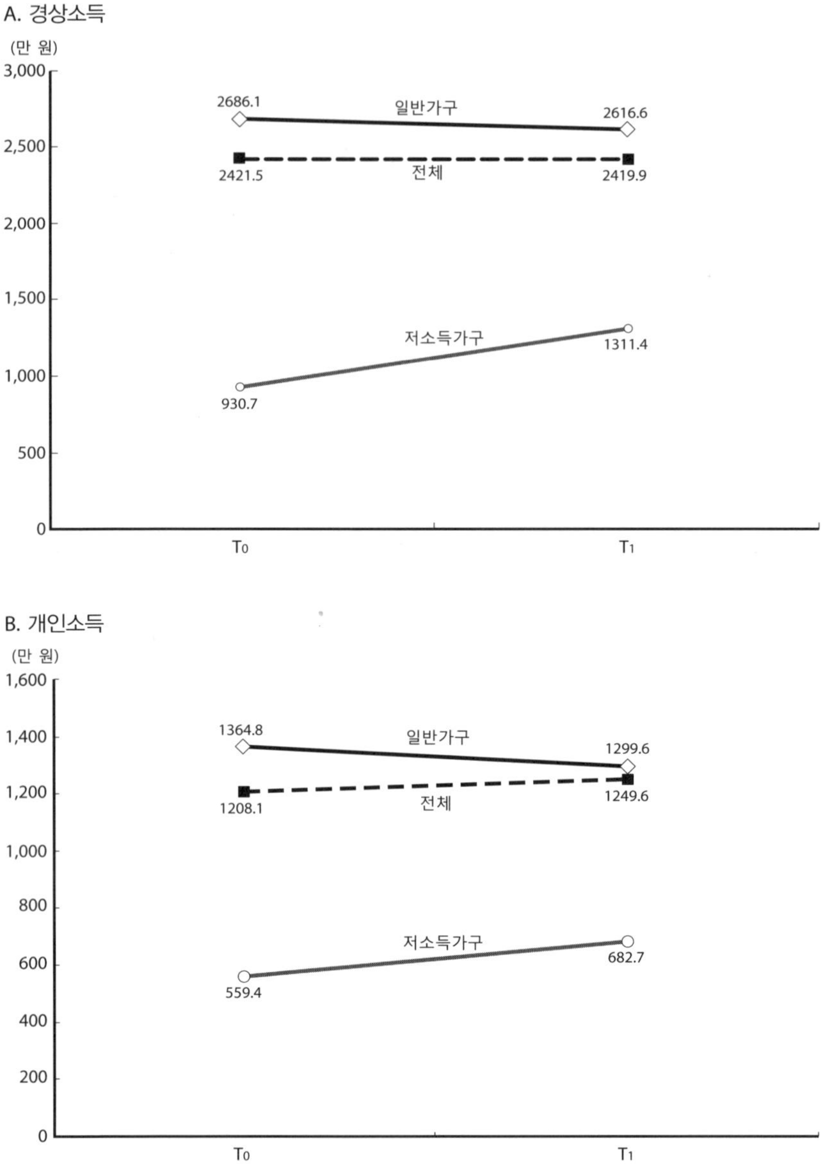

그림 5-5 임금근로자에서 자영업자로 변환 후 소득 변화

주: 1) T_0: 임금근로자 시기, T_1: 자영업자로 변환 시기
2) 소득 및 부채 규모는 OECD 기준 가구원 수를 조정한 수치이며, 물가지수(2010=100) 및 종단 가중치를 적용한 수치임.

자료: 김정근·강석영(2012).

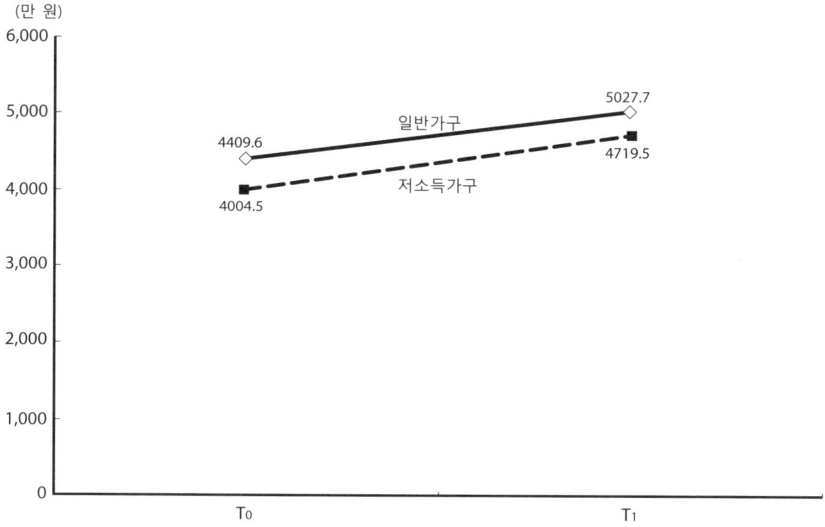

그림 5-6 임금근로자에서 자영업자로 변환 후 부채 변화

주: 1) T_0: 임금근로자 시기, T_1: 자영업자로 변환 시기
2) 소득 및 부채 규모는 OECD 기준 가구원 수를 조정한 수치이며, 물가지수(2010=100) 및 종단 가중치를 적용한 수치임.
자료: 김정근·강석영(2012).

매업 34.4%, 음식·숙박업 30.1%, 부동산업 31.1%를 차지하고 있어, 전통적 서비스 분야의 자영업자 밀도가 지식서비스 관련 산업에서 차지하는 자영업자 비율 10.9%에 비해 상당히 높은 수준이다(〈표 5-2〉).

이는 영세한 업종을 중심으로 신규 자영업이 진입하면서 기존 영세업종 종사자와의 경쟁을 강화하고, 결국 관련 자영업의 경쟁력 확보와 영세자영업의 지속가능성을 위협하는 요인으로 작용하고 있다.

2) 낮은 이익률과 높은 부채비율

중소기업청의 2010년 소상공인 실태조사에 따르면, 소상공인의 약 57.6%가 100만 원 이하의 순이익을 얻고 있을 정도로 사업이 극히 부진한 것으로 나타났다(〈표 5-3〉). 특히, 전체의 1/4을 웃도는(26.8%) 소상공인은 적자 및 무수입 상황이어서 사업 부진 정도가 심각한 것으로 조

표 5-2 자영업 업종별 비중과 밀도

구분	2012			2010		
	자영업자 수 (천 명)	비중(%)	밀도(%)	자영업자 수 (천 명)	비중(%)	밀도(%)
전통서비스업(A)	3,113.20	54.4	35.6	3,016.00	53.9	35.6
도·소매업	1,267.40	22.2	34.4	1,261.90	22.6	35.2
운수업	624.9	10.9	45.3	574.8	10.3	44.9
음식·숙박업	573.6	10	30.1	540.8	9.7	28.6
부동산업	150.9	2.6	31.1	159.7	2.9	30.9
수리	496.3	8.7	38.6	478.9	8.6	39.4
지식 및 기타 서비스업(B)	791	13.8	10.9	775	13.9	11.5
서비스업계(A + B)	3,904.20	68.3	24.4	3,791.10	67.8	24.9
자영업계	5,718.00	100	23.2	5,592.40	100	23.5

주: 1) 비중=(부문별 자영업자 수/자영업계)×100, 밀도=분야별 취업자 중 자영업자가 차지하는 비중.

자료: 통계청 2013. 2012 경제활동인구조사 원자료.

표 5-3 업종별 월평균 순이익 현황 (%)

구분	적자 및 무수입	1~100 만 원	101~200 만 원	201~300 만 원	301~400 만 원	401만 원 이상	평균 (만 원)
전체	26.8	30.8	23.4	9.9	3.5	5.6	149.1
제조업	24.5	26.3	19.9	12.4	4.6	12.3	237
소매업	25.1	32.1	22.6	10.2	4.3	5.7	141.4
운수·통신업	21.8	34.2	41.1	2.5	0.3	0.1	99.9
음식·숙박업	24.5	30.2	24.4	11.4	4.8	4.6	141.4
부동산·임대업	42.3	28.6	18.1	5.8	2.1	3	90.7
수리·개인서비스업	27.3	40.1	20.7	8.2	1.9	1.8	105.5

자료: 중소기업청(2010). 2010년 전국소상공인실태조사 보고서.

사되었다. 업종별 수익률을 비교하면, 제조업에 비해 전통 서비스업에 종사하는 자영업자의 순이익이 낮은 것으로 나타났다. 또한 제조업의 월평균 순이익이 237만 원인 것에 비해 전통 서비스업인 소매업은 141만 원에 불과한 것으로 조사되었다.

가계금융조사에 의한 총부채상환비율(DTI)을 살펴보면, 자영업자의

DTI는 24.1%로 전년대비 5.0%p 개선되었으나, 임금근로자 수준(16.6%)을 크게 웃도는 것으로 나타났다(〈표 5-4〉).

특히, 소득 1분위의 저소득 자영업자의 금융부채는 매우 높아 DTI 비율이 고소득층인 소득 5분위의 2.3배를 보이고 있는 것으로 조사되어, 저소득층 자영업자의 금융부채 부담 수준이 매우 높은 것으로 파악된다(〈표 5-5〉). 소득 대비 원리금 상환액이 40%를 초과하는 과다채무 가구에서도 자영업자와 임금근로자의 차이가 분명히 나타나는데, 임금근로자 중 과다채무 가구는 8.5% 수준인 것에 비해 자영업 가구는 14.8%로 매우 높은 수준을 보이고 있었다. 주택담보대출비율(LTV)이 60%를 초과하는 가구의 경우에도 임금근로자 가구는 13.3%에 불과하나, 자영업자 가구는 27.6%로 2배를 상회하며, 향후 채무상환 압력이 증대될 가능

표 5-4 종사상 지위별 재무구조 (단위: 만 원, %)

구분	2011					2012				
	전체 가구	임금근로자		자영업자		전체 가구	임금근로자		자영업자	
		상용	임시 일용	계	고용원 무		상용	임시 일용	계	고용원 무
소득	4,672	5,242	2,591	5,481	4,286	4,944	5,576	2,734	5,579	4,417
금융부채 / 금융자산	91.9	63.5	93.2	122.4	111.2	75.1	60.4	102.1	91.1	89.2
금융부채 / 소득	136.9	97.1	123.9	173.6	148.1	124.3	98.4	121.7	156.7	133
평균 DTI	22.9	18.1	19.2	29.1	28	19.8	16.6	19.4	24.1	22.9

자료: 통계청, 가계금융·복지조사 원자료.

표 5-5 금융부채 보유 자영업자의 소득분위별 재무구조(2012) (단위: 만 원, %)

구분	소득	금융부채	금융부채 / 금융자산	금융부채 / 소득	평균 DTI
소득 1분위	927	2,433	113.4	262.3	54.4
소득 2분위	2,057	4,039	107.3	196.4	27.4
소득 3분위	3,366	5,337	81.3	158.6	28.1
소득 4분위	5,020	7,117	82.9	141.8	21.5
소득 5분위	11,541	17,976	95	155.7	23.7

자료: 통계청, 가계금융·복지조사 원자료.

성이 큰 것으로 전망된다.

3) 높은 불평등도

같은 자영업 내에서도 규모에 따른 소득불평등이 존재하는데, 1~4명 규모의 자영업자와 5명 이상 자영업자의 소득 차이가 지속적으로 유지되고 있다. 5명 이상 자영업자의 소득 수준은 2012년 3,106만 원으로 1~4명 자영업자의 2,193만 원에 비해 41%가량 높은 것으로 나타났다(〈그림 5-7-A〉).

임금근로자 간에 비해서도 자영업자 간의 소득불평등 수준은 2007년 이후 꾸준히 상승하고 있다. 예컨대 2012년 자영업자 간의 지니계수는 0.491로서 임금근로자 간의 지니계수 0.425보다 높다(〈그림 5-7-B〉). 자영업자들 내부에서 소득이 높은 자영업자와 소득이 낮은 영세 자영업자 간의 소득불평등 수준이 임금근로자 간보다 높은 현실은 자영업자들 간의 갈등을 심화할 뿐만 아니라, 상대적 박탈감을 증대시켜 영세 자영업자의 지속적인 경영을 어렵게 하고 있다.

4) 낮은 생존율

높은 경쟁률과 낮은 수익률, 높은 부채 및 높은 불평등도 등으로 인해 자영업자의 지속 가능성은 약화되고, 결국 절반 이상이 3년 이내에 퇴출되는 것으로 조사되었다. 2004~2009년 산업별 사업체 생멸 자료를 분석하면, 신규 사업체의 1년 생존율은 약 72.6%, 2년 생존율은 약 56.5% 내외이며, 3년 생존율은 46.4%에 불과한 것으로 나타났다. 그리하여 2004~2008년 매년 평균 약 61만 개의 자영업체가 진입했지만, 약 32만 개가 퇴출된 것으로 나타났다(〈표 5-6〉).

또한 전체 사업체 생멸 중 절반 가까이가 도·소매 및 음식·숙박업에서 발생하는 것으로 나타났다. 신규 사업체 중 46.1%가 도·소매업(25.2%)과 음식·숙박업(20.9%)에서 발생했으며, 휴·폐업 사업체 중

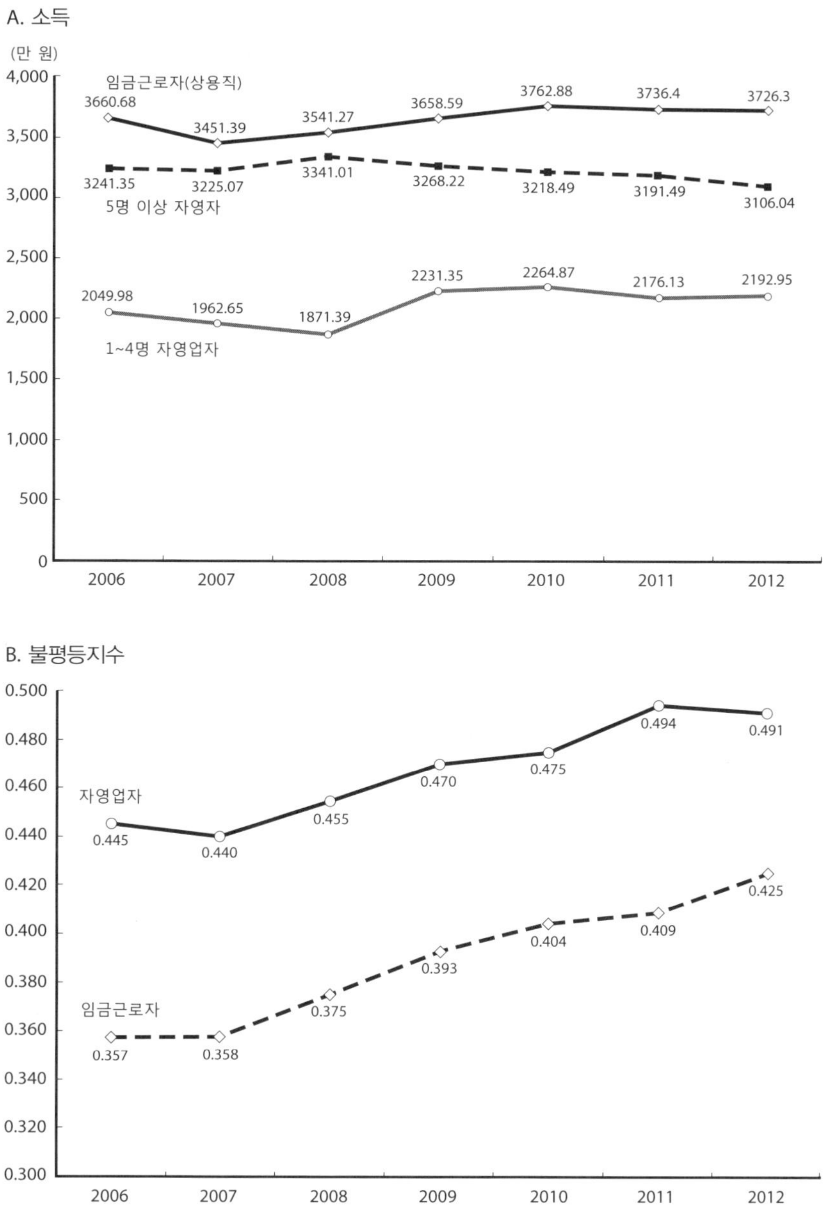

그림 5-7 종사상 지위별 소득 변화 및 불평등지수* 변화

* 지니계수(경상가계소득 기준)

자료: 한국복지패널(http://www.koweps.re.kr) 원자료를 이용하여 저자가 재구성.

표 5-6 신규 사업체의 연차별 생존율 (%)

연도	1차년도	2차년도	3차년도	4차년도	5차년도
2004	69.88	54.72	45.32	37.96	33.42
2005	73.09	57.52	46.68	40.29	
2006	73.78	56.31	47.29		
2007	71.78	57.23			
2008	74.79				
평균	72.63	56.47	46.42	39.19	33.42

자료: 통계청(2011). 「2004~2009 사업체 생성·소멸(생멸) 현황 분석」.

48.9%가 역시 도·소매업(26.8%)과 음식·숙박업(22.1%)에서 발생하였다. 도·소매 및 음식·숙박업에서 끊임없는 진입과 퇴출이 발생하여 밀어내기 경쟁이 특히 심한 것으로 추정된다.

이와 같은 낮은 생존율은 KB카드 가맹점 개인사업자(2012년 7월 207만 개, 2000년 이후 누적창업 477만 개)를 대상으로 분석한 결과에서도 확인된다(KB금융지주 경영연구소 2012). 자영업 창업자의 47%가 3년 이내에 사업을 중단하였으며, 10년 이상 같은 업체를 운영하는 비율은 25%에 불과하였다. 자영업 종사자들의 평균 종사 기간은 3.4년에 그치는 것으로 나타나, 제조업 근로자들의 평균 근속년수 6.2년보다 2.8년 짧았다. 자영업자의 낮은 생존율은 일자리 안정성을 낮추고 있을 뿐 아니라, 자영업 종사자들의 대부분을 차지하고 있는 은퇴자들의 노후 소득의 불안정을 심화시키는 요인으로도 작용하고 있다.

IV. 해결 방안의 모색

1. 경제적 기회의 확대

한국 자영업 부문에 만연한 상대적 경쟁을 해소하기 위해서는 우선 떠밀려 들어오는 자영업 부문에의 진입을 최소화해야 한다. 기업 부문에서 밀려난 인력이 생계수단으로 자영업을 선택하다 보니 대부분 손쉬운 창업을 찾게 되고, 남들이 하는 분야에 따라서 진입하는 경향이 발생한다. 자영업 창업이 새로운 가치를 제공하고, 새로운 시장을 개척하기 위한 것이 아니라, 남이 확보한 영역을 침범하고 시장을 뺏어오기 위한 것이 되고 마는 것이다. 이러한 떠밀려 들어오는 '따라하기 창업'이 자영업 부문에서 경쟁의 칼끝을 상대방에게 향하도록 하는 기본 요인이 된다. 우선은 이러한 떠밀린 자영업 진입을 줄이는 것이 필요하다.

이런 의미에서 일자리 확대 차원에서 무분별하게 자영업 창업을 지원하는 정책, 특히 자금지원 정책은 신중하게 추진되어야 한다. 이는 자영업 부문의 경쟁을 더욱 심화시키고 자영업자의 부채만 증대시키는 결과를 초래할 수 있다. 자영업자에게 경영 컨설팅과 직업 훈련을 제공함으로써 자영업자의 역량을 높이는 정책 역시 마찬가지다. 이것이 일반적인 경영 능력이나 기능을 습득하도록 하는 것이라면, 여전히 제한된 시장을 대상으로 한 경쟁에서 더 많은 노력을 투입하는 결과를 초래할 뿐이다. 그렇다고 자영업에의 진입을 제도적으로 규제하는 정책도 문제가 있다. 일자리를 찾지 못해 생계수단으로 자영업에 진입하려는 사람들에게 그 길마저 차단하는 것은 생존을 위협하는 일이기 때문에 상당한 반발을 불러올 수밖에 없다.[9]

자영업에의 진입을 줄이기 위해서는 자영업 이외의 영역에서 일자리를 찾을 수 있는 기회를 확대하는 것이 바람직한 정책 방향이다. 사실

아직 한국사회에는 수요와 니즈는 있으나 여러 가지 여건의 미비나 제도적 제약으로 충분한 서비스 공급이 이루어지지 못하고 있는 분야가 상당수 존재한다. 이들 분야 중에는 자영업으로 몰려들고 있는 퇴직 인력에게 적합한 분야도 있다. 이러한 분야를 발굴하여 여건과 제도를 개선함으로써 자영업으로 진입하려는 인력들에게 새로운 취업 기회를 제공하는 것이 가능하다.

그러한 분야로 우선 들 수 있는 것이 사회서비스 및 사업서비스 부문이다. 사회서비스업은 개인 또는 사회의 복지 증진 및 삶의 질 향상을 위해 제공하는 서비스 부문으로서 보건의료, 사회복지, 교육, 문화예술, 환경 등을 포함한다. 인구구조와 생활 패턴의 변화로 사회서비스 수요가 증가하고 있지만, 한국에서 이 분야의 비중은 선진국에 비해 아주 낮은 상황이다.[10] 사업서비스 부문도 마찬가지다. 사업서비스업은 기업경영 프로세스 중 일부 서비스(용역)를 제공하는 사업으로서 연구개발업, 전문서비스업, 전문 과학·기술 서비스, 사업지원 서비스 등을 포함한다. 이 분야 역시 기업 업무의 아웃소싱 확대 경향으로 수요는 늘고 있지만 충분한 공급이 이루어지지 못하고 있는 실정이다. 이들 분야에서 교육과 자격증 제도를 정비하고 서비스 공급 업체의 설립과 운영에 대한 규제를 정비한다면, 기업의 퇴직 인력을 상당 부분 흡수할 수 있을 것이다.

또한 '지역공동체 사업'의 활성화를 통해 지역의 일자리를 창출하여, 이를 생계형 자영업의 대안으로 활용할 수 있다. 지역공동체 사업이란

---

9 정부는 2005년 5월 31일 영세 자영업자 대책(5.31 대책)을 발표하면서 자영업 진입을 제한하기 위해 이·미용업 등 개인서비스업에 전문자격제도의 도입과 화물운송업자의 허가제 전환을 포함시켰으나 진입장벽 설치라는 여론의 반대에 부딪쳐 실행을 포기하였다.

10 GDP 대비 사회서비스업의 부가가치 비중(2009년 기준)은 미국이 26%, 프랑스는 22%인 반면 한국은 19%이다(김선빈 외 2012).

환경 유지 및 보수, 지역민을 대상으로 한 금융, 취업 알선, 다문화 지원 등의 각종 서비스 사업을 말한다. 지역의 환경 보존과 주거시설 보수 등에 대한 요구가 증대하고 있으며, 고령자 급증으로 인해 여가 수요도 증가하고 있으며, 다문화 가정의 증가에 따른 새로운 수요도 발생하고 있는 현실이다(김선빈 외 2012). 이러한 서비스를 담당할 사회적 기업을 장려함으로써 지역 내에서 일자리를 창출하고 새로운 경제적 기회를 제공할 수 있을 것이다.

2. 네트워크 관계의 구축

한국 자영업 부문에서 경쟁의 상대적 성격을 해소하기 위해서는 자영업자의 행태 자체도 바뀌어야 한다. 남의 시장을 뺏어오기 위한 경쟁이 아니라, 새로운 시장을 개척하기 위한 경쟁에 주력하도록 해야 하는 것이다. 경쟁이 밥그릇 뺏기 경쟁, 그래서 결국 제살 깎기 경쟁이 되지 않기 위해서는 서로 고유의 영역을 침범하지 않아야 한다. 끊임없이 새로운 가치를 찾아 개척해야 한다. 주인이 없는 곳을 찾아내 자기의 영역을 만들어야 하는 것이다.

미개척 영역이 한없이 존재할 수 있는가? 가치는 단순한 효용이 아니라 사람들이 느끼는 감동과 행복이다. 감동과 행복을 제공할 수 있는 방법과 수단은 무한하다. 동일한 제품과 서비스라고 하더라도 누가, 어떤 관계에서, 어떤 방법으로 제공하느냐에 따라서 다양한 감동과 행복을 줄 수 있다. 나만이 제공할 수 있는 감동과 행복을 찾아내어 그것을 제공하면 되는 것이다. 가치를 이러한 감동과 행복에서 찾고 발굴하려고 한다면, 남의 영역을 침범하지 않으면서도 각자 고유한 영역을 얼마든지 확보할 수 있다.

이처럼 고유의 차별적 가치를 제공하기 위해서는 자영업자의 주된 고객인 지역 주민과 밀착된 관계를 구축하는 것이 필요하다. 단순한 상품과 서비스의 거래관계가 아니라, 지역 주민과 인간적인 교류 관계를 형성하고 있을 때 자영업자는 더 큰 감동과 행복을 제공할 수 있다. 친밀한 관계 속에서 사랑과 정이 담긴 상품과 서비스의 제공이 가능해지는 것이다. 개별적인 밀착 관계뿐만 아니라 자영업자 단체와 지역 주민 단체 간에도 긴밀한 관계를 형성하는 것이 필요하다. 이러한 커뮤니티 차원의 협력과 교류 관계를 통해 지역민의 잠재된 수요를 발굴하고, 그러한 수요를 자영업자들이 역할을 분담하여 충족시킬 방법을 찾아낼 수 있다. 또한 이러한 협력과 교류 관계를 통해 지역의 환경 개선, 문화 행사 개최, 관광자원 육성 등을 이루면, 자영업자들은 수요 확대와 가치 창출의 영역을 더욱 넓힐 수 있게 된다.[11] 지역 주민과 긴밀한 네트워크 관계를 구축함으로써 제한된 시장을 놓고 자영업자끼리 다투는 것이 아니라, 새로운 가치를 발굴하고 시장의 영역을 함께 넓혀가는 일을 도모할 수 있다.

지역 주민과의 네트워크 관계뿐만 아니라 자영업자 사이의 네트워크 관계도 육성되어야 한다. 네트워크 관계가 형성되어 있을 때, 상대방을 해치는 '밀어내기' 경쟁 행태를 자율적으로 규제할 수 있다. 그리고 네트워크 관계 속에서 자율적 규제는 규범화되고 내면화될 수 있다. 이것을 외부의 권위가 강요해서는 안 된다. 이는 감시 비용과 부작용을 초래할 뿐이다. 더 싸게, 더 편하게 제공한다고 하더라도 그것이 남의 것을 뺏어오는 것이라면 자제해야 한다는 의식이 형성되어야 한다. 이러한

11 일본에서는 1980년대 '마을만들기(町づくり)' 운동이 전개되었다. 이는 지역 상인들이 지방자치단체와 협력하여 지역주민을 위한 각종 사업과 행사를 전개한 것이었다. 상가 주변 환경 개선, 문화행사 개최, 마을 전통 보존 운동, 취약계층 지원 등을 진행하였는데, 이를 통해 지역 상인들이 지역사회에 뿌리를 내리고 대형유통업체의 위협에 대응할 수 있었다고 한다(정현숙 2001).

규범은 자영업자 사이의 네트워크 관계 속에서 자생적으로 생겨날 수 있다. 이러한 맥락에서 정부는 동업종이나 이업종에 종사하는 자영업자가 긴밀한 네트워크를 구축할 수 있도록 지원해야 한다. 최근 '협동조합법'이 제정되어 협동조합의 설립이 간편해진 것은 이러한 자영업 네트워크의 확충에 기여할 것으로 보인다.

V. 맺는말

한국 자영업 부문이 열악한 현실에 처해 있다는 것은 잘 알려진 사실이다. 많은 연구가 자영업의 현실을 다양한 측면에서 분석해왔다. 그런데 이들 연구의 대부분은 열악한 현실의 원인을 규모의 영세성이나 경영능력의 부족에서 찾는다. 자영업자의 개별적 특성으로 돌리는 것이다. 일부 언론과 시민단체에서는 대기업의 영역 침탈을 자영업 몰락의 원인으로 지목하곤 한다. 자영업 문제를 외부 요인으로 돌리는 것이다. 하지만 자영업 문제의 원인은 내부의 구조적 특성에서 찾아야 한다. 그것은 한국의 자영업 부문이 제한된 시장을 둘러싸고 서로 상대방의 것을 뺏기 위해 다투는 '상대적 경쟁'에 빠져 있다는 것이다.

그동안 경쟁 자체가 문제가 될 수 있다는 생각은 그다지 주목을 받지 못하였다. 전체적으로 효율성을 제고하는 과정에서 불가피한 희생자가 발생할 수 있다는 정도로 인식되었다. 그러나 경쟁이 제한된 자원을 둘러싸고 상대적 지위에 따라 그 몫이 돌아가는 상대적 경쟁의 성격을 띠게 되면 자원의 낭비와 시장 실패가 발생할 수 있다. 한국의 자영업 부문은 이러한 상대적 경쟁이 팽배한 현실에서 모두 어려운 상황에 내몰리고 있다.

한국의 자영업 부문에서의 경쟁이 상대적 경쟁의 성격을 띠고 있음은 현실을 종합해보면 쉽게 알 수 있다. 경기 위축과 구조조정의 여파와 베이비붐 세대의 은퇴 러시 속에서 많은 인력이 생계 유지를 위해 자영업 부문으로 떠밀려 들어오고 있다. 이들은 특별한 사업 아이디어나 기술 없이, 남들이 하는 분야에 따라하기식 창업을 하여 도·소매, 음식·숙박, 부동산 등에 몰리고 있는 상황이다. 이렇게 특정 분야에 밀집되어 서로 밀어내기식 경쟁을 벌이다 보니 낮은 이익률, 높은 부채율, 낮은 생존율 등의 병폐가 생겨났다. 자영업자 스스로도 자신을 위협하는 주된 경쟁상대는 주변의 다른 자영업자라고 인식하고 있는 현실이다.

자영업 부문 내에서의 경쟁의 성격이 문제라면, 대기업의 진입과 같은 외부적 압박에 대한 규제만으로는 문제가 해결될 수 없을 것이다. 자영업자들끼리 밀어내기 경쟁이 계속된다면, 전반적 몰락 현상은 지속될 수밖에 없기 때문이다. 창업지원 정책, 특히 자금지원 정책도 재고되어야 한다. 무조건적인 창업을 지원하는 것은 오히려 자영업 내부의 경쟁을 심화시키고 자원의 낭비만 초래할 수 있기 때문이다.

그러면 이러한 상대적 경쟁이 만연한 현실을 해소하기 위해서는 어떻게 해야 할까? 우선 생계를 위해 떠밀려 따라하기식으로 자영업에 진출하는 인력을 최소화해야 한다. 이를 위해서는 자영업 이외의 분야에서 새로운 일자리를 찾을 수 있도록 기회를 확대 제공해야 한다. 사회서비스 부문, 사업서비스 부문, 지역공동체 사업 부문 등은 자영업으로의 유입 인력에 대안적 일자리를 제공할 수 있는 분야이다. 이들 분야는 최근 들어 그 수요가 증가하고 있다. 이들 분야에서 제도를 정비하고 지원책을 강구하여 자영업으로 유입할 인력을 흡수하도록 해야 한다.

다음으로 자영업자들이 상대방 뺏기 경쟁을 피하고 새로운 것을 창출하는 개척 경쟁, 창조 경쟁에 나서도록 유도해야 한다. 그러기 위해서는 지역민과 유대관계를 구축하고 그들의 다양한 수요를 발굴하여 차별화된 가치를 제공할 뿐만 아니라, 지역 활성화를 통해 새로운 수요와 시장을 창출해가야 한다. 그뿐만 아니라 자영업자들 사이에도 네트워크 관계를 구축하여 과잉 경쟁을 줄이고 자기만의 고유한 가치 창출에 주력하도록 스스로 조정해가는 것이 필요하다. 궁극적으로는 소모적 경쟁을 자율적으로 억제하고, 창조 경쟁을 북돋우는 건전한 경쟁 규범의 확립과 확산으로 나아가야 한다.

참고문헌

국가통계포털, http://www.kosis.kr.

금재호·류재오·전병유·최강식, 2003, 『자영업 노동시장의 현상과 과제』, 노동연구원.

금재호·윤미례·조준모·최강식, 2006, 『자영업의 실태와 정책과제』, 노동연구원.

금재호·이인실, 2011, 「자영업 매출과 소득의 결정요인 분석」, 『한국경제연구』 29(4): 103-140.

김기승·조준모, 2006, 「자영업에 관한 유인가설과 구축가설에 대한 검증: 월간 단기패널을 이용한 실증분석」, 『국제경제연구』 12(2): 163-189.

김선빈 외, 2012, 『생계형 자영업의 실태와 정책 대안 연구』, 삼성경제연구소.

김정근·강석영, 2012, 「베이비부머 임금근로자의 자영업 전환과 소득변화 연구」, 한국복지패널 학술대회 발표자료.

로버트 프랭크, 2008, 『승자독식사회』, 권영경·김양미 역, 웅진지식하우스.

로버트 프랭크, 2011, 『경쟁의 종말』, 안세민 역, 웅진지식하우스.

류재우·최호영, 1999, 「우리나라 자영업 부문에 대한 연구」, 『노동경제논집』 22(2): 109-140.

반정호, 2012, 「자영자 가구의 소득변동과 빈곤에 관한 연구: 임금근로자 가구와의 비교를 중심으로」, 『노동정책연구』 12(1): 29-56.

윤희숙, 2012, 「19909년대 이후 한국경제 구조변화가 빈곤구조에 미친 영향과 정책적 함의」, 『KDI포커스』 14.

이병훈·신재열, 2011, 「자영자의 계층의식에 관한 연구」, 『경제와 사회』 92: 247-274.

이병희, 2012, 「자영업 구조조정과 임금근로 전환의 노동시장 성과」, 『사회보장연구』 28(1): 191-215.

이승렬·김종일·박찬임·이덕재·홍민기, 2009, 『자영업 노동시장 연구 II』, 한국노동연구원.

이재형, 2012, 「영세사업자의 실태」, 『KDI포커스』 20.

정현숙, 2001, 「일본 지역사회의 네트워크 구조: 지역형성자로서의 자영업층의 역할을 중심으로」, 『영남지역발전연구』 28: 153-171.

조지프 슘페터, 2011, 『자본주의, 사회주의, 민주주의』, 변상진 역, 한길사.

중소기업청, 2010, 『2010년 전국소상공인 실태조사 보고서』.

지은정, 2012, 「경기변동이 자영업 이행에 미치는 영향의 연령집단별 차이: 구축가설과 유인가설을 중심으로」, 『사회복지연구』 43(2): 141-178.

KB금융지주 경영연구소, 2012,「개인사업자 창업·폐업 특성 및 현황 분석」.
통계청, 2013, 2012 경제활동인구조사 원자료.
통계청, 2012, 가계금융·복지조사 원자료.
통계청, 2011,「2004~2009 사업체 생성·소멸(생멸) 현황 분석」.
통계청, 2011, 가계금융조사 원자료.
한국복지패널, http://www.koweps.re.kr.
한준 외, 2006,「사회적 덫으로서의 한국의 교육문제」, 제2회 복잡계 컨퍼런스.

Frank, Robert H. and Phillip J. Cook, 2012, "Winner-take-all Markets," *Journal of Microeconomics* 1(1).
Kirzner, Israel M., 1997, "Entrepreneurial Discovery and the Competitive Market Process: An Austrian Approach," *Journal of Economics Literature* 35: 60-85.
Müller, W. and R. Arum, 2004, "Self-Employment Dynamics in Advanced Economies," R. Arum et al, *The Reemergence of Self-Employment: A Comparative Study of Self-Employment Dynamics and Social Inequality*, Princeton University Press.
OECD, 2011, OECD *Factbook 2011: Economic, Environmental and Social Statistics*.
Platt, J., 1973, "Social Traps," *American Psychologist*, August 1973.
Stigler, George J., 2008, "Competition," Steven N. Durlauf and Lawrence E. Blume (eds.), *The Palgrave Dictionary of Economics*, Second Edition, Palgrave Macmillan.

제6장

한국 식료 부가가치 사슬의 특징:

시장지배력과 협동조합을 중심으로

이명헌
(인천대학교 경제학과 교수)

I. 머리말

이 글은 한국의 농산물시장이 어떠한 특징을 가졌는지를 국제비교를 통해서 밝히는 것을 목적으로 한다. 농업은 한국경제에서 지체성이 두드러지는 부문이다. 생산주체들의 규모, 생산성, 소득 측면에서 농업도 경제발전 과정에서 상당한 절대적 성장을 해온 것이 사실이지만, 국민경제의 다른 부문들과 비교할 때 상대적 격차가 적지 않다.

특히, 최근에 가장 주목받는 현상은 농업소득 및 농가소득의 '저위성(低位性)'이다. 농업소득은 명목기준으로 1990년대에는 연평균 5.7%의 성장을 보였지만, 2000년대 전반에는 1.6% 증가에 그쳤다. 그 후 2005년 농가당 평균 1,182만 원이었던 농업소득은 그 후 정체, 더 나아가 하락하여 2012년에는 920만 원을 기록하였다. 이같이 농업소득이 감소하는 한편, 농가소득을 구성하는 다른 요소인 농외소득과 이전소득은 증가하고 있으나 전체적으로 농업소득의 감소를 겨우 상쇄하는 정도에 그치고 있어, 2004년 평균 3,050만 원이던 농가소득은 2012년 3,130만 원에 불과하여 명목상으로도 완전히 정체하는 모습을 보였다(농림축산식품부 2013: 124). 같은 기간 연평균 도시근로자 가구 소득이 4.3%, 전국 가

* 이 글은 2012~2013년 서울대학교 경제연구소 학술사업의 연구비 지원을 받았다.

구 소득 평균이 4.4% 증가하여 2012년 각각 5,390만 원 및 4,890만 원에 달한 것(농림축산식품부 2013: 139)과 비교하면, 농업 및 농가 소득이 국민경제적 발전과 보조를 맞추지 못하고 지체되고 있음이 분명해 보인다. 이러한 현상의 원인은 물적 향상, 농산물시장의 대외개방 등에 따른 농산물 가격 압박, 그리고 최근에 두드러지고 있는 농업투입재 가격 상승 등, 다각도에서 찾을 수 있겠지만, 농업생산자들이 식료 부가가치 사슬 속에서 다른 주체들을 직면하는 시장의 특징도 중요한 요인으로 작용한다. 이 글은 이런 문제의식 아래에서 국제비교를 통해서 한국의 농산물 판매시장의 특징을 파악하고자 한다.

이 목적을 위해서 이 글은 다음과 같이 구성되었다. 우선, 선행연구에서 제기된 바 있는 한국 농업의 물적 성장과 소득의 괴리 양상을 국제비교를 통해서 살펴본다(II절). 그러한 현상을 불러오는 구조적 요인 중에서 농산물 생산자가 직면하는 시장의 특성을 살피기 위해서 한국의 농산물 및 식품 부가가치 사슬의 변화 양상을 살펴보고, 이를 몇 가지 측면에서 외국과 비교한다. 이를 통해서 농산물 판로로서 소비자의 직접 소비보다 식품가공 및 외식 비중이 증대하고 있고, 부가가치 사슬에서 유통업의 비중이 커지고 있음을 확인하게 될 것이다(III절). 이같이 변화하는 부가가치 사슬 속에 있는 한국 농가들은 생산물의 가치를 시장에서 실현함에 있어서 여러 측면에서 불리한 위치에 있다. 그것은 소규모성과 고령화, 그리고 그들이 상대하게 되는 유통업체들의 대형화로 요약된다. 이처럼 불리한 상황에서는 농가들의 교섭력을 높여주고, 추가적인 부가가치 참여의 가능성을 높여주는 협동조합의 역할이 중요하다. 그런 측면에서 한국과 선진국에서 협동조합이 농산물 유통에 참여하는 양상을 비교한다(IV절).

이 글은 한국의 농업 문제 중 가장 주목받고 있는 농업소득의 저위성을 가져오는 요인 중 농산물시장의 특징을 국제비교를 통해서 밝히는 것을 목적으로 하며, 그러한 비교를 통해서 드러난 문제점이나 그에 대한 구체적인 해결책을 제시하는 것까지 목표로 하지는 않는다. 그러나 이러한 고찰을 통해서 정책 논의에서 고려할 시사점을 줄 수 있을 것으로 기대한다.

II. 농업 성장과 소득의 괴리 현상

한국 농업은 최근 약 20년 동안 생산성 측면에서는 상당히 향상되었음에도 농업소득은 정체하고 있다. 이정환 외(2012)에 따르면 1995년 이후 실질 농업 총생산은 21% 증가한 반면, 실질 총소득(명목 부가가치/가계소비지출 디플레이터)은 오히려 감소하고 있다. 이에 따라서 평균 농가소득은 전국 가구에 대비해서 지속적으로 하락하여 최근에는 65% 수준까지 떨어졌다. 이정환 외(2012)는 그 원인을 농산물 가격 상승이 투입재 가격 및 소비재 가격 상승에 현저히 뒤처지는 데서, 즉 농가교역조건의 악화에서 찾고 있다(〈그림 6-1〉 참조). 도식화하면 '실질농업소득=(농산물 가격×농산물 생산량-투입재 가격×투입재 수량)/일반적 물가수준'이므로 농산물 생산량이 증가하고 더하여 '농산물 생산량/투입재 수량'으로 나타나는 '생산성'이 증가하더라도, 농가교역조건이 현저히 악화하면 물적 생산이나 생산성의 향상은 소득의 증가로 이어지지 못하는 것이다.

그렇다면 이정환이 관측한 이러한 변화는 다른 중요한 국가들과 비교해보면 어떠한 정도인가? 국제비교를 해보면 한국의 농업생산성 향상은 매우 높은 수준인 반면, 농산물 가격의 침체도 상당히 두드러진다는 점이 나타난다. 〈그림 6-2〉에서 보듯이 한국의 2000년대 농업 취업자당 실질(즉 수량) 부가가치 상승률은 54.4%로 OECD 국가 중 최상위

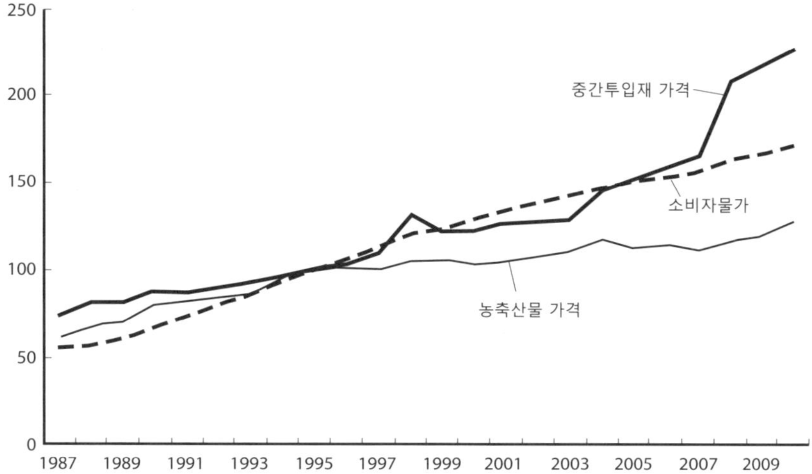

그림 6-1 한국의 농축산물, 투입재, 소비자물가 추이(1995=100)

주 1) 농축산물 가격과 중간투입재 가격은 명목가액을 실질가액으로 나누어 구하였다.
2) 소비자물가는 국민계정의 명목 가계소비지출액을 실질 지출액으로 나누어 산출하였다.
자료: 이정환 외(2012)에서 인용.

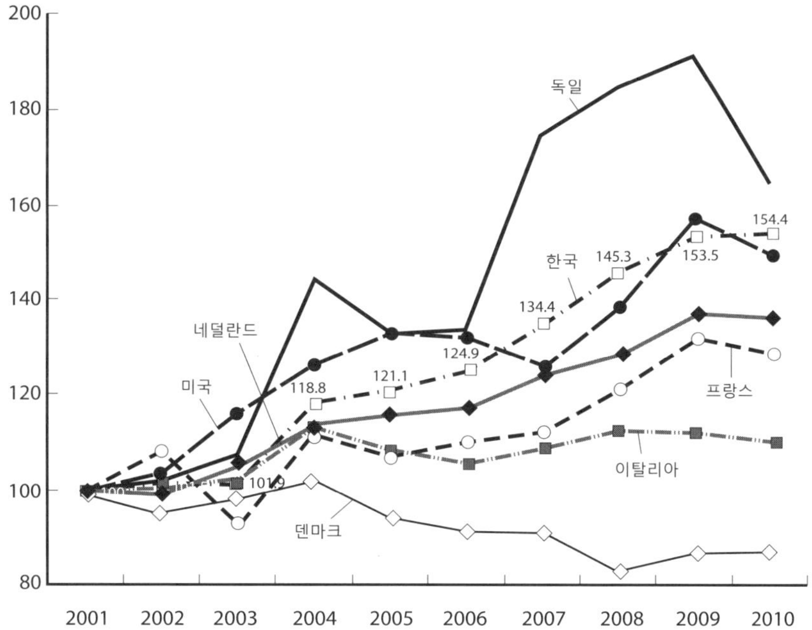

그림 6-2 농업 실질 부가가치의 변화 국제 비교(2001=100)

자료: OECD STAN database.

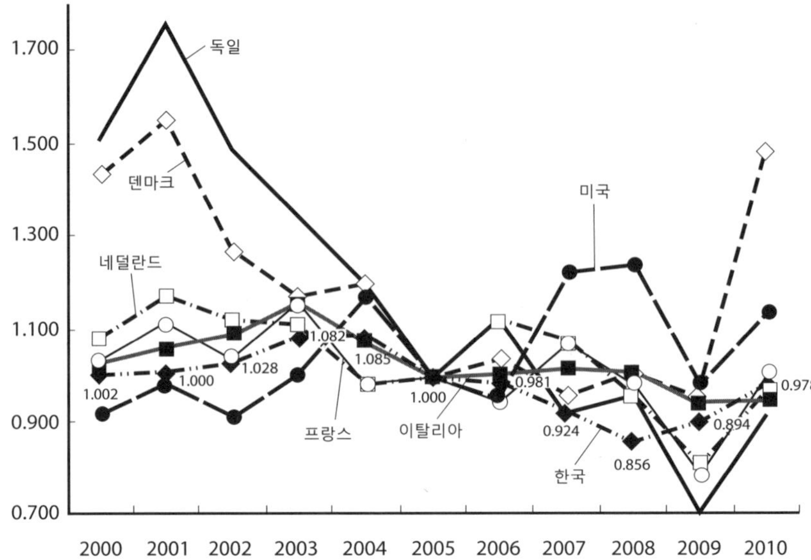

그림 6-3 농업 부가가치 디플레이터의 변화 (2005=1.000)

자료: OECD STAN database.

권에 속한다.

반면, 농산물 생산자 가격의 변화를 보여주는 부가가치 디플레이터는 대부분의 비교대상 국가들이 횡보(橫步) 또는 약한 하향 추세를 보이고 있고, 한국도 이와 비슷한 형태를 보이기는 하지만, 2000년대 전반에는 상승 추세를 보이다가 중반부터 후반까지는 매우 가파르게 감소하였다(〈그림 6-3〉).

이 같은 농산물 가격의 하락 추세로 한국의 농업 취업자당 명목부가가치는 국민경제 전체 취업자당 명목 부가가치에 비해서 낮은 수준에 머물고 있으며, 그 격차도 더 증대하는 추세를 보이고 있다. 즉, 〈그림 6-4〉에서 보듯이 한국의 '농업의 취업자당 명목 부가가치/국민경제 전체 취업자당 명목 부가가치' 비율은 0.4 내외로, 그 수준은 비교대상 국가(0.5에서 0.8 정도에 분포)에 비해서 크게 낮으며, 또한 최근에 약간 증가하는 모습을 보이기는 하지만 기본적으로 감소하는 추세이다.

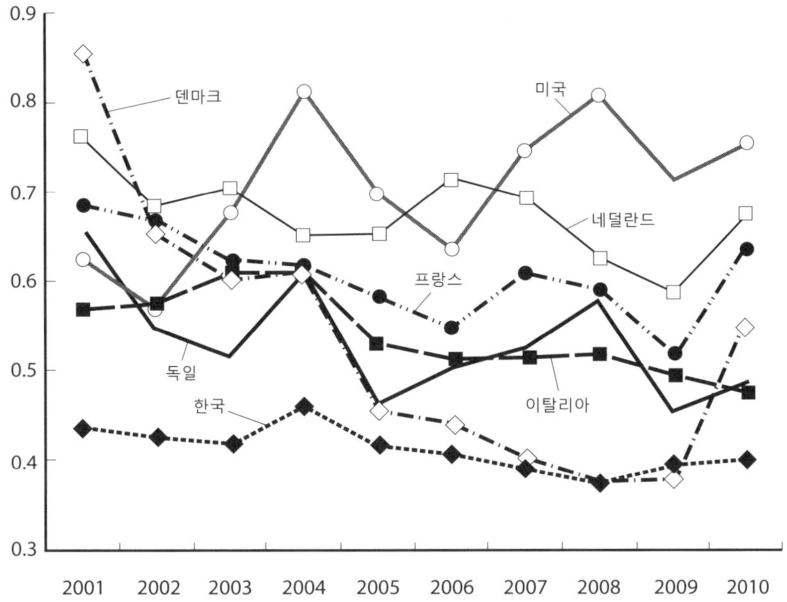

그림 6-4 농업의 취업자당 명목 부가가치 생산성 국제 비교(국민경제 대비)

자료: OECD STAN database.

농산물은 공급 측면에서 생산과정이 자연의 제약을 강하게 받으며, 기계화 및 자본의 집적과 집중도 여타 부문에 비해서 더디게 진전된다. 또한 수요 측면에서는 소득에 대한 탄력성이 낮아서 경제가 발전하는 과정에서 국민경제 전체에서의 비중이 낮아진다. 따라서 농업취업 인구의 평균적 부가가치 생산성도 낮아진다는 것은 여러 나라에서 두루 관측되는 사실이다. 그러나 위에서 살펴본 한국과 여타 선진국 간의 격차를 보면, 농업 일반에 적용되는 요인들 이외에 다른 요인들이 한국 농업 소득의 저위성에 작용하고 있다고 볼 소지가 많다고 할 수 있다.

III. 부가가치 사슬의 변화: 투입-산출의 국제 비교

앞에서 한국 농업의 실물생산성은 상승하고 있음에도 부가가치 측면에서는 그 성장이 지체되고 있고, 그 원인이 농업생산자 가격의 불리한 변화의 추이에 있다는 것을 보았다. 그렇다면, 한국 농업이 처한 부가가치 사슬의 특징을 좀 더 자세히 살펴볼 필요가 있다. 이하에서는 이를 위해서 산업연관표를 이용하여 농산물의 생산과 소비와 관련된 부가가치 사슬의 구조가 어떻게 변화하고 있는지를 살펴본다.

1. 투입-산출관계로 본 식료 부가가치 사슬의 구조

현대 사회에서는 농산물 중 '농업생산'에서 '농산물 소비'로 직접 이전되는 부분의 비중은 매우 제한적이며, 그 중간에 가공, 유통, 외식 산업 등의 경제활동을 거치게 된다(〈표 6-1〉). 또한, 농산물의 생산에서도 생산자가 보유하고 있는 생산요소 이외에 다른 산업의 산출물을 중간투입재로 이용하는 부분의 비중이 높다. 이러한 특징은 경제가 발전할수록 더욱 강화된다.

이처럼 국민경제 내에서 농업 및 그에 생산요소를 공급하는 산업 및 그 판로가 되는 산업, 그리고 소비자의 소비활동 사이의 연관관계 총체를 푸드시스템이라고 부를 수 있다.[1] 푸드시스템의 구조를 수량적으로 이해하는 데는 산업연관표를 이용한 분석이 도움이 된다.

---

1 푸드시스템을 좀 더 폭넓게 정의하면, 이러한 산업들의 활동을 규제하는 법제, 규범까지 포함할 수 있다.

표 6-1 농산물의 부가가치 사슬 개념

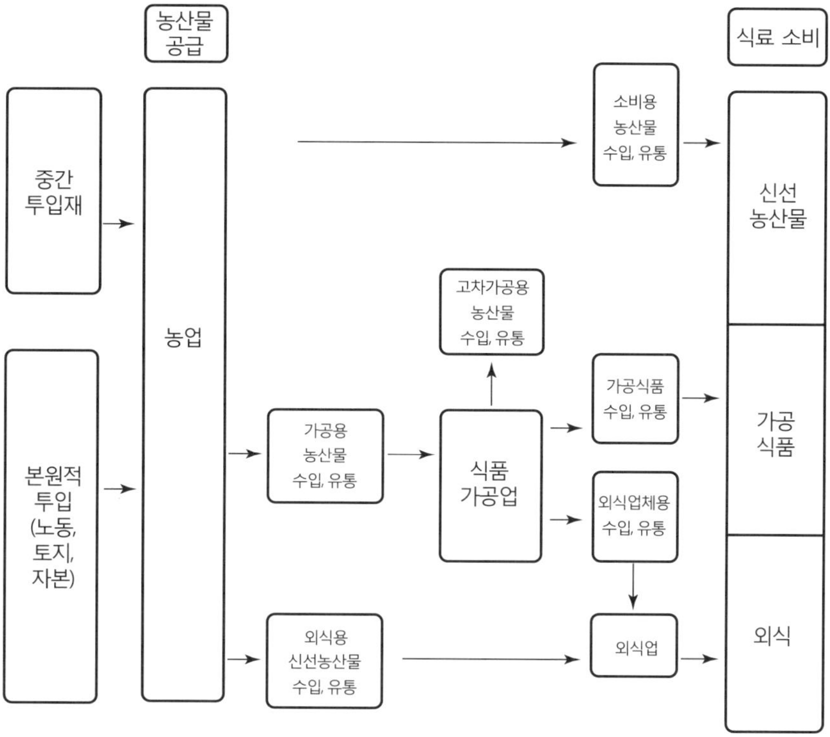

우선 횡단면적으로 한국의 2009년의 산업연관표를 이용한 〈표 6-2〉를 보면 몇 가지 특징이 뚜렷하게 나타난다. 우선 푸드시스템의 '상류'인 농산물 공급액은 국산과 수입을 합하여 41조 규모지만, '하류'인 소비자의 식료 지출액은 154조에 달하여 전자는 후자의 27%에 불과하다. 즉, 농산물의 소비에는 가공, 유통, 외식 등 다양한 산업 활동이 개재되고 있다. 또한, 농산물의 공급 측면에서 보면 국산 농산물의 생산액은 소비자의 직접소비, 가공용, 외식업체 3대 판로로 분할되는 비율이 35:53:12로 가공용이 가장 높고, 직접소비가 두 번째 비중을 차지하고 있다. 그러나 소비 측면에서 보면 신선농산물, 가공품, 외식의 비중이 13:40:47로 외식과 가공품의 비중이 압도적으로 높고, 신선농산물에

표 6-2 한국 푸드시스템 구조의 흐름(2009)

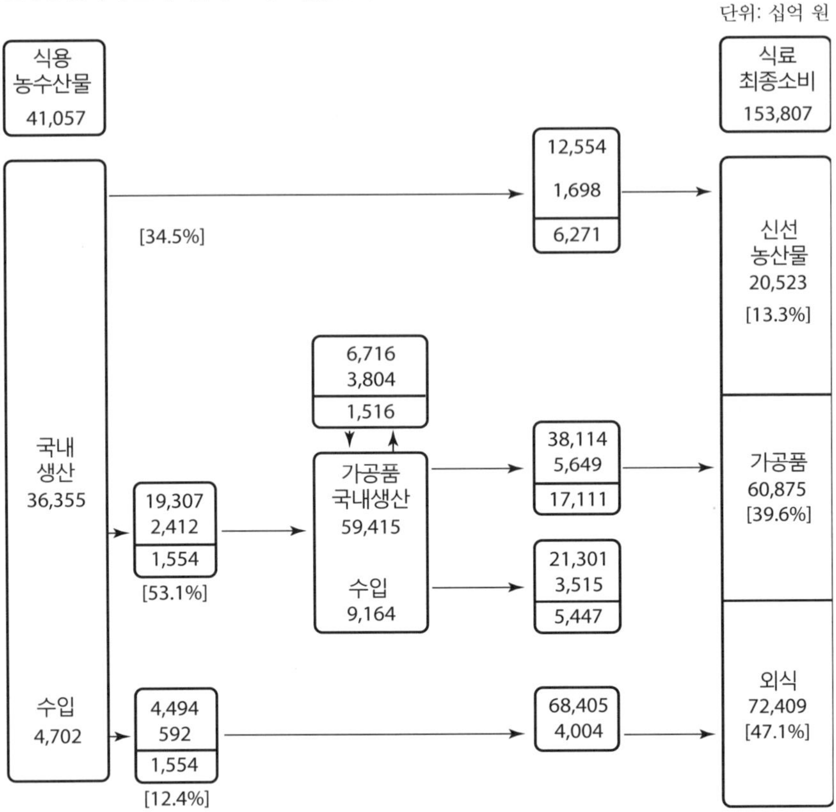

주: 한 상자 안에 여러 수치가 있는 경우 위로부터 국산품, 수입품, 유통 귀속 가액임.
반올림으로 끝자리가 일치하지 않을 수 있음.
자료: 2009년 산업연관표를 이용하여 작성.
출처: 이명헌(2012).

대한 지출의 비중은 낮아서 농산물 공급 측면에서 본 비율과 매우 다른 모습을 보인다(이명헌 2012: 8).

다른 한편, 시계열적으로는 국민경제의 발전에 따라서 농업을 둘러싼 부가가치 사슬의 변화는 일반적으로 투입 면에서 타 분야에 대한 의존도의 강화, 판로 면에서 우회도의 상승, 유통마진의 급상승이라는 세 가지 특징을 보인다. 이러한 일반적 경향이 한국과 국제적으로는 어느 정도인지를 살펴본다.

이하 국제비교를 위해서 주로 표준화된 OECD STAN 데이터베이스를 이용하였지만, 이 자료에서는 투입산업과 산출산업 사이의 유통마진에 관한 자료를 얻을 수 없다. 따라서 유통마진에 관한 비교는 개별 국가들의 산업연관표를 이용하였는데, 한국과 유럽국가들의 산업연관표 체계가 달라서 그 비교 결과의 해석에는 주의가 필요하다는 점을 밝혀 둔다.

2. 투입 면에서 타 분야에 대한 의존의 심화

〈그림 6-5〉에서 알 수 있듯이 한국은 선진국에 비해 농업으로의 중간투입의 비중이 낮기는 하지만, 그 상승 속도는 상당히 빠르다. 총산출액

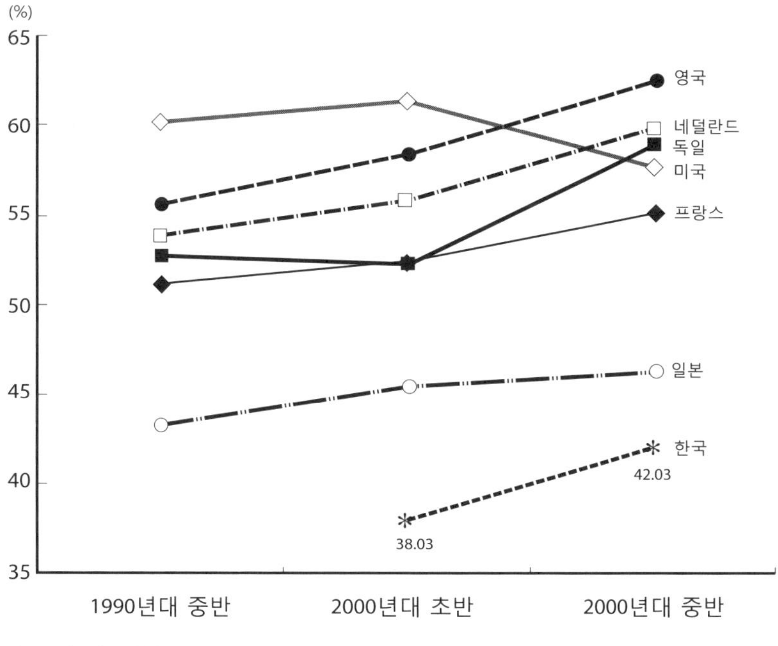

그림 6-5 농업생산액 대비 중간투입 비중

자료: OECD STAN database.

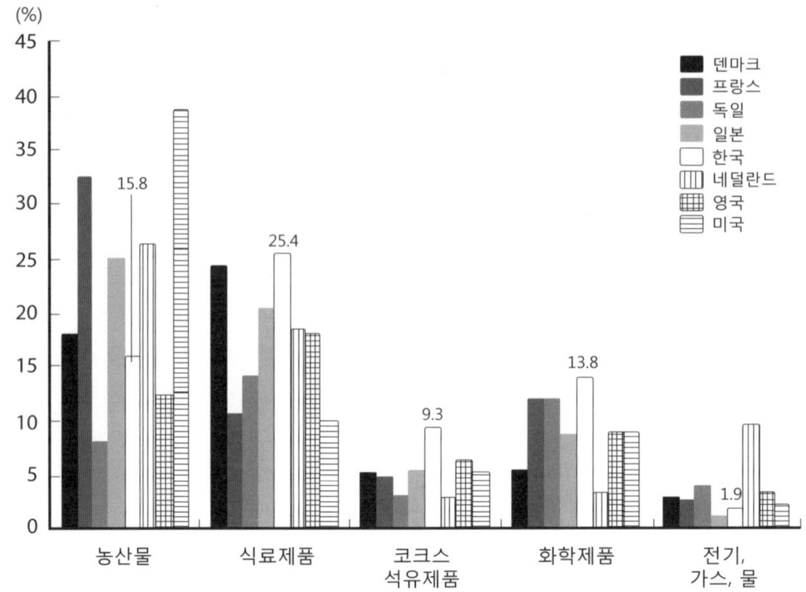

그림 6-6 중간투입액 중 중요 품목별 비중(2005)

자료: OECD STAN database.

대비 중간투입 비율은 선진국은 50~60% 수준이고 상승 추세이다. 한국에서는 그 비율이 2000년대 초에는 38% 수준으로 일본에 비해 7%p 뒤처져 있었으나, 2000년대 중반에는 42%로 상승하여 그 격차가 4%p 정도로 줄어들었다.

이처럼 투입에 있어서 본원적 투입요소인 노동, 자본, 토지 이외에 타 분야의 생산물에 대한 의존이 심화하는 경향은 현대 농업의 일반적 경향이며, 한국에서도 이러한 경향이 계속될 것으로 짐작된다. 그런데 한국의 중간투입 구성의 중요한 특징은 석유제품과 화학제품의 비중이 높다는 점이다. 〈그림 6-6〉에서 볼 수 있듯이 중간투입액 중 코크스 석유제품의 비중은 9.3%, 화학제품의 비중은 13.8%로 다른 여러 선진국과 비교할 때 단연 높게 나타난다. 이것은 농업생산의 장기적 지속가능성에서 문제일 뿐만 아니라, 시장관계에서도 문제를 일으킨다. 석유제품과 화학제품 공급의 큰 부분이 시장지배력이 높은 독과점 업체에 의해 이루어지기 때문이다.

3. 판로 면에서 높은 우회도

한국의 농산물(국내생산 + 수입)의 사용 면에서는 중간투입재로 이용되는 비율이 선진국과 비교해도 차이가 없거나 오히려 높게 나타난다(〈그림 6-7〉). 즉, 중간투입액의 비율은 70%로 나타나는데, 이것은 미국이나 일본과 비슷하고, 프랑스, 네덜란드, 영국보다는 조금 높은 수준이다.[2] 이것은 중간투입 중 가장 중요한 항목인 식료가공 산업으로의 투입이나

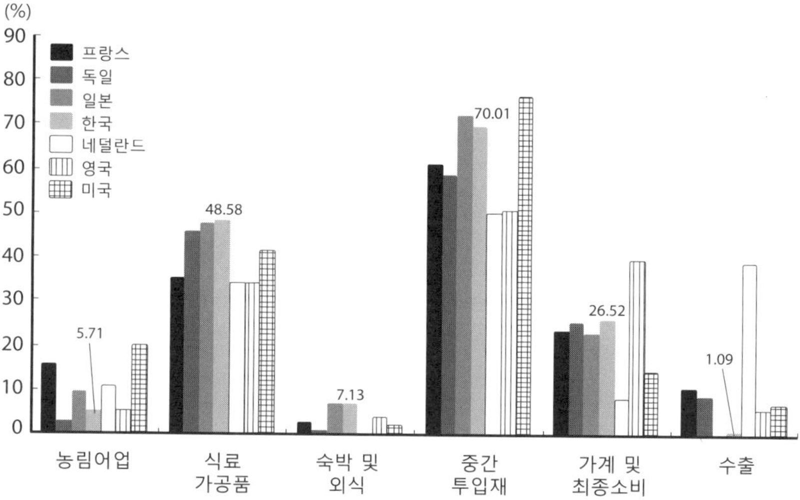

그림 6-7 총공급(국내생산+수입) 농산물의 배분(2005)

자료: OECD STAN database.

---

2 단, 이것은 한국의 분류체계상 쌀에 대한 저가공도의 정미산업이 가공산업으로 분류됨에 따라, 가공산업의 이용 정도에 다소 과장된 효과가 포함되어 있을 수 있다.

숙박 및 외식업으로의 투입을 보더라도 마찬가지다.

이처럼 농산물의 판로 측면에서 가공이나 외식 등 타 산업의 투입재로의 이용이 높다는 것은 농산물의 국민경제적 이용에 있어서 '우회소비'의 비중이 높음을 의미하는데, 이것은 농산물의 공급자들이 직면하는 수요자들 중에서 식품가공업체나 외식업체의 비중이 높음을 의미한다. 따라서 이들 업체와의 시장교섭력 관계가 어떠한지가 농업생산물의 가격 형성에 중요한 요인이 될 것임을 짐작할 수 있다.

4. 농산물 유통마진의 급속한 상승

농산물 관련 부가가치 사슬의 특징 중 또 하나 두드러지는 점은 유통이 차지하는 비중이 급속히 높아지고 있다는 점이다. 〈표 6-3〉은 생산과 수입을 합한 총 공급 대비 '농산물 1차 유통비'의 비율을 보여준다. 여기서 1차 유통비라 함은 〈표 6-2〉와 같은 흐름에서 농산물이 최종소비자, 가공업, 그리고 외식업에 직접 공급되는 과정과 관련된 유통비의 합계이다. 그러므로 가공업 내부에서 보다 고차의 가공업으로의 유통비, 가공업에서 최종소비로의 유통비, 그리고 가공업에서 외식업으로의 유통비는 제외된다. 이 '1차 유통비'의 비율을 계산하기 위해서 외국은 각국별 공식 산업연관표 자료에서 제품의 공급표(supply of product)에서 유통자의 마진(distributor's trading margin) 수치를 이용하였다. 한국은 농산물의 총 공급액 대비 이 액수의 비율이 2000년에 14.5%이던 것이 2005년 16.9%, 2009년에는 22.8%로 급증하였다. 이 수치는 비교 대상이 된 선진국들의 경우 20~30%여서 한국이 2009년에 도달한 수준이 매우 높다고 할 수는 없으나, 그 상승 속도는 주목할 만하다고 하겠다.

1차 유통비의 비교는 같은 체계의 산업연관표는 아니더라도 개념적으로 유사한 유통단계들에 대해서 한국과 외국을 비교할 수 있게 해준

표 6-3 농산물 공급액 대비 1차 유통 마진(운임 포함)

(단위: 백만 유로, 백만 파운드, 십억 엔, 십억 원)

국가	연도	농산물공급(생산 + 수입)	유통	유통/공급(%)
독일	2007	66,557	14,279	21.5
	2000	61,980	12,207	19.7
프랑스	2005	75,722	20,629	27.2
	2000	75,796	16,800	22.2
영국	2004	25,716	3,431	13.3
	2000	22,742	3,650	16.1
네덜란드	2011	42,976	9,665	22.5
일본	2005	42,336	12,916	30.5
한국	2009	41,057	9,379	22.8
	2005	34,881	5,912	16.9
	2000	31,665	4,583	14.5

자료: 독일: Statistisches Bundesamt, 프랑스: Institut national de la statistique et des études économiques, 영국: National Statistics, 네덜란드: Statistics Netherlands, 일본: 農林水産省, 한국: 한국은행.

다. 그러나 농산물이 최종소비자의 소비에 이르는 과정에는 앞에서 설명한 바와 같이 1차 유통비 산정에서 제외된 유통단계들도 중요하다. 예컨대 〈표 6-2〉에 기초하여 계산해보면 1차 유통비와 그 외의 유통비용을 모두 더한 유통비용은 33조에 달하므로, 1차 유통비(약 9조)의 비중은 30%에도 미치지 못한다.

이 같은 점을 고려하여, 한국의 소비자가 식생활과 관련하여 지출한 비용 중에서 유통 부문에 귀속되는 금액의 비중을 계산해보면, 2000년 16.5%에서 2009년 21.8%로 상승하였다(〈표 6-4〉). 이것은 일본의 2000년 수준인 33.3%에는 아직 미치지 못하지만, 역시 급속한 상승임은 분명하다. 또한, 앞에서 보았던 독일, 프랑스의 농산물 가액대비 1차 유통비 비중의 변화나, 일본의 전체 소비자 식생활 지출 대비 유통비 비율에서 일본의 변화 선례를 볼 때 이 비율이 앞으로도 상승 추세를 보일 가능성이 매우 높다고 하겠다.

이상에서 본, 한국과 외국에 공통으로 나타나는 푸드시스템 내에서

표 6-4 최종 소비자 음식비 총지출의 산업별 귀속 (단위: 조 원, %)

구분	한국						일본		
	2000		2005		2009		1990	1995	2000
	금액	비율	금액	비율	금액	비율	비율	비율	비율
음식비 총지출	98	100.0	121	100.0	154	100.0	100.0	100.0	100.0
농수산업	32	32.3	35	28.8	41	26.7	19.1	14.3	14.2
– 국산	29	30.1	32	26.2	36	23.6	17.3	12.9	12.7
– 수입	2	2.2	3	2.6	5	3.1	1.7	1.3	1.5
식품가공업	27	28.0	36	29.2	44	28.5	34.5	31.0	33.5
– 국산	22	22.9	30	24.5	34	22.5	30.3	26.9	29.2
– 수입	5	5.1	6	4.7	9	6.0	4.1	4.0	4.3
외식	23	23.2	29	23.7	36	23.1	17.9	18.6	19.0
유통	16	16.5	22	18.3	33	21.8	28.6	36.2	33.3

자료: 이명헌(2012).

유통비의 비중 상승은 유통 부문에서 소비자의 필요에 맞춘 혁신의 결과일 수 있다. 즉, 경제·사회의 발전과 변화에 따라서 간편화, 고급화, 소량화하는 식료 소비패턴의 변화에 대응하여, 유통 부문에서 쿨 체인(cool chain), 신상품의 발굴, 새로운 포장단위와 포장방식의 개발 등, 새로운 부가가치를 제공하는 활동이 출현하고 이에 대한 대가를 유통 부문이 받아가고 있는 것이라고 볼 수 있다. 그러나 다른 한편으로는 유통 부문 비중의 상승은 대형 유통업체의 시장지배력 강화의 결과이기도 할 것이다. 즉, 막대한 자본력과 POS로 대표되는 정보기술력을 가진 대형 유통업체가 농산물 생산에서 소비까지에 걸쳐 수직적 계열화 등 다양한 방법을 통해서 시장지배력을 강화시켜, 농산물 생산자와 소비자에게 모두 독과점적 가격을 설정함에 따라 유통 부문의 비중이 증가하는 효과도 작동하고 있을 것이다.

유통단계별 유통비의 비중을 비교해보면, 푸드시스템 내 유통 부문의 점유비 상승의 원인으로서 유통업체의 시장지배력의 중요성에 대한 직접적 증거는 아니지만 간접적인 시사를 얻을 수 있다. 농산물 및 가공식품의 거래단계에서 유통비용의 비중이 특히 높은 것은 소비자에게로 최

표 6-5 거래단계별 유통비 비중 (단위: 십억 원, %)

공급 \ 수요	가공	외식	소비
• 거래규모			
농업생산	23,273	6,640	20,523
가공품	12,036	30,263	60,874
• 그중 유통비			
농업생산	1,554	1,554	6,271
가공품	1,516	5,447	17,111
• 유통비의 비율			
농업생산	6.7	23.4	30.6
가공품	12.6	18.0	28.1

자료: 이명헌(2012)에서 계산.

종공급단계이다. 〈표 6-5〉는 〈표 6-2〉의 수치를 재정리한 것으로 거래단계별 유통비의 비중을 보여준다. 여기서 알 수 있듯이 유통비의 절대적인 규모에서는 가공품의 소비자로의 유통단계가 17조여 원으로 압도적이며, 농업생산물의 소비자로의 유통단계가 6조여 원, 가공품의 외식으로의 유통이 5조여 원 규모이다. 거래액 중 유통비가 차지하는 비중에서는 농업생산물의 소비자로의 유통단계가 30.6%로 가장 높고, 가공품의 소비자로의 유통단계가 28.1%로 그다음으로 높다. 즉, 시장지배력이 상대적으로 약한 농업생산자와 소비자를 직접 연결하는 단계에서 유통비 비중이 가장 높고, 역시 소비자에게 가공품을 공급하는 단계에서 유통비의 비중이 가장 높게 나타나고 있다.

III. 시장지배력과 길항력

지금까지의 검토를 통해서 한국의 농업소득이 정체한 중요한 원인은 농산물 가격의 상대적, 절대적 정체임을 보았다. 그리고 한국의 푸드시스템은 소비의 우회도가 증가하는 가운데, 유통 부문의 점유도가 상승하는 변화를 겪고 있다. 그 경향은 다른 외국에서도 관찰되는 것이지만, 한국은 그 속도가 급속하며, 그것은 유통 부문의 혁신에서도 원인을 찾을 수 있으나 시장지배력의 문제와도 연관되어 있을 수 있음을 보았다.

이 절에서는 농업생산자와 농산물시장에서 직면하게 되는 다른 산업체, 특히 유통업체 간의 시장지배력의 불균형성을 결정하는 기본적인 요인들이 어떠한가를 농가의 규모와 농가 경영주 연령구조의 국제비교를 통해서 살펴본다. 그리고 그러한 불균형성을 극복하는 길항력(拮抗力)으로 작용할 수 있는 협동조합의 활동 정도에 대한 국제비교를 함으로써 한국 농산물시장의 특성을 이해해보고자 한다.

1. 기본적 규모의 문제

서로 다른 경제주체 간의 시장교섭력은 기본적으로 그 경제적 규모에 의해서 좌우된다. 한국의 농업생산 담당자인 농가의 규모는 선진국에 비해서 절대적으로 매우 작다. 농산물 매출액 기준으로 볼 때 한국 농가의 평균 규모는 네덜란드의 1/10 정도에 불과하며, 덴마크, 독일 등과 비교해도 7~15%에 불과하다(〈그림 6-8〉). 이 같은 소규모성은 근본적으로는 농지개혁으로 불완전하나마 자작농 체제가 창설된 시기가 선진국에 비해서 훨씬 늦었고, 따라서 농가 간의 경쟁과 세대의 전환을 통해서 그 규모와 구조를 변화시킬 시간이 절대적으로 짧았기 때문이다. 거기에 더하여 상당 기간 저임금을 중요한 기반으로 삼았던 경제성장 과정, 그리고 1980년대부터 본격화한 대외 개방에 기인한 농산물 가격에 대한 하방압력으로 상층농이 형성될 여지가 작았던 점도 작용하였다.

다른 한편, 앞에서 본 바와 같이 식료의 부가가치 사슬의 구조적 변화

(단위: 천 유로, 백만 원)

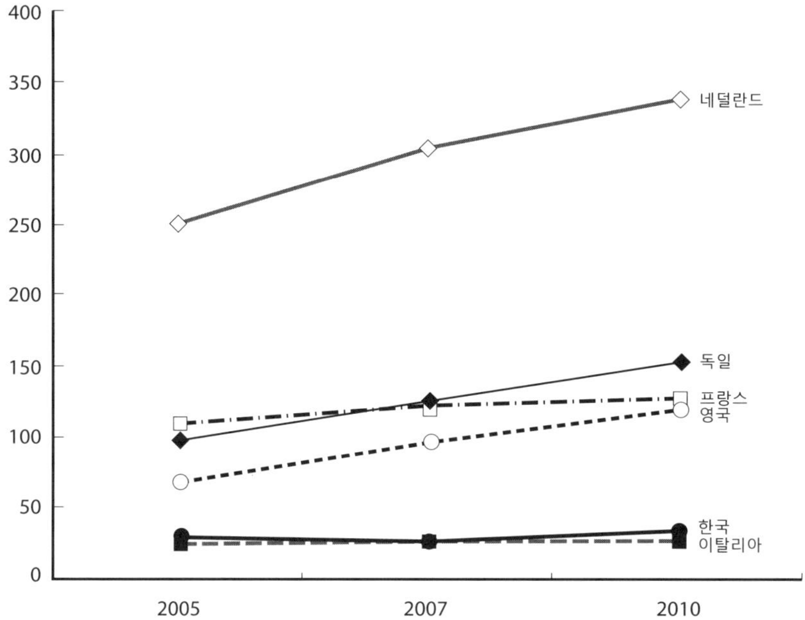

그림 6-8 농가 평균 농업생산액

자료: stats.oecd.org, 농림수산식품주요통계.

에 따라서 농업생산물 시장에서 농가의 중요한 시장 상대는 식음료 가공업체와 소매유통업체가 되고 있는데, 이들과 비교해보면 개별 농가의

표 6-6 농업, 식음료 제조업, 대형 종합소매업체의 생산(매출액) 비교

	생산액(매출액) (십억 원)			농가(사업체) 수			평균규모		
	농업	식음료 제조업	대형 종합 소매업	농가 (백만)	식음료 제조업 (개)	대형 종합 소매업 (개)	농업 (백만)	식음료 제조업 (십 억)	대형 종합 소매업 (십 억)
2005	35,089	43,668	41,085	1,273	3,932	397	27.6	11.1	103
2007	34,685	48,149	43,078	1,231	4,257	459	28.2	11.3	94
2009	41,364	60,771	48,373	1,195	4,169	525	34.6	14.6	92
2011	41,358	63,725	52,521	1,163	4,261	565	35.6	15.0	93

자료: 농림수산식품주요통계 2012, kosis.kr.

소규모성은 더욱 두드러진다. 즉, 한국 농가의 평균 매출규모는 중규모 이상 식음료 업체에 비하여 1/400에 불과하며, 대형 소매유통업체의 평균 규모에 비해서는 1/2,500에 불과하다(〈표 6-6〉).

2. 고령화의 문제

한국 농가의 또 하나 특징은 매우 고령화되어 있다는 점이다. 한국 사회에서 고령화는 빠른 속도로 진행되고 있지만, 농업 노동력의 고령화는 훨씬 선행하여 이미 초고령화되어 있다. 농업 경영주에 국한해서 본 것이기는 하지만, 〈그림 6-9〉를 보면 한국은 농업 경영주 46%가 65세 이상인데, 이와 비견될 만한 고령화는 EU에서는 포르투갈, 불가리아, 루마니아 정도에서만 찾을 수 있다. 대부분 국가에서는 65세 이상 경영주의 비중은 20~30%이며, 오스트리아, 핀란드, 독일 등은 그 비중이 10% 이하이다.

고령화는 기술적 적응과 투자는 물론, 사회적 자본에 대한 투자와 적응도 어렵게 할 수 있다는 점에서 농가의 생산성과 시장 적응력을 낮추는 요인으로 작용한다. 우선, 생산성 측면에서 볼 때, 이명헌(2011)에 따르면 쌀 생산의 경우 생산성이 55세에 정점에 달하고 그 이후에는 하락한다. 이 글의 문제의식에서 더 중요한 것으로 고령화는 시장 상황에의 적응에도 어려움을 겪게 하는데, 연령대가 높아질수록 매우 수동적인 판매방식인 농협에 대한 의존도가 높으며, 새로운 유형의 유통방식이라 볼 수 있는 소비자에 대한 직접판매, 가공업자에 대한 직접판매, 친환경 농산물 유통업체에 대한 판매 등의 비중은 낮아지는 경향을 보인다(〈그림 6-10〉).

그림 6-9 각국 농업 경영주의 연령구조

자료: EU는 2007년(Spear et al. 2012), 한국은 2010년(농업총조사(kosis.kr)).

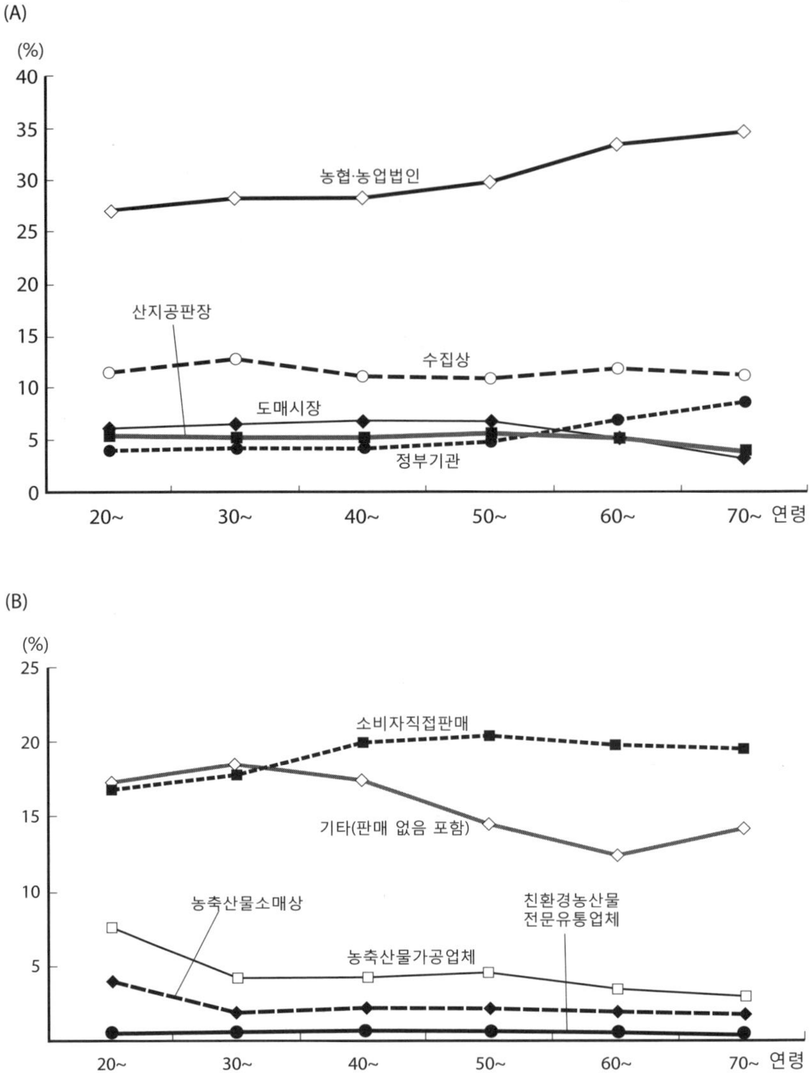

그림 6-10 연령에 따른 판매 방식

자료: 2010 농업총조사(kosis.kr).

3. 대형 유통업계의 집중 현상

앞에서 본 바와 같이 농업 생산자들은 그 소규모성을 탈피하지 못하는 가운데 유통업체는 대규모화되어 있으며, 특히 연매출 1,000억 원 이상의 대규모 업체가 유통시장의 60% 이상을 점하고 있어 높은 집중도를 보여준다(〈표 6-7〉). 단, 백화점을 제외한 기타 대형 종합소매업의 경우 200~500억 규모 업체의 점유율이 다소 증가하고 있다. 그러나 이것은 초대형 종합유통업체들이 점유할 수 있는 시장이 어느 정도 포화 상태에 처하는 가운데, 그간 남아 있던 이른바 골목상권 내의 소형 소매업체들을 구축하는 주체로 비교적 중규모의 종합소매업체들이 전면에 나서고 있기 때문으로 볼 수 있다.

표 6-7 대형 유통업의 매출 규모 분포

(단위: 조 원, %)

매출액 규모	산업별	2007		2008		2009		2011	
		액수	비율	액수	비율	액수	비율	액수	비율
계	대형 종합소매업	43.08	100.0	45.85	100.0	48.37	100.0	52.52	100.0
	백화점	13.25	30.8	13.97	30.5	15.20	31.4	16.58	31.6
	기타 대형 종합소매업	29.82	69.2	31.88	69.5	33.18	68.6	35.94	68.4
200억 원 미만	대형 종합소매업	0.50	1.2	0.69	1.5	0.56	1.2	0.53	1.0
	백화점	0.06	0.1	0.04	0.1	0.06	0.1	–	–
	기타 대형 종합소매업	0.44	1.0	0.65	1.4	0.50	1.0	0.51	1.0
200~500억 원	대형 종합소매업	3.18	7.4	4.11	9.0	4.84	10.0	5.50	10.5
	백화점	0.40	0.9	0.46	1.0	0.43	0.9	0.51	1.0
	기타 대형 종합소매업	2.77	6.4	3.65	8.0	4.41	9.1	4.98	9.5
500~1,000억 원	대형 종합소매업	13.22	30.7	12.77	27.8	12.96	26.8	15.05	28.7
	백화점	1.12	2.6	1.30	2.8	1.33	2.7	1.15	2.2
	기타 대형 종합소매업	12.11	28.1	11.47	25.0	11.64	24.1	13.91	26.5
1,000억 원 이상	대형 종합소매업	26.18	60.8	28.28	61.7	30.01	62.0	31.44	59.9
	백화점	11.68	27.1	12.17	26.5	13.38	27.7	14.90	28.4
	기타 대형 종합소매업	14.50	33.7	16.11	35.1	16.63	34.4	16.54	31.5

자료: 농업총조사(kosis.kr), 도·소매업 조사.

4. 협동조합의 점유율과 활동

협동조합이 농업 관련 경제활동에서 차지하는 비중에 대한 국제비교는 자료의 문제 때문에 쉽지 않다. 농업에서 오랫동안 협동조합이 가져온 중요한 의미에도 불구하고, 또한 최근에 협동적 경제와 관련하여 부각되고 있는 협동조합의 중요성에도 불구하고, 협동조합의 활동에 관한 표준화된, 국제비교를 가능하게 할 만한 국제통계는 거의 부재한 상황이다. 협동조합과 관련한 가장 공신력 있는 국제조직인 ICA(International Cooperative Alliance)조차 최근에서야 매우 초보 단계의 국제통계를 수집하기 시작한 단계이다. 국제적으로는 물론이고, 한국에서도 농산물 유통 판로나 협동조합의 활동에 대한 일관된 정의에 입각한 공식적 통계는 부재하며, 개별 연구들에 의해서 산발적으로 협동조합의 활동 규모와 그 내용에 대한 평가가 이루어지고 있을 뿐이다. 따라서 협동조합 활동의 다양한 수준을 구분하여 국가 간, 품목 간 비교를 하기는 어려운 현실이다.

따라서 이 단락에서의 국제비교는 매우 제한된 자료에 의존할 수밖에 없었음을 밝혀둔다. 한국은 박성재 외(2011)의 수치를 이용하였는데, 이 연구는 체계적 통계에 기반을 둔 것이 아니고, 사전 연구에 산발적으로 보고된 '전체 생산액 중 산지유통액의 비율'과 농축협의 결산계정에 있는 취급거래 규모자료를 이용한 것이며 중복계산의 가능성이 있다.[3]

다른 한편, EU 국가에 관한 수치는 퀼(Kühl 2012)의 것을 이용하였다. 이 보고서 역시 체계적으로 관리되는 통계에 의한 것이 아니며, EU가 지원한 협동조합에 관한 다국적 연구 프로젝트의 결과 보고서 중의 종합 요약본이다. 각 국가와 품목별 조사는 여러 연구자가 분담하여 수행

---

3 박성재 외(2011)에서 농협의 유통점유율은 '농협 취급액/전체 생산액'으로 정의되었다.

표 6-8 한국의 농협 유통점유율 (단위: 억 원, %)

구분	원예	양곡	축산	합계
생산액	93,750	158,142	156,310	408,202
산지유통액(A)	67,500	129,676	156,310	353,486
농협판매액(B)	30,764	75,910	43,221	149,895
점유비(B/A)	45.6	58.5	27.7	42.4

자료: 박성재 외(2011).

한 것이며, 모든 농산물을 연구 대상으로 한 것이 아니라 주요 8개 품목군(곡류, 낙농품, 과실 및 채소, 올리브, 돼지고기, 양육, 설탕, 포도주)을 대상으로 한 것임을 밝히고 있다. 따라서 이러한 자료의 한계를 염두에 두면서 국제비교 결과를 해석해야 할 것이다.

이상에 설명한 자료들을 이용하여, 농산물의 유통에서 협동조합이 점유하는 비율을 보면 한국은 명목상 EU-27개국의 평균과는 비슷하지만, 그중 선진그룹에 비해서는 협동조합의 점유율이 낮다. 즉, 한국은 농협점유율은 42% 정도로 나타나는데(〈표 6-8〉), 이것은 EU-27개국의 평균(40%)과 비슷하다(〈표 6-9〉). 그러나 독일, 프랑스, 네덜란드 등의 국가들은 50~70%의 점유율로 한국에 비해서 훨씬 높게 나타나고 있다.

한국에서 농업협동조합이 농산물 유통에서 점유하는 비율은 외견상 낮아 보이지 않는다. 그러나 실제로 농협이 공동선별이나 매취(買取) 등의 실제적 유통 기능을 발휘하는 비중은 전반적으로 낮고, 품목별로 격차도 큰 것으로 판단된다(〈그림 6-11〉). 실제적 유통 기능의 비율은 평균 10~30% 정도로 추정된다(박성재 외 2011: 31-32). 즉, 농협을 경유하는 농산물의 비중은 적지 않지만, 그중 상당 부분은 개별 농가의 단순한 물적 출하를 대행하는 역할에 그치고 있다. 농협의 좀 더 본원적 기능, 즉 유통이나 가공에서 소규모 농가들을 조직하여 시장 교섭력을 갖는 단위로 만드는 기능은 아직 제한적이라고 할 수 있다.

반면 유럽에서는 품목에 따라 다르지만 협동조합이 부가가치 사슬에서 대형 가공·유통업체에 대해 강력한 경쟁자로서 길항력을 발휘하고

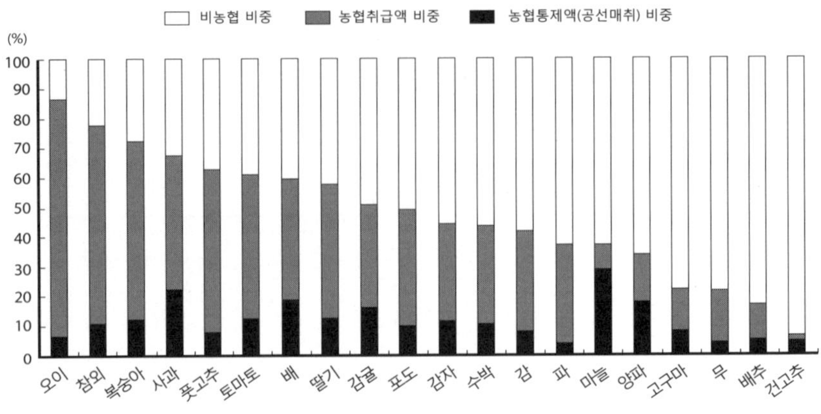

그림 6-11 한국의 20대 원예작물의 농협 실질 취급 비중

자료: 박성재 외(2011).

표 6-9 한국과 EU국가의 농산물 유통 중 협동조합 점유율 (%)

구분	전체	곡류 (양곡)	원예	축산
프랑스	55	74	신선과일 35, 신선채소 30, 통조림 40	돈육 91, 쇠고기 36, 가금육 60, 달걀 30
독일	59	약 50	40	돈육 20 이하, 낙농 50
한국	42	59	46	28
네덜란드	68	55 이상	채소과일 95, 화훼 95	낙농 86
영국	6	33	사과 74, 딸기 58	돼지 44, 소 17, 달걀 38, 우유 95
EU-27	40	34	올리브 38, 포도주 41, 설탕 27, 과일 · 채소 41	돈육 27, 낙농 54, 양고기 4

자료: 한국은 박성재 외(2011), EU국가는 Kühl(2012), 영국은 Spear et al.(2012).

있는 것으로 보인다(Bijman et al. 2012: 67-69). 이 점을 주요 품목군별로 살펴보자(〈표 6-10〉). 곡물은 협동조합의 전통적 기능이라고 할 수 있는 판로제공, 가격협상 면에서 주 기능을 발휘하고 있으며, 여기에 더하여 1, 2차 가공 영역에의 참여를 강화하고 있는 추세이다. 낙농은 전통적으로 판로제공, 브랜드 마케팅, 1, 2차 가공, 도매 등 여러 영역에서 협동조합의 역할이 강한 부문이다. 채소·과일은 판로제공, 가공영역의 비중이 높은 가운데 최근에는 집단적 가격협상, 소매 영역에 대한 참여가 증

표 6-10 EU국가 품목별 농협 활동영역 (%)

구분	연도	판로 제공	집단 가격 협상	생산물 수집	1차 가공	2차 가공	상품 마케팅	브랜드 마케팅	도매	소매
곡류	2000	36	37	44	28	30	48	36	27	40
	2010	52	54	53	31	44	59	39	26	37
낙농	2000	65	40	64	53	73	43	66	84	44
	2010	67	48	63	45	68	41	65	74	36
과실·채소	2000	43	33	39	25	42	34	30	34	11
	2010	45	36	38	26	44	39	28	31	21
올리브 오일 및 식용기름	2000	0	11	28	31	56	29	60	75	25
	2010	10	25	24	31	55	24	58	57	27
포도주	2000	33	45	34	26	69	11	71	63	9
	2010	50	48	32	14	69	20	75	67	9
설탕	2000	80	38	64	60	60	17	60	0	100
	2010	100	50	69	60	67	33	57	100	100
돼지고기	2000	67	57	62	62	61	71	47	36	38
	2010	57	54	66	58	54	73	56	38	40
양고기	2000	45	70	40	20	0	33	0	67	0
	2010	56	55	55	17	29	30	17	29	33

자료: Kühl(2012).

가하고 있다. 이상을 전체적으로 보면 유럽의 협동조합은 가격협상의 주체로서의 역할과 1, 2차 가공기능을 강화하고 있다고 할 수 있다.

V. 맺는말

이상에서 한국 농산물시장의 특징을, 농산물 관련 부가가치 사슬의 구조적 변화의 추이, 그 사슬 속에서 관계를 맺고 있는 시장참여 주체들 간 규모의 비교, 규모의 차이를 극복할 수 있는 길항력으로서 협동조합의 활동

외연과 내용 등을 선진국과 비교하면서 살펴보았다.

이 연구는 한국 농업이 그 물적 성장에도 불구하고 농업소득의 쇠퇴를 겪고 있는 이유는 농산물 가격이 일반 물가 수준이나 투입재 가격에 비해서 상대적으로 악화하고 있기 때문이라는 인식에서 출발하였다. 그러한 악화 요인의 하나로서 시장지배력의 문제에 주목하고자 하였다. 즉, 변화하는 식품 부가가치 사슬에서 농산물 생산자들이 시장에서 직면하게 되는 다른 경제주체들, 즉 가공업체, 외식업체, 유통업체에 비하여 현저하게 약한 시장지배력을 가지고 있고, 그것을 극복할 수 있는 협동조합의 역할이 성숙하지 못하다는 점을 확인하였다.

한국의 농산물 관련 부가가치 사슬은 농업의 중간투입 의존 강화, 가공·외식과 같은 우회적 판로의 증가, 유통의 비중 증대라는 변화 추세를 보이고 있으며, 이것은 선진국들이 이미 도달해 있는 구조를 향한 변화라고 볼 수 있다. 그러나 한국의 최근 변화는 그 속도가 매우 빠르다는 특징이 있다.

우회적 판로의 증가와 유통 비중의 증대 추세로 인하여 농업생산 주체들은 훨씬 규모가 크고 시장지배력이 강한 기업들과 직면하고 있다. 특히 농가의 여전한 영세성과 심한 고령화, 그 반면에 대형 소매유통업체의 시장 장악으로 말미암은 시장 주체 간 지배력의 비대칭성이 심화되고 있다. 이러한 상황에서 대형 소매업체에 대하여 길항력으로 역할을 할 수 있는 협동조합은 그 외연에서는 선진국과 차이가 크지 않지만, 활동 심도가 미약한 것이 현재의 상황이다.

이상의 요약에서 얻을 수 있는 정책적 함의를 개괄적인 수준에서나마 간단히 정리함으로써 논의를 마치고자 한다. 첫째, 한국의 농업소득 문제는 물적 생산성을 향상시키는 정책을 통해서 해결할 수 없다. 지난 수십 년간 한국의 농업정책에는 경영체를 대규모화함으로써 생산성을 향상시켜 농업소득 문제를 해결한다는 접근방식이 시기별로 정도의 차이는 있을지언정 중요하게 작용해왔다. 그렇지만 앞에서 살펴본 것처럼 농업소득의 문제가 농산물 가격이 다른 재화 가격의 상승에 현저히 뒤처지는 데 그 기본 원인이 있으므로, 생산성 향상을 통한 소득 문제의 해결은 적절한 해법일 수가 없게 되었다.

둘째, 그 대신 농산물시장에서 교섭력의 비대칭성을 완화하는 다양한 정책이 필요하다. 우선, 시장주체들의 행태 면에서 가공, 외식, 유통업체들의 불공정 거래나, 구조 면에서 시장에서 우월한 지위를 형성하게 하는 합병 등에 대해서 엄격히 규제할 필요가 있다.

셋째, 시장지배력이 강력한 수요자들에 대하여 길항력을 가질 수 있는 여러 생산자 조직이 성장할 수 있도록 정부 역할의 조정이 필요하다. 정부는 생산자들의 자발적 참여와 출자에 기초하고 그들의 자치적 감시를 받는 조직들이 성장할 수 있는 제도적 환경을 조성해야 한다.

넷째, 대형 유통업체들의 시장지배력이 강화되는 푸드시스템 내에서 생산자와 소규모 가공업체, 외식업체, 소비자들이 지역 단위의 다양한 부가가치 사슬을 형성할 수 있도록 지원하는 정책이 필요하다. 이를 위해 기존의 농업정책 수행방식, 즉 사업을 정부가 설계하고 관련 주체 간의 재정지원 자금의 획득 경쟁을 유발하는 정책 방식은 민간 주체 간의 네트워크 형성과 아이디어 및 정보의 교류를 돕는 방식으로 전환되어야 할 것이다.

다섯째, 이 글에서는 언급되지 않거나 간단히만 언급되었지만, 투입재 시장에서의 공정거래 질서의 확립과 석유 및 화학제품 의존도의 완화는 농업소득 문제의 해결은 물론, 한국 농업의 지속성 확보를 위해서 중요한 과제이다. 이를 위해서는 왜곡되어 있는 전기 및 석유 등 농업 에너지원의 가격체계를 정상화하고, 투입재 지원 위주로 되어 있는 친환경농업 육성 정책을 농업의 지속가능성과 환경에 대한 긍정적 기여를 북돋우는 방향으로 전환할 필요가 있을 것이다.

참고문헌

농림축산식품부, 2013, 「농림축산식품 주요통계」.

박성재 외, 2011, 「농협경제사업의 미래비전과 활성화 방안, 제4권 일선조합 경제사업부문」, 한국농촌경제연구원·협동조합연구소.

이명헌, 2011, 「영농규모화 사업 성과평가」, 한국농촌경제연구원 연구용역 보고서.

이명헌, 2012, 「외식업을 중심으로 한 농업, 식품 산업의 산업연관관계 분석」, 한국농촌경제연구원 연구용역 보고서.

이정환·이승정, 2012, 「(수정판)농업문제의 원천: 성장과 소득의 괴리」, 『GSnJ 시선집중』 136호.

통계청 홈페이지, kosis.kr 농업총조사 항목.

한국은행, 「산업연관표 2000」.

한국은행, 「산업연관표 2005」.

한국은행, 「산업연관표 2009」.

Bijman, J., 2012, "Support for Farmers' Cooperatives: Final Report."

Institut national de la statistique et des études économiques(프랑스 통계청), "Tableau Entrées Sorties Année 2000"(http://www.insee.fr)

Institut national de la statistique et des études économiques(프랑스 통계청), "Tableau Entrées Sorties Année 2005"(http://www.insee.fr)

Kühl, R., 2012, "Support for Farmers' Cooperatives; EU synthesis and comparative analysis report-Food Chain," Wageningen: Wageningen UR.

National Statistics(영국통계청), 2006, "United Kingdom Input-Output Analyses, Input-Output Supply and Use Tables, 2000."

National Statistics(영국통계청), 2006, "United Kingdom Input-Output Analyses, Input-Output Supply and Use Tables, 2004."

OECD STAN database (stats.oecd.org)

Statistics Netherlands, 2012, National accounts of the Netherlands 2011.

Statistisches Bundesamt(독일통계청), 2006, "Volkswirtschaftliche Gesamtrechnungen, Input-Output Rechnungen 2000."

Statistisches Bundesamt(독일통계청), 2010, "Volkswirtschaftliche Gesamtrechnungen, Input-Output Rechnungen 2007."

Spear, R., A. Westall, and A. Burnage, 2012, "Support for Farmers' Cooperatives: Country Report, The United Kingdom."

農林水産省,「農林漁業及び関連産業を中心とした産業連関表, 平成 17年」(http://www.maff.go.jp/j/tokei/kouhyou/sangyo_renkank/)

제7장

한국 고령노동시장 성격에 관한 비교사적 접근

이철희
(서울대학교 경제학부 교수)

I. 머리말

한국 노동시장의 특징은 무엇인가? 이 질문에 답할 수 있는 효과적인 방법 가운데 하나는 한국의 노동관련 지표를 다른 국가들의 지표와 비교하는 것이다. 연간 평균노동시간이 2,090시간이라는 것이 한국 노동시장의 특성에 대해 무엇을 이야기해주는지를 금방 파악하기는 쉽지 않다. 그러나 경제협력개발기구(Organization for Economic Cooperation and Development, 이하 OECD) 국가들의 평균근로시간이 1,776시간이라는 사실과 이 기구에 속한 국가들 가운데 한국의 근로시간이 멕시코에 이어 두 번째로 길다는 사실은 한국의 근로자들이 얼마나 오랜 시간 일하는지를 잘 드러내준다. 마찬가지로 한국 근로자의 평균근속연수(3.6년)가 OECD 국가 가운데 가장 짧으며, 임시직 비율(23.8%)이 OECD 국가 평균(12%)의 두 배에 달한다는 통계는 한국 노동시장의 고용불안정성에

* 이 글은 2012~2013년 서울대학교 경제연구소 학술사업의 연구비 지원을 받았다.

** 이 글의 기초가 된 발표문에 대해 유익한 조언을 베풀어주신 삼성경제연구소 김선빈 박사님과 한국형 시장경제체제의 모색 참여 연구자들께 사의를 표한다. 아울러 자료의 수집과 도표의 작성을 도와준 서울대학교 대학원 이도현, 이재원, 홍정림 씨에게 감사한다. 논문의 미비함이나 오류는 물론 전적으로 필자의 책임이다.

대해 의미 있는 정보를 제공해준다.

이러한 국제비교에 시간적인 변화라는 차원을 더하면 정보는 더욱 풍부해질 것이다. 평균근로시간의 예를 들어보자. 앞서 이야기했듯이 현재 한국의 근로시간은 다른 OECD 국가들에 비해 긴 편이다. 그렇지만 1980년대 초로 거슬러올라가면 한국의 연간근로시간이 약 2,900시간으로 OECD 평균보다 대략 1천 시간이나 더 길었다. 현재는 OECD 국가 평균근로시간에 비해 '불과' 300여 시간 더 일하는 것이니 장기적인 관점에서 보면 한국의 근로 여건은 많이 좋아졌다고 할 수 있다. 여기에서 한 걸음 더 나아가 현재의 한국과 경제발전 수준이 비슷했던 시기의 선진국 근로시간과 비교한다면 한국의 노동시장 여건에 대한 평가는 좀 더 달라질 수도 있다.

이 글은 이와 같은 문제의식에서 출발하여 비교사적인 관점에서 한국 고령자 노동시장의 특징적인 성격을 파악하고 그것이 왜 형성되었는지를 모색하고자 한다.[1] 특별히 고령자 노동시장에 초점을 맞추는 것은 다음과 같은 이유에서다. 첫째, 다른 국가들도 그러하지만 한국은 특히 빠른 인구고령화로 인해 전체 인구 혹은 노동력 가운데 고령자가 차지하는 비중이 늘고 있다. 또한 인구고령화가 가져올 것으로 우려되는 사회경제적인 문제에 대한 대응책으로서 고령인력 고용을 높여야 한다는 목소리가 높다. 이런 점에서 점점 중요해지고 있는 고령노동시장의 성격을 분석하는 작업은 의미 있다고 생각한다. 둘째, 아래에서 자세히 살펴보겠지만, 한국 고령자 노동시장의 특성은 전체 및 다른 연령층의 노동시장의 특성에 비해 다른 선진국들과 더욱 뚜렷하게 차별화된다. 고령자의 삶의 모습에는 일생에 걸친 경험이 담겨 있다는 점을 고려할 때, 왜 고령인력에게서 그렇게 두드러지는 차이가 생겨났는지를 밝혀내는

---

1 여기서 고령자는 대부분 55세 이상 인구로 정의할 것이고 고령인구는 다시 55~64세와 65세 이상 인구로 나누어 살펴볼 것이다.

작업은 한국의 노동시장과 사회를 더 깊이 이해하는 데 도움을 줄 수 있을 것이라 믿는다.

이 글의 구성과 내용은 다음과 같다. 먼저 다음 절에서는 OECD 국가들의 최근 노동통계를 비교함으로써 현재 시점에서의 한국 고령노동시장의 특징을 파악한다. 제III절에서는 장기적으로 자료가 가용한 몇 가지 지표를 중심으로 현재 관찰할 수 있는 한국 고령자 노동시장의 특성이 언제부터 형성되기 시작했는지를 살펴본다. 제IV절과 제V절은 각각 고령자 노동시장의 수요요인과 공급요인의 변화를 분석함으로써 한국 고령자 노동시장의 특징적인 성격이 왜 출현했는지를 모색한다. 제VI절에서는 고령인구의 경제적 지위와 고용에 영향을 미친 중요한 요인인 산업화 및 복지국가 형성 시기를 기준으로 현재의 한국과 유사한 단계에 있었던 선진국들(특히 미국)과의 비교분석을 수행한다. 그리고 이를 통해 오늘날 볼 수 있는 한국 고령노동시장의 특성이 출현한 장기적인 원인을 모색한다. 마지막 절은 이 장의 결과를 요약한다.

II. 한국 고령자 노동시장의 특성: 국제적 비교

빠르게 진행되고 있는 인구고령화에 대한 대응책으로 고령인력의 고용을 증진해야 한다는 목소리가 높다. 그러나 사실 한국 노동시장의 중요한 특징 가운데 하나는 고령자들, 특히 65세 이상 고령자들의 고용률이 매우 높다는 점이다. 〈그림 7-1〉이 보여주는 바와 같이 25~54세 청장년층의 고용률은 OECD 평균에 비해 다소 낮은 수준이다. 그렇지만 60%를 웃도는 55~64세 인구의 고용률은 OECD 평균에 비해 높으며, 65세 이상 인구의 고용률은 OECD 평균의 두 배가 넘는 세계 최고 수

A. 25～54세(%)

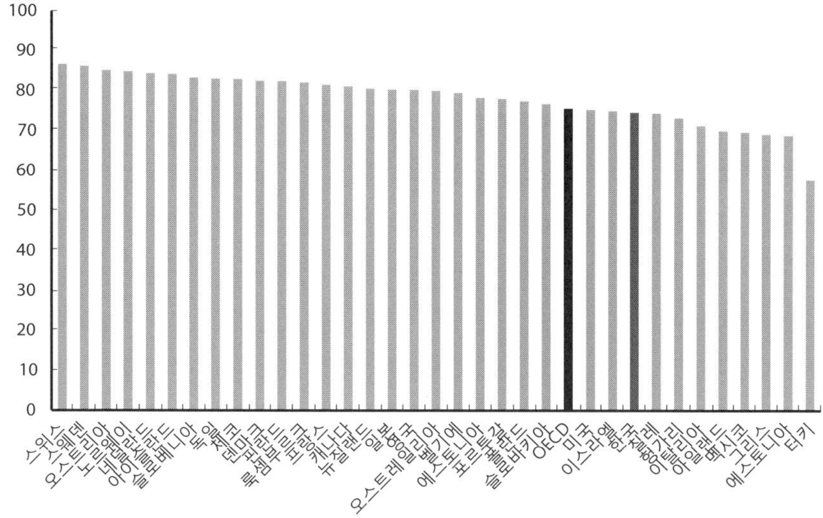

B. 55～64세(%)

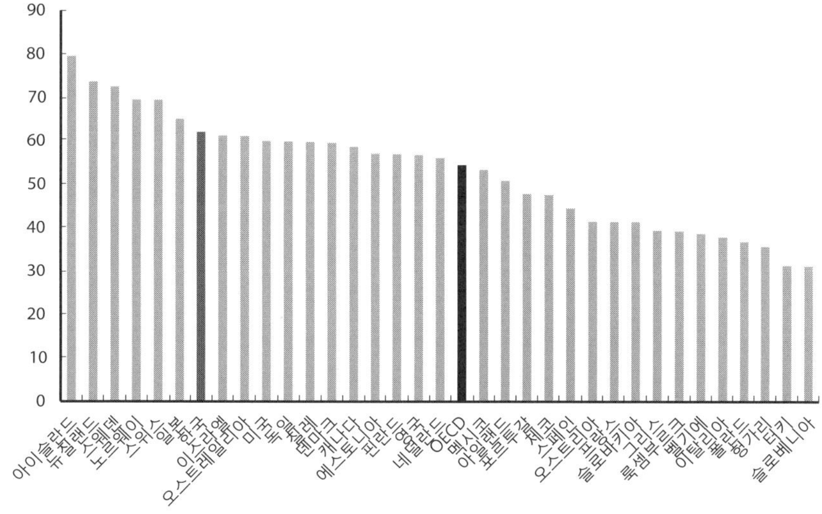

C. 65세 이상(%)

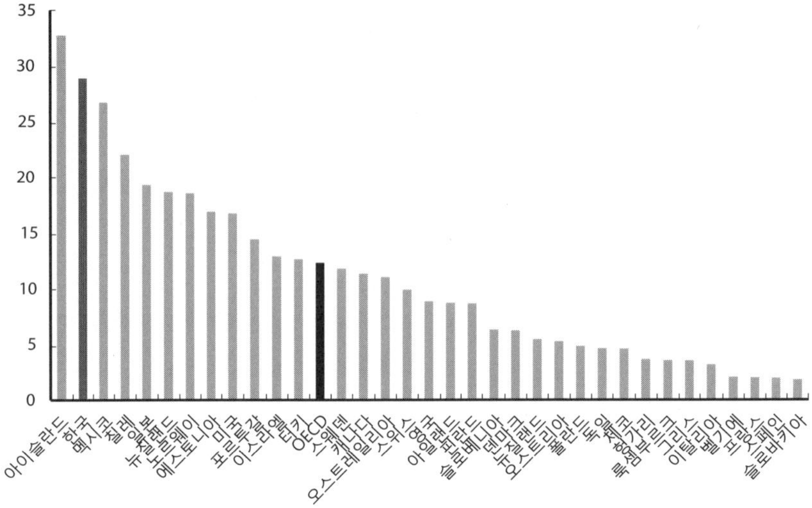

그림 7-1 OECD 국가의 고용률

준이다.[2]

높은 고용 불안정성과 낮은 일자리의 질은 한국 노동시장의 특징으로 널리 지적되고 있다. 그런데 이러한 성격은 고용률이 상대적으로 높은 고령층 근로자에게서 더 뚜렷하게 나타난다. 〈그림 7-2〉가 보여주듯이 전체 근로자 및 청장년층 근로자의 평균근속연수도 OECD 국가 가운데 최하위다. 그러나 청장년층은 다른 국가들과의 차이가 상대적으로 작은 편이라는 것을 알 수 있다. 반면 55~64세 근로자의 평균근속연수는 OECD 국가들의 중위수(약 20년)의 약 3분의 1 수준이고, 65세 이상 근로자의 평균근속연수는 OECD 중위수의 5분의 1 수준에 불과하다.

〈그림 7-3〉에 나타나 있듯이 임시직의 비율을 지표로 보더라도 유사한 현상이 관찰된다. 청장년층도 임시직의 비율은 OECD 평균(약 10%)

---

2 그래프에는 드러나 있지 않지만 다른 OECD 국가와 비교한 연령별 고용률의 특징은 남성과 여성에 대해 공통으로 나타난다.

A. 25～54세(년)

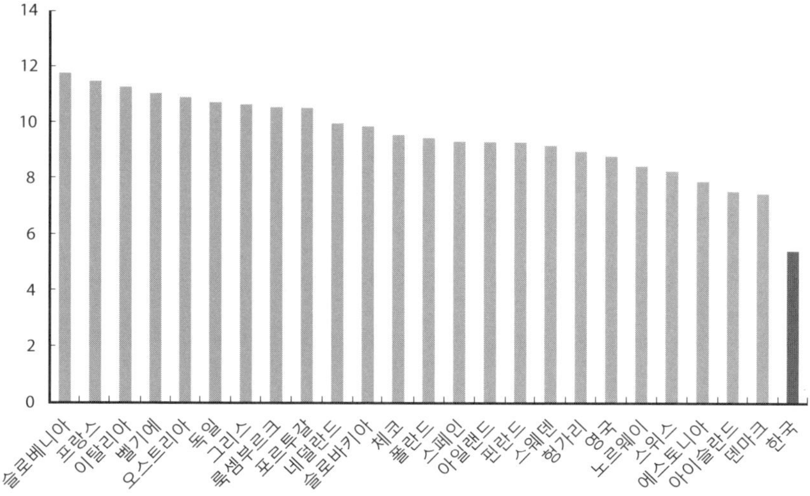

B. 55～64세(년)

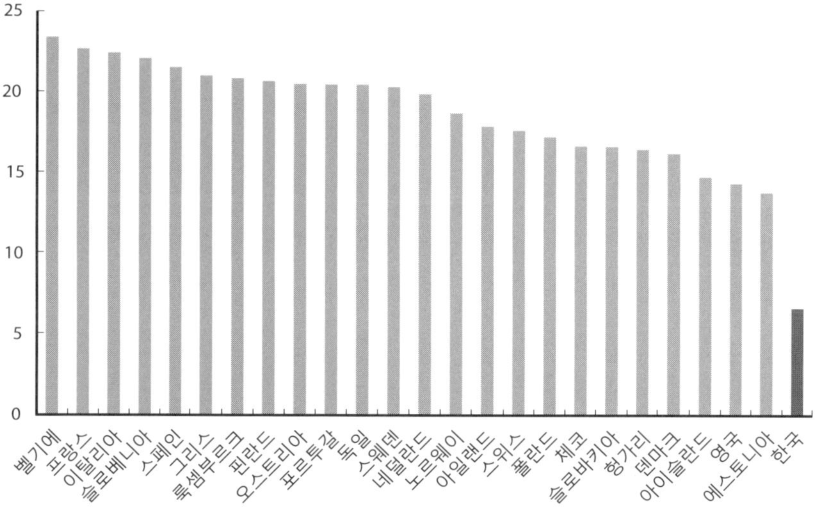

C. 65세 이상(년)

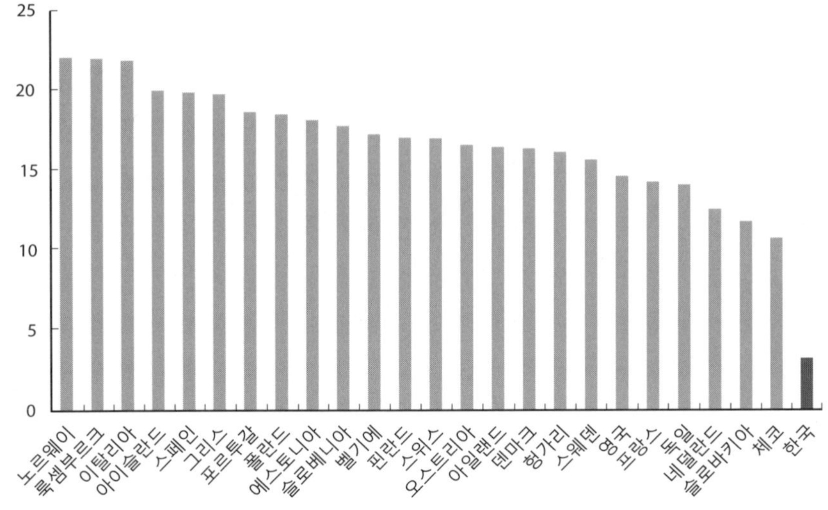

그림 7-2 OECD 국가의 근로자 평균근속연수

A. 25~54세(%)

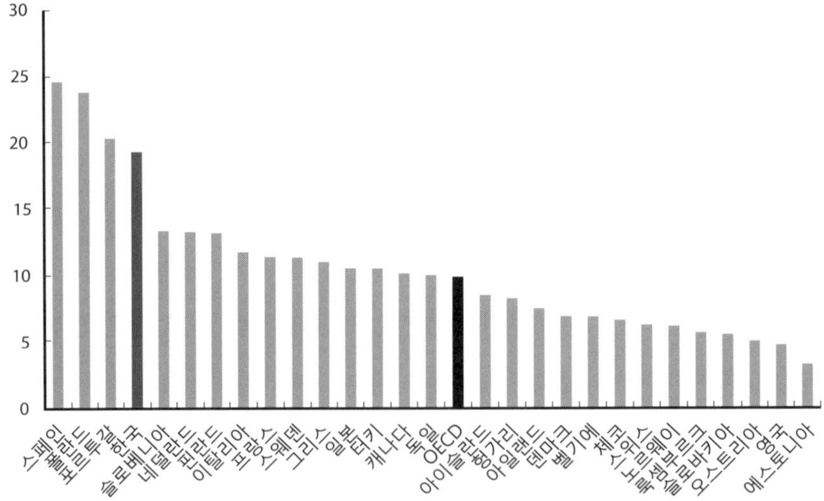

B. 55~64세(%)

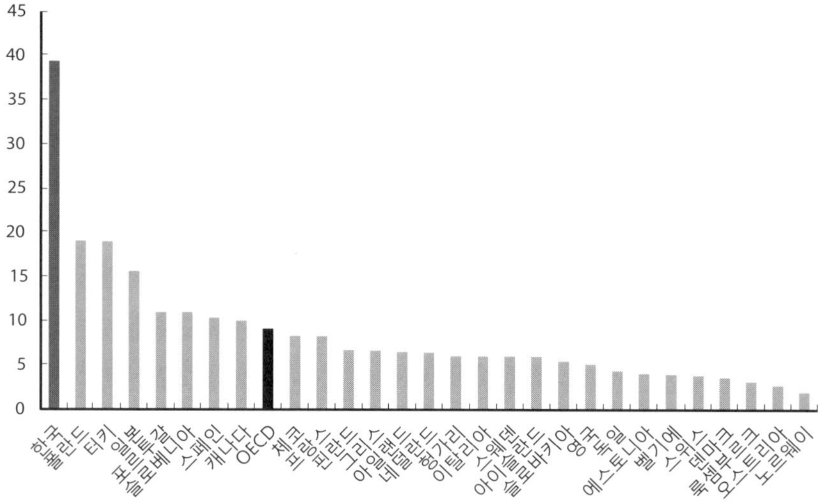

C. 65세 이상(%)

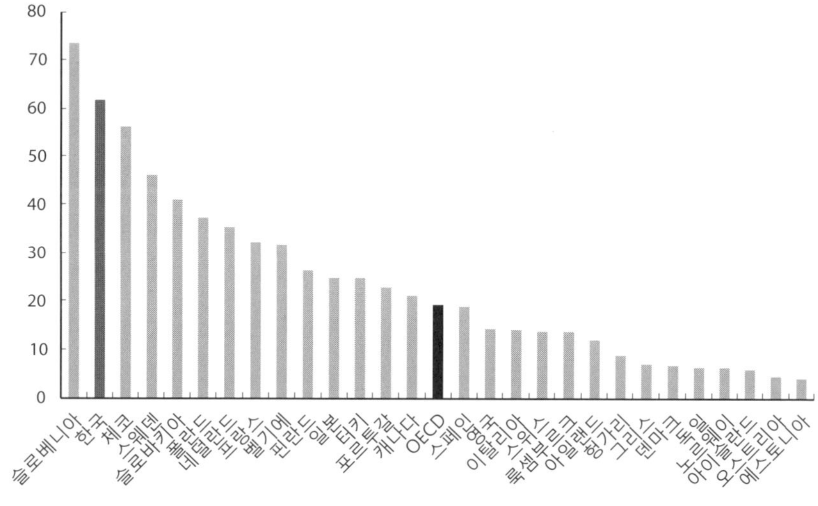

그림 7-3 OECD 국가의 연령별 임시직 비율

의 약 두 배에 달할 만큼 높다. 그러나 이 역시 고령층의 임시직 비율에 비하면 상대적으로 양호한 것으로 나타난다. 55~64세 근로자의 임시직 비율은 OECD 평균(약 9%)의 약 네 배로 OECD 회원국 중 최고 수준이고, 65세 이상 근로자의 임시직 비율은 OECD 평균(약 20%)의 세 배로 OECD 회원국 중 슬로베니아 다음으로 높다.

고령자들의 일자리 질이 상대적으로 더 열악하다는 사실은 연령별 임금수준에서도 잘 나타난다. 〈그림 7-4〉는 2001, 2005, 2009년 산업 고용구조조사 마이크로 자료를 이용하여 임금방정식을 추정하고, 이를 기초로 하여 연령에 따른 임금의 궤적을 얻은 결과를 보여준다.[3] 〈그림 7-4-A〉가 보여주듯이 성별과 교육수준을 통제하는 경우에도 고령근로자의 임금은 청장년의 임금에 비해 훨씬 낮은 것으로 나타난다. 예컨대 35~44세 근로자의 임금에 비해 60대 초반 근로자의 임금은 약 40%가량 낮고, 60대 후반 근로자의 임금은 약 60% 정도 낮은 것으로 추정된다. 이와 같은 연령과 임금의 관계는 〈그림 7-4-B〉가 보여주는 것처럼 직업을 통제하더라도 크게 달라지지 않는다.

한국 고령인구의 고용불안과 낮은 일자리의 질은 높은 빈곤비율의 주된 원인으로 지적된다. 〈그림 7-5〉는 2010년 OECD 국가들의 연령별 빈곤비율을 보여준다. 여기서 빈곤비율은 가구소득이 중위소득(medium household income)의 50% 미만인 가구에 속하는 인구의 비율로 정의된다. 한국의 아동 · 청소년(17세 이하) 및 청장년(18~40세)의 빈곤비율은 다른 선진국들과 비교할 때 비교적 양호한 것으로 나타난다(〈그림 7-5-A〉~〈그림 7-5-C〉). 40대의 빈곤비율도 전체 OECD 국가의 중간에

---

3 산업·직업별 고용조사는 전국에 거주하는 일반가구를 모집단으로 하고 조사 직전에 실시된 인구주택총조사의 90% 표본조사구(2005년은 3,750개 조사구)에서 각 20가구를 추출한 약 75,000가구를 표본으로 한다. 목표 집단은 15세 이상의 인구 중 조사기간 동안 취업 상태에 있는 사람들이다.

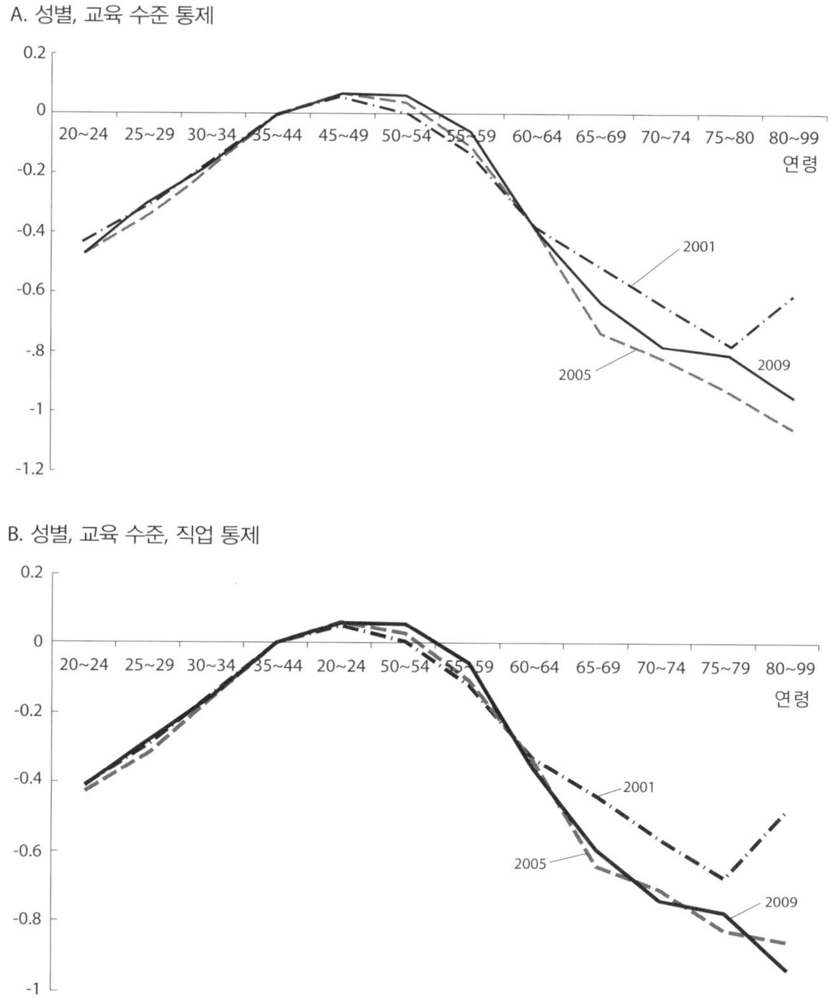

그림 7-4 연령별 임금

위치한다(〈그림 7-5-D〉). 그러나 50대 이후 빈곤비율이 급격히 높아져서 51~65세 빈곤비율(18.3%)은 멕시코와 더불어 OECD 국가 가운데 최고 수준이고(〈그림 7-5-E〉), 66~75세의 빈곤비율(45%)은 2위 국가의 빈곤비율(약 30%)보다 훨씬 높은 압도적인 1위다.

이상에서 살펴보았듯이 다른 OECD 국가들과 비교한 한국의 노동시

A. 17세 이하

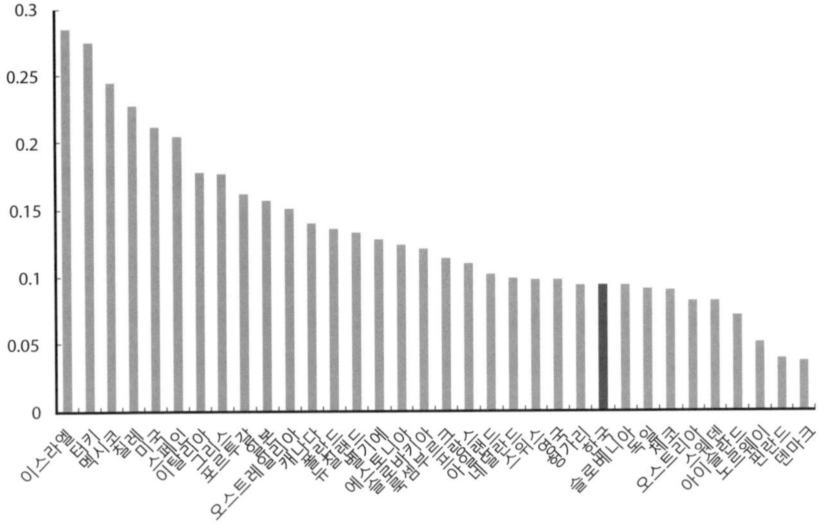

B. 18～25세

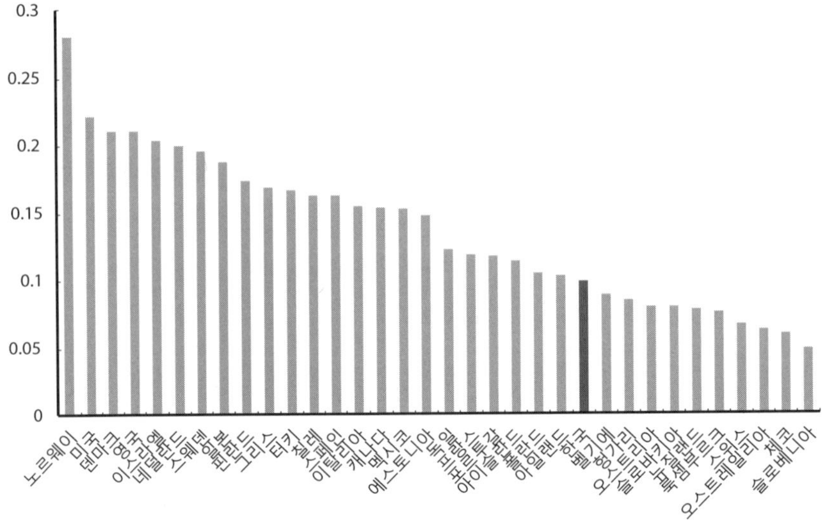

C. 26～40세

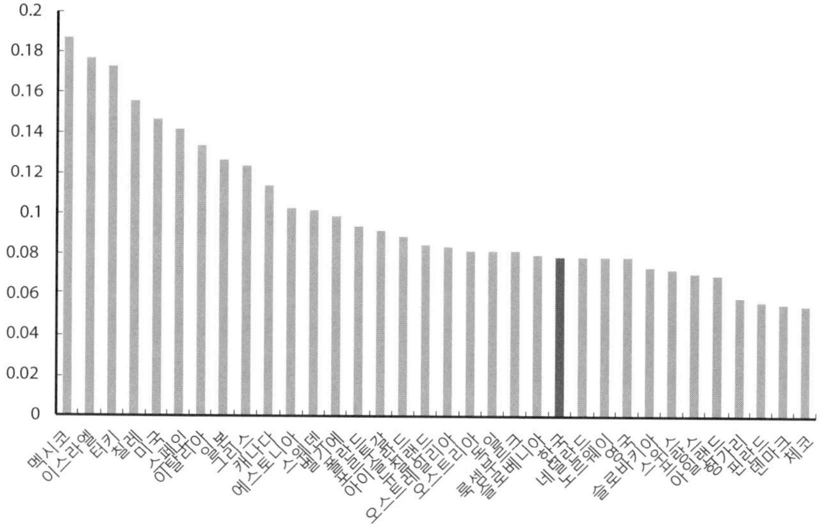

D. 41～50세

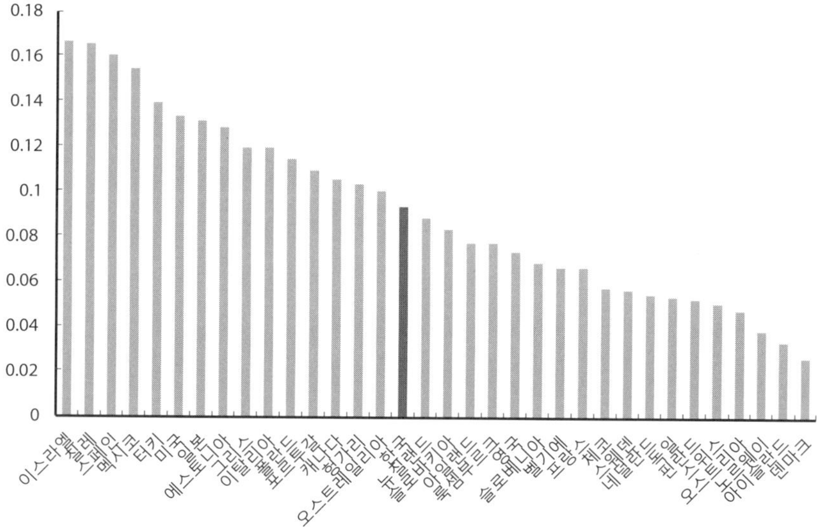

E. 51~65세

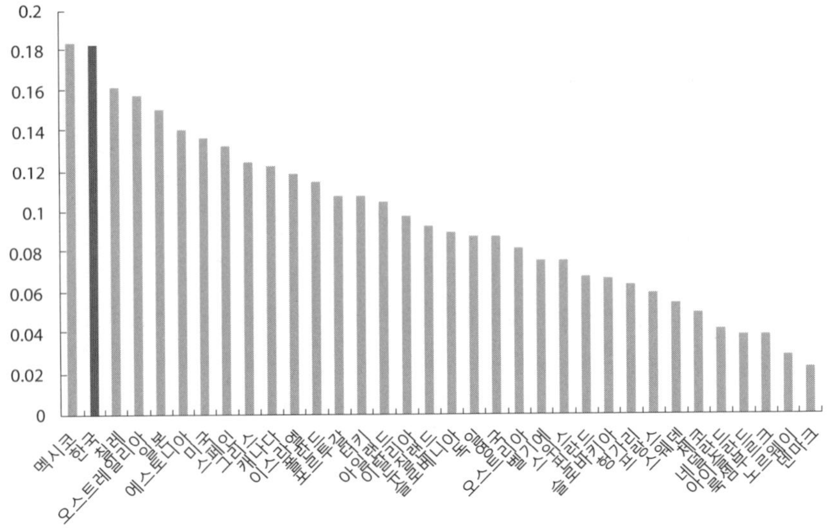

F. 66~75세

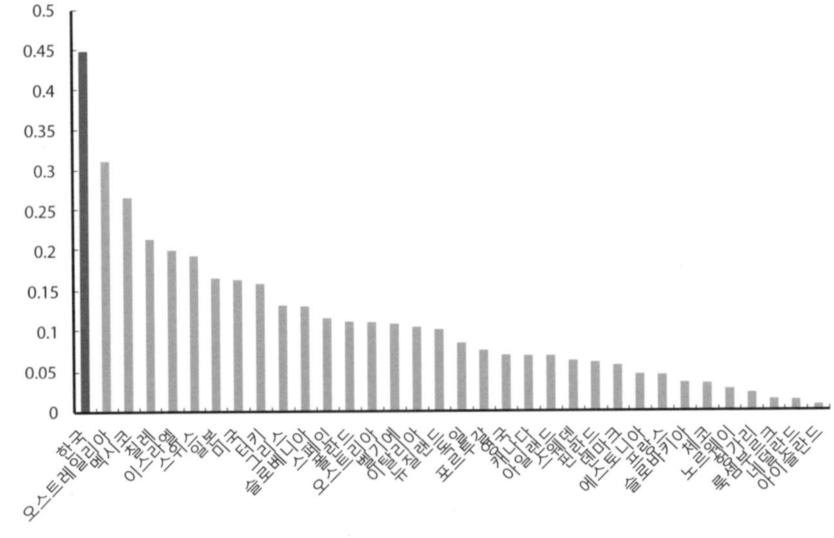

그림 7-5 OECD 국가의 연령별 빈곤 비율

장의 특성은 고령노동시장에서 가장 뚜렷하게 드러난다. 한국의 고령자들, 특히 65세 이상 인구는 상대적으로 매우 높은 비율로 일을 계속하고 있는 것으로 나타난다. 그러나 나이가 들어서까지 일을 계속하는 한국의 고령자들은 다른 OECD 국가에 비해 질이 낮은 일자리에 고용되어 있다. 상대적으로 낮은 근속연수와 높은 임시직 비율은 이를 잘 보여준다. 또한 청장년에 비해 크게 낮은 고령근로자의 임금수준도 고령자 노동시장의 열악한 여건을 반영한다. 상대적으로 양호한 청장년 이하 연령층의 빈곤비율과 대조적으로 한국 고령인구의 빈곤비율은 OECD 국가 가운데 최고 수준이다.

III. 한국 고령자 노동시장의 장기적 변화

그렇다면 이 같은 한국 고령노동시장의 특질은 언제부터 생겨난 것일까? 조기퇴직의 증가, 비정규직의 확산, 일자리 변동의 증가 등, 1998년 외환위기 이후에 나타난 노동시장의 변화를 반영한 것일까? 아니면 그보다 더 일찍부터 나타나기 시작한 현상일까? 이하에서는 청장년에 비교한 고령인구의 고용과 일자리 질의 장기적인 변화를 살펴봄으로써 그 해답을 모색해본다.

우선 고용의 변화를 보도록 하자. 필자의 선행연구(Lee 2010)는 1960년대 초 이후 한국 고령남성의 경제활동참가율이 장기적으로 높아졌다는 것을 보여준다. 1970년대 후반과 1980년대 초를 통해 감소했던 고령남성 경제활동참가율이 1980년대 초부터 증가하기 시작하여 1998년 외환위기 직전까지 증가세가 계속되었다. 이 기간의 고령남성 경제활동참가율의 증가는 주로 농촌인구에서 나타났으며, 도시로 이주한 청장년층의 공백을 고령자들이 메울 수밖에 없었던 사정에 기인했던 것으로 보인다. 1998년 외환위기 이후 노동시장 사정의 악화로 고령남성의 경제활동참가율은 급격하게 감소했으며, 2000년대에 들어 정체 내지 다시 증가하는 추세를 보였다.

〈그림 7-6〉은 1970년 이후 40년 동안 세 연령그룹(24~54세, 55~64세, 65세 이상)에 속하는 전체와 남녀 인구의 고용률이 어떻게 변화했는지를 보여준다. 전체적으로 볼 때 55~64세의 고용률은 청장년층 고용률과 유사한 추세를 보인다. 다만 남성은 2000년 이후 청장년층의 고용률은 감소한 반면, 50~64세의 고용률은 상당한 폭으로 증가했다는 차이가 발견된다. 장기적인 고용증가는 65세 이상 인구에서 가장 뚜렷하게 나타난다. 남성은 청장년층 고용률은 1970년 이후 장기적으로 하락하였지만, 65세 이상 인구의 고용률은 약 10%p가량 높아졌다. 여성은 1990년 이후 전체 연령층의 고용률이 비교적 가파르게 상승하였다. 예컨대 25~54세 여성 고용률은 1990년 이후 20년 동안 거의 두 배 가까이 높아졌다. 그런데 주목할 점은 65세 이상 고령여성의 고용이 특히 더 빠른

A. 전체(%)

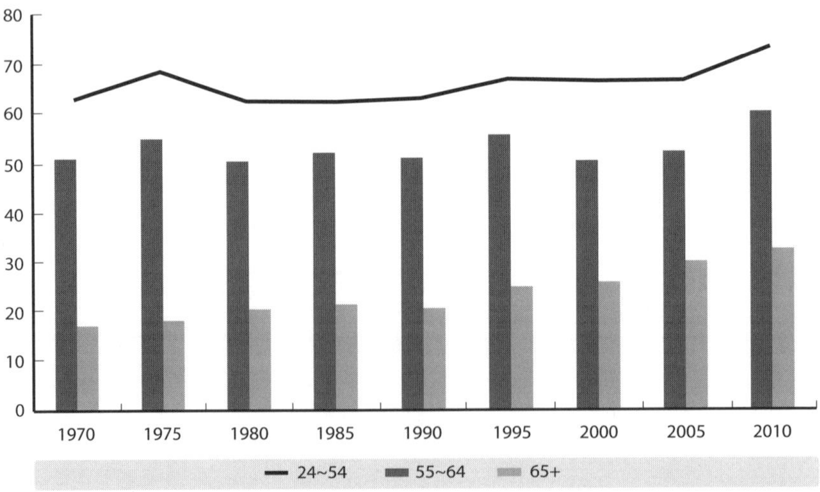

B. 남성(%)

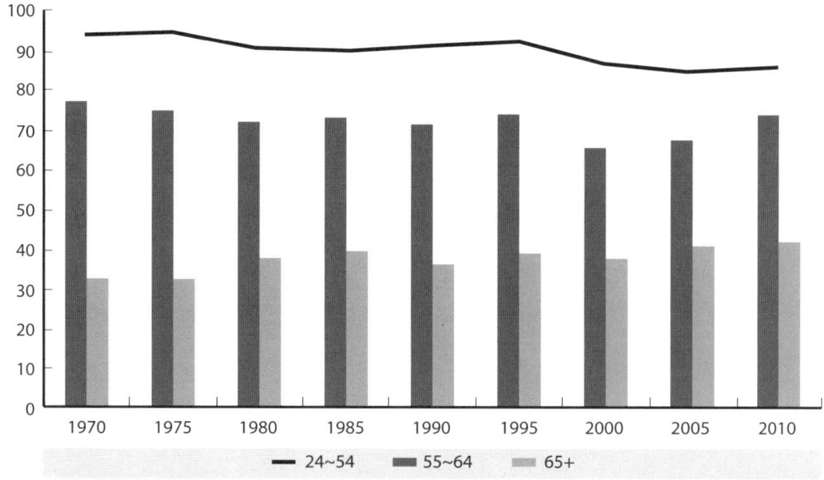

C. 여성(%)

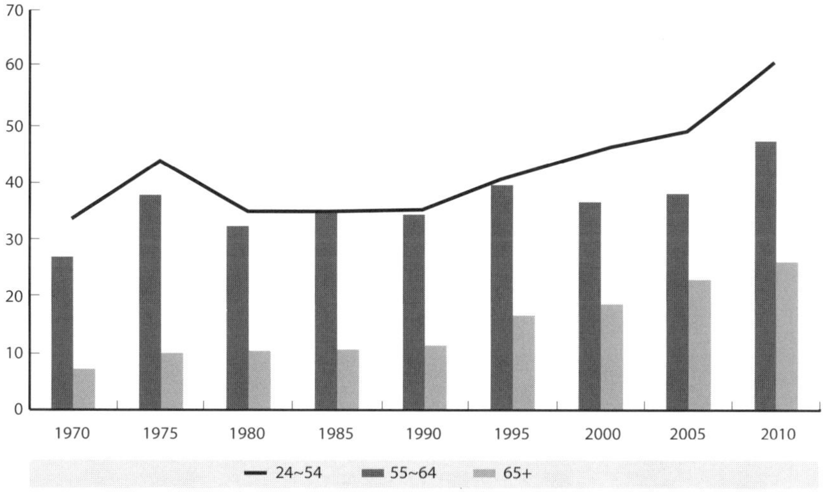

그림 7-6 연령별 고용률 변화

속도로 증가했다는 사실이다. 이 연령층 여성의 고용률은 지난 20년 동안 무려 2.5배 이상 높아졌다.

다음으로 고용의 질이 어떻게 변했는지를 살펴보자. 〈그림 7-7〉은 세 연령그룹 고용인구 가운데 고용인을 두지 않은 자영업 종사자(이하 자영업자) 비율의 장기적인 추이를 보여준다. 고용인을 두지 않은 자영업은 비교적 질이 낮은 일자리로 볼 수 있기 때문에, 이 결과는 청장년에 비교한 고령자 일자리의 질이 어떻게 변해왔는지를 파악하는 데 유용하다. 전체적으로 보았을 때 자영업 종사자의 비율은 장기적으로 감소해왔다. 청장년층의 자영업 종사자 비율은 1970년부터 꾸준히 감소해왔으며, 55세 이상 인력의 자영업자의 비율도 1980년 이후에는 꾸준한 감소 추세를 나타낸다. 그런데 주목할 점은 자영업자 비율의 감소가 고령자에게 훨씬 더디게 진행되었다는 사실이다. 예컨대 1970년에는 청장년 중 자영업자 비율이 65세 이상 인력의 자영업자 비율의 3분의 2에 달할 만큼 연령에 따른 차이가 작았다. 반면 2010년에는 청장년 자영업자 비율이 65세 이상 인력의 자영업자 비율의 3분의 1밖에 되지 않는다.

A. 전체(%)

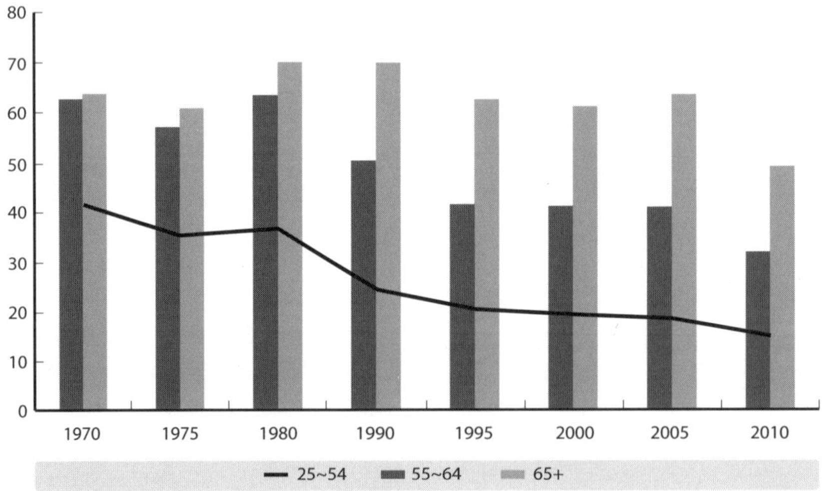

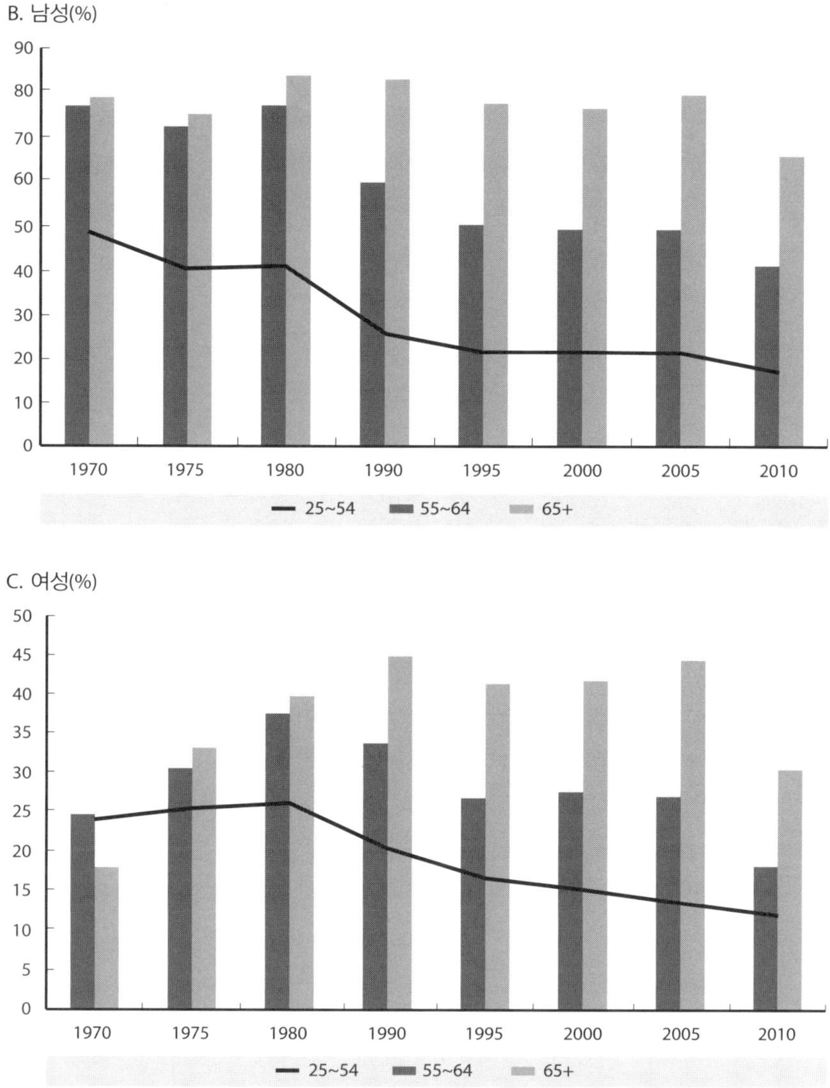

그림 7-7 연령별 고용인을 두지 않은 자영업자 비율

이는 청장년층의 일자리에 비교한 고령인력 일자리의 질이 장기적으로 나빠져 왔다는 것을 의미한다.

이러한 변화는 특히 여성에게서 두드러지게 나타난다. 1970년부터 1990년 사이 25~54세 여성인력 중 자영업자 비율은 감소했으나, 65세 이상 여성인력 가운데 자영업자 비율은 두 배 이상 많이 증가하였다. 또한 1970년에는 65세 이상 여성인력의 자영업자 비율이 청장년층 자영업자 비율보다 낮았으나, 2010년에는 청장년 인력에서 자영업자가 차지하는 비율이 65세 이상 자영업자의 비율의 절반에도 이르지 못한다.

이상의 결과는 다른 선진국에 비해 경제활동참가율이 높고, 일자리의 질이 낮으며, 빈곤인구의 비율이 높은 한국 고령인구의 특징이 최근에 나타난 것이 아님을 시사한다. 1980년 이후 감소해오던 한국 고령자들의 자영업 종사 비율이 1995년과 2000년 사이 감소세를 멈춘 것은 1998년 외환위기의 여파일 수 있다. 그렇지만 청장년에 비한 고령인구의 고용률 증가와 일자리의 질 저하는 그 이전부터 진행되어온 현상으로 보인다. 좀 더 구체적으로 늦어도 1980년 초부터는 고령자 고용의 증가와 고령인력 일자리 질의 감소 추세가 뚜렷하게 관찰된다. 따라서 고령자 노동시장의 한국적 특징의 원인도 더욱 장기적인 요인에서 찾아야 할 것이다.

IV. 고령자 노동시장의 수급요인 분석: 수요요인

한국 고령자들의 고용률이 장기적으로 높아진 한편, 임금과 일자리의 질이 낮아진 현상을 어떻게 설명할 수 있을까? 경제학의 관점에서 보았을 때 이는 고령자들의 노동공급이 수요에 비해 빠르게 늘었을 때 나타날 수 있는 현상이다. 그렇다면 고령자들의 노동수요는 장기적으로 어떻게 변화했을까? 그리고 고령자의 노동공급이 증가했다면 그것을 설명하는 요인은 무엇일까? 이 절에서는 이와 같은 고령자 노동시장의 수급요인을 분석하고자 한다.

먼저 고령자들에 대한 노동수요에 대해 살펴보자. 이 문제는 필자의 선행연구(이철희 2006a, 2012)에서 비교적 자세히 다루었기 때문에 그 결과를 소개하는 것으로 대신할 것이다. 이 연구에서 필자가 분석하고자 했던 것은 한국 산업구조의 장기적인 변화가 고령노동의 수요에 미친 영향이다. 산업구조의 변화는 고령근로자에 대한 상대적인 노동시장 수요에 영향을 미칠 수 있는 주된 요인 가운데 하나이다. 산업별로 노동시장의 특성, 고용관행, 근로조건 등이 서로 다르며, 이는 산업 간에 고령자 고용의 차이가 나타나는 원인이 된다. 예컨대 농업과 같은 자영업은 직업상의 유연성 때문에 전통적으로 고령자에게 호의적인 고용 여건을 제공하는 반면, 기술의 변화가 빠르고 높은 작업강도가 요구되는 산업은 고령근로자들의 고용에 불리하다. 이러한 이유 때문에 산업구조의 변화는 고령근로자에게 호의적인 혹은 불리한 산업의 비중을 바꿈으로써 고령근로자에 대한 노동시장의 상대적인 수요를 변화시키는 요인으로 작용할 수 있다.[4]

---

4 산업구조의 변화가 고령자들의 경제활동참가에 영향은 미친 중요한 요인이라는 것은 선진국의 역사적 사례를 통해서도 잘 드러난다. 산업화 시기(1880~1940) 미국 고령남성의 경제활동참가율 감소의 거의 4분의 1은 고령자들의 경제활동참가율이 상대적으로 높았던 농업의 축소에 의해 설명되며(Lee 2002), 같은 기간 동안 고령자들이 고용될 수 있는 여건이 상대적으로 좋았던 산업들의 비중이 축소되어 고령자들을 노동시장에서 밀어내는 현상이 나타났다(Lee 2005). 19세기 말~20세기 초에 발생한 일련의 생산기술이 산업 특성의 변화는 노동의 강도를 높이고 작업의 신축성을 낮추어 고령의 산업노동자들이 일자리에서 밀려나게 하였다(Lee 2009).

이철희(2012)는 미국의 학력별 노동수요의 상대적인 변화를 분석하는 데 이용되었던 머피와 카츠(Murphy and Katz 1992)의 방법을 적용하여 산업구조의 변화가 고령노동에 대한 상대적인 수요에 미친 효과를 분석하였다. 2001~2009년 산업고용구조 조사와 2010년 지역고용구조 조사 마이크로 자료에 기초한 분석 결과는 2001년부터 2010년까지 전체 및 남녀 고령근로자에 대한 상대적인 수요가 상당 정도 감소했다는 것을 보여준다. 1980~2000년 기간에 대해 인구주택센서스 마이크로 표본을 이용하여 수행된 유사한 분석(이철희 2006a)은 1980~2000년 기간에도 고령인력에 대한 상대적인 수요가 감소했다는 결과를 제공해준다. 이상의 결과들은 적어도 1980년 이후 고령인력에 대한 노동시장 수요를 감소시키는 방향으로 산업구조가 변화했음을 시사한다.

이철희(2012)는 또한 산업구조의 변화가 노동시장 잔존확률(survival rate)에 미친 영향을 분석하였다. 이 지표는 특정 산업에 고용된 고령 근로자가 5년 후 혹은 10년 후까지 같은 산업에 고용되어 있을 확률을 나타내며, 고령근로자의 고용상의 안정성을 보여주는 유용한 지표이다. 어떤 산업에서 고령근로자의 노동시장 잔존확률이 낮다는 것은 이들이 은퇴할 확률(hazard rate of retirement)이나 다른 산업으로 이직할 확률이 높다는 것을 의미한다.[5] 이 연구는 고령근로자들의 2001~2010년 노동시장 잔존확률을 산업별로 계산하고, 이를 이용하여 전체 산업에 대한 2001~2010년 노동시장 잔존확률의 가중평균을 구하였다. 이 과정에서

---

5 은퇴나 고령자의 이직이 주로 비자발적으로 발생하는 경우 노동시장 잔존확률이 낮은 산업은 일반적으로 고령노동의 고용 안정성이 낮은 부문으로 볼 수 있다. 미국에 대한 실증연구는 고령인구의 장기실업자 비율이 상대적으로 높은 부문에서 노동시장 잔존확률이 낮았음을 보여준다(Lee 2005). 한국도 고령자들의 퇴직 혹은 이직이 대체로 비자발적으로 이루어지고 있는 것으로 인식되고 있다(이철희 2013). 따라서 낮은 노동시장 잔존확률은 고령노동의 취약한 고용 상태를 보여주는 지표로 해석될 수 있다.

산업구조 변화가 평균적인 노동시장 잔존확률에 미친 영향을 평가하기 위하여 2001, 2005, 2010년 3개 연도 산업의 가중치를 적용하였다. 만약 2001년의 산업가중치를 적용하여 계산한 노동시장 잔존확률의 평균보다 2010년의 산업가중치를 적용하여 계산한 노동시장 잔존확률의 평균이 더 낮다면, 고령근로자의 퇴출압력을 증가시키는 방향으로 산업구조가 변화했다는 결론을 내릴 수 있다.

분석결과는 2001~2010년 발생한 산업구조의 변화가 고령근로자의 고용안정성을 낮추는 방향으로 이루어졌음을 보여준다. 즉 2010년 산업가중치를 적용하여 계산한 노동시장 잔존확률의 평균은 2001년 산업가중치를 적용하여 계산한 노동시장 잔존확률의 평균보다 낮게 나타났다. 센서스 자료를 이용하여 1980~2000년 기간에 대해 유사한 분석을 수행한 연구(이철희 2006a)에 따르면, 2000년 이전의 20년 동안에도 산업구조의 변화는 평균적인 노동시장 잔존확률을 낮추는 역할을 하였다. 즉 1980년이나 1985년 산업가중치를 적용할 경우, 2000년의 산업가중치를 적용하는 경우에 비해 2000년의 평균적인 노동시장 잔존확률이 높게 추정되었다.

이와 같은 연구결과는 1980년 이후 한국 산업구조의 변화가 고령자의 고용에 불리한 방향으로 진행되었다는 것을 알려준다. 그렇다면 각 산업 내에서의 고령자들에 대한 상대적인 노동수요는 어떻게 바뀌었을까? 노동시장 상황에 영향을 미치는 결정적인 제도 변화가 없다면, 각 산업 내에서의 고령인력에 대한 상대적인 수요는 주로 기술변화의 방향에 의해 결정된다고 볼 수 있다. 선진국의 역사적인 사례는 기술의 변화가 대체로 고령인력의 노동시장 퇴출압력을 높이는 방향으로 진행됐음을 보여준다. 예컨대 19세기 말~20세기 초 발생한 소위 '제2차 산업혁명'은 생산기술을 자본집약적으로 바꾸고 노동의 강도를 높이는 한편, 작업의 신축성을 낮춤으로써 고령근로자들의 노동시장 퇴출압력을 높인 것으로 평가된다(Lee 2009). 근래의 프랑스에서는 IT 기술에 대한 투자가 증가할 때 고령근로자의 비중이 줄어든 현상이 관찰되었다(Aubert, Caroli, and Roger 2006). 미국의 사례에 대한 연구를 보면, IT 기술이 도입될 때 고령근로자의 대다수가 신기술을 습득하지 않는 것으로 나타난다(Friedberg 2003). 생산과정에 있어서 근로자들 간의 상호의존성이 점차 증가함에 따라 작업의 신축성이 떨어지고 점진적인 은퇴가 어렵게 되었다는 지적도 있다(Hurd 1996).

한국에서 기술의 변화가 각 산업 내 고령근로자에 대한 상대적인 수요에 어떤 영향을 미쳤는지를 보여주는 직접적인 증거를 찾기는 어렵다. 그러나 이상에서 소개한 해외의 역사적인 사례는 한국 역시 고령인력에 대한 기술변화의 영향이 그리 호의적이지 않았을 것임을 시사한다. 세계화의 진전이나 IT 기술의 보급처럼 한국 산업의 특징을 규정한 중요한 변화들은 기본적으로 다른 선진국이 과거에 경험한 것과 크게 다르다고 보기는 어렵다. 더욱이 후발국의 특성 때문에 산업발전에서 앞선 국가들에 비해 기술의 변화가 빨랐던 점은 신기술 습득에 있어서 불리할 수밖에 없는 고령인력에게는 더 불리하게 작용했을 수 있다.

V. 고령자 노동시장의 수급요인 분석: 공급요인

1980년 이후 고령인력에 대한 상대적인 수요가 감소했음에도 같은 기간 고령자들의 상대적인 고용이 증가했다는 사실은 고령자들의 상대적인 노동공급이 증가했다는 것을 강하게 시사한다. 그리고 이러한 결론은 장기적으로 고령근로자 일자리의 질이 상대적으로 나빠지고, 근래에는 고령자들의 상대적인 임금도 눈에 띄게 감소했다는 사실과 잘 부합된다. 즉 장기적으로 현재와 같은 한국 고령자 노동시장 특징이 나타나게 된 주된 원인은 노동시장 여건이 상대적으로 나빠졌음에도 전보다 더 많은 고령자가 더 늦은 나이까지 일하려고 하기 때문이다.

그렇다면 한국 고령자들의 노동공급이 증가하는 원인은 무엇일까? 필자는 아직 이 질문에 확실한 대답을 할 준비가 되어 있지는 않다. 그리고 고령자들의 이질적인 성격을 고려하건대, 노동공급 변화의 양상과 원인은 각기 다른 성격을 가진 고령자들 간에 차이가 있을 수 있다. 그럼에도 현재 얻을 수 있는 여러 정황적인 증거들은 생계를 유지하기 위해 계속 일해야 하는 고령자의 수가 증가하여 고령자의 노동공급이 증가했다는 가설을 제기한다. 이 절에서는 이를 자세하게 살펴보고자 한다.

첫 번째로 들 수 있는 정황적인 증거는 전통적인 노인부양방식이 점차 약화해온 반면, 공적연금을 비롯한 근대적인 노후보장제도는 아직 완비되어 있지 않다는 사실이다. 자녀, 특히 장남과 동거하며 부양을 받는 것은 한국의 전통적인 노후보장 방법이었다. 그러나 이러한 노인부양방식은 사회경제적, 문화적인 변화와 함께 점차 약화하고 있다. 〈그림 7-8〉이 보여주듯이 1998년만 하더라도 거의 90%의 성인들이 노후대책

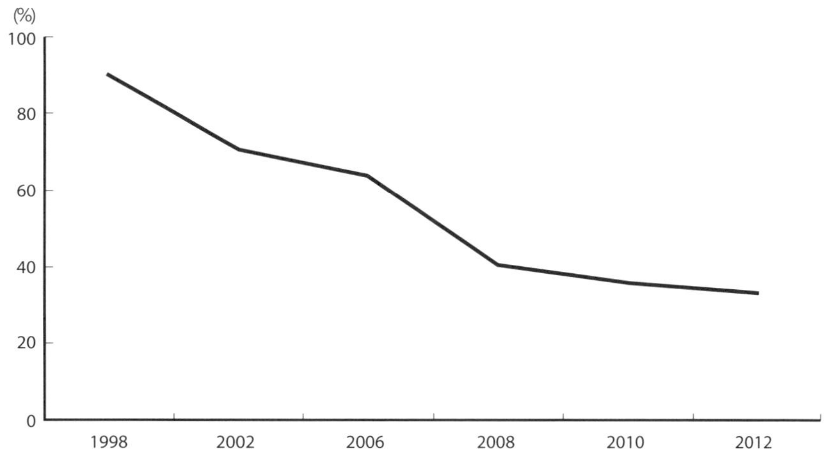

그림 7-8 노후대책: 자녀의존 비율

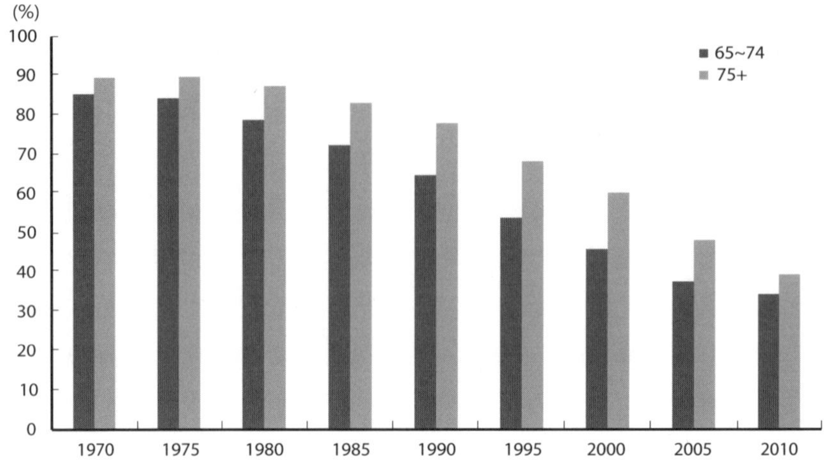

그림 7-9 고령인구 자녀동거 비율 변화

에 관한 질문에 적어도 부분적으로 자녀의 부양에 의존하겠다는 답변을 하였다. 그런데 이 비율은 불과 15년 만에 40% 이하로 감소하였다. 자녀와 동거하는 고령인구의 비율도 빠르게 감소하였다. 1970년대까지 75세 이상 고령자의 90%가 자녀와 동거했으나, 2010년에는 같은 연령대 고령인구 다섯 명 중 두 명만 자녀와 함께 살고 있다(〈그림 7-9〉). 자녀와의 동거가 자녀의 부양을 받을 수 있는 효과적인 수단이라는 점을 고려한다면, 노후대책으로서 자녀의 중요성은 많이 감소했다고 볼 수 있다.

전통적인 부모부양의 약화 경향은 근대적인 노후보장제도의 출현에 의해 어느 정도 보완되었을 것으로 추측된다. 이와 관련된 가장 대표적인 제도적 변화는 1988년에 태동한 국민연금제도이다. 그 이전에도 공무원, 교원, 군인을 대상으로 한 연금제도가 있었지만, 그 대상이 되는 사람들은 전체 국민의 극히 일부였다. 반면 국민연금제도는 다수 임금근로자를 대상으로 만들어졌고, 1990년대를 거치면서 농민 및 자영업자에게 확대되어 절대다수의 국민에게 가장 중요한 노후보장수단이 되었다. 1988년 태동 당시 약 440만 명에 불과했던 가입자는 현재 거의 2,000만 명에 이르며, 이 가운데 약 900만 명은 지역 및 임의 가입자이

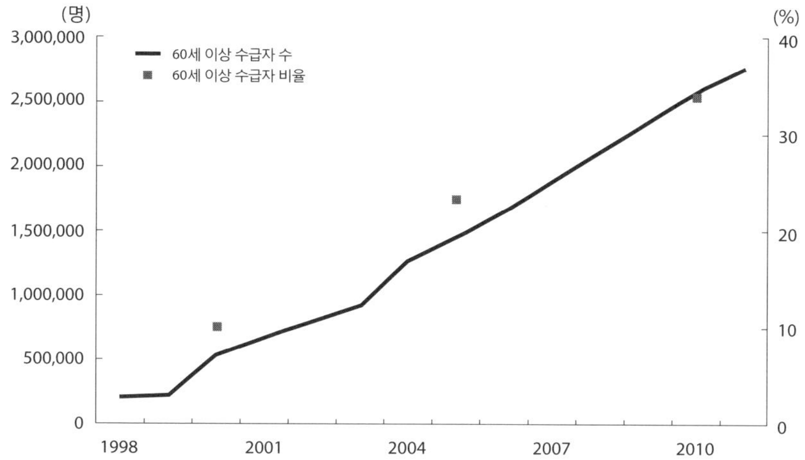

그림 7-10 국민연금 수급자 비율 (60세 이상)

다(국민연금공단 2013).

그러나 이와 같은 연금제도의 확대에도 적어도 현재까지는 다수의 고령자가 연금의 혜택을 받지 못하고 있다. 〈그림 7-10〉은 1998년 이후 60세 이상 인구 중 국민연금 수급자의 수와 수급자 비율이 빠르게 증가해오기는 했지만, 현재 이 연령대 인구의 약 3분의 1만 연금을 받고 있는 현실을 보여준다. 아직도 다수 고령자가 공적인 고령연금의 사각지대에 놓여 있는 것이다.

국민연금 수급이 고령빈곤의 위험을 낮추는 것은 사실이지만, 국민연금을 받는다고 해서 노후의 경제문제가 전적으로 해결되는 것은 아니다.[6] 연금수령액이 낮아서 연금을 받더라도 빈곤을 벗어나기 어려운 고령자들이 적지 않다. 일시금을 제외한 2012년도 연금 수급실적을 살펴보면, 한 해 동안 총 331만 211명의 수급자에게 10조 8,372억 4,400만 원이 지급되어 일인당 평균 수급액이 약 32만 7,000원으로 계산된다.

---

6 석상훈·김헌수(2012)의 연구는 가구주가 공적연금을 수급 받고 있는 경우 빈곤에 빠질 위험성이 유의하게 완화된다는 것을 보여준다.

월 수급액이 20만 원에 미치지 못하는 수급자는 전체 수급자의 37%에 달한다(국민연금공단 2013). 이러한 사정 때문에 국민연금제도의 발전에도 불구하고, 연금만으로는 노후생활이 어려운 수급자들이 적지 않은 실정이다.

둘째, 외환위기 이후 중년 및 고령 근로자의 고용이 불안해지고 조기퇴직의 경향이 강화되어 소득불안정성이 높아진 것으로 파악된다. 또한 교육비 및 주거비의 상승으로 말미암아 노후를 위한 저축이 더욱 어려워졌다는 목소리가 높다. 베이비붐 세대에 관한 최근의 한 조사보고서에 따르면 2012년 베이비부머는 자녀의 교육비로 월 118만 원, 부채상환을 위해 월 48만 원을 지출하는 것으로 조사되었다.[7] 2000년대 초 이후 기혼 중년여성의 고용이 빠르게 늘고 있는 원인 가운데 하나는 배우자의 고용불안과 함께 자녀 교육비 부담 때문인 것으로 조사되었다. 실제로 기혼여성 경제활동참가율 변화를 자녀의 연령별로 살펴보면, 19세 미만 자녀를 둔 기혼여성의 경제활동참가율이 가장 높고, 2000년대 초 이후 가장 빠르게 증가한 것으로 나타난다(이에스더 2013).

근래에는 청년실업의 악화로 인해 장성한 자녀를 지원해야 하는 기간이 길어지면서 고령자들의 경제적 어려움은 더욱 가중되었다. 〈그림 7-11〉은 한국노동패널자료를 이용하여 2000년 이후 기혼 유배우 여성의 경제활동참가율 변화가 자녀의 연령과 취업상태별로 어떻게 달랐는지를 비교한 결과이다. 그래프가 보여주듯이 취업하지 못한 성인자녀를 둔 기혼여성의 경제활동참가율은 다른 기혼여성에 비해 더 높았고, 지난 10년간 더 빠르게 증가한 것을 확인할 수 있다. 이에스더(2013)의 연구는 일하지 않는 성인자녀의 존재가 45세 이상 미취업 여성이 재취업할 확률을 유의하게 높인다는 것을 확인해준다.

---

7 서울대학교 노화고령화사회연구소, 2013 한국의 베이비 부머 연구결과 심포지엄 자료.

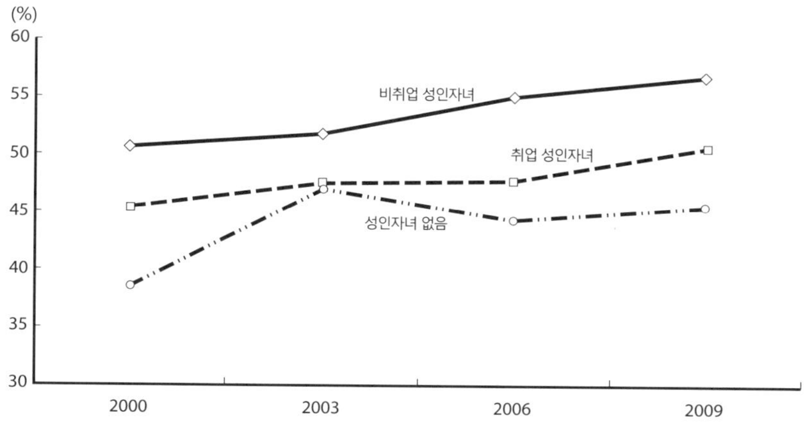

그림 7-11 기혼 유배우 여성의 경제활동 참가율 비교

자료: 한국노동패널 3차(2000)~12차(2009) 재구성.

셋째, 이러한 경제적인 사정 때문에 주된 일자리에서 퇴직한 이후 생계를 유지하거나 보조하기 위해 일자리의 질을 가리지 않고 노동시장에 진입하는 고령자들이 늘고 있는 것으로 보인다. 2012년 경제활동인구 청년층 및 고령층 부가조사 결과에 따르면, 55~79세 인구 중 59%가 장래에 일하기를 원하는 것으로 조사되었다. 그런데 일을 하기를 원하는 고령자의 취업동기를 살펴보면 다수인 55%가 "생활비에 보탬이 되어서(돈이 필요해서)"라고 답했고, "일하는 즐거움 때문에(건강이 허락하는 한 일을 하고 싶어서)"라고 답변한 사람들의 비율은 36%에 그쳤다. 이는 경제적인 요인이 고령자 취업의 가장 중요한 동기라는 것을 보여준다.

고령자들이 생계 때문에 일을 하고 있다는 정황은 주된 일자리에서 퇴직한 고령근로자의 상당수가 이전 직장에 비해 질이 떨어지는 일자리에 재취업하고 있는 현실에서도 나타난다. 〈그림 7-12〉는 비취업자 가운데 몇 퍼센트가 상용직에 재취업하는지를 성별 및 연령별로 보여준다. 25~54세의 경우 남성 재취업자의 70~80%와 여성 취업자의 50~60%가 상용직에 재취업하는 것으로 나타나며, 이 비율은 2000년대를 통해 비교적 안정적이었다. 반면 55세 이상 재취업자들 가운데 상용

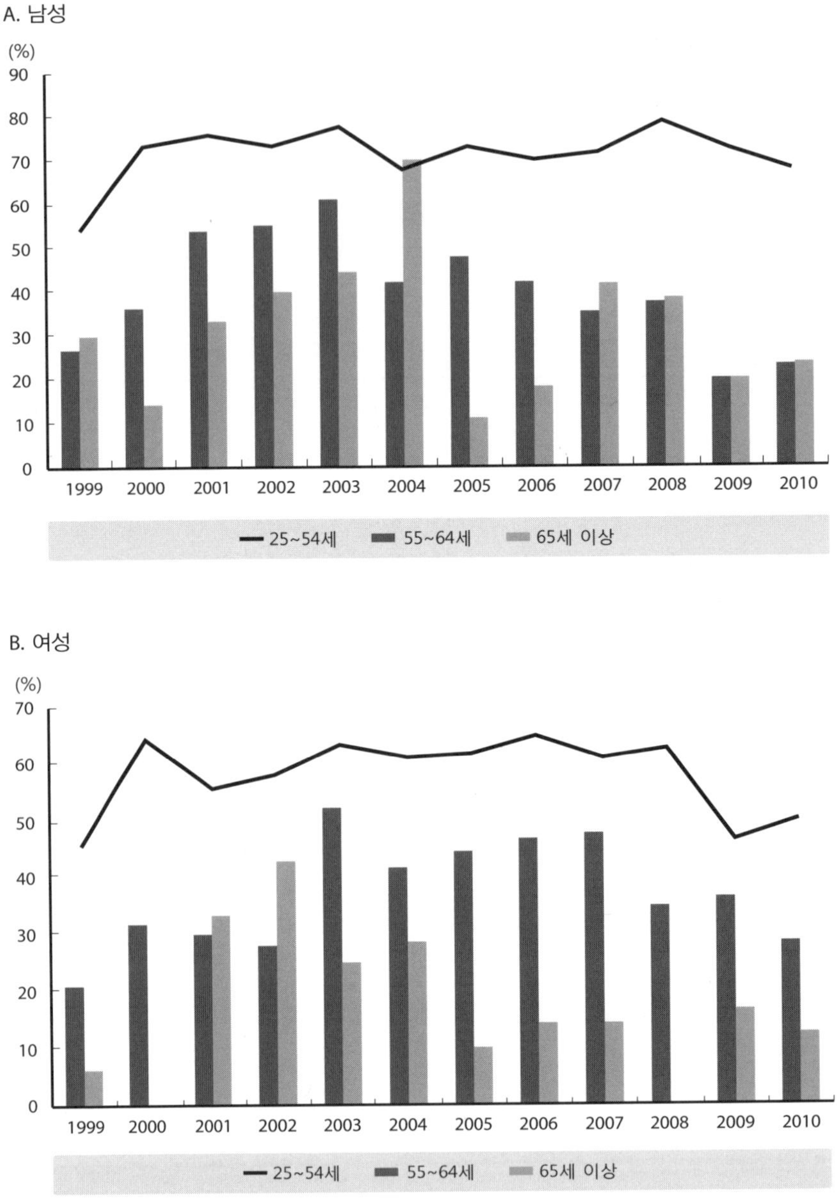

그림 7-12 연령별 상용직 재취업 비율

직에 취업하는 비율은 이보다 훨씬 낮으며, 2003~2004년 이후 감소하는 추세를 보여준다. 2009년 이후 55세 이상 남성 재취업자 가운데 상용직 취업자의 비율은 20%에 불과하다.

VI. 비교사적 조망

산업화 및 도시화로 대변되는 사회경제적, 문화적 변화로 인해 고령자들의 경제적 지위가 상대적으로 악화한 것은 한국만 겪었던 현상은 아니다. 정도의 차이는 있겠지만, 어느 국가든 전통적인 노후보장방식이 붕괴하면서 고령빈곤 문제가 심각해지는 경험을 한 바 있다. 산업화로 인해 전통적인 가족이 파괴되고, 이로 인해 고령자를 비롯한 특정 인구집단이 한계적인 위치로 밀려남으로써 복지제도의 필요성이 창출된다는 소위 산업화논리(the logic of industrialization)는 복지국가 형성요인에 대한 가장 전통적인 가설로 남아 있다(Quadagno 1987).

미국의 역사적인 경험도 산업화가 고령자들의 사회경제적 지위를 악화시킨 사례를 제공해준다. 20세기 초 동시대인들의 주장에 따르면 산업화로 인한 산업구조 및 생산기술의 변화, 작업강도의 강화, 공적인 교육의 중요성 증가는 산업부문 고령노동자들을 일자리에서 밀려나는 처지에 놓이게 하였다(Squier 1912; Epstein 1928). 노동시장을 포함하여 사회 전반에 걸쳐 연령차별(age discrimination)이 확산하면서 고용주들은 고령자의 신규채용을 꺼리게 되었으며(Graebner 1980; Haber 1983), 고령노동자의 장기실업과 대규모의 비자발적 퇴직이 발생하게 되었다(Keyssar 1986).

근래의 수량적인 연구들은 산업화 시기 미국 고령자의 경제적 지위에 대한 동시대인들의 비관적인 견해를 지지해주는 결과를 제공해준다. 1880~1940년 사이 농업의 축소에 의해 대표되는 미국 산업구조의 변화는 고령자들의 고용에 매우 부정적인 영향을 미쳤던 것으로 평가된다(Lee 2002, 2005). 20세기 초 미국 제조업 부문의 기술진보 및 작업환경의 변화는 고령근로자의 장기실업과 퇴직 확률을 높이는 요인으로 작용하였다(Lee 2009). 같은 기간 소위 '가족전략(family strategy)'이라고 불리는 전통적인 노후보장방식도 쇠퇴하였다. 근로자가구의 소득과 소비를 분석한 연구에 따르면, 1890년경에는 자녀의 소득이 고령가구주 부부의 생활수준을 유지하는 데 적지 않은 도움을 주었으나, 1차 세계대전 이후에는 이러한 자녀의 역할이 거의 사라진 것으로 나타난다(Lee 2004).

고령자들의 빈곤 문제는 대공황을 겪었던 1930년대에 특히 심각한 사회 문제로 대두하였다. 대공황은 미국인 전체에게 고통을 주었지만, 고령자들은 다른 연령층에 비해 더 강한 경제적 충격을 받았다. 전반적으로 높은 실업률에 시달리는 가운데 고령층이 실업에 빠질 위험은 청장년에 비해 더 높았다(Chandler 1970). 1930년대 중반부터는 장기실업에 빠진 다수 고령자가 노동시장을 영구적으로 떠나는 현상이 발생하였다(이철희 2006b). 뉴딜행정부의 한 조사결과에 따르면 1930년대 중반 65세 이상 인구의 3분의 2에 해당하는 약 500만 명이 정부 혹은 민간의 구호나 친지와 친척의 도움에 의존하고 있었다(Shearon 1938). 대공황으로부터 회복하고 사회보장제도가 어느 정도 정착된 1940년대 말에 이르러서도 고령인구의 생활수준은 절대적으로나 상대적으로 여전히 열악하였다. 1949년 60세 이상 남성가구의 중위소득은 전체 가구 중위소득의 3분의 2에 불과했으며, 전체 가구의 12%를 차지하던 65세 이상 남성가구는 최하 5분위 가구의 27%를 점유하고 있었다(U.S. Bureau of the Census 1975: G154-156).

복지국가가 본격적으로 발전하기 이전인 20세기 초 유럽 국가들의 사정도 미국과 크게 다르지 않았던 것으로 보인다. 영국과 프랑스는

1차 세계대전이 끝나기 전까지 초보적인 사회연금제도를 발전시켰지만 수혜대상과 수급규모는 매우 제한적이었다. 20세기 초 영국과 프랑스를 대상으로 한 실증연구들은 산업화 이후의 고령자들, 특히 고령산업노동자들이 전반적으로 가난했으며, 충분한 저축이나 연금소득 덕에 자발적으로 퇴직했다기보다 고령자에게 불리하게 변모한 노동시장 여건 때문에 적절한 고용기회를 얻지 못하고 비자발적으로 노동시장에서 물러났다는 것을 보여준다(Johnson 1984, 1994; Baines and Johnson 1999; Bourdieu et al. 2011).

선진국에서 고령빈곤 문제가 완화되기 시작한 가장 중요한 계기는 고령연금제도를 비롯한 사회보장제도의 발전이었다. 미국은 1935년에 사회보장법(Social Security Act) 제정이 그 시발점이다. 이때 통과된 법에 의해 출현한 세 가지 사회보험 및 보조금 제도 가운데 실업급여를 제외한 나머지 두 가지는 고령자들을 대상으로 한 것이었다. 첫째, 고령보조금(Old Age Assistance)제도는 주정부의 기여금과 같은 액수의 기금을 연방정부가 출연하여 빈곤고령자들에게 보조금을 지급하는 프로그램이었다. 1938년까지 48개 주에서 시행되었으며, 평균 월 19.21달러가 지급되었다. 1940년까지는 전체 고령인구의 20%가 이 보조금의 혜택을 받았다.

미국의 고령자들에게 있어 장기적으로 더 중요했던 프로그램은 고령보험(Old Age Insurance, OAI)이다. 이 보험은 순수한 연방정부 프로그램으로서 가입된 피고용자와 고용주로부터 기여금을 받아 기금을 적립하고, 가입자가 공식적인 은퇴연령에 도달했을 때 연금을 지급하였다. 애초 1937년부터 사회보장세의 부과가 시작되고 1942년부터 수당이 지급될 예정이었지만, 1939년 법 개정에 의해 수혜대상이 배우자와 미망인들에게 확대되고(이에 따라 명칭이 Old-Age and Survivors' Insurance, OASI로 바뀌었다), 지급 시기는 1940년으로 앞당겨졌다.

미국의 고령연금은 1950년대를 지나면서 크게 확대되었다. 최초의 프로그램은 상공업 부문에 고용된 임금근로자들만을 대상으로 했으나,

1950년부터 농업노동자 및 비농업 자영업자, 정부의 연금프로그램에 포함되지 않은 정부 피고용자들, 비영리 단체의 피고용자들이 가입대상에 포함되기 시작하였다. 1954년에는 농업 및 전문직에 종사하는 자영업자가 신규로 가입대상자에 포함되었다. 그 결과 1960년경까지는 남성의 약 90%, 여성의 약 75%가 가입되어 거의 현재의 수준까지 가입률이 높아졌다. 가입률이 올라가면서 기금의 규모와 지급액도 많이 증가하였다. 1940년 현재 소득의 1%에도 미치지 못하던 근로자들의 고령보험 기여금은 1970년대까지 소득의 6%까지 증가하였다. 1998년 가치로 환산한 평균 월지급액은 1940년 약 200달러에서 1970년대에는 500달러 수준으로 향상되었다.

영국은 1946년 총선에서 노동당이 승리한 이후 일련의 사회입법들이 의회에서 통과되면서 "요람에서 무덤까지"를 표방한 본격적인 복지국가가 태동하였다. 이때 만들어진 제도들 가운데 고령자에게 특히 중요했던 것은 기여금에 기초한 고령연금 프로그램인 국민보험(National Insurance)과 저소득층을 대상으로 한 공공부조의 성격을 갖는 국민보조금(National Assistance) 등이었다. 국민보험은 애초 적립식(Funded System)으로 출발했으나 정치적인 이유 때문에 충분한 기여를 하지 않은 가입자에게도 감액급여를 지급하기 시작했고, 1958년에 와서는 부과식(Pay-As-You-Go System)으로 전환하였다. 영국의 연금지출은 대부분 1인당 지급액 증가에 힘입어 GDP 대비 연금수급액이 1960년 4.1%에서 1981년 7.4%로 증가하였다(이철희 2009).

선진국에서 복지국가의 형성과 확대는 고령인구의 빈곤 문제를 완화한 주된 요인 가운데 하나였다. 20세기 중반 이후 미국을 비롯한 선진국에서 고령인구의 빈곤비율이 많이 감소했으며, 〈그림 7-5〉가 보여주듯이 현재는 한국을 포함한 몇 개 국가를 제외하고는 66~75세 인구의 빈곤비율이 17세 이하 아동과 청소년의 빈곤비율에 비해 낮게 나타난다. 고령연금의 창설과 확대는 또한 은퇴의 성격을 크게 바꾸어놓았다. 은

퇴의 이유를 조사한 결과를 보면 20세기 중반 이전에는 대부분 일자리의 부족이나 건강의 악화와 같은 비자발적인 요인이 중요했지만, 20세기 후반에는 여가에 대한 수요와 같이 자발적인 요인이 더 중요해지는 것으로 나타난다. 또한 고령연금의 확대는 여러 선진국에서 고령인구의 경제활동참가율이 장기적으로 감소한 주된 원인으로 지적되고 있다 (Costa 1998; Gruber and Wise 1999).

이제 다시 왜 한국의 고령자들은 다른 선진국 고령자에 비해 더 늦게까지 일을 하면서도 더 가난한가 하는 애초의 질문으로 돌아가 보자. 다른 선진국에 비해 반세기 가량 늦었지만, 한국도 1980년대와 1990년대를 거치며 고령자들을 대상으로 하는 사회보험 및 공공부조 프로그램을 발전시켜왔다. 1988년에 만들어진 국민연금제도는 위에서 살펴본 바와 같이 지난 25년 동안 가입대상자를 크게 늘리며 성장해왔다. 그렇다면 왜 한국은 고령연금제도가 출범하고 상당한 기간이 지났음에도 다른 선진국과는 달리 고령인구의 경제적 여건이 나아지지 않고 여전히 많은 고령자가 생계를 위해 일을 할 수밖에 없는 상황에 놓여 있을까? 이는 한국 복지국가의 발전 정도가 다른 선진국에 비해 뒤떨어지기 때문일까?

이 질문에 대한 해답을 모색하는 데 있어 고령연금제도가 출범한 뒤 비슷한 기간(여기서는 약 25년)이 지난 다음 다른 선진국에서 일어났던 일이 한국의 경험과 어떻게 달랐는지를 살펴보는 것이 유용할 것으로 판단된다. 현재 상황을 비교하면 한국의 특성이 제도 자체의 차이를 반영한 것인지 아니면 복지국가 형성시기 및 이에 따른 성숙도의 차이를 반영한 것인지 결정하기 어렵기 때문이다. 여기에서는 1935년 사회보장법 통과 이후 25~30년 동안 미국 고령연금의 수급자와 급여규모가 어떻게 변화했는지를 지난 25년 동안 한국의 경험과 비교할 것이다. 한국의 최근 경험을 미국의 역사적 사례와 비교하는 것은 다음과 같은 이유 때문에 적절하다고 생각된다. 첫째, 1988년 이전의 한국과 마찬가지로 미국은 1935년 사회보장법 통과 이전까지 광범위한 국민을 대상으로 하는

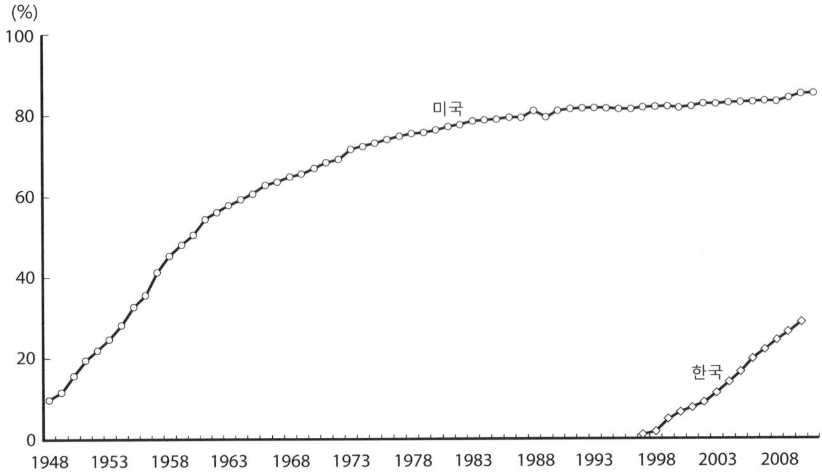

그림 7-13 65세 이상 인구 대비 공적고령연금 수급자 비율

중앙정부 차원의 고령연금제도를 갖고 있지 않았다. 둘째, 미국은 대다수 유럽 선진국들에 비해 1인당 사회적 지출규모가 줄곧 작았다. 따라서 미국의 역사적 경험은 고령자를 대상으로 한 선진국들의 사회적 지출의 하한에 가까운 사례를 제공해준다.

〈그림 7-13〉은 65세 이상 인구 중 공적고령연금 수급자 비율이 한국과 미국에서 각각 어떻게 변해왔는지를 보여준다. 한국은 국민연금이 창설된 이후 25년이 지난 현재 65세 이상 인구 중 약 30%가 국민연금을 받고 있다. 미국은 1935년 사회보장법 통과 이후 25년이 지난 1960년 현재 65세 인구의 약 절반가량이 고령연금을 받고 있었다. 법 개정으로 고령연금 지급이 시작된 1940년을 기준으로 본다면 25년이 지난 이후 미국 65세 이상 인구 수급자 비율은 약 60%에 이른다. 이렇게 볼 때 고령연금제도의 성숙도 차이를 생각한다고 해도, 한국 국민연금 수급비율은 상대적으로 낮다고 할 수 있다.

〈그림 7-14〉는 연금수령액의 규모를 비교하기 위해 미국과 한국의 평균임금 대비 평균연금급여 비율의 변화를 비교한 것이다. 한국은 임금

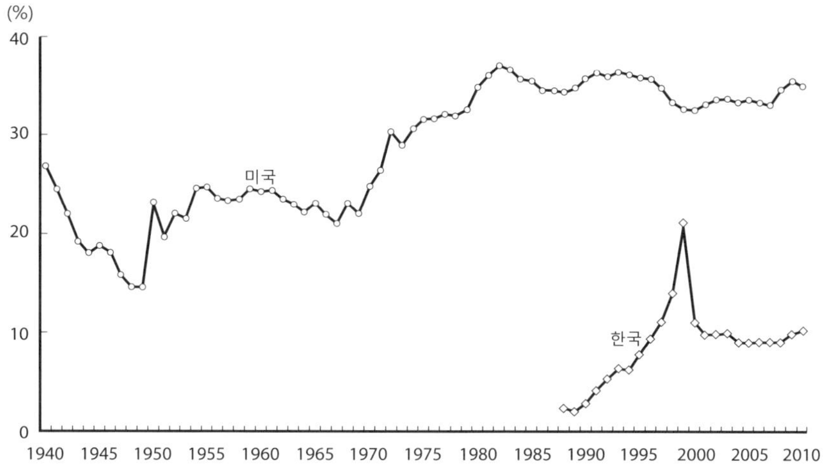

그림 7-14 평균임금 대비 평균연금급여 비율: 미국과 한국

대비 급여액 비율이 한때 20% 수준까지 올라간 적이 있지만, 1999년 연금개혁 이후 줄곧 10% 수준에 머물고 있다. 이에 비해 미국은 사회보장법이 통과되고 25년이 지난 시점인 1960년 현재 평균임금 대비 평균연금급여액 비율이 약 25% 수준이었다. 이 비율은 1970년 이후 빠르게 상승하여 1980년대 이후에는 대체로 35% 수준에서 등락하는 양상을 보여준다. 이 결과는 연금제도의 성숙도 차이를 고려하더라도 한국 국민연금의 평균적 수급액이 다른 선진국에 비해 낮다는 것을 시사한다.

이 절에서 제시된 결과들은 매우 간접적인 정황 증거에 기초한 것이어서 일정한 한계를 가진다. 또한 연금의 사각지대에 놓여 있는 고령자들이 많고 연금수급액 규모가 작다는 점은 심각한 고령빈곤과 상대적으로 높은 고령자 고용을 설명할 수 있는 여러 요인 가운데 단지 하나일 가능성도 있다. 그럼에도 이상에 살펴본 비교사적 분석은 고령자를 대상으로 한 사회보험 및 복지제도의 상대적인 미비함이 오늘날 관찰되는 한국 고령자 노동시장의 특성을 장기적으로 형성한 중요한 요인의 하나라는 것을 강하게 시사한다.

VII. 맺는말

한국의 고령자들은 다른 OECD 국가들과 비교할 때 주된 일자리에서는 더 일찍 퇴직하지만 늦은 나이까지 일을 계속하는 경향을 보인다. 나이가 들어서까지 일을 계속하는 한국 고령자들의 대다수는 임금이 낮고 불안정한 일자리에 고용되어 있다. 이를 반영하여 한국 고령인구의 빈곤비율은 OECD 국가들 가운데 최고 수준이다. 이러한 한국 고령인구의 특징은 최근 갑작스럽게 나타난 것은 아니고, 1980년 이전부터 장기간에 걸쳐 형성된 것으로 보인다.

한국 고령인구의 고용률이 장기적으로 높아지면서 임금과 일자리의 질이 낮아진 것은 고령인력에 대한 노동시장 수요가 감소한 반면, 고령자들의 노동시장 공급이 증가했기 때문에 나타난 결과이다. 고령노동시장의 수요 측면을 분석해보면, 한국 산업구조 및 기술의 변화가 고령자의 고용에 불리한 방향으로 진행되어온 것이 확인된다. 공급 측면을 살펴보면 주된 일자리에서 퇴직한 고령자들이 생계를 해결하기 위해 질이 낮은 일자리에라도 재취업하는 경향이 강해지고 있는 현상이 관찰된다. 고령자들의 생계형 취업 증가는 자녀의 부양과 같은 전통적인 노후보장 수단이 크게 약화된 반면, 공적연금과 같은 근대적인 은퇴 후 소득보장 수단은 아직 충분히 발달하지 않은 한국의 여건에 기인한 것으로 보인다.

근래의 한국과 과거의 선진국에 대한 비교사적 분석은 고령자를 대상으로 한 사회보험 및 복지제도의 상대적인 미비함이 오늘날 관찰되는 한국 고령노동시장의 특성을 형성한 중요한 요인이라는 것을 시사한다. 다른 선진국들도 산업화가 진행되면서 고령자들의 노동시장 지위가 상대적으로 나빠지고 전통적인 노후보장방식이 약화하면서 고령자들의 빈곤이 심화하였던 경험을 한 바 있다. 이러한 선진국들의 고령빈곤 문제는 대체로 복지국가의 발전에 힘입어 해소되었다. 고령자들을 대상으로 한 사회보험 및 공공부조의 발달은 선진국 고령인구의 경제활동참가율을 감소시킨 주된 요인 가운데 하나이기도 하다. 그런데 고령자를 대상으로 한 한국의 사회지출은 복지국가 형성시기의 차이를 고려한다고 해도 선진국에 비해 크게 미약한 것으로 평가된다. 예컨대 1988년 국민연금제도가 태동한 지 25년이 지난 현재 한국 고령인구의 연금수급 비율과 평균수급액은 1935년 사회보장법(Social Security Act)이 통과된 지 25년이 지난 후 미국의 고령연금 수급실적과 비교할 때 크게 낮은 것으로 나타난다.

물론 오늘날 한국 고령인구의 어려운 경제적 사정을 사회보험과 공공부조의 취약성만으로 설명할 수는 없다. 조기퇴직에 의해 대표되는 고령근로자의 고용불안정은 노후대비를 어렵게 하는 중요한 요인이다. 또한 가중되는 자녀교육비 및 주거비 부담과 근래에 더욱 심각해지고 있는 성인자녀의 취업 문제는 은퇴에 대비한 저축을 어렵게 만들고 장년여성으로 하여금 다시 노동시장에 진입하게 하는 원인이 되고 있다.

이 글에서 수행한 분석이 초보적이고 제시한 증거들이 간접적이고 정황적인 성격의 것이기 때문에 이에 기초해서 결론을 내리기는 어렵다. 그럼에도 한국의 심각한 고령빈곤 문제를 해결할 수 있는 주된 방안은 다음 중 하나이거나 그중 몇 가지를 결합하는 것이라는 결론을 내리는 데는 큰 무리가 없을 것 같다. 첫째, 고령자를 대상으로 한 사회보험과 복지를 강화하여 고령자들의 생활수준 추락을 막는 것이다. 둘째, 고령근로자의 고용불안을 해소하여 적어도 연금을 받을 수 있는 나이까지 주된 일자리를 유지할 수 있도록 하는 것이다. 셋째, 국민의 기본적인 필요(예컨대 교육, 의료, 주거 등)를 비교적 쉽게 충족시킬 수 있는 사회를 만들어 장년층으로 하여금 충분한 노후대비를 가능하게 하는 것이다.

참고문헌

국민연금공단, 2013, 『국민연금통계연보』 25, 국민연금.

석상훈·김헌수, 2012, 「노인빈곤 실태와 결정요인 분석: 생애 근로이력과의 연관성을 중심으로」, 『재정학연구』 5(3): 99-124.

이에스더, 2013, 「성인자녀가 중년여성의 노동공급에 미치는 영향」, 서울대학교 경제학부 석사학위논문.

이철희, 2006a, 『한국의 고령노동: 경제활동과 고용구조의 장기적 변화』, 서울대학교출판문화원.

이철희, 2006b, 「미국 고령인구의 경제적 지위변화와 복지국가의 형성」, 『경제사학』 40: 119-175.

이철희, 2009, 「사회적 지출과 경제성장: 역사적 경험과 실증연구문헌의 검토」, 『경제논집』 4(3): 275-310.

이철희, 2012, 「산업구조의 변화와 고령인력의 고용」, 『노동경제논집』 35(1): 55-88.

이철희, 2013, 「한국 고령근로자들의 퇴직: 사업체 규모 및 고용형태별 분석」, 경제학 공동학술대회 발표논문(2013. 2).

Aubert, Patric, Eve Caroli, and Muriel Roger, 2006, "New Technologies, Organization, and Age: Firm-Level Evidence," *Economic Journal* 116, F73-F93.

Baines, Dudley and Paul Johnson, 1999, "Did They Jump or Were They Pushed? The Exit of Older Men from the London Labor Market, 1929-1931," *Journal of Economic History* 59(4): 949-971.

Bourdieu, Jérôme, Lionel Kesztenbaum, and Gilles Postel-Vinay, 2011, "Thrifty Pensioners: Pensions and Savings in France at the Turn of the 20th Century," *Journal of Economic History* 71(2): 383-412.

Chandler, L. V., 1970, *America's Great Depression, 1929-1944*, New York: Harper and Row.

Costa, Dora L., 1998, *The Evolution of Retirement*, Chicago: University of Chicago Press.

Epstein, A., 1928, *The Challenge of the Aged*, New York: The Vanguard Press.

Friedberg, L., 2003, "The Impact of Technological Change on Older Workers: Evidence from Data on Computer Use," *Industrial and Labor Relations Review* 56(3): 511-

529.

Graebner, W., 1980, *A History of Retirement: The Meaning and Function of an American Institution*, New Haven: Yale University Press.

Gruber J. and D. Wise, 1999, *Social Security and Retirement around the World*, Chicago: University of Chicago Press.

Haber, C., 1983, *Beyond Sixty-Five: The Dilemma of Old Age in America's Past*, New York: Cambridge University Press.

Hurd, Michael. D., 1996, "The Effect of Labor Market Rigidities on the Labor Force Behaviors of Older Workers," David W. Wise (ed.), *Advances in the Economics of Aging*, Chicago: University of Chicago Press, pp.11-60.

Johnson, Paul, 1984, "Self-Help versus State Help: Old Age Pensions and Personal Savings in Great Britain, 1906-1937," *Explorations in Economic History* 21: 329-350.

Johnson, Paul, 1994, "The Employment and Retirement of Older Men in England and Wales, 1881-1981," *Economic History Review* 47(1): 106-128.

Keyssar, A., 1986, *Out of Work: The First Century of Unemployment in Massachusetts*, New York: Cambridge University Press.

Lee, Chulhee, 2002, "Sectoral Shift and Labor-Force Participation of Older Males in America, 1880-1940," *Journal of Economic History* 62: 512-523.

Lee, Chulhee, 2004, "Intra-Household Transfers and Old-Age Security in America, 1890-1950," *International Economic Journal* 18: 79-102.

Lee, Chulhee, 2005, "Labor Market Status of Older Males in the United States, 1880-1940," *Social Science History* 29(1): 77-106.

Lee, Chulhee, 2009, "Technological Changes and Employment of Older Manufacturing Workers in Early-Twentieth-Century America," NBER Working Paper No.14746.

Lee, Chulhee, 2010, "Labor Force Participation of Older Males in Korea: 1955 to 2005," Tacatoshi Ito and Andrew Rose (eds.), *The Economic Consequences of Demographic Change in East Asia*, Chicago: University of Chicago Press for NBER, 281-320.

Murphy, K. and L. Katz, 1992, "Changes in Relative Wages, 1963-1987: Supply and Demand Factors," *Quarterly Journal of Economics* 107: 35-78.

Quadagno, J., 1987, "Theories of the Welfare State," *American Review of Sociology* 13: 109-128.

Shearon, Marjorie, 1938, "Economic Status of the Age," *Social Security Bulletin* (March,

1938).
Squier, L. W., 1912, *Old Age Dependency in the United States*, New York: Macmillan.
United States Bureau of the Census, 1975, *Historical Statistics of the U.S.: Colonial Times to 1970*, Vol. 1, Washington, D.C.: Government Printing Office.

제8장

한국의 소득분배:
장기추이와 국제 비교

김낙년
(동국대학교 경제학과 교수)

I. 머리말

소득불평등은 경제성장과 함께 삶의 질에 커다란 영향을 미치는 요인으로 주목되어왔으며, 그에 대한 연구도 풍부하다. 그렇지만 경제성장에 관해서는 국민계정과 같이 포괄적이고 체계적인 지표가 개발되어 있는 반면, 소득불평등의 실태를 보여주는 지표는 거기에 크게 미치지 못한다. 현재 통계청은 소득불평등의 실태를 보여주는 지표로서 가계조사에 의거하여 작성된 지니계수, 10분위별 소득, 상대적 빈곤율 등을 발표하고 있고, 소득분배 연구에 널리 이용되고 있다. 그렇지만 이들 지표에는 후술하는 바와 같이 문제점 또한 적지 않다.

이 글은 두 가지 과제를 다룬다. 첫째, 한국의 소득불평등이 어느 수준이고 어떻게 추이해왔는지를 더욱 신뢰할 수 있는 자료에 의거하여 제시하는 것이다. 먼저 통계청의 공식 통계가 의거하고 있는 가계조사가 얼마나 실태를 반영하고 있는지를 검토한다. 가계조사의 커버리지가 이전 시기로 거슬러 올라갈수록 좁아져 대표성이 떨어지며, 일관성 있는 계열이 의외로 짧다. 그뿐만 아니라 가계조사에서 최상위 소득자가 적지 않게 빠졌고, 파악된 경우에도 소득의 과소보고가 심각하다는 문

* 이 글은 2012~2013년 서울대학교 경제연구소 학술사업의 연구비 지원을 받았다.

제가 제기되어 있다(김낙년·김종일 2013). 여기서는 가계조사가 파악한 소득을 국민계정(한국은행)이나 소득세 통계(국세청)와 같이 비교의 준거가 될 수 있는 통계와 대조하여 소득의 과소보고가 어디에서 얼마나 나타났는지를 구체적으로 밝히고, 나아가 이를 보정할 경우 통계청의 지니계수 등이 어느 방향으로 얼마나 수정되는지를 보이고자 한다.

그리고 가계조사의 이러한 자료적 한계를 보완하는 것으로서 소득세 자료를 이용한 소득집중도 지표를 제시한다. 소득세 자료는 면세점 이하의 소득자에 관한 정보를 얻을 수 없지만, 장기에 걸쳐 자료의 수집이 쉽고, 소득구간별로 납세자의 소득을 모두 파악하고 있다는 장점이 있다. 따라서 가계조사와 같은 샘플조사에서는 기대할 수 없었던 소득자의 상위 1%뿐만 아니라, 0.1%나 0.01%와 같은 최상위 소득층으로의 소득집중도를 추정할 수 있다. 이를 통해 한국의 소득불평등의 수준이 국제적으로 비교하여 어느 위치에 있는지, 그리고 보다 장기에 걸쳐 어떻게 변화됐는지를 제시하고자 한다.

그런데 이상에서 파악된 소득분배 지표의 장기 추이에 따르면, 해방 전에는 소득불평등이 매우 높은 사회였고, 해방 후에는 불평등도가 크게 떨어진 후 고도성장기에 걸쳐 안정적으로 추이했지만, 외환위기 이후 소득불평등이 급속히 악화되는 U자형의 양상을 보인다. 이 글의 두 번째 과제는 특히 외환위기 이전과 이후에 소득분배 양상이 단절적인 변화를 보인다는 점에 주목하고, 그러한 변화를 가져온 요인이 무엇인지를 살펴보는 것이다.

이하는 다음과 같이 구성되어 있다. II절에서는 먼저 통계청의 소득분배 지표가 어떤 편향을 얼마나 가지고 있는지를 검토하고, 이를 보정한 결과를 제시한다. III절에서는 소득세 자료에 의거하여 상위 소득계층(예컨대 상위 0.01%, 0.1%, 1% 등)이 전체 소득의 몇 %를 차지하고 있는지를 제시하고, 국제비교의 관점에서 한국의 특징을 검출한다. 나아가 가계조사와 소득세 자료를 보완적으로 활용하여 전체 계층의 소득분배 추이를 제시한다. IV절에서는 이상에서 밝혀진 1990년대 중엽 이후 소득 불평등의 급속한 악화가 어떤 요인에 의한 것인지를 고찰한다. V절은 이상의 논의를 마무리한다.

II. 가계조사에 의한 접근[1]

1. 통계청의 소득분배 지표

여기서는 먼저 통계청이 발표해온 소득분배 지표가 실태와 상당히 동떨어져 있을 수 있다는 의문을 제기한다. 통계청은 가계동향조사에 의거하여 소득분배 지표(지니계수, 5분위 배율, 상대적 빈곤율 등)를 발표하고 있다. 그렇지만 이들 지표의 조사대상(커버리지)이 처음에는 도시 근로자 가구(2인 이상)로 한정되었다가, 1990년 이후에는 도시 자영업자 가구(2인 이상)를 포함하게 되었고, 2003년 이후에는 비도시가구(농어가 및 1인 가구 제외)를, 나아가 2006년 이후에는 1인 가구(농어가 제외)를 포함하도록 확대되었다. 현재 통계청의 홈페이지(KOSIS)는 도시 근로자 가구(2인 이상)의 경우 1979년까지 소급하여 소득 10분위별 통계를 제시하고 있지만, 지니계수 등의 분배지표는 1990년 이후로 한정하여 발표하고 있다.

〈그림 8-1〉은 통계청이 발표하는 지니계수의 추이를 전술한 조사대상의 범위별로 보인 것이다. 가장 계열이 긴 것은 도시가구(2인 이상)이고,

---

1 II절은 김낙년·김종일(2013)에 크게 의존하고 있다.

전체 가구를 대상으로 하는 지니계수는 2006년 이후로 계열이 짧다. 여기서 전체 가구는 1인 이상 가구를 포함할 뿐만 아니라 가계조사에서 제외된 농가를 별도의 농가경제조사 결과를 이용하여 보완한 것이다. 그리고 지니계수는 대상 소득의 범위에 따라 시장소득과 가처분소득의 두 가지로 제시되고 있다.[2] 시장소득에 의한 지니계수가 가처분소득보다 높은 것은 소득재분배의 효과를 반영하기 때문이다. 양자의 차이가 최근으로 올수록 벌어지고 있어, 소득재분배 효과가 늘어나고 있음을 보여준다.

이상은 통계청의 가계동향조사에 의거한 것인데, 〈그림 8-1〉에는 통계청이 1996년과 2000년에 실시한 가구소비실태조사에 의거하여 산출한 지니계수를 추가하여 제시하였다. 이 조사는 농가를 제외한 전체 가구(1인 가구 포함)를 대상으로 한다는 점에서 2006년 이후의 가계동향조사와 커버리지가 동일하다. 따라서 조사 커버리지라는 점에서는 가구소비실태조사와 2006년 이후의 가계조사가 연결 가능하다. 여기서는 1996, 2000년과 일관되게 비교할 수 있도록 2006년과 2010년을 선정하여 농가를 포함하지 않는 지니계수를 산출하여 제시하였다.

이상을 전제로 하여 〈그림 8-1〉에서 먼저 읽을 수 있는 것은 지니계수가 1990년대 이후 완만하게 상승하고 있으며, 2000년대 말부터 정체 내지 감소로 돌아섰다는 것이다. 그리고 조사대상의 커버리지가 높아질수록(즉 계열이 짧을수록) 지니계수가 높아짐을 알 수 있다. 이것은 조사대상에서 제외된 비도시가구 또는 1인 가구의 소득이 상대적으로 낮았음을 뜻하며, 이들을 포함할 경우 앞 시기의 지니계수는 더 높은 수준이었을 것으로 추론할 수 있다. 따라서 지니계수 계열이 긴 것은 조사 커버리지가 낮기 때문에 그 수준과 추이가 실태를 얼마나 반영하는지 알기

2 시장소득은 근로소득, 사업소득, 재산소득, 사적 이전소득의 합계로 정의되며, 가처분소득은 시장소득에 다시 공적 이전소득(공적 연금, 기초노령연금, 사회수혜금, 세금환급금)을 더하고 비소비지출(경상조세, 연금, 사회보험)을 공제하여 구한다.

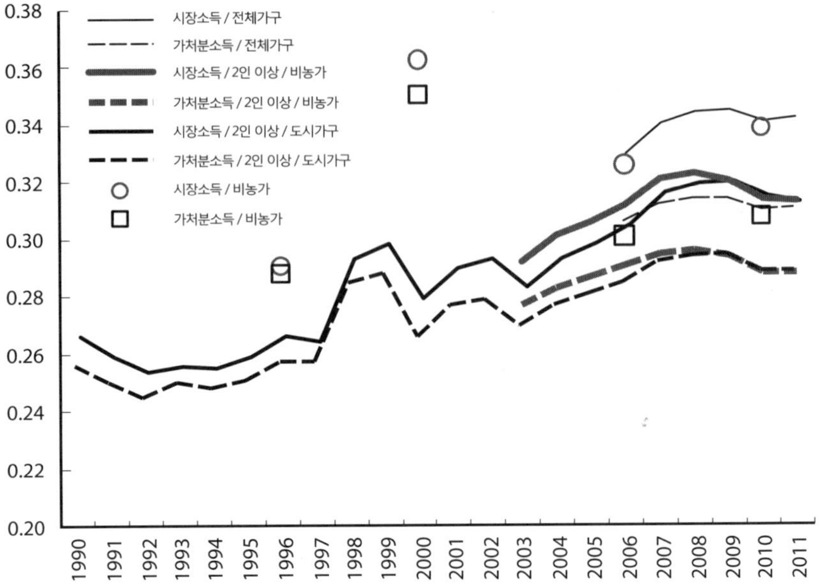

그림 8-1 통계청의 지니계수 추이

자료: 통계청, KOSIS; 『가구소비실태조사』(원자료); 『가계동향조사』(원자료).

어렵다.

그런데 〈그림 8-1〉에서 동그라미나 네모로 나타낸 네 시점(1996, 2000, 2006, 2010년)에 한정하여 보면 전체 가구(농가는 제외)를 커버한다는 점에서 일관된 비교가 가능하다. 그에 따르면 시장소득(동그라미)과 가처분소득(네모) 간의 지니계수 격차가 후기로 갈수록 커진다는 점은 가계동향조사에서도 마찬가지로 확인되는 점이다. 그렇지만 지니계수의 수준과 추이는 상당히 다른 양상을 보인다. 예컨대 2000년의 지니계수는 가계동향조사에 비해 단순히 조사 커버리지의 차이로 설명될 수 없는 정도로 격차가 벌어져 있다. 그 결과 1996~2000년간의 지니계수 상승은 가계동향조사 결과에 비해 매우 가파르며, 2000~2006년간은 거꾸로 지니계수가 크게 감소하여 가계동향조사 결과와 모순되는 모습을 보인다. 이러한 통계청의 두 가계조사 중에서 어느 쪽이 더 실태를 반영하고 있

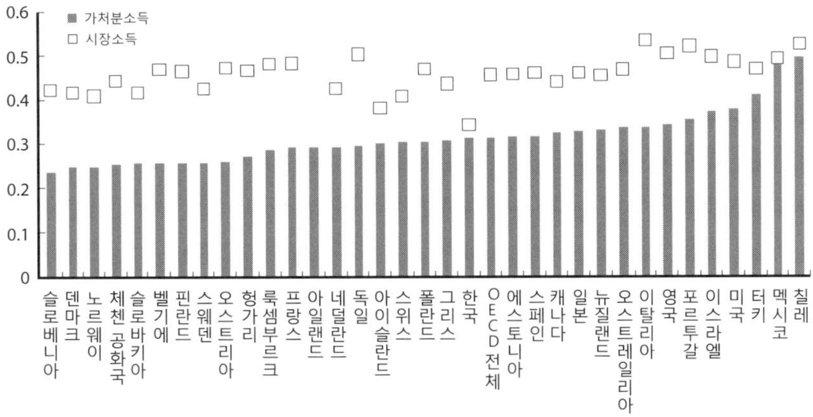

그림 8-2 지니계수의 국제 비교(시장소득 vs. 가처분소득, 2000년대 말)

자료: OECD(http://stats.oecd.org/Index.aspx?DatasetCode=INEQUALITY).

는 것일까? 그리고 두 조사 결과 간의 이러한 부정합 또는 모순은 어디에 기인하는 것일까? 여기서는 이 문제를 천착하기로 한다.

그 전에 통계청의 지니계수를 다른 나라와 비교할 경우에 어떤 문제가 야기되는지를 언급해두기로 한다. 〈그림 8-2〉는 2000년대 말 시점에서 한국을 포함한 OECD 국가의 지니계수를 제시한 것이다. 통계청의 소득분배 지표 중에서 전체 가구를 커버하는 OECD 기준을 충족하는 것은 〈그림 8-1〉의 2006년 이후 계열에 한정된다. 먼저 가처분소득 기준으로 보았을 때 한국의 지니계수는 0.314이며, OECD 국가의 평균 수준임을 알 수 있다. 종래 소득불평등의 국제비교에서 한국의 위상이 OECD 국가의 중간 정도의 수준이라는 일반적인 인식은 바로 여기에 근거를 두고 있다.

그렇지만 〈그림 8-2〉에서 주목하고자 하는 것은 시장소득 기준의 지니계수는 0.344로 되어 있는데, 전체 OECD 국가 중에서 한국이 가장 낮다는 점이다. 그럼에도 한국의 지니계수가 가처분소득 기준에서는 OECD 국가의 평균 수준으로 나온 것은 한국이 소득재분배의 효과

(〈그림 8-2〉에서 시장소득과 가처분소득의 갭으로 측정되는)가 멕시코를 제외하면 가장 낮은 수준이기 때문이다. 〈그림 8-2〉는 전체 인구에 관한 것인데, 이를 65세 이하의 생산연령인구와 65세를 넘는 노령인구로 나누어 보면, 노령인구에서 가처분소득 기준의 지니계수는 멕시코와 칠레 다음으로 높은 대신, 생산연령인구에서는 지니계수가 약간 낮아진다. 양쪽의 어느 경우든 시장소득 기준으로 보면 한국의 지니계수가 가장 낮은 것으로 나온다. 그것도 OECD의 다른 나라는 아이슬란드를 제외하면 시장소득 기준 지니계수가 모두 0.4를 넘고 있는데, 한국은 그보다 훨씬 낮은 이상치(outlier)로 보인다.

과연 시장소득 기준으로 한국의 불평등도가 가장 낮다는 〈그림 8-2〉의 통계를 받아들일 수 있을까? 만약 한국의 시장소득 지니계수가 다른 나라보다 낮은 0.4 정도라고만 해도, 가처분소득 기준으로 보면 한국의 소득불평등도는 3~4위의 수준으로 뛰어오르게 된다. 이처럼 시장소득과 가처분소득 기준의 두 지니계수 사이의 갭이 미미한 것은 한국의 소득재분배 효과가 다른 OECD 국가에 비해 현저히 낮은 수준이기 때문으로 이해되고 있지만, 그 정도가 멕시코 다음으로 가장 작다는 것이 과연 사실일까?

요컨대, 한국의 가처분소득 기준 불평등도가 OECD 국가 중에서 중간 정도의 수준이라는 것은, 사실은 이와 같은 두 가지 극단(즉 시장소득 기준 지니계수와 소득재분배 효과가 모두 가장 낮은 그룹에 속한다는)이 서로 상쇄된 결과이다. 이 국제비교에 사용된 한국의 통계는 〈그림 8-1〉의 2006~2011년에 걸친 전체 가구의 지니계수인데, 과연 그것을 얼마나 신뢰할 수 있을 것인지가 문제가 된다. 앞에서 1996~2000년의 가구소비실태조사와 2006년 이후의 가계동향조사 결과 간의 모순을 지적했는데, 그 원인을 구명하기 위해서는 두 조사의 원자료 자체를 검토할 필요가 있다.

2. 기존 지표의 수정

먼저 통계청의 소득분배 지표가 의거하고 있는 가계조사의 특성과 한계를 소득세 자료와 비교해보기로 한다. 〈표 8-1〉에서 먼저 지적할 수 있는 것은, 가계조사는 표본조사이지만 소득세 자료는 소득세를 납부한 자들의 전수(全數)를 집계한 통계라는 점이다. 후자의 문제는 면세점 이하의 소득자들이 모두 빠진다는 점, 원자료를 공개하고 있지 않기 때문에 소득구간별로 집계된 통계만을 알 수 있다는 점이다. 이것은 그동안 소득세 자료가 소득분배를 분석할 때 본격적으로 이용되지 못했던 이유라고 할 수 있다. 그렇지만 관심을 상층의 소득자에게 한정할 경우 소득세 자료가 가계조사보다 월등하게 우위에 있다고 할 수 있다.

또 하나 종래 가계조사는 소득세 신고에 비해 과소 보고의 유인이 크지 않다고 생각되어왔고, 그 점에서 탈세의 문제가 있는 소득세 자료에 비해 우위에 있다고 생각되어왔다. 그렇지만 후술하듯이 상위 소득자의 경우 가계조사와 소득세 통계를 비교해보면, 가계조사의 과소 보고 문제가 심각함을 알 수 있다. 과소 보고에 대한 유인이 소득세 자료

표 8-1 가계조사와 소득세 자료의 비교

구분	가계조사	소득세 자료
조사 단위	가구	개인
데이터의 성격	표본조사 (5,000~10,000 가구)	소득구간별로 전수가 집계된 통계
조사에서 빠진 부분	1인 가구 등	면세점 이하 소득자
과소 보고		
유인	△	○
벌칙	×	○
조사의 한계	무응답 가구	탈세
원자료	이용 가능	불가능
일관된 계열	짧다	길다
국제비교	가능	가능
불평등지표	지니계수 등	소득집중도

에 비해 낮다고 할 수 있지만, 가계조사는 그에 대한 벌칙도 사실상 없기 때문에 그를 막을 길이 거의 없다. 그 외에 가계조사의 무응답 비율이 20%에 달하고 있는데, 그들 중에는 소득이 높은 가구가 다수 포함되어 있을 것으로 생각된다. 이를 어떻게 보완했는가에 따라 조사결과가 실태와 괴리될 가능성을 배제하기 어렵다.

이러한 점을 감안해볼 때 특히 상층의 경우에는 가계조사의 과소 보고 등의 편향이 얼마나 있는지를 소득세 자료를 준거로 하여 평가할 수 있음을 알 수 있다.

먼저 가계조사 결과가 상층 소득자를 제대로 파악하고 있는가를 검토하기 위해 다음의 두 가지 접근을 해보고자 한다. 첫째, 조사대상의 범위가 같은 두 가계조사(가구소비실태조사와 가계동향조사) 결과인 1996, 2000, 2006, 2010년을 대상으로 하여 소득구간별 소득자의 분포가 어떻게 변했는지를 비교해보기로 한다. 이를 위해서 가구 단위로 조사된 소득을 개인 기준으로 바꾸고자 한다. 두 가계조사는 모두 가구주, 배우자, 기타 가구원으로 나누어 각각 어떤 종류의 소득(근로소득, 사업소득, 재산소득, 이전소득)을 얼마나 얻고 있는지에 관한 정보를 주기 때문에, 약간의 조정을 거치면 이를 개인별 소득으로 전환할 수 있다.

〈그림 8-3〉은 이렇게 구한 각 연도의 개인별 소득이 소득구간별로 어떻게 분포되어 있는지를 비교한 것이다. 그림의 X축은 개인별 연소득(단위: 백만 원)을 12개 소득구간으로 나누었으며, Y축은 소득구간별로 인원수의 분포를 보여준다. 각 연도의 소득구간은 동일하게 설정되었으며, 그해의 명목소득을 그대로 사용하였다. 4개 연도 모두 소득자가 가장 많은 구간은 1,000~2,000만 원 구간이며, 그로부터 1억 원 구간까지는 최근 연도로 올수록 그래프가 오른쪽으로 이동하고 있음을 알 수 있다. 이것은 각 연도 사이에 명목소득이 늘어난 것을 반영하는 것이다. 그런데 여기서 주목하고자 하는 것은 1억 원 이상 소득구간에서는 그 현상이 오히려 거꾸로 나타난다는 점이다. 즉 〈그림 8-3〉의 로그 눈금을 보

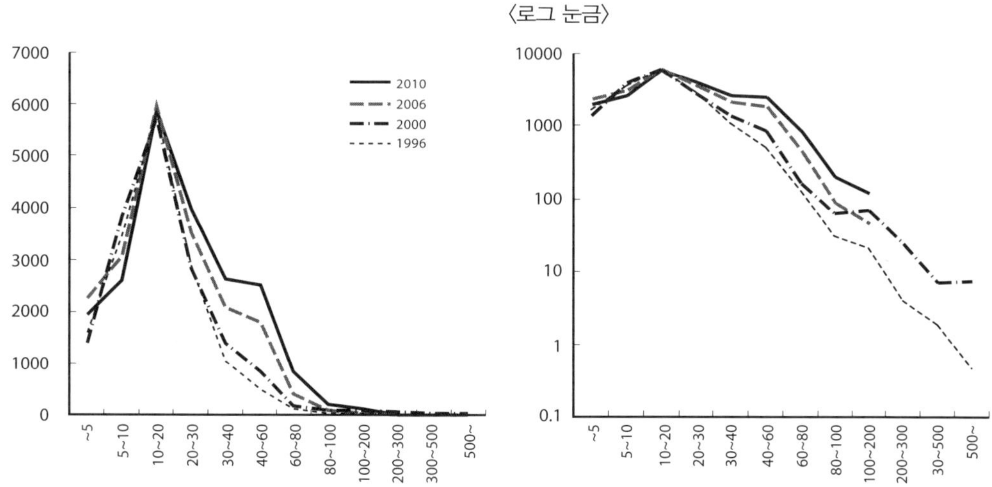

그림 8-3 가계조사 자료의 소득구간별 인원수 분포 비교

주: Y축은 인원수(단위: 천 명)이고, X축은 소득구간(단위: 백만 원)을 나타낸다.
자료: 통계청, 『가구소비실태조사』(원자료); 『가계동향조사』(원자료).

면, 1996~2000년의 경우는 1억 이상의 각 구간에서 소득자 수가 늘어나고 있지만, 가계동향조사가 시행된 2006년과 2010년에는 그 이전 시기에 비해 파악된 소득자가 줄었거나 아예 누락되었음을 알 수 있다. 실질소득이 아니라 명목소득으로 비교해도 그러하다는 것은 상위 소득자의 누락이 이보다 더욱 심각함을 뜻한다. 2006년 이후의 가계조사는 1인 이상 가구를 포함하는 등 조사를 개편한 것으로 되어 있지만, 상위 계층의 소득 파악은 가구소비실태조사에 비해 오히려 후퇴한 것을 알 수 있다.

그런데 각 연도의 가계조사 결과를 비교하는 것만으로는 어느 쪽이 얼마나 과대 또는 과소 평가되었는지를 판단하기 어렵다. 이를 위해서는 가계조사 이외의 소득 자료에서 이를 평가할 수 있는 기준을 찾을 필요가 있다. 여기서는 두 번째 방법으로서 두 가계조사의 소득분포를 소득세 자료에 의거하여 평가해보기로 한다. 국세청의 소득세 자료는 과세 대상 인원수와 그들의 소득금액을 소득구간별로 집계하여 제시하고 있으므로, 이를 이용하면 〈그림 8-3〉과 같은 소득구간별 인원수 분포를 구할 수 있다. 다만 이를 이용할 때 몇 가지 유의할 점이 있다. 하나는 소득세 자료에는 과세 미달자가 제외되기 때문에 상층의 소득을 파악하는 데는 문제가 없지만, 소득이 낮아짐에 따라 통계에서 누락된 자들이 급속히 늘어난다는 점이다. 또 하나는 소득세 통계로 소득분포의 전모를 보이기 위해서는 종합소득세와 근로소득세 자료를 통합할 필요가 있다는 점이다.[3]

〈그림 8-4〉는 2010년의 가계조사와 소득세 자료에 의한 소득분포를 함께 제시하였는데, 다른 해도 크게 다르지 않기 때문에 지면의 제약을 고려하여 생략하였다. 통상의 눈금과 함께 상위의 소득분포를 잘 드러낼 수 있도록 로그 눈금으로도 제시하였다. 이것과 〈그림 8-3〉과의 차이는 소득구간이 덜 세분되어 있고, 연도에 따라 구간이 다르게 설정되어 있다는 점이다. 소득세 자료의 경우 원자료에 접근할 수 없고 『국세통계연보』에 실려 있는 소득구간별로 집계된 인원수와 소득금액 통계만을 이용할 수 있다. 따라서 여기서는 소득세 통계의 소득구간[4]을 전제로 하고, 거기에 맞추어 가계조사의 소득분포를 다시 집계한 것이다.

〈그림 8-4〉에서 가계조사의 소득분포가 실태와 얼마나 괴리되었는가를 판단하는 기준은 소득세 통계에 의한 소득분포가 된다. 물론 소득세 통계에도 탈세로 인한 누락이 있을 수 있다. 근로소득의 경우 고용주에 의해 원천 징수되기 때문에 탈세의 가능성이 미미하지만, 사업소득의 경우에는 납세자 자신의 소득신고에 의거하고 있어 과세당국이 파악하지 못해 탈루되는 소득이 어느 정도 존재할 것으로 생각된다.[5] 따라서

---

3 종합소득세와 근로소득세 자료를 통합할 때에는 양자가 중복되는 부분을 추정하여 제외할 필요가 있다. 여기서는 김낙년(2012a)의 추정 방법을 따랐다.

4 소득세 통계의 소득구간은 실제로는 종합소득세와 근로소득세 자료를 통합하고 소득구간을 급여총액 기준으로 바꾸는 과정에서 조정이 이루어진다. 구체적인 절차에 관해서는 김낙년(2012a)을 참조.

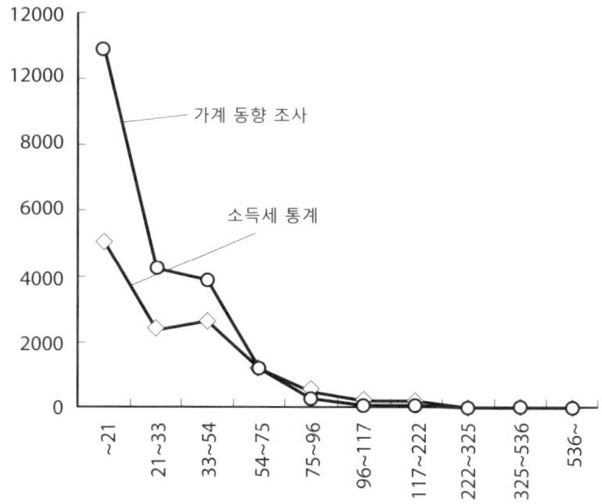

그림 8-4 가계조사와 소득세 통계의 소득구간별 인원수 비교(2010)

주: Y축은 인원수(단위: 천 명)이고 X축은 소득구간(단위: 백만 원)을 나타낸다.
자료: 통계청, 『가계동향조사』(원자료); 국세청, 『국세통계연보』; 김낙년(2012a).

〈로그 눈금〉

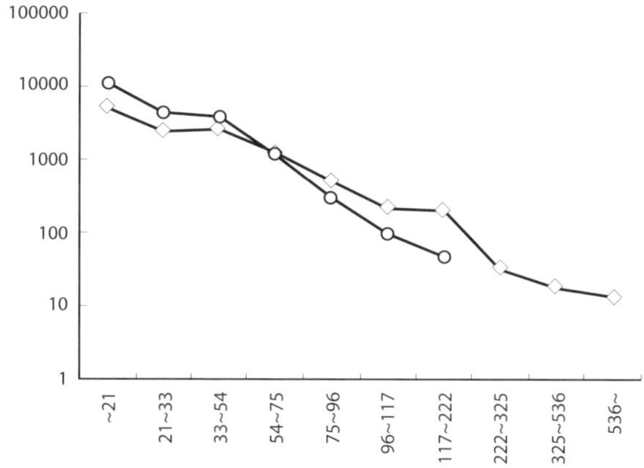

〈그림 8-4〉의 소득세 통계에 의한 소득분포 인원수는, 정확한 탈루 규모를 알 수 없지만, 그 부분만큼 과소 파악된 것으로 볼 수 있으며, 실제 인원수의 최저한이라고 할 수 있다.

---

5 2010년은 소득세 통계로 파악된 개인소득이 국민계정에서 파악된 대응 소득의 92%를 차지한다. 이를 소득 종류별로 나누어보면 임금 및 급여는 97.4%, 이자소득은 98.7%, 배당소득은 92.1%, 사업소득은 74.3%로 나타났다(김낙년 2012a: 99). 사업소득은 적지 않은 소득의 탈루가 이루어진 것으로 판단된다.

이에 따르면 54~75(백만 원) 소득구간을 경계로 하여 그 이상의 소득구간에서는 소득자들이 상당히 과소하게 파악되었거나 아예 누락되었음을 알 수 있다. 가계동향조사의 이러한 문제는 전체 연도에서 대동소이하게 나타난다. 2006년에는 가구소비실태조사를 중단한 대신 가계동향조사의 조사대상을 확대하는 방향으로 표본을 개편하였지만, 상위 소득구간에서 소득을 제대로 파악하지 못한 문제는 그다지 나아지지 않았음을 알 수 있다. 이에 비해 〈그림 8-3〉에서 알 수 있듯이 1996, 2000년의 가구소비실태조사는 가계동향조사보다 상위 소득자를 훨씬 더 많이 파악하였음을 알 수 있다. 이상을 전제로 해서 보면, 〈그림 8-1〉에서 본 2000~2006년의 지니계수의 급락은 실태를 반영하는 것이 아니라 〈그림 8-3〉과 〈그림 8-4〉에서 드러난 자료상의 문제에 기인할 가능성이 매우 큼을 알 수 있다. 그리고 2006년 이후의 지니계수도 상위 소득층을 제대로 반영하지 못했기 때문에 상당히 과소평가되었을 것임을 알 수 있다.

한편, 가계조사는 금융소득(이자와 배당)을 제대로 파악하지 못했다. 〈표 8-2〉는 가계조사가 파악한 금융소득을 전체 금융소득(국민계정으로부터 가계에 귀속되는 금융소득을 추출)과 비교해보면, 가구소비실태조사에서는 20% 전후를 파악하였지만, 가계동향조사에서는 5% 전후에 불과하여 오히려 후퇴하고 있을 뿐만 아니라 금융소득의 과소 파악이 매우 심각함을 알 수 있다.

그런데 가구소비실태조사는 금융소득 이외에 저축액[6]도 함께 조사하였는데, 이를 금융소득과 비교해볼 수 있다. 그에 따르면 저축액이 0보다 큰 것으로 나와 있는 표본가구의 비율은 1996년과 2000년에 92.5%와 97.4%였지만, 금융소득이 0보다 큰 표본가구의 비율은 같은 해에

6 저축액은 조사 시점에서 총저축 보유액인데, 여기에는 은행권 저축(요구불 및 저축성), 비은행권 저축, 신탁, 보험권 저축, 유가증권, 계 불입금, 빌려준 돈이 포함되어 있다.

표 8-2 가계조사에서 파악된 금융소득

	1996	2000	2006	2010
전체 표본 수	24,290	23,720	12,458	10,667
저축액이 0보다 큰 표본 비율(%)	97.4	92.5		
금융소득이 0보다 큰 표본 비율(%)	21.8	37.8	7.4	9.3
파악된 금융소득(조 원) A	6.59	9.94	2.16	2.46
전체 금융소득(국민계정, 조 원) B	37.58	42.43	37.61	50.19
비율(%) A/B	17.5	23.4	5.7	4.9

주: 1) 금융소득은 이자와 배당 소득의 합계이다.
2) 1996, 2000년은 가구소비실태조사, 2006, 2010년은 가계동향조사이다.

21.8%와 37.8%에 불과하였다. 다시 말하면 대부분의 가구가 다소라도 금융소득이 존재하지만, 많은 가구가 이를 아예 기입하지 않았거나 기입하더라도 어림짐작으로 과소 기입했으리라 생각된다. 가계동향조사의 경우에는 저축액을 따로 조사하지 않았지만, 금융소득이 0보다 큰 경우가 2006, 2010년에 각각 전체 표본가구의 7.4%와 9.3%에 불과하다. 금융소득의 과소 보고가 더욱 심각했음을 알 수 있다. 금융소득이 상위 소득층에게 집중되는 경향이 있음을 고려한다면, 이렇게 과소평가된 가계조사의 금융소득을 그대로 사용할 경우 소득분배 지표가 왜곡될 수 있다.

이상과 같이 가계조사 결과를 소득세 통계나 국민계정 통계와 비교해보면, 상층 소득자에게서 표본의 누락이 심각하며, 금융소득의 경우도 상당히 과소 보고되었음을 알 수 있다. 이것은 통계청의 지니계수가 불평등을 과소 평가하는 편향이 큼을 말해준다. 여기서는 이러한 편향을 다음과 같은 방법으로 보정하기로 한다. 구체적인 것은 김낙년·김종일(2013)을 참고하도록 하고, 여기서는 추계의 아이디어와 결과만을 제시하기로 한다.

먼저 상층 소득자의 누락은 다음과 같이 보정하였다. 〈그림 8-4〉에서 가계조사에서 아예 누락된 최상위 3개 소득구간(222~325백만 원 구간 이상)에서는 소득세 자료의 인원수와 소득을 그대로 채택하여 가계조사

자료에 추가한다.[7] 가계조사에서 파악된 인원수가 소득세 자료보다 적은 소득구간(그 이하에서 54~75백만 원 구간까지)은 가계조사의 인원수를 소득세 자료의 인원수와 일치하도록 가중치를 늘려주었다. 마지막으로 54~75백만 원 미만 구간에서는 가계조사의 수치를 채택한다. 다만, 앞에서 상위 소득구간의 인원수가 새롭게 추가되거나 늘어났기 때문에 그 이하의 소득구간에서는 가중치를 늘어난 비율만큼 일률적으로 줄여주었다. 그 결과 가계조사의 당초 전체 가중치(즉 인원수)는 변하지 않도록 하였다. 이 보정방법은 다른 해에도 대체로 동일하게 적용하였다.

그다음 누락된 금융소득은 다음과 같은 방법으로 보정하였다. 먼저 1996, 2000년의 경우 과소평가된 원자료의 금융소득보다는 파악률이 훨씬 높은 저축액을 이용하기로 한다. 즉 각 가구의 금융소득액과 저축액이 비례한다는 가정에서 금융소득 총액을 각 가구에 배분하는 방법으로 가구당 금융소득을 추정하였다. 저축액이 금융소득의 원천이라는 점을 고려하면 이 방법이 실태를 크게 왜곡하지는 않을 것으로 생각한다. 그런데 2006년과 2010년의 경우에는 가계조사에서 저축액이 조사되지 않았기 때문에 이 방법을 이용하기 어렵다. 그 대신에 가계의 금융실태를 조사한 『가계자산조사』(2006년)와 『가계금융조사』(2010년)의 원자료를 이용하였다. 즉 이들 자료의 저축액을 기초로 추정된 금융소득과 경상소득의 통계적 관계를 해당년의 가계조사의 가구별 경상소득에 적용하여 추정하는 방법이다.

그런데 2010년에는 금융소득종합과세에 관한 정보를 알 수 있는데, 이를 이용하면 추가적인 보정이 가능하다. 최상층의 경우 이를 통해 대부분의 금융소득이 파악되기 때문이다. 그에 따르면 위의 추정방법이

---

7 이들은 개인이지만, 가구주로 간주한다. 그리고 지니계수를 구하는 데 필요한 가족 수에 관한 정보가 없지만, 가계조사에서 파악된 최상위 계층의 평균 가족 수를 이들 누락 구간에도 적용하기로 하였다.

특히 최상층의 금융소득을 설명하는 데 한계가 있음을 알 수 있다. 그 이유는 최상층으로 갈수록 배당소득이 기하급수적으로 늘어나는데, 위의 추정식은 이를 제대로 반영하지 못하기 때문이다. 여기서는 2010년의 경우 최상층 3개 소득구간은 금융소득종합과세 자료를 이용하였다. 그리고 자료가 없는 다른 해는 이들 3개 소득구간의 경우 금융소득이 전체 소득에서 차지하는 비율(2010년)을 적용하기로 하였다. 그 이하의 소득구간은 이를 제외한 나머지 금융소득을 배분하는 것으로 하였다.

이상은 시장소득에 관한 것인데, 그로부터 가처분소득을 구하기 위해서는 비소비지출을 빼고 공적 이전소득을 더할 필요가 있다. 그런데 가계조사는 이들 항목에서도 실태를 충분히 반영하지 못한 것으로 생각된다. 예컨대 비소비지출 중에서 경상소득세를 보면 가계조사가 파악한 것은 11조 원인데, 국세청이 징수한 소득세 총액 29조 원[8]에 크게 미치지 못한다. 여기서는 이러한 갭을 전면적으로 보정하지 않고, 특히 과소 파악되고 있는 최상위 3개 소득구간의 소득세를 바로잡는 데 그쳤다. 비소비지출에는 그 외에 국민연금 기여금과 건강보험료 등이 있고, 여기서도 가계조사의 과소 파악이 나타나지만, 이를 보정할 정보가 없어 그대로 두었다.

한편, 공적 이전소득에서는 공적 연금, 기초노령연금, 사회수혜금 등이 있는데, 여기서도 적지 않게 과소 파악되고 있다. 이와 관련하여 가계조사에서 또 하나 문제로 지적할 수 있는 것은 조사된 가처분소득이 그 가구의 소비지출에도 미치지 못하는 가구가 적지 않게 존재한다는 것이다. 이것은 논리상으로 모순되며, 만약 가계의 소비지출 조사가 소득조사보다 과소 보고의 유인이 적어 실태를 좀 더 반영하는 것으로 본다면, 조사에서 누락된 소득이 적지 않게 존재할 가능성을 시사하는 것

8 2010년의 전체 소득세 징수액 37조 원 중에서 경상소득세라 할 수 없는 양도소득세를 제외하여 구했다.

으로 볼 수 있다. 이 글에서 가계조사의 커버리지 한계나 과소 보고를 문제로 삼을 때 소득세 통계를 비교의 기준으로 삼았는데, 그것은 상위 소득층의 경우에는 유효하지만, 그 이하 소득자의 경우에는 그렇지 못하다. 여기서는 가계조사의 이러한 모순이 공적 이전소득을 포함한 여러 가지 소득 항목에서 소득의 파악이 불충분하였기 때문으로 해석한다. 그리고 이를 보정하는 방법으로 가처분소득이 소비 지출액의 1/2에도 미치지 못하는 가구는 그 소비 지출액의 1/2을 그 가구의 소득액으로 가정하기로 한다. 여기서 1/2로 한 것은 근거가 있는 것은 아니고 소비지출 일부를 과거의 저축액으로 충당할 수 있다는 점을 감안한 단순한 가정에 불과하다. 다만 이를 통해 특히 하위 소득층의 일부 가구에서 나타날 수 있는 소득조사의 부실함을 다소 보완하는 의미가 있다고 생각된다.

이상의 각 보정이 이루어짐에 따라 원래의 지니계수가 어느 방향으로 얼마나 변하는가를 보일 수 있지만, 지면의 제약으로 생략(구체적인 것은 김낙년·김종일 2013 참조)하고 그 결과만을 제시하기로 한다. 물론 이상의 보정은 자료의 제약 때문에 불충분하게(또는 최소한으로) 이루어졌지만, 그 결과로 얻은 지니계수는 상당히 크게 변화되었음을 알 수 있다.

먼저 〈그림 8-1〉에서 제시된 통계청의 지니계수와 함께 수정된 결과를 제시하면 〈그림 8-5〉가 된다. 여기서의 초점은 1996, 2000, 2006, 2010년의 네 시점에서 수정 전과 후의 비교이다. 먼저 1996년의 경우 통계청의 지표(〈그림 8-5〉에서 속이 빈 동그라미와 네모 표시)와 이를 보정한 지표(〈그림 8-5〉에서 속이 찬 동그라미와 네모 표시)가 큰 차이가 없으며, 시장소득(동그라미 표시)과 가처분소득(네모 표시)의 차이도 미미하다. 2000년의 경우 시장소득과 가처분소득 기준의 지니계수 차이가 다소 벌어지기 시작하였다는 점, 통계청의 지표가 수정결과보다 다소 과대평가되었다는 점을 알 수 있다. 이에 비해 2006년의 경우 가계동향조사에 의거한 통계청의 지니계수와 여기서 수정된 지표 간의 차이가 현격하게 벌

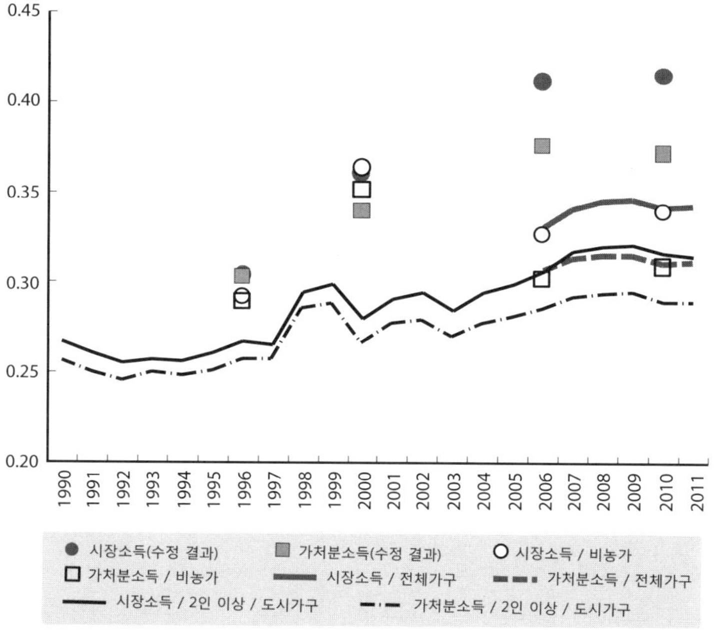

그림 8-5 통계청의 지니계수와 수정 결과 비교

자료: 김낙년·김종일(2013).

어졌음을 알 수 있다. 그 결과 통계청 지표와는 거꾸로 시장소득과 가처분소득 기준의 지니계수가 모두 큰 폭으로 상승하고 있다. 그리고 두 기준의 갭(그림에서 동그라미와 네모 표시의 갭)도 수정결과가 통계청 지표보다 좀 더 크게 벌어졌다. 마지막으로 2010년의 수정결과도 2006년과 마찬가지로 통계청 지표와의 현격한 갭이 유지되고 있다. 중요한 차이는 시장소득 지니계수는 완만하지만 상승을 지속하고 있는 데 비해 가처분소득 지니계수는 감소로 돌아선 반면, 통계청 지표에서는 그러한 동향이 보이지 않는다는 점이다.

이상에 비추어볼 때 가구소비실태조사는 비교적 실태에 접근한 것으로 보이는 반면, 가계동향조사는 2005년 이전에는 조사 커버리지가 낮다는 문제를 안고 있을 뿐만 아니라, 1인 가구를 포함하도록 개편된 2006년 이후에도 실태와 동떨어져 있었음을 알 수 있다. 이를 보정한 결과, 지니계수의 수준이 상당히 높아졌고, 그 추이도 통계청의 지표와 적지 않게 달라졌다. 수정결과에 따르면 지니계수가 1996~2006년의 10년간에 걸쳐 급속하고 일관되게 상승하였다는 점, 소득재분배 효과를 나타내는 시장소득과 가처분소득 지니계수 간의 갭이 벌어지고 있지만 통계청 지표는 이를 다소 과소평가하고 있다는 점, 2000년대 후반에는 시장소득 지니계수의 상승폭이 크게 둔화되었고 특히 가처분소득 지니계수는 감소로 돌아섰다는 점이 주목된다. 참고로 제시한 1990년까지 소급되는 통계청의 지니계수는 2인 이상의 도시가구에 한정되어 국제비교의 기준에 맞지 않을뿐만 아니라 앞서 살펴본 가계동향조사의 문제를 그대로 안고 있다. 따라서 본고의 수정결과는, 비록 매년의 지표를 제시할 수는 없었지만, 지난 15년간의 소득불평등의 수준과 추이를 더욱 잘 보여준다고 생각된다.

그러면 수정된 지니계수를 다른 나라와 비교하면 어떨까? 〈그림 8-6〉은 2000년대 말의 시점에서 OECD 주요 국가의 지니계수를 비교한 것이다. 지니계수를 시장소득과 가처분소득의 두 가지 기준으로 나누면 양자의 차이는 그 나라의 소득재분배 효과를 보여주는 것으로 볼 수 있다. 먼저 그림 A는 X축이 시장소득 지니계수를, Y축이 소득재분배 효과(즉 두 지니계수의 차이)를 나타내는 2차 평면 위에서 각국이 어디에 있는지를 보이고 있다. 그리고 그림 B는 X축을 시장소득 대신에 가처분소득 지니계수로 바꾼 것 이외에는 그림 A와 같다. 이를 통해 소득불평등에서 각국의 상대적 위상을 가늠할 수 있다.

이를 검토하기 전에 먼저 통계청의 지니계수와 이를 수정한 이 글의 결과가 어떻게 달라졌는지를 언급해두기로 한다. 그림 A를 보면 통계청(그래프의 '한국(통계청)')의 시장소득 지니계수가 이상치(outlier)라 할 정도로 다른 나라와는 현격하게 떨어져 있었던 것이, 수정된 결과('한국(본고)') 여전히 낮은 편이지만 이상치의 영역에서는 벗어난 것으로 보인다. 또 하나 소득재분배 효과는 수정 결과 다소 높아졌지만 다른 나

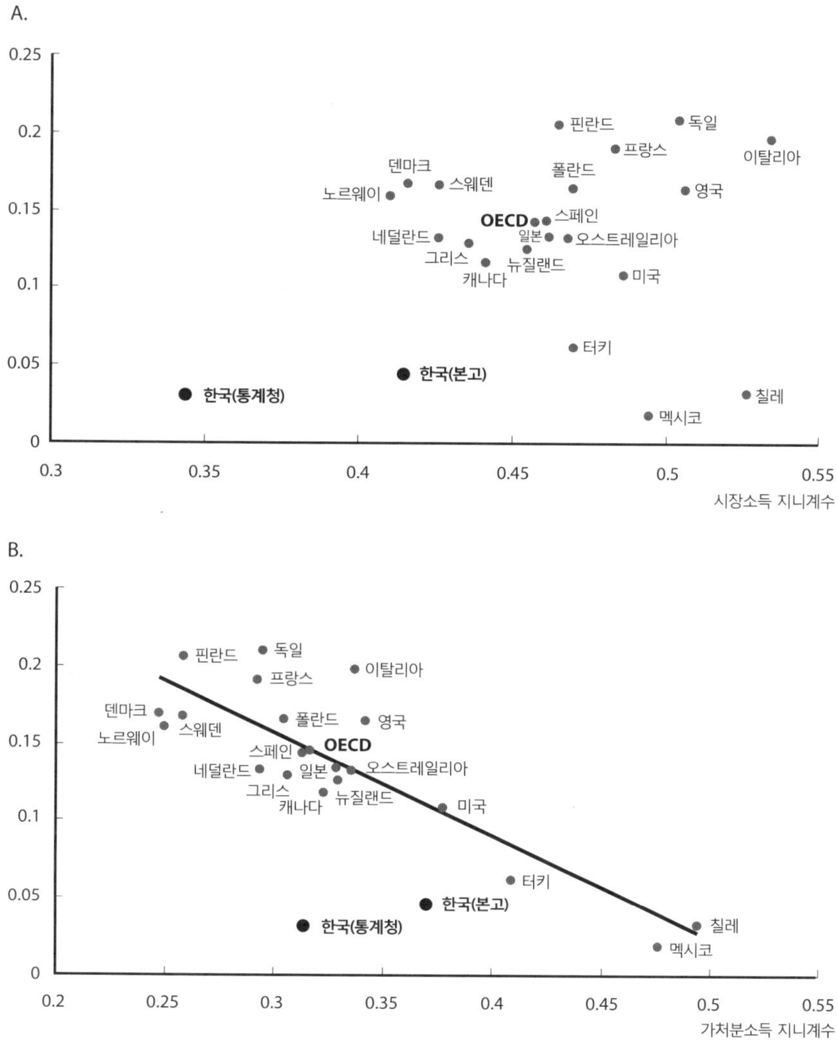

그림 8-6 지니계수의 국제 비교(2000년대 말)

주: Y축은 소득재분배 효과(= 시장소득 지니계수-가처분 지니계수)를 나타낸다.
자료: OECD(http://stats.oecd.org/Index.aspx?DatasetCode=INEQUALITY); 통계청 가계동향조사; 김낙년·김종일(2013).

라에 비하면 여전히 낮은 수준에 머물러 있다. 한편 그림 B를 보면, 통계청의 가처분소득 기준 지니계수가 OECD 국가의 중간에 위치한 것으로 나온다. 그렇지만 그것은 시장소득 지니계수가 그림 A와 같이 이상치의 영역에 있었고, 소득재분배 효과도 매우 낮았다는 두 가지 요인이 서로 상쇄된 결과일 뿐이다. 그림 A의 이상치가 수정됨에 따라 그림 B의 지니계수도 크게 상승하였다. 그 결과 한국은 시장소득 기준으로는 OECD 국가 중에서 노르웨이에 뒤이어 불평등도가 가장 낮은 나라에 속하지만, 소득재분배 효과가 멕시코, 칠레에 이어 3번째로 미미하여, 가처분소득 기준으로는 칠레, 멕시코, 터키, 미국에 이어 5번째로 불평등도가 높은 나라로 역전된다. 이하에서 한국의 지니계수는 통계청의 지표 대신에 이 글에서 수정된 결과를 가지고 논하기로 한다.

〈그림 8-6〉의 A에서 시장소득 지니계수(X축)와 소득재분배(Y축) 수준의 높고 낮음을 기준으로 그룹을 나눈다면, 각국의 소득불평등의 양상을 4개로 유형화할 수 있으며, 이를 통해 한국의 특성을 드러낼 수 있다. 먼저 북유럽을 중심으로 하는 그룹은 시장소득 불평등도 낮으면서 소득재분배도 크게 진전되어 있는 유형 1이라 할 수 있다. 독일, 프랑스, 이탈리아, 영국 등의 유럽 국가를 포함하는 그룹은 시장소득 불평등은 높지만, 소득재분배도 크게 이루어지는 유형 2가 된다. 이에 대해 칠레, 멕시코, 터키 등이 속하는 (크게 보면 미국까지 포함하는) 그룹은 시장소득 불평등이 높지만, 소득재분배가 크게 진전되지 못한 유형 3이다. 마지막으로 한국은 시장소득 불평등도 낮지만, 소득재분배도 별로 진전되지 못한 유형 4로 분류할 수 있다.

그림 B에서 제시된 가처분소득 지니계수의 분포는 그림 A의 시장소득 지니계수와 소득재분배 효과가 결합된 결과를 보여준다. 가처분소득 지니계수는 유형 1의 국가가 가장 낮고, 뒤이어 유형 2, 그리고 유형 3의 순서로 점점 높아지는 양상을 보이고 있다. 그리고 소득재분배 효과는 그림 A의 시장소득 지니계수와는 달리 가처분소득 지니계수 사이에는 유의미한 추세선이 나타나고 있다. 이는 가처분소득 기준의 불평등을 낮추는 데에는 소득재분배 정책이 중요한 역할을 하고 있음을 뜻한다. 이에 대해 유형 4의 한국은 그림 B의 가처분소득 기준으로 보면 유형 2와 유형 3의 중간에 있다. 만약 한국에서 소득재분배를 크게 강화한다면 유형 2에 접근할 것이고, 소득재분배는 그대로인 채 시장소득 불평등이 더욱 심화되면 유형 3에 접근하게 될 것으로 생각된다.

III. 소득세 자료에 의한 접근[9]

1. 소득집중도

그런데 가계조사의 경우 전체 가구를 대상으로 한 조사는 최근의 일이고, 그 이전에는 조사에서 배제되는 가구가 많았다. 따라서 가계조사의 대표성이 높으면서 일관된 계열은 의외로 짧다. 통계청의 가계조사가 전체 가구(농가 제외)를 커버하게 된 것은 2006년 이후에 한정되며, 1996년과 2000년의 두 해가 거기에 해당될 뿐이다. 이에 대해 소득세 자료로 접근할 경우 소득집중도(상위 0.1% 또는 1%가 전체 소득의 몇 %를 차지하는가)에 초점을 맞추면 매우 장기에 걸친 소득불평등 지표를 얻을 수 있다.

〈표 8-3〉은 소득집중도를 구하는 데 이용되는 소득세 통계를 예시한 것이다. 소득세 통계는 납세자 수와 신고 소득을 소득구간별로 제시하고 있다. 소득세 자료는 시기에 따라 과세 제도가 바뀌고, 과세 대상자의 범위도 일정하지 않지만, 최상층이 과세 대상으로 포함되는 것에는 변화가 없으며, 그들의 소득은 소득세 자료로 거의 파악되는 것으로 볼 수 있

---

9 III절은 Kim and Kim(2013)에 크게 의존하고 있다.

표 8-3 소득세 통계의 예시와 인구 및 소득의 control total과 파레토 계수 (2010)

소득구간		납세자 수	신고 소득	평균소득	control total		누적 비율(%)		파레토 계수	
하한	상한	천 명	조 원	백만 원	천 명	조 원	인구	소득	b	a
백만 원		A	B	B/A	C	D	ΣA/C	ΣB/D		
	21	5,060	56	11			32.28	67.15		
21	33	2,373	61	26			18.95	58.41	2.46	1.68
33	54	2,640	110	42			12.70	48.83	1.99	2.01
54	75	1,222	77	63			5.75	31.66	1.70	2.42
75	96	490	41	84			2.53	19.65	1.74	2.36
96	117	212	22	105			1.24	13.20	1.86	2.16
117	222	195	29	149			0.68	9.72	2.05	1.95
222	325	32	8	263			0.17	5.17	2.36	1.73
325	536	18	7	405			0.08	3.85	2.44	1.69
536		13	17	1,324			0.03	2.72	2.47	1.68
Sum		12,256	429		37,968	639				

주: A, B를 포함한 왼쪽의 5열은 소득세 통계, C는 인구통계(20세 이상 인구), D는 국민계정(개인소득)에 의거한 것이다.

다. 그렇지만 소득세 자료는 전체 소득자 수와 그들의 소득(control total for population and income)에 관한 정보를 주지 않는다. 소득세 자료에서 빠지는 과세 미달자가 많기 때문이다. 따라서 control total에 관한 정보는 다른 자료에서 찾을 수밖에 없다. 여기서는 기존 연구에 따라 인구의 경우 20세 이상 인구를 취하였고, 소득의 경우 국민계정의 개인소득을 이용하였다. 이들 인구 및 소득의 control total은 상위 몇 %의 인구가 전체 소득의 몇 %를 차지하는지를 계산할 때 각각의 분모로 이용된다.

〈표 8-3〉에는 이 control total과 상위 소득구간의 납세자 수 및 신고소득을 이용하여 누적 비율을 제시하였다. 예컨대 96~117(백만 원) 소득구간은 상위 1.24%가 전체 소득의 13.20%를 차지하고 있으며, 인접한 117~222(백만 원) 소득구간의 경우 상위 0.68%가 전체 소득의 9.72%를 차지하고 있음을 보여준다. 그런데 소득세 자료는 소득구간별로 집계된 통계만을 이용할 수 있기(또는 원자료를 이용할 수 없기) 때문에 이로부터

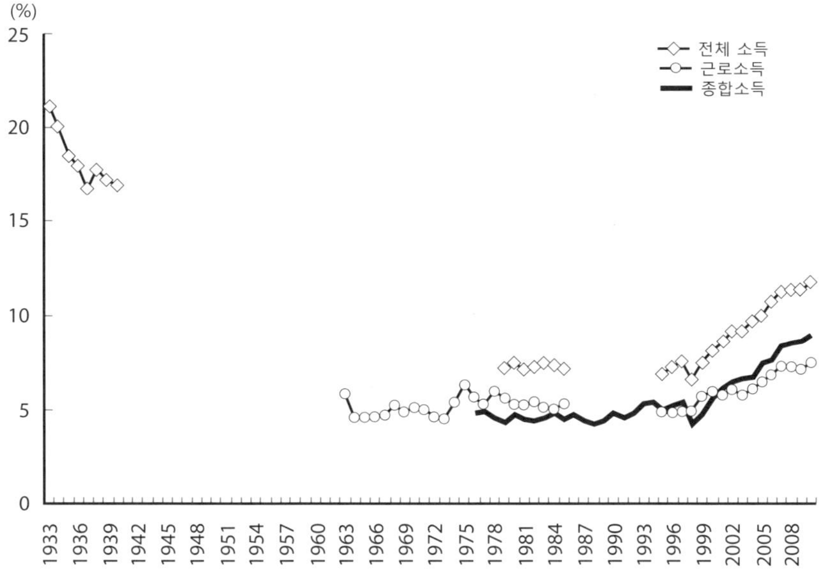

그림 8-7 자료별 상위 1%의 소득집중도 추이

주: 해방 전(남북한)과 해방 후(남한)의 소득집중도는 대상 지역에 차이가 있다.
자료: 김낙년(2012a; 2012b; 2013).

예컨대 상위 1%가 차지하는 소득비중을 직접 구할 수 없다. 이를 위해 상위의 소득구간은 파레토(Pareto) 분포에 따른다는 가정을 하여 위에서 예시한 두 소득구간의 사이에 있는 상위 1%의 소득비중을 추정하게 된다. 이를 파레토 보간(Pareto interpolation)이라고 하며, 구체적인 것은 기존 연구(Piketty and Saez 2001; 김낙년 2012a)를 참고하기 바라고, 이하에서는 추정 결과만을 제시한다.

〈그림 8-7〉은 이상의 방법으로 구한 상위 1%의 소득비중을 보인 것인데, 그래프의 범례에서 '종합소득'이라고 되어 있는 것은 종합소득세 자료만으로 구한 것이며, '근로소득'은 근로소득세 자료만으로 구한 것이다. '전체 소득'은 두 자료를 결합하여 구한 것이며 이 글의 최종 결과가 된다. 다만 근로소득의 경우 소득집중도를 구할 때 전체 인원수와 소득(control total for population and income)은 전술한 전체 소득의 경우와는

달리 근로자 수(상용, 임시, 일용 근로자 수의 합계)와 전체 근로소득으로 하였다(구체적인 것은 김낙년 2012b를 참조). 그리고 1975년에 도입된 종합소득세는 신고대상자의 포괄범위가 좁아 근로소득만 있는 경우는 아무리 소득이 높아도 신고대상에서 제외된다. '전체 소득'은 이를 감안하기 위한 것이다.

〈그림 8-7〉에서 '전체 소득'은 종합소득 과세제도가 실시되지 않거나 자료가 남아 있지 않아 추계가 불가능하여 공백으로 남겨둔 기간이 적지 않다. 그렇지만 소득의 커버리지가 낮은 '종합소득'과 '근로소득'의 추이를 보면, '전체 소득'의 공백 기간도 그들과 크게 다르지 않았을 것으로 추론할 수 있다. 이렇게 보면 한국의 소득집중도는 해방 전까지 포함해서 보면, 해방 전의 높은 수준에서 해방 직후 크게 하락한 후 낮은 수준으로 안정적으로 추이하다가, 1990년대 중엽 이후 다시 급속히 높아지는 U자형의 양상을 보이고 있다고 할 수 있다.

〈그림 8-8〉에서 표식을 한 것은 상위 1%와 그 이하의 4%(즉 상위 5~1%)의 소득비중을 비교한 것이다. 거기에서 주목되는 것은 상위 5~1%의 소득비중은 해방 전과 해방 후에 크게 다르지 않은 수준을 보인 데 비해, 상위 1%의 경우는 수준이 현격하게 떨어졌다는 것이다. 이것은 두 시기의 소득집중도 차이가 주로 상위 1% 이상의 최상위층의 문제라는 사실을 말해준다. 〈그림 8-8〉에서 표식을 하지 않은 것은 이 상위 1% 그룹을 다시 세분하여 상위 0.1%, 그 이하의 0.4% 그룹(즉 상위 0.5~0.1%), 다시 그 이하의 0.5% 그룹(즉 상위 1~0.5%)의 소득비중을 비교한 것이다. 여기서도 소득이 최상위 그룹으로 갈수록 해방 전과 해방 후의 격차가 더욱 벌어져 있음을 알 수 있다. 그 결과 전전에는 상위 0.1% 그룹이 그보다 인원수가 4~5배 더 많은 그 이하 그룹보다 소득비중이 더 높았는데, 해방 후에는 역전되어 이 그룹의 소득비중이 가장 낮았다. 그런데 이 상위 0.1% 그룹이 최근에는 소득비중이 급속히 상승하여 세 그룹 중에서 가장 커질 정도로 높아지는 양상을 보이고 있다. 해방 전

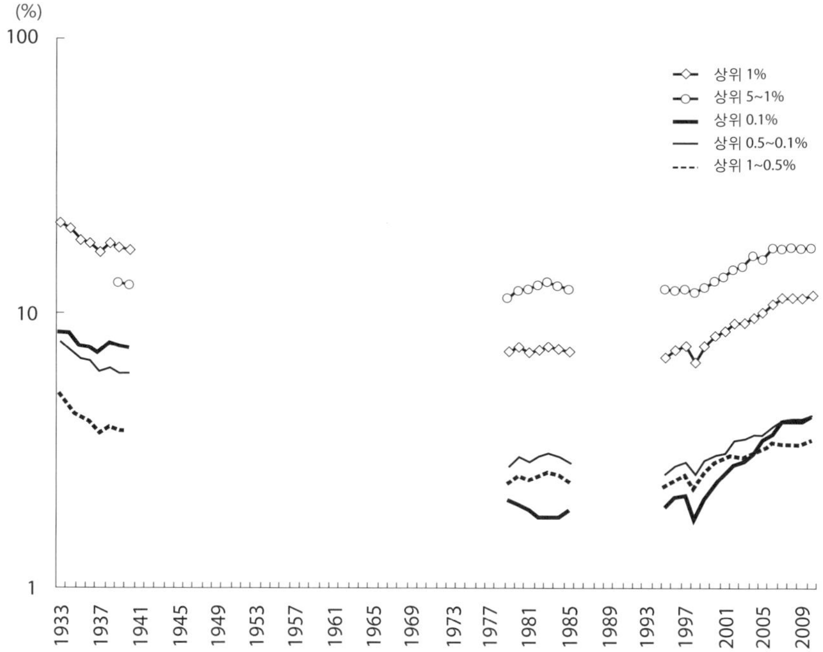

그림 8-8 상위 각 그룹의 소득비중 추이

주: 1) 소득비중(Y축)은 그 변화 추이를 비교할 수 있도록 로그 눈금으로 제시하였다.
2) 해방 전(남북한)과 해방 후(남한)의 소득집중도는 대상 지역에 차이가 있다.
자료: 김낙년(2012a; 2013).

에 비해 이들 그룹 간의 격차는 크게 줄었지만, 상위 1% 내의 3그룹의 소득비중 순위가 해방 전과 같은 순위로 접근하고 있는 것이다. 요컨대, 최근 15년간에 걸쳐 각 상위 소득그룹의 소득집중도가 빠르게 상승하고 있는데, 최상위로 갈수록 그 경향은 더 심화되고 있음을 알 수 있다.

한국의 소득집중도를 다른 나라와 비교해보자. 〈그림 8-9〉는 각국의 상위 0.1%의 소득집중도를 제시하였는데, 상위 1%의 소득집중도도 이와 크게 다르지 않은 양상을 보인다. 그에 따르면, 각국의 소득집중도는 전전에 높은 수준에 있던 것이 전후 크게 하락한 후 상당 기간 안정적으로 유지되고 있다는 점에서 대체로 유사한 추이를 보였다. 다만 1980년대 이후에는 소득불평등이 급속히 높아지는 영미형과 이전의 수준을

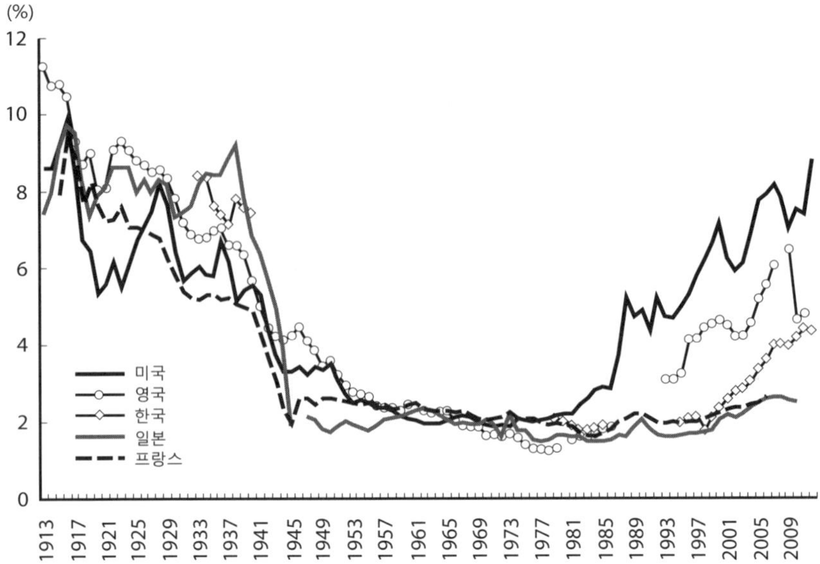

그림 8-9 상위 0.1% 소득집중도의 국제 비교

주: 1) 영국의 경우 과세단위의 변경(1989년까지는 부부가 하나의 과세 단위였지만 그 후는 별개로 간주)이 있다.
2) 해방 전(남북한)과 해방 후(남한)의 소득집중도는 대상 지역에 차이가 있다.
자료: The World Top Income Database; 김낙년(2012a; 2013).

계속 유지하고 있는 유럽·일본형으로 분화가 나타났다. 그 속에서 한국의 소득집중도는 1990년대 중엽까지는 유럽·일본형의 수준을 유지하고 있었지만, 외환위기 이후 급등하여 영미형으로 접근하는 양상을 보이고 있다. 그 결과 한국은 현재 두 유형의 중간 수준에 있는 것으로 볼 수 있다.

〈그림 8-10〉은 근로소득에 한정한 상위 0.1%의 소득집중도를 미국, 일본과 비교한 것이다.[10] 그에 따르면, 미국은 2차 세계대전 이전에 높은

10 이때 다음과 같은 차이에 주의할 필요가 있다. 미국은 한국과 같이 근로자의 범위에 임시 및 일용 근로자가 포함되지만, 과세 단위(tax unit)를 기준으로 소득집중도를 구했다는 점에서 차이가 있다. 과세 단위는 전체 근로자 수에서 배우자가 있는 여자

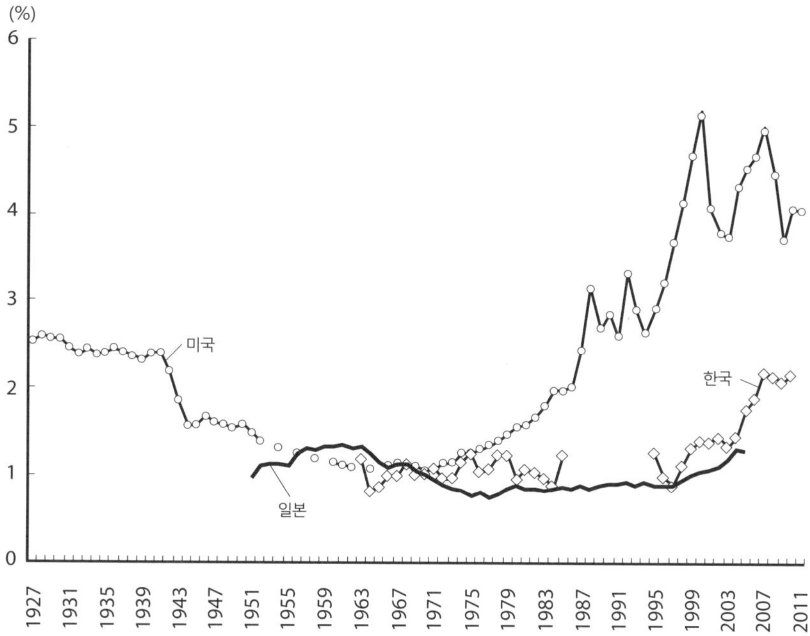

그림 8-10 상위 0.1% 근로소득 집중도의 국제 비교

자료: Piketty and Saez(2003); Moriguchi and Saez(2008); 김낙년(2012b).

수준에 있다가 전후 급속히 하락하여 비교적 낮은 수준을 유지하였으며, 1970년대 이후 급속히 상승하여 전전의 수준을 크게 넘어서는 U자형을 보였다. 일본은 전전에 0.1%의 소득집중도가 추계되어 있지 않지만, 상위 1%는 추계되어 있는데, 그에 따르면 일본도 미국과 마찬가지로 전전의 높은 수준에서 전후 급속히 하락하였다. 그 후 1960년을 전후하여 상승과 하락이 나타나지만 대체로 낮은 수준에서 안정(최근에는 상승 기미가

근로자 수를 제외하여 구한다(Piketty and Saez 2003). 이에 대해 일본은 한국과 같이 근로자 개인 단위로 소득집중도를 구했지만, 근로자의 범위가 상용근로자로 한정되어 있다(Moriguchi and Saez 2008). 따라서 소득집중도 수준의 엄밀한 비교에는 한계가 있지만, 그 추이를 비교하는 데에는 문제가 없다.

나타나지만)되어 있다. 1960년을 전후한 상승과 하락은 상위 1%와 상위 5%의 경우 더욱 뚜렷한데, 노동력이 상대적으로 풍부한 상황에서 부족한 상황으로의 전환을 반영하는 것으로 해석되고 있다(Moriguchi and Saez 2008). 그 결과 미국은 1970년대 이후 소득집중도가 급속히 상승한 데 비해 일본은 안정되었다는 점에서 뚜렷한 대조가 돋보인다. 한국은 1970년대 중엽을 전후한 상승과 하락의 추이가 나타나기도 하였지만, 고도성장기에는 대체로 1%대의 수준으로 추이하여 미국보다는 일본에 가까웠다고 할 수 있다. 그렇지만 외환위기 이후에는 한국의 소득집중도는 급속히 상승하여, 최근에는 일본과 유사한 수준에서 이탈하여 집중도가 높은 미국 쪽으로 한걸음 다가선 것을 알 수 있다.

2. 소득 계급별 근로소득 추이

〈그림 8-11〉은 소득 그룹별로 1인당 근로소득(2010년 불변가격)의 추이를 비교하였다. 소득 그룹은 상위 10% 그룹을 다시 상위 0.1%, 1~0.1%, 10~1%로 나누었고, 이들을 제외한 나머지 그룹(즉 하위 90%)과 전체의 임금소득을 제시하였다. 각 그룹의 평균소득을 제시하되, 그 증가율을 비교할 수 있도록 로그 눈금으로 변환하였다. 먼저 전체 임금소득의 평균을 보면, 전체적으로는 상승하는 추세(1980년과 외환위기 때 감소를 수반)를 보였지만, 그 증가 추세는 특히 외환위기 이후 현저히 둔화되고 있음을 알 수 있다. 그런데 여기서 주목되는 것은 그룹별 평균소득을 알 수 있는 1985년 이전과 1995년 이후의 대조가 뚜렷하다는 점이다. 1985년 이전은 최상위 그룹은 물론 하위 90%까지도 유사한 속도로 평균소득이 상승하였다. 그에 대해 1995년 이후는 상위 10% 그룹은 여전히 높은 상승률을 지속하고 있는 반면, 하위 90% 그룹은 평균임금이 정체하는 대조를 보이고 있다. 다시 말하면 임금소득의 동향이 소득계층별로 다

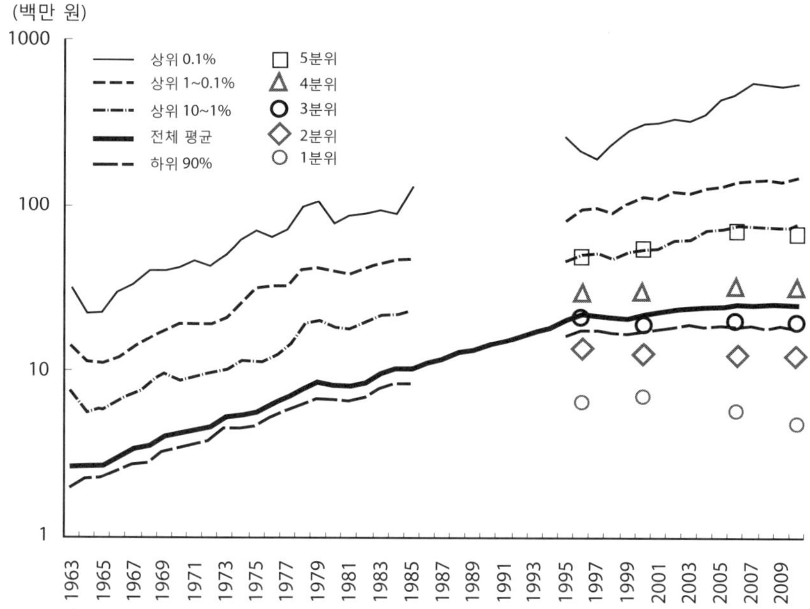

그림 8-11 소득 그룹별 1인당 근로소득(2000년 불변가격) 추이

주: Y축은 1인당 소득액을 로그눈금으로 표시하였다.
자료: 김낙년(2012b).

른 양상을 보이면서 분화하고 있는 셈이다. 이와 같이 계층별로 소득 동향이 분화되는 현상은 특히 외환위기 이후 현저해졌는데, 그 요인에 관해서는 후술하기로 한다.

그런데 하위 90%의 소득분포는 어떻게 추이했을까? 소득세 자료는 상위 10%를 대상으로 이를 세분하여 소득의 실태를 보여주는 데 장점이 있지만, 그 이하 소득자들이 어떻게 분포되었는지를 보여주지 못한다. 이에 비해 가계조사는 전체 가구의 소득분포를 보여주지만, 샘플조사이기 때문에 소득그룹을 세분하여 보기 어렵고, 특히 최상위 소득자를 제대로 포착하지 못한다는 단점이 있다. 따라서 두 자료의 장점을 살릴 수 있도록 보완하면 소득분포의 실상을 더욱 잘 드러낼 수 있다. 두 자료를 결합하기 위해서는 가계조사를 개인 단위의 자료인 소득세 통계에 맞추어 재편할 필요가 있다. 가계조사는 가구 단위의 소득을 조사했지만, 가구 구성원의 소득과 그 종사상의 지위도 조사했기 때문에 이를 개인화하여 임금소득자를 추출할 수 있다(구체적인 것은 김낙년 2012b 참조).

근로소득세 자료와 가계조사에서 추출한 근로소득자 수를 소득세 자료의 소득구간에 맞추어 그 분포를 구해보면 전술한 〈그림 8-4〉와 유사한 양상을 보인다. 즉 중위 이하의 소득구간에서 근로소득세 자료의 인원수가 가계조사에 크게 미치지 못하는데, 그것은 소득세 자료에서는 과세 미달자가 빠지기 때문이다. 상위 소득구간에서는 거꾸로 가계조사가 파악한 근로소득자 수가 상당히 적은데, 그것은 가계조사에 적지 않은 누락이 있음을 보여준다. 여기서는 전체 소득계층을 대상으로 한 가계조사의 근로소득자 통계를 취하되, 그들이 소득세 자료의 인원수에 미치지 못하는 상위 소득구간의 경우는 후자로 대체하는 방법으로 두 조사를 결합하였다. 그리고 이렇게 구한 전체 임금소득자를 대상으로 5분위 소득분포를 구했다. 이 5분위 분포는 전술한 상위 10%의 세분된 각 그룹의 소득 비중과 양립이 가능하다. 다만 여기서는 조사 커버리지가 일치하는 4개 연도(1996, 2000, 2006, 2010년)에 한정하여 비교하기로 한다. 이렇게 구한 5분위 각 그룹의 평균임금(2010년 가격)을 〈그림 8-11〉에 제시하였다.

그에 따르면, 1990년대 중엽 이후 소득분배와 관련하여 나타난 가장 큰 특징은 전체적으로 임금소득의 상승이 둔화되는 상황에서 상위 10% 그룹은 소득이 상승하였고(그것도 최상위로 갈수록 빨리), 1분위(하위 20%)와 2분위(하위 20~40%) 소득계층의 경우는 하락하였고, 그 사이 3~4분위(하위 40~80%) 계층의 경우는 정체되는 양상을 보였다. 그 결과 그래프에서 최상층(상위 0.1%)과 최하층(1분위)의 평균소득 격차가 1996년에 비해 2010년에 더욱 벌어져 부채꼴의 양상을 띠고 있음을 알 수 있다. 즉 계층별로 소득동향이 상승, 정체, 하락으로 분화되고 있는 것이다. 그것은 그 이전의 고도성장기에는 성장의 효과가 저변으로 확대되고 있었던 것과는 대조되는 현상이며, 최근 15년간에 걸쳐 소득불평등이 급속히 심화되고 있음을 보여준다.

IV. 전환점으로서 1990년대

한국에서 소득불평등 지표의 장기 추이를 보면 U자형을 보이는데, 해방 전후 시점과 함께 1990년대 중엽이 단절적인 변화가 나타났던 전환점이라고 할 수 있다. 여기서는 1990년 중엽의 전환에 초점을 맞추고자 한다.[11] 1990년대 중엽 이후는 소득집중도뿐만 아니라 II절에서 살펴본 수정된 지니계수 또한 급속히 악화되었으며, 두 지표가 정합적인 변화 양상을 보였다고 할 수 있다. 이러한 변화의 배후에는 어떤 요인이 작용하고 있었을까? 여기서는 이를 충분히 밝히기 어렵지만, 몇 가지 생각해볼 수 있는 요인을 제시해보고자 한다.

첫째, 경제성장의 효과가 얼마나 저변으로 확대되었는가에 관한 것이다. 한국경제는 주지하는 바와 같이 1960년대 중엽 이후 30년간 고도성장을 지속했지만, 1990년대 이후 성장률이 크게 둔화되기 시작하였다. 같은 시기에 저축률과 투자율도 감소 추세로 돌아섰다. 이것은 한국경제가 성숙 단계로 접어들면서 이제는 과거와 같은 고도성장을 기대하기

11 소득집중도가 해방 전에 높은 수준에 있다가 해방 후 급격히 하락한 것도 주목되는데, 그 배후에는 식민지지배 체제가 붕괴되고 당시 상위 소득층의 다수를 점하고 있던 일본인이 철수한 점과 농지개혁으로 지주계급이 몰락한 점을 중요한 요인으로 들 수 있다(김낙년 2013).

어려워졌음을 뜻한다.[12] 〈그림 8-12〉는 비농업 취업자와 농가인구 및 총인구의 연평균 증가율의 장기추이를 보인 것이다. 먼저 고도성장기를 보면, 비농업 부문에서 고용흡수력이 연평균 증가율이 4~8%에 달할 정도로 매우 높았고, 그에 따라 농가인구의 이농과 취업구조의 재편이 빠르게 진행되었음을 알 수 있다. 농가인구가 연평균 4~5% 감소를 지속한 결과 농촌에는 일손 부족이 심각(그 결과 농촌임금의 상승)해졌고, 부족한 일손을 대체하기 위해서 농업의 기계화 등이 빠르게 진행되었다. 그 결과 농업의 노동생산성이 상승(즉 농가소득의 증대)하게 된 것이다.

그런데 그 이전 시기를 보면, 이농과 함께 비농업 부문의 취업자 증가가 이미 전전부터 진행되어왔지만 1960년대 말까지 농가인구는 계속 늘어나고 있었다는 점도 유의할 필요가 있다. 공업화의 초기 단계에서는 유발되는 고용 인원의 규모가 크지 않아 그것이 농촌에 미치는 충격에는 한계가 있다. 후진국에서 개발이 진행되더라도 종종 전통부문과

---

12 이를 규정한 장기적인 요인으로서 인구변천을 지적할 수 있다. 인구변천 과정은 인구 증가뿐만 아니라 연령구성의 변화가 수반된다는 점이 주목된다. 사망률 하락이 나타나는 첫 번째 국면에서는 특히 유아 사망이 줄면서 유년 인구가 급증한다. 두 번째 국면은 출생률이 하락하여 유년 인구의 증가가 둔화되는 반면, 늘어난 유년 인구가 생산연령으로 들어오면서 생산연령 인구가 크게 늘어난다. 마지막은 출생률이 낮은 수준으로 유지되는 반면, 생산연령 인구가 고령화되는 국면이다. 이 중에서 두 번째 국면의 생산연령 인구의 증가는 생산 또는 저축이나 투자를 늘리는 효과가 크지만, 그 전후의 국면에서는 의존인구의 급증으로 거꾸로 부담이 늘어나는 상황이 벌어진다. Bloom and Williamson(1997)은 1965~1995년에 걸쳐 특히 동아시아에서 이러한 인구변천의 효과가 이들 지역의 높은 성장률 중에서 1/3 정도를 설명하는 것으로 추정하였으며, 동아시아의 '기적'은 인구변천의 국면이 바뀌면 사라지게 될 것으로 전망한 바 있다. 한국은 고도성장기는 인구변천의 두 번째 국면과 겹치면서 저축과 투자 그리고 경제성장률을 추가로 높이는 보너스(bonus)를 받았다고 할 수 있는데, 앞으로는 인구구조가 거꾸로 경제성장에 크게 부담(onus)이 되는 국면으로 급속히 전환되고 있다.

그림 8-12 비농업 취업자와 농가인구의 연평균 변화율

주: 1) 해방 전은 남한에 한정된 통계이다.
2) 농가인구 및 취업자는 5개년 이동평균값의 연평균 증가율이다.
자료: 『조선총독부통계연보』, 『한국통계연감』; 『경제활동인구연보』; 통계청(KOSIS).

근대부문의 이중구조가 나타나는 것은 그 때문이다. 이러한 상황을 전환시킨 것이 높은 고용흡수력을 수반하는 고도성장의 지속이었다. 비농업 부문의 고용이 빠르게 늘었을 뿐만 아니라, 그들의 평균임금도 꾸준히 상승하였다(그림 8-11 참조). 거기에 전술한 농촌의 변화와 농민의 소득 증가를 감안하면, 한국의 경제성장은 그 효과가 저변으로 확대되는 방식으로 전개되었음을 알 수 있다. 그 결과 이 시기는 산업구조의 급속한 변화에도 불구하고 소득의 집중도가 높아지지 않고 비교적 안정된 추이를 보인 것으로 생각된다.

그런데 〈그림 8-12〉에서 1990년대 중엽 이후를 보면, 비농업 부문 취업증가율이 크게 저하되었음을 알 수 있다. 이것은 성장률이 저하되었을 뿐만 아니라 성장 자체의 고용유발 효과가 크게 저하되고 있기 때문이다. 한국의 산업구조는 종래의 노동집약적인 산업에서 기술집약적 산업으로 고도화되었다. 이것은 대외개방으로 인해 더욱 촉진되는데, 특히 중국과의 수교(1992년)로 저임금 국가와의 교역이 확대됨에 따라 산업구조의 재편 압박이 커졌다. 예컨대 제조업에서 중국과의 교역으로 시장이 확대되어 고성장을 누리는 업종이 있는 반면, 중국과 경쟁이 되지 않아 도태되거나 해외로 생산기지를 이전하는 업종이 나타났다. 전자에서는 고용이 늘었지만, 후자의 고용 감소를 만회하지는 못했다. 그러다 보니 종래 고용증대를 주도해왔던 제조업이 1990년대 중엽 이후에는 오히려 고용을 방출하고 있다. 요컨대, 1990년대 이후 저임금 국가와의 교역 확대를 포함한 세계화(globalization)의 심화는 우리나라 산업에서 숙련편향적 기술변화(skill biased technical changes)를 가속하였고, 그 결과 근로자 간의 소득격차가 확대되었다.

둘째, 앞에서 경제성장률의 추세적 하락을 지적하였는데, 그중에서도 개인소득의 성장률 둔화는 외환위기 이후 더욱 두드러졌다. 〈그림 8-13〉에는 GDP, GDI(국내 총소득), 개인소득의 증가율 추이를 보여주는데, 먼저 GDP와 GDI의 갭은 교역조건 악화에 의한 것이다. 그 갭이 시기에 따라 한때 악화와 개선을 반복하고 있지만, 특히 1998년 외환위기 이후 그 갭이 지속적으로 벌어져 있다는 점이 주목된다. 가장 큰 이유는 수출에서는 IT 제품(생산성 향상으로 단가가 지속적으로 하락)의 수출 비중이 높다는 점과 수입 원유의 가격상승 때문이다. 그 다음 GDI[13]에 비해서도 개인소득의 증가율은 상당히 뒤처져 있다. 이것은 전체 소득에서 법인에 귀속되는 몫에 비해 개인소득의 증가가 더디기 때문이다. 이 현상이 두드러진 것은 1980년 위기 때이지만, 곧 회복되었기 때문에 오래가지는 않았다. 그렇지만 1998년 외환위기 이후에는 그 갭이 크고 현

13 GDI 대신에 거기에 국외순수취 요소소득을 더한 GNI를 비교해야 하지만, GDI와의 차이가 미미하여 〈그림 8-13〉에는 별도로 제시하지 않았다.

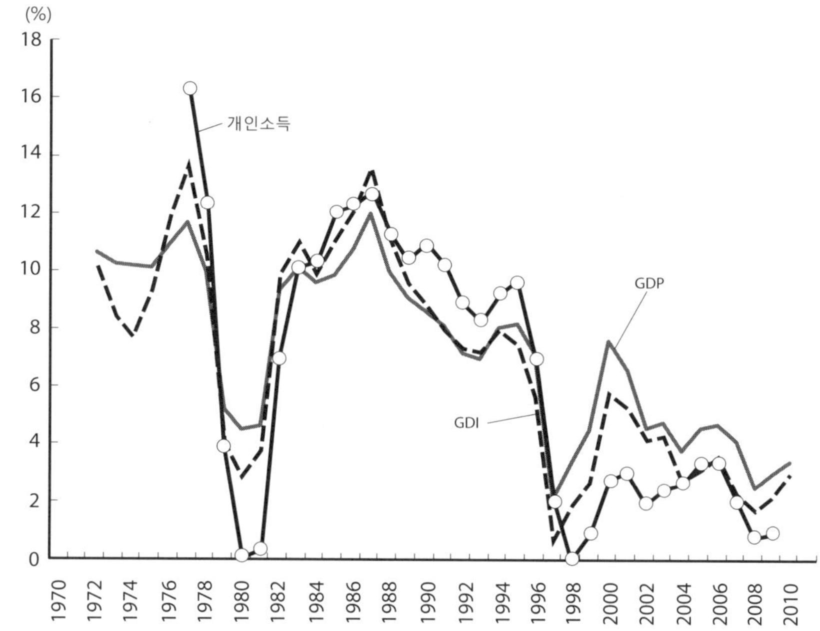

그림 8-13 GDP, GDI 및 개인소득의 증가율 추이(3개년 이동평균)

자료: 한국은행(ECOS).

재까지 지속되고 있다. 경제성장에 비해 개인이 소득증가를 좀처럼 체감하지 못한 것은 그 때문이다. 이처럼 전체 개인소득의 증가가 둔화되고 있는 상황에서 〈그림 8-11〉에서 보았듯이 상위 계층의 빠른 소득 증가율이 지속되었다는 것은 그 이하 계층의 소득이 정체 또는 감소하였을 것임을 시사한다.

그런데 이상에서 언급한 요인들은 전체 계층을 포함하는 소득분배 지표(예컨대 지니계수)에는 영향을 주지만, 예컨대 상위 0.1%와 같은 최상위 소득의 동향을 설명하는 데에는 한계가 있을 것으로 생각된다. 이를 위해 아래의 두 가지 요인을 추가로 고려한다.

셋째, 외환위기 이후 기업지배 구조의 변화와 성과주의 보수체계의 확산을 들 수 있다. 한국의 경우 외환위기를 계기로 기업경영 시스템이 개편되면서 대기업을 중심으로 부분적으로 영미식 지배구조가 도입되었다(정구현 외 2008: 156-189). 기업 자금의 조달이 종래의 은행 중심에서 자본시장 쪽으로 옮겨감에 따라 기업경영에서도 종래에 비해 자본시장에서 평가되는 기업가치를 극대화하거나 투명성을 높이는 방향으로 나아갔다. 이러한 변화 요구는 국내기업에 대한 외국인 투자자의 지분참여 확대로 더욱 강해졌다. 한편 기업의 규모가 커지고 사업 내용의 복잡화·전문화·첨단화가 진행됨에 따라 전문경영인의 역할이 커졌다. 이 과정에서 대기업집단(재벌)에서는 소유경영자와 전문경영인의 역할 분담이 나타났는데, 소유경영자는 계열사(또는 사업부)의 경영을 전문경영인에게 일임하는 대신, 그 성과를 평가하고 보상하는 방식으로 그들을 통제하고자 하였다. 이를 위해 대기업 CEO와 임원에게는 경영의 책임과 함께 파격적인 보상과 스톡옵션이 주어졌다. 이것은 대기업집단 내부에서 계열사(또는 사업부) 간의 경쟁을 통한 CEO 시장이 형성되었음을 뜻한다. CEO뿐만 아니라 그 이하의 직원에 대한 보상체계에서도 종래의 연공주의 방식 대신에 연봉제와 인센티브제와 같은 성과주의 방식이 외환위기 이후 빠르게 확산되었다는 점이 지적되고 있다(정구현 외 2008: 248-259).

그런데 한국의 경우에는 미국의 Forbes과 같이 기업 경영진의 보수를 장기간에 걸쳐 조사한 자료를 얻기 어렵기[14] 때문에 성과주의적 보수체계의 확산을 구체적인 수치로 확인하기는 어렵다. 여기서는 그 대안으로서 근로자 상위 0.1%의 소득이 이들 CEO 또는 거기에 준하는 고소득층의 보수 동향을 보여주는 것으로 간주할 수 있다고 생각한다. 2010년은 16,971명이 거기에 해당하는데, 그중에는 주요 기업이나 금융기관

14 근래에는 상장기업의 임원보수 등에 관한 간략한 정보를 전자공시시스템(http://dart.fss.or.kr)으로 얻을 수 있지만, 1999년 이후로 한정되며 이를 집계하여 임원보수의 일관된 시계열을 만드는 일도 쉽지 않다.

의 CEO나 임원이 다수 포함되어 있을 것으로 볼 수 있기 때문이다.

앞에서 제시한 〈그림 8-10〉에서 상위 0.1%가 차지하는 소득비중을 제시했는데, 그것은 그들이 전체 근로자 평균소득의 몇 배에 해당하는 보수를 받는지를 보여주는 것으로 해석할 수 있다. 즉 상위 0.1%의 소득비중이 2%라고 하면, 그것은 평균소득의 20배에 해당하는 것이 된다.[15] 그에 따르면, 1960년대 말에는 미국, 일본, 한국이 모두 그 소득 배율이 10배 정도의 수준에 머물러 있었는데, 미국은 1970년대 이후 상승하기 시작하여 1990년대 말에는 40배를 넘는 수준으로까지 급등하였다.[16] 이에 비해 일본은 10배 전후의 수준을 유지하다가 근래에 약간 상승(13배)하는 기미를 보이고 있다. 두 나라 사이에 이렇게 뚜렷한 대조가 나타난 것에 대해서 모리쿠치와 사에즈(Moriguchi and Saez 2008)는 기업 경영자의 선발을 둘러싼 외부 노동시장의 발달 여부를 중요한 요인으로 들고 있다. 즉 미국 기업의 경우 경영자는 주로 경쟁적인 외부 노동시장에서 선발되며, 특히 스타(star) 경영자를 둘러싼 경쟁이 치열하다. 그에 대해 일본에서는 범용적인 기술보다는 해당 기업에서만 사용되는 기술(firm specific human capital)을 중시하며, 기업 경영진도 대부분 내부에서 승진한 자들로 채워지기 때문에 경쟁적인 외부 시장이 발달되지 못했다. 일본의 기업별 노조와 같은 제도도 기업 내 임금격차의 확대

---

15 만약 상위 0.1%의 소득자가 전체 소득의 0.1%를 차지한다면, 그 소득은 평균수준이 될 터인데, 그들이 2%를 차지한다면 평균 수준의 20배(=2/0.1)가 된다.

16 미국은 상위 0.1%는 10만 명에 달하는데 그 범위를 최상층으로 좁히면 격차는 더욱 벌어진다. Piketty and Saez(2003: Figure 11)에 따르면, 1970년 이후 30년간에 걸쳐 예컨대 상위 100대 CEO들의 평균수입은 150만 달러 이하 수준에서 4,000만 달러에 육박하는 수준으로 급등(Forbes의 800대 기업 CEO 연간수입 조사)하고 있다. 그 사이 전체 근로소득자의 평균 소득(국민계정에 의거)은 3~4만 달러(1999년 불변가격) 수준에 머물고 있었기 때문에, 그들의 전체 평균에 대한 소득배율은 대략 50배에서 1,000배로 늘어난 셈이 된다.

를 막은 요인으로 지적되고 있다.

그러면 한국은 어떤가? 근로소득자 상위 0.1%의 보수는 1990년대 말까지 전체 근로자 평균의 10배 전후의 수준을 유지하였지만, 외환위기 이후 급등하여 최근에는 20배가 넘는 수준으로까지 늘어났다. 그 소득의 수준이나 증가 속도에서 일본과는 달라진 경로를 밟고 있으며 미국 쪽으로 한 걸음 다가선 것으로 보인다. 거기에는 외환위기 이후 전술한 성과주의적 보상을 강화하는 방향으로 기업경영 시스템이 바뀐 것이 영향을 미쳤다고 생각된다. 특히 대기업집단 내부에서 계열사 간의 경쟁을 통한 CEO 시장이 형성된 점이 주목되는데, 이것은 CEO 시장의 범위와 그 보수 인센티브의 활용이라는 점에서 미국과 일본의 중간 형태라고 할 수 있다.

넷째, 조세정책도 영향을 미쳤는데, 특히 상층 소득자에게 유리한 방향으로 세율구조가 변화된 점을 들 수 있다. 〈그림 8-14〉에서 소득세법에 규정되어 있는 최고 세율의 추이를 보면 1960~70년대는 빠르게 상승하여 70%의 정점에 도달한 후 지속적으로 하락하여 최근에는 그 절반으로까지 떨어졌다.[17] 1980년대 이후 미국(레이건 정부)이나 영국(대처 정부)을 중심으로 신자유주의적 개혁이 추진되고 소득세율을 대폭 인하하는 조세정책이 당시 세계적인 조류가 되었는데, 한국도 예외가 아니었다. 그런데 이 최고 세율은 실제 그 세율로 소득세를 납부하는 자가 얼마나 되는지를 보여주지 못한다. 여기서는 매년의 소득세 자료를 이용하여 소득 상위 x%에 속하는 소득자들이 평균적으로 직면하게 되는 한계세율(Marginal Tax Rate)을 추계하여 함께 제시하였다.[18]

---

17 여기서 제시한 최고 세율은 임금소득을 대상으로 구한 것이다. 종합소득세가 시행된 기간에는 소득의 종류에 따라 세율의 차이가 없지만, 그 이외 기간에는 차이가 있다. 그 경우 임금소득에 부과된 세율을 이용하였다.

18 상위 0.1%의 한계세율을 추계하는 방법은 Moriguchi and Saez(2008: Appendix

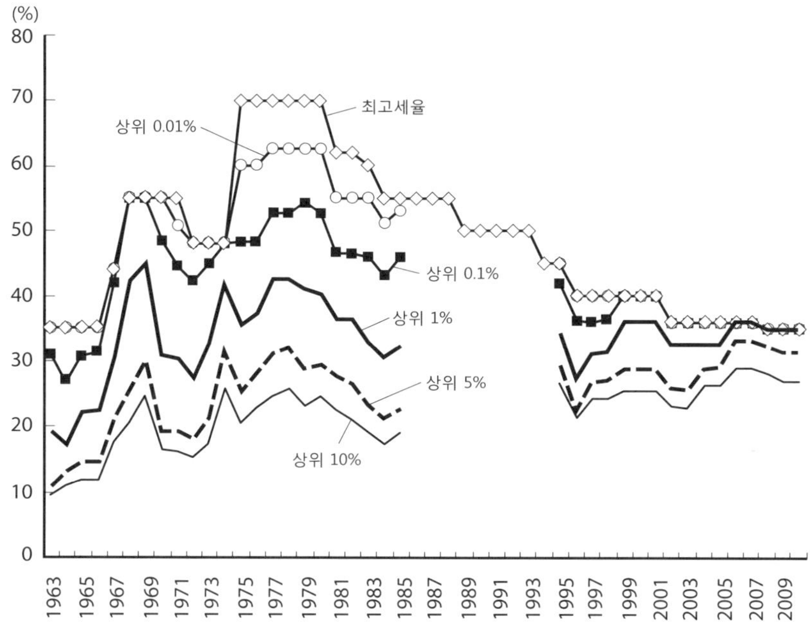

그림 8-14 상위 각 %의 평균적인 납세자가 직면하는 한계세율

자료: 매 년도의 소득세법(국가법령정보센터)을 근거로 추정.

그에 따르면 소득 상위 0.01%와 0.1% 그룹의 납세자가 평균적으로 부담하는 MTR은 최고 세율과 다소 갭이 벌어져 있지만, 1970년대 말의 정점에서 계속 하락하여 최근에는 35%로 떨어졌다. 그에 비해 상위

C.3)에 따라 다음과 같이 구했다. 먼저 각 소득그룹(0.01%, 0.1%, 1% 등)의 경계소득에 해당하는 가구가 직면하게 되는 한계세율을 구한다. 이때 4인 가구(임금소득만을 가지고 있는 가구주, 무직의 배우자, 2명의 자녀)를 상정하고 매년의 세법에 따라 인적 및 근로소득 공제를 한 과표와 그해의 소득구간별 세율표를 이용한다. 여기서 감안하지 못한 소득공제가 적지 않은데, 그만큼 추정된 한계세율은 실제보다 과대해진다는 점에 유의할 필요가 있다. 그리고 상위 0.1%에 속하는 납세자를 다시 상위 0.01%와 0.1~0.01%의 두 그룹으로 나누어 각각의 평균 한계세율을 각 그룹의 소득액으로 가중 평균하는 방식으로 상위 0.1%에 속하는 평균적인 납세자의 한계세율을 도출하였다.

5%나 10% 그룹으로 갈수록 그들이 평균적으로 부담하는 MTR은 점차 상승하는 추이를 보인다. 그 결과 각 소득그룹 간의 MTR의 격차가 1970년대 후반에는 매우 컸지만 최근에는 아주 좁은 범위 내로 집중되는 양상을 보인다. 이러한 현상은 누진과제 하에서 소득구간이 크게 변하지 않을 경우 명목소득이 상승하면 소득자들이 점차 높은 세율이 적용되는 상위의 소득구간으로 밀려올라가기(이를 bracket creep에 의한 증세효과라고 한다) 때문에 일어난다(김낙년 2014). 그 결과 최상층 아래의 소득자의 경우 MTR이 점차 높아지게 된다. 그에 비해 최상층 소득자의 경우는 이미 최고 소득구간을 넘어서 있기 때문에 명목소득이 늘어도 MTR의 추가적인 상승은 나타나지 않으며, 최고세율의 인하 혜택을 모두 누리게 된다. 그 결과 우리나라는 지난 40년간에 걸쳐 과세의 누진성이 후퇴하였다.

이와 같이 최상층 소득자의 한계세율이 지속적으로 하락한 것은 어떤 결과를 가져올까? 이론적으로는 상층에게 생산 활동의 인센티브를 높여 실제로 소득을 늘리는 효과(소위 supply side effect)를 기대할 수 있다. 또는 탈세가 줄거나, 상대적으로 세율이 높은 소득(예컨대 corporate income)이 개인소득으로 형태를 바꾸어(pass-through) 신고된 소득금액이 늘어나기도 한다(Matthews 2011). 기업의 CEO의 경우 소득세율이 낮을수록 자신의 소득을 올리기 위한 지대추구(rent seeking)가 강화될 수도 있다(Piketty, Saez, and Stantcheva 2011). 나아가 낮은 세율로 저축 여력이 커지면 부의 축적을 통해 자본소득(capital income)이 늘어나는 효과를 기대할 수도 있다.[19] 한국에서 어느 효과가 얼마나 더 중요하게 작용했는

---

19 한국은 〈그림 8-10〉에서 보는 바와 같이 근로소득 집중도가 상승했지만, 자본소득(capital income)을 포함한 그 외의 소득의 집중도가 더 빨리 상승했기 때문에 이 효과가 컸을 것으로 생각된다. 그에 대해 미국은 거꾸로 근로소득이 소득집중도의 빠른 상승을 주도하였기 때문에 이 효과는 크지 않았을 것으로 생각된다.

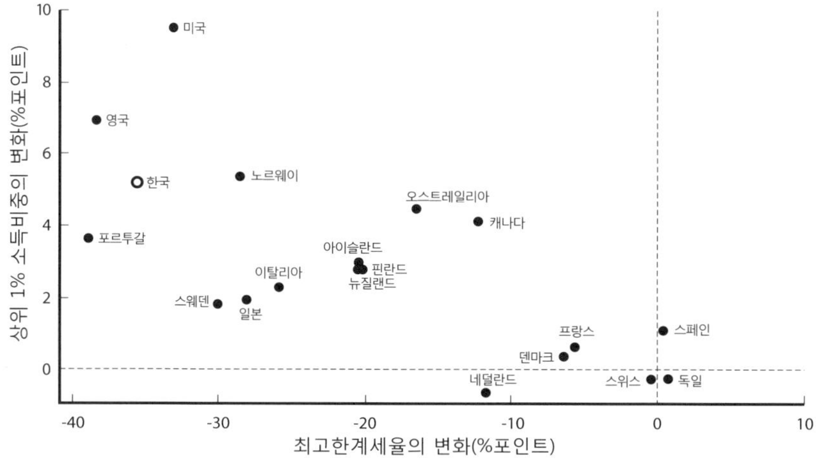

그림 8-15 1970년대 이후 상위 1%의 소득비중과 한계세율의 변화

자료: Piketty, Saez and Stantcheva(2011); 한국은 김낙년(2012a).

지를 밝힐 수는 없지만, 지난 15년에 걸쳐 소득집중도가 급속히 상승한 배후에는 MTR의 지속적 하락이 적지 않게 기여한 것으로 생각된다.

MTR의 하락과 소득집중도의 상승 사이의 긴밀한 관계는 국제 비교에서도 확인된다. 〈그림 8-15〉는 피케티, 사에즈, 스탠체바(Piketty, Saez and Stantcheva 2011)에 의거하여, 자료 상황에 따라 다소 차이가 있지만, 대략 1975~1979년과 2004~2008년 사이에 각국의 Top MTR의 변화와 상위 1%의 소득(pre-tax 기준) 비중의 변화(각 % points) 간의 관계를 보인 것이다. 이 기간에 MRT가 크게 낮아진 나라일수록 소득집중도의 상승이 더 빨랐다는 관계가 드러난다. 〈그림 8-15〉에는 이 글의 추계결과에 의거하여 한국의 위치를 추가로 그려넣었는데, 그에 따르면 한국은 제시된 OECD 국가 중에서 미국이나 영국 정도의 수준은 아니지만 대체로 그에 가까운 변화 양상을 보인 것으로 생각된다.

V. 맺는말

이상의 논의를 요약 정리하면 다음과 같다. 첫째, 가계조사에 의거한 통계청의 소득분배 지표는 불평등도의 수준과 추이를 제대로 반영하지 못하고 있다. 상위 소득자의 누락과 금융소득 등의 과소 보고가 심각하기 때문이다. 이를 보정할 경우 한국의 소득분배 지표는 상당히 달라진다. 예를 들면 시장소득 기준 지니계수는 2010년에 0.339에서 0.415로 높아지고, 가처분소득 기준에서는 0.308에서 0.371로 높아진다. 이 수준은 OECD 국가 중에서는 칠레, 멕시코, 터키, 미국에 이어 5번째로 불평등도가 높은 나라가 된다. 그리고 1996년의 지니계수는 0.302였으며 OECD 국가 중에서 중간 정도의 순위에 속했는데, 1996~2006년간에 급등하였다. 2006~2010년간에는 시장소득 기준으로는 다소 상승했지만 가처분소득 기준으로는 약간 하락하였다.

둘째, 소득세 자료에 의거하여 추정한 상위 1% 또는 0.1%의 소득집중도는 훨씬 장기에 걸친 소득분배의 추이를 보여준다. 해방 전에는 높은 수준이었던 소득집중도가 해방 후 급락하여 비교적 낮은 수준으로 안정되었다가 1990년대 중엽 이후 다시 급상승하는 U자형의 양상을 보였다. 다른 선진국도 1970년대까지는 대체로 유사한 추이를 보였지만, 그 이후에는 소득불평등이 크게 확대되어간 영미형과 이전의 낮은 수준을 유지하고 있는 유럽·일본형으로 분화가 나타났다. 우리나라에서는 1990년대 중엽 이후 소득집중도가 급상승하여 현재는 양자의 중간 정도에 있는 것으로 볼 수 있다.

따라서 소득분배라는 관점에서 한국경제의 장기추이를 보면, 크게 세 국면을 경험해온 셈이다. 첫째 국면은 식민지체제 하에서 불평등도가 매우 높은 이질적인 사회라 할 수 있다. 둘째 국면은 해방에 의해 이민족 지배체제가 청산되고 농지개혁으로 계층 간 이질성이 크게 완화되었다. 선진국에서도 이 시기에 불평등도가 크게 떨어져 유사한 양상을 보였지만, 전시 하에서 인플레에 의한 자본소득의 격감과 근로소득 내부의 격차 축소에 기인한 것이며, 그 배후에서 작용한 요인은 우리나라와 달랐다. 해방 후 이러한 체제전환을 전제로 한국경제의 고도성장이 이루어졌고, 이례적으로 높은 고용증가의 지속으로 인해 성장효과가 저변으로 널리 확산되었다. 성장과 분배가 양립하고 있었던 시기라고 할 수 있다.

그렇지만 외환위기 이후 한국경제는 저성장 단계로 들어서면서 소득불평등이 다시 급속히 확대되는 셋째 국면으로 접어들었다. 이 시기에 나타난 중국 등 저임금 국가와의 교역 확대를 포함한 세계화의 진전, 숙련편향적 기술변화로 나타난 산업구조의 변화는 고용증가의 둔화와 소득격차의 확대를 가져왔다. 성장의 효과가 저변으로 파급되기 어렵게 된 것이다. 더구나 외환위기 이후 성과주의 보수체계의 확산을 가져온 기업경영 시스템의 변화와 과세체계의 누진성을 후퇴시킨 조세정책도 최상층으로 소득의 집중을 심화시킨 요인으로 작용하였다. 이제 성장을 추구하는 것만으로는 분배문제가 해결되지 않으며, 복지지출이 본격적으로 전개되지 않을 수 없는 단계에 이미 들어섰다. 그렇지만 앞으로 저성장이 불가피하고 고령화의 급속한 진전으로 인해 그를 위한 여건은 급속히 악화되고 있는 상황이라 할 수 있다.

참고문헌

국세청, 『국세통계연보』, 각 연도.

김낙년, 2012a, 「한국의 소득집중도 추이와 국제비교, 1976-2010: 소득세 자료에 의한 접근」, 『경제분석』 18(3): 75-114.

김낙년, 2012b, 「한국의 소득불평등, 1963-2010: 근로소득을 중심으로」, 『경제발전연구』 18(2): 125-158.

김낙년, 2013, 「식민지기 조선의 소득불평등, 1933-1940: 소득세 자료에 의한 접근」, 『경제사학』 55: 249-279.

김낙년, 2014, 「계층별 소득세 부담률 추정과 bracket creep의 효과」, 『경제분석』 20(1): 65-93.

김낙년 · 김종일, 2013, 「한국 소득분배 지표의 재검토」, 『한국경제의 분석』 19(2): 1-64.

법제처, 국가법령정보센터 (http://www.law.go.kr/main.html).

정구현 외, 2008, 『한국의 기업경영 20년』, 삼성경제연구소.

통계청, 『가계금융조사』, 각 연도.

통계청, 『가계동향조사』, 각 연도.

통계청, 『가계자산조사』, 각 연도.

통계청, 『가구소비실태조사』, 1996, 2000.

통계청, 『경제활동인구조사』, 각 연도.

통계청 KOSIS (http://kosis.kr/abroad/abroad_01List.jsp).

통계청 마이크로데이터 서비스 시스템 (http://mdss.kostat.go.kr/mdssext).

한국은행 ECOS (http://ecos.bok.or.kr).

Alvaredo, Facundo, Anthony B. Atkinson, Thomas Piketty, and Emmanuel Saez, The World Top Incomes Database (http://topincomes.g-mond.parisschoolofeconomics.eu)

Bloom, David E. and Jeffrey G. Williamson, 1997, "Demographic Transitions and Economic Miracles in Emerging Asia," NBER Working Paper 6268.

Kim, Nak Nyeon and Jongil Kim, 2013, "Income Inequality in Korea: 1933-2010: Evidence from Income Tax Statistics," Paper presented at the Asia-Pacific Economic and Business History Conference, Seoul, Korea.

Matthews, Stephen, 2011, "Trends in Top Incomes and their Tax Policy Implications,"

OECD, *Divided We Stand: Why Inequality Keeps Rising*, OECD Publishing.

Moriguchi, Chiaki and Emmanuel Saez, 2008, "The Evolution of Income Concentration in Japan, 1886-2005: Evidence from Income Tax Statistics," *The Review of Economics and Statistics*, 90(4): 713-734.

OECD, 2011, *Divided We Stand: Why Inequality Keeps Rising*, OECD Publishing.

Piketty, Thomas and Emmanuel Saez, 2001, "Income Inequality in the United States, 1913-1998," NBER Working Paper, No. 8467, Appendix, 34-52.

Piketty, Thomas and Emmanuel Saez, 2003, "Income Inequality in the United States, 1913-1998," *Quarterly Journal of Economics*, 118(1): 1-39.

Piketty, Saez and Stantcheva, 2011, "Optimal Taxation of Top Labor Incomes: A Tale of Three Elasticities," NBER Working Paper 17616.

제9장

한국 사회갈등의 진단과 통합 촉진 자원으로서 신뢰

김선빈
(삼성경제연구소 경제정책실 수석연구원)

I. 연구 설계

1. 연구 배경

한국사회는 19세기 말부터 역동적이며 급격한 사회변동을 경험하면서 사회를 구성하는 집단, 조직, 제도 사이의 상호관계에서 긴장과 분쟁을 가져오는 구조적 균열요인[1]을 누적해왔다. 특히, 산업화 과정에서의 가파른 사회변동은 사회구성원의 삶의 조건을 변화시키면서 지역주의, 계층 간 위화감, 노사 대립 등 구조적 사회갈등의 인자를 배태시켰다. 이와 같은 사회갈등 요인들은 민주화·세계화 과정을 지나면서 증폭되었다는 평가가 지배적이다.

주지하다시피 한국사회의 구조적 갈등인 지역·계층·노사 갈등이 복합적 양상으로 발현된 것은 1980년대 후반 이후이며, 갈등의 후유증은

* 이 글은 2012~2013년 서울대학교 경제연구소 학술사업의 연구비 지원을 받았다.

1 구조적 균열(structural cleavage)이란 한 사회의 구성원들의 신념(정향), 소득, 생산 과정에서의 위계, 소속감, 연령의 차이 때문에 발생하고 고착되는 것으로 정책이나 특정 이슈로 인한 견해 차이에 의해 생겨나는 갈등(conflict)이나 분쟁(dispute)과는 성격이 다르다.

다시 갈등 증폭의 동력으로 작용하였다. 국가형성기와 발전연대를 거치면서 내재화된 채 누적된 사회 각층의 욕구가 1987년 민주화 이행과 냉전의 해체 등으로 형성된 분출구를 통해 발산하면서 갈등의 강도가 높아진 것이다. 외환위기 이후에는 공공정책의 집행과 관련해 정부 또는 지방자치단체가 갈등의 당사자가 되는 공공갈등이 구조적 갈등요인과 결합하여 복합갈등의 양상으로 표출되고 있다. 이는 외환위기 이후에 급속히 진행된 권위주의의 해체, 경기변동성의 확대, 그리고 사회구조의 복잡화가 공공갈등의 배경으로 작용하면서 궁극적으로 사회갈등의 심화를 견인하고 있는 것으로 판단할 수 있다(〈그림 9-1〉).

이와 같은 사회갈등 심화의 구조를 정책영역을 기준으로 구체적으로 살펴보면 다음과 같이 분석할 수 있다. 먼저 정치적으로는 탈권위주의가 확산되는 상황에서 이념형 정책 쟁점이 빈발하면서 정치적 조정 비용이 증가하는 것으로 볼 수 있다. 경제적 측면에서는 외환위기로 인한 경제구조의 단절적 변화가 계층 간 소득격차를 심화시키면서, 선진국으로의 도약을 위한 경제적 에너지를 충분히 축적하기 곤란하게 만들고 있는 것으로 보인다. 게다가 사회문화적으로는 급격한 생활양식의 변화와 과거와 비교하기 곤란할 정도인 '사고의 다양성 증가'는 사회 내부의 의사소통을 굴절시키고 있다. 다시 말해서 압축성장의 찬란한 빛과 함

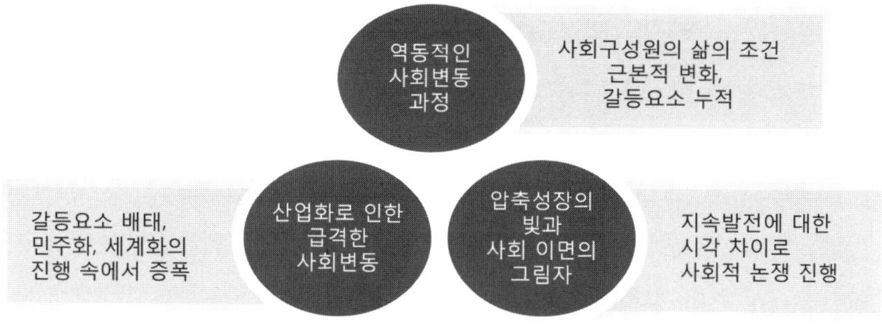

그림 9-1 한국 사회갈등의 구조적 조건

께 그 이면에는 불만, 불안, 불통, 부진, 불쾌의 5불 현상으로 표현되는 그림자도 점자 짙어져온 것이 사실이다.

그렇다면 한국사회의 갈등 심화의 근저에는 무엇이 자리 잡고 있을까? 한국사회에서 국가, 시장, 시민사회가 차례로 성장하면서 각 영역의 교차점에서 신뢰구조가 형성되지 못했던 것이 문제의 근원이라고 볼 수 있다. 한국사회는 선진국에서 관찰되는 국가, 시장, 시민사회 사이의 힘의 균형을 통한 역동적 사회발전보다는 삼자 간의 조화와 공존을 저해하는 힘겨루기 양상이 노출되어온 것이 사실이다. 이러한 신뢰구조의 미약은 한국사회를 상시적 갈등사회로 변모시켰고, 사회구성원의 모든 층위에서 불만이 누적되고 현실비판의식이 증가하게 되었다. 또한, 갈등의 복잡성 증대로 갈등의 접점이 워낙 다양해져 조정과 통합을 이루기가 매우 어려워지고 있다. 새로운 발전체제를 모색하는 현시점에서조차 갈등조정을 위한 제도 확충과 문화적 세련화가 지체되면, 경제사회주체 간 상생과 화합의 정착이 곤란하게 될 것은 자명하다. 갈등조정이 원활하지 못하면 사회적 응집력과 경제적 역동성이 약화되는 것은 불가피하기 때문이다. 또한, 사람들 대부분이 갈등의 접점에 놓여 있으면서도 해결의 가능성을 발견하지 못하고 있는 상황이 지속되면, 위험사회로의 진입이 가속할 것이다. 나아가 많은 사람이 자신이 피해자 또는 희생자라는 의식이 만연한 사회에서 신뢰를 기대하기도 어렵고, 또한 사회적 신뢰가 낮은 상태에서 온전한 의미의 선진국으로의 진입이 수월하게 진행되기도 어려울 것이다.

그렇다고 민주사회에서 통용되기 어려운 억압과 통제적 접근을 사회갈등관리에 적용하는 것은 바람직하지 않을뿐더러 비현실적이다. 따라서 사회갈등에 대한 좀 더 세련된 방식의 처방을 모색하려면, 사회갈등의 원인구조와 그 수준을 비교국가적 관점에서 정밀하게 진단하고, 구체적 갈등조정 경험과 제도적 세련화에서 앞선 나라들을 살펴보면서 사회갈등을 배태하는 균열을 축소하고, 갈등관리 역량을 향상시킴으로써 갈등을 극복하고 통합을 촉진할 수 있는 자원을 확보하는 것이 중요하다.

2. 연구 목적

이 연구의 목적은 크게 세 가지로 정리할 수 있다. 먼저 비교역사적 고찰을 통해 한국사회의 갈등구조를 파악하고 갈등지형의 변동 가능성을 가늠하고자 한다. 이를 위해서 사회적 응집력과 경제적 역동성을 약화시킬 수 있는 사회구조적 균열을 유형화하고, 갈등의 원인과 전개과정을 이론적 분석틀을 통해 조망하는 한편, 한국사회의 갈등현실을 갈등의 성격 · 주체 등으로 구분하여 분석하는 과정을 거칠 것이다.

둘째, 국가 간 비교의 틀을 구성하여 한국사회의 갈등 수준을 진단한다. 갈등 수준의 진단을 위해서는 먼저 민족 및 종교, 계층, 노사, 지역, 세대 등 5개의 요인별로 구분하여 국가별 구조적 균열의 정도를 가늠하는 작업을 선행한다. 국가 간 비교자료를 활용하여 갈등의 정도를 측정하고, 갈등관리 역량을 체계적으로 범주화하여 파악함으로써 취약한 분야를 식별하는 것이 이 진단과정에 포함된다.

셋째, 갈등관리 역량을 체계적으로 신장시키고, 구조적 균열을 저감할 수 있는 방안을 제시하고자 한다. 구조적 균열과 갈등관리 역량을 교차해 갈등관리 전략을 도출하고, 갈등의 구조와 양태에 따른 갈등예방 및 조정 방안을 처방하는 것이 주된 내용이 될 것이다. 이를 통해 그동안 지체되어왔던 사회갈등 관리·조정 메커니즘의 체계적 발전을 위한 토양을 튼실하게 하는 데 일조하고자 한다.

3. 연구 방법

위에서 제시한 연구 목적, 즉 한국 사회갈등의 수준을 진단하고 갈등관리 역량을 확충하는 방안을 도출하는 작업을 효과적으로 달성하기 위해 활용한 방법론은 문헌 및 법률 분석, 정책평가, 국가 간 비교분석, 비교제도적 접근, 비교역사적 방법 등 5가지로 정리할 수 있다(〈그림 9-2〉).

문헌 및 법률 분석은 갈등 개념 및 이론에 관한 선행 연구를 분석하는 한편, 갈등조정과 관련된 법제를 검토하는 것으로 갈음한다. 둘째, 정책 평가 방법을 활용하여 갈등지형의 동태적 변화를 확인하는 한편, 정책현실과 수단 간의 간극을 판별한다. 셋째 방법은 국가 간 비교 분석으로서 사회갈등의 국별 수준을 진단하고, 갈등관리 역량의 핵심 요인을 추출하는 데 활용한다. 넷째, 비교제도적 접근이다. 갈등 유형 및 갈등 수준에 따른 갈등완화 전략을 탐색하기 위해서 주요 국가의 경험과 갈등관리 전략을 비교 검토하는 것이 핵심 내용이다. 아울러 제도의 비교는 갈등관리 역량 강화를 위한 제도적 진화 방안의 제언에서도 활용할 수 있다. 마지막으로 비교역사적 방법을 적용한다. 이 방법은 선진국의 갈등 극복 사례를 분석하고, 사회적 신뢰가 사회갈등 제어에 미치는

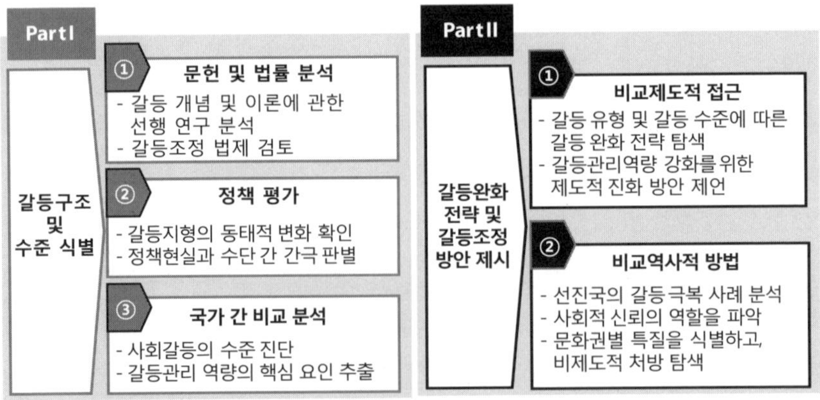

그림 9-2 한국 사회갈등 수준의 진단 및 갈등관리 역량의 확충을 위한 방법

역할을 파악하는 한편, 문화권별로 특징을 식별하여 비제도적 처방을 탐색하는 데 유용하다.

4. 연구 구성

이 연구는 앞서 논의한 연구의 배경과 연구 목적 및 연구 방법에 입각하여 크게 네 부분으로 구성된다. 사회갈등 연구의 이론적 자원을 검토하는 것을 시작으로 한국사회의 갈등 수준을 체계적으로 진단하고, 갈등을 저감할 수 있는 단기 전략으로서 갈등관리 역량 강화의 방안을 제시하는 한편, 장기적인 문화변동을 통해서 사회갈등을 완화하는 힘으로서 사회적 신뢰를 조명하고, 이를 확충할 수 있는 방안을 탐색하는 것으로 짜일 것이다.

첫 번째 논의인 "갈등이론과 한국 사회갈등의 구조"에서는 사회갈등에 관한 이론을 검토하면서 분석이 가능하도록 사회갈등을 정의하고, 유형을 분류하는 한편, 한국사회에서의 갈등의 생성 및 표출 구조를 입체적으로 드러내도록 하겠다.

이어지는 두 번째 분석은 이 연구의 핵심이라고 할 수 있는 "국가 간 비교의 방법을 활용한 한국의 사회갈등 수준에 대한 진단"이다. 축차적 범주 설정과 적실성 있는 지표 산출을 통해 한국사회의 사회적 균열 수준을 파악하고, 이를 OECD 국가들과 비교한 후, 갈등 수준이 높아질 것인지, 저감될 것인지에 대해 전망을 시도하도록 하겠다.

세 번째 논의는 사회적 균열이 갈등으로 표출되는 것을 제어하는 능력을 의미하는 "갈등관리 역량을 체계적으로 강화"하는 방안을 탐색하는 것이다. 특히, 민주사회의 성숙에 따른 시민사회의 조정능력을 극대화하기 위해 영미식의 협상 세련화, 갈등조정 프로세스의 체계화, 정책에 대한 평가와 환류시스템의 공고화, 커뮤니케이션의 활성화 등을 제안할 것이다.

마지막 논의는 갈등지형과 갈등의 증폭 메커니즘에 주목하여 문화변동을 포함한 장기 전략으로서 "사회적 신뢰의 확충을 모색"하는 내용이다. 선진국에서 사회적 균열의 체계적 저감에 순기능을 했던 사회적 신뢰 확충의 사례를 검토하면서 공공선을 위한 이해관계 추구의 준칙을 형성할 것과, 비지배적 상호성을 확립할 것을 주문하는 것이 장기전략의 핵심이 될 것이다.

II. 갈등이론과 한국 사회갈등의 구조

이 절에서는 본격적인 비교 분석과 정책제안에 앞서, 사회갈등에 관한 이론에 입각하여 한국사회의 갈등구조를 분석하도록 한다. 먼저 사회갈등의 개념을 문헌 분석을 기반으로 분석적으로 정의하고, 이어서 갈등의 원인과 갈등이 발생하는 정책 영역, 공공갈등의 주체에 따른 갈등 유형의 분류를 시도하고자 한다. 사회갈등에 대한 개념 정의와 유형 분류가 이루어지고 나면, 갈등의 생성 및 표출 구조를 해부해보도록 하겠다.

1. 사회갈등의 개념과 유형

1) 사회갈등의 개념

사회갈등이란 용어가 사용된 지 오래되었으나 아직 구체적으로 사회갈등이 무엇을 의미하는지 합의가 되어 있지 않은 상태이다. 사회갈등의 의미를 조명하기 위해서 우선 갈등의 개념을 명확히 할 필요가 있다. 갈등의 어원은 'confligere'라는 라틴어에서 유래하는데, 이는 'con(함께)'과 'fligere(충돌, 부딪침, 다툼)'이라는 용어의 합성어이다. 흔히 '인간은 갈등적 존재이다(homo conflitus)'라는 명제에서 갈등의 의미가 잘 표출되는데, 그만큼 갈등은 인간 사회에서 불가피하게 발생하나 정확하게 구조를 파악하기 어렵다는 것이다. 사실 현재 과학의 수준에서는 갈등의 원초적인 복합성을 정확히 파악하기가 매우 어려운 것이 사실이다. 이는 이론의 부재와 경험적 자료의 빈곤에 기인한다. 갈등은 사회에 역기능을 가져오기도 하지만, 불가피한 긴장(inevitable tension)으로 받아들여야 하는 측면이 있다. 사회학자 루이스 코저(Lewis A. Coser)는 유기체론의 입장에서 적정한 긴장은 사회 에너지를 활성화하고 사회발전을 촉진하는 기능을 수행한다는 점을 이론적으로 뒷받침하기도 했다(Coser 1956: 41).

이렇게 정의하기 어렵고 복합적 성격으로 인해 구조적 특성을 정확히 짚어내기 어렵기 때문에, 많은 학자가 갈등 개념을 분석적으로 구성하려고 애썼다. 대표적인 갈등에 대한 분석적 관점은 모턴 도이치(Morton Deutsch)의 행위 중심 관점과 케네스 토마스(Kenneth W. Thomas)의 정서적 관점으로 대별할 수 있다. 도이치는 갈등이 양립 불가능한 행위로 인해 발생한다고 보며(Deutsch 1973: 17-18), 토마스는 갈등을 한 개인 내부의 양립 불가능한 반응 경향으로 파악한다(Thomas 1976: 890).

이와 같은 여러 관점의 갈등 연구를 종합하면, 일반적으로 갈등의 개념은 당사자 간의 동의 여부, 이해관계의 양립가능성, 실제와 인식 간의 차이, 세계관 및 행위양식의 불일치 등의 요소로 구성된다. 분석적 측면에서 갈등은 인지(cognition)·정서(emotion)·행위(behavior) 차원으로 세분되며, 세 차원은 다시 주관적 및 객관적 상황과 연계되어 복합적으로 표출된다고 볼 수 있다. 이와 같은 종합적인 시각에서 갈등을 개념화한 이가 루이스 판디(Lewis R. Pondy)다. 판디는 갈등을 자원의 부족이나 정책 가치상의 차이 등 갈등행위에 선행하는 상태(즉 잠재적 갈등), 스트레스, 긴장, 적대감, 불안 등 갈등 상황에 관련된 개개인의 감정적 상태(느끼는

그림 9-3 갈등의 5단계

자료: Pondy(1967).

갈등), 개인의 인지적 단계(인지적 갈등), 갈등행위(현재화된 갈등) 등 역동적인 과정을 거쳐 나타나는 현상으로 파악하면서 갈등의 5단계를 제시한 바 있다(〈그림 9-3〉).

이상에서 논의된 갈등 개념을 구성하는 다양한 요소를 고려하여 갈등을 정의하면, 갈등은 개인, 조직, 집단의 수준을 포괄하는 총체적이며 다차원적이면서 역동적인 개념으로서 이해당사자 간 심리적 불일치를 포함한 일체의 의견 불일치와 대립적 상태를 의미한다(김용웅 · 차미숙 1997: 26).

2) 사회갈등의 유형

갈등의 유형을 설명하는 기준은 다양하다. 갈등의 원인에 따라 사실갈등, 이해관계갈등, 가치갈등으로 분류되기도 하고, 정책영역을 기준으로 정치적 갈등, 경제적 갈등, 사회적 갈등으로 유형화하는 경우도 있다(〈그림 9-4〉). 정치적 차원에서의 갈등은 개발도상국에서 나타나는 독재와 민주화 세력 간의 갈등이 대표적이며, 지역갈등도 이 범주에 포함된다. 경제영역에서의 갈등은 빈부 간의 갈등이 핵심이며 계층갈등, 노사갈등이 대표적인 사례이다. 사회적 갈등은 사회 내 여러 집단 간의 이념이나 이해관계의 대립에 따라 발생하는데, 미국사회의 인종갈등, 보스니아의 민족분쟁, 아일랜드의 종교갈등, 세대 간의 갈등, 남녀 간의 갈등, 환경가치 갈등 등이 이에 해당한다. 한편, 갈등이 일정한 제도적 틀 안에서 전개되는지에 따라 제도적 갈등과 비제도적 갈등으로 분류하기도 한다(김영평 2002: 117). 갈등 당사자 간에 갈등을 해소하는 규칙이 있

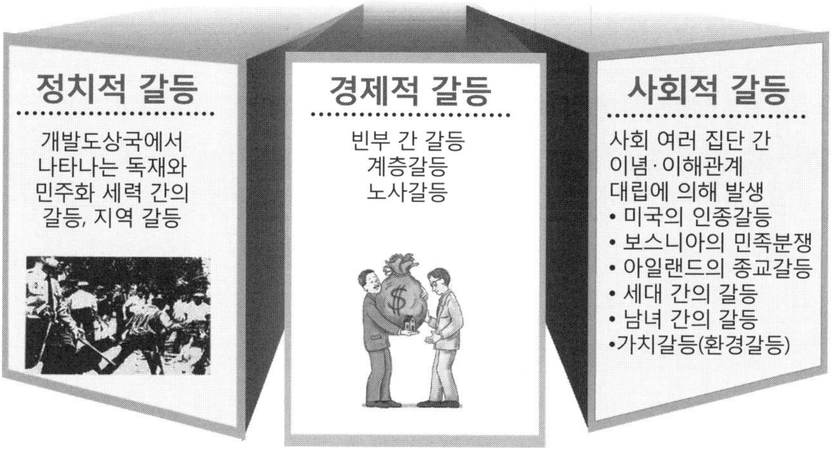

그림 9-4 갈등의 분류

는 경우가 제도적 갈등이고, 그렇지 않은 상황은 비제도적 갈등이다. 또한 갈등 당사자들의 권력균형의 정도에 근거하여 비슷한 권력을 갖춘 경우 대칭적 갈등, 어느 한쪽으로 권력의 균형추가 기우는 경우를 비대칭적 갈등이라 일컫기도 한다(김영평 2002: 118).

그런데 사회구조의 복잡화에 따라 공공영역에서 정책결정을 둘러싼 갈등이 빈발하고 있고, 날로 그 양상과 갈등의 골이 심화되고 있다. 사실 최근의 갈등은 갈등의 원인과 정책영역, 구조적 균열이 혼재되어 표출되는 경향이 있는데, 이러한 갈등의 복합화와 증대 경향은 사회의 다원화와 정책에 내재한 애매성·복잡성·불확실성이 근본 원인이다. 모든 정책은 가치 내재적이며, 그 결과를 알기 전에 결정되어야 한다는 의미에서 가설적 지위를 갖고 있다. 따라서 정책행위자의 가치 전제나 이해관계의 차이, 정책의 본질적 불확실성 등 다양한 요인이 작용하여 정책과 관련된 갈등을 촉발시키게 된다(김영평 1991: 141). 다시 말해서 매우 섬세한 기예를 활용하여 정책을 집행할 수 없는 경우, 갈등은 필연적으로 발생한다는 것이다.

이와 같은 공공갈등의 증가 추세를 고려하여, 이 글에서는 정부의 역

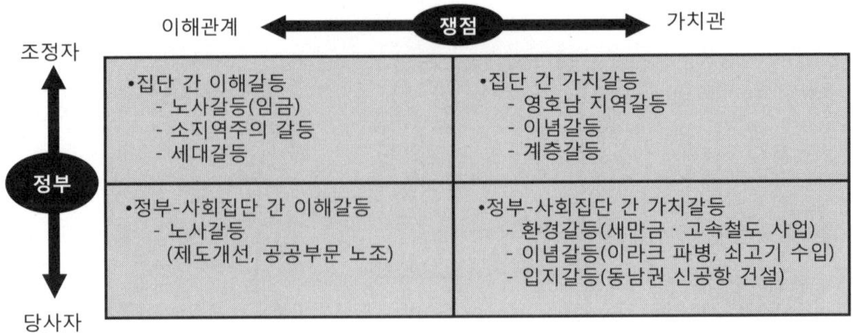

그림 9-5 공공갈등의 유형 분류

할과 갈등의 쟁점을 조합하여 한국사회의 갈등구조를 〈그림 9-5〉와 같이 정리해보았다. 정부가 갈등의 조정자인가, 또는 당사자인가가 분류의 한 축이다. 그리고 사회갈등으로 증폭되는 갈등의 주요 원인은 대개 이해관계와 가치관의 차이라는 점을 고려하여 이해관계 갈등인가, 가치관 갈등인가를 다른 한 축으로 설정하였다.

2. 한국 사회갈등의 생성-표출 구조

한 사회의 갈등을 논의하는 데 있어 중요한 것은 사회적으로 크게 쟁점화하는 집단 간 갈등이다. 물론 개인적 수준에서의 갈등도 사회갈등을 증폭시키는 요인으로 작용하기는 하지만, 갈등의 양태가 워낙 다양하고 표출되지 않는 경우도 많은데다 상당수의 개인적 갈등이 사회갈등 구조에 영향을 받는 측면이 강하므로 '갈등의 생성-표출 구조'를 논의할 때 사회변동의 과정에서 주요 사회집단들 사이의 자원 배분의 격차나 가치관의 간극을 중심으로 발생하는 집단적 갈등에 주목할 필요가 있는 것이다.

그렇다면 집단적 갈등은 구체적으로 어떻게 생성되고 표출되는 것일

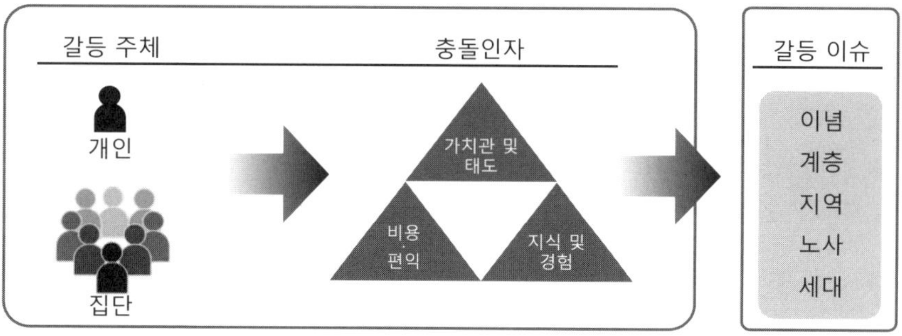

그림 9-6 사회갈등의 생성-표출 구조

까? 먼저 집단적 갈등, 사회갈등은 갈등 주체 사이에 충돌인자가 개입하면서 생성된다(〈그림 9-6〉). 충돌인자는 세 가지로 나누어볼 수 있는데, 가치관 및 태도, 비용·편익, 지식 및 경험이 그것이다. 가치갈등을 배태하는 주원인이 되는 것이 가치관 및 태도의 차이다. 세계관과 사물의 가치에 대한 관점 차이, 문제를 인식하는 틀과 문제해결의 우선순위에 대한 선호의 차이 등이 가치관 및 태도의 차이를 만들어낸다. 비용·편익은 대체로 이해관계갈등을 가져오는 데 작용하는 충돌인자이다. 예를 들어 특정한 인프라를 유치하게 되면 유치 지역에는 편익이 되지만, 경쟁 지역은 인프라가 입지하지 못함으로써 비용을 지불하게 된다. 이러한 상황이 예상될 때 특정 인프라를 유치하려는 지역 간에는 비용·편익의 크기만큼의 갈등이 벌어지게 되는 것이다. 지식 및 경험은 사실갈등을 발생시키는 인자이다. 어떤 사물, 사안에 대해 갖고 있는 지식과 경험의 차이가 사실에 대한 이해의 폭을 결정하므로 특정 정책을 실행할 때, 이 정책과 관련된 정보에 대한 적확한 인식과 부실한 인식 혹은 오인으로 나뉘어 갈등하게 되는 상황을 일으키는 것이다. 갈등 주체 사이에 개입된 충돌인자로 인해 갈등이 생성되고, 갈등 이슈의 성격에 따라 이념, 계층, 지역, 환경, 세대갈등 등의 형태로 표출되는 것이다.

III. 국제 비교로 고찰한 한국의 사회갈등 수준

1. 비교의 틀

1) 사회갈등 수준의 국제 비교에 관한 기존 논의 검토

하버드 대학의 대니 로드릭(Dani Rodrik)은 오일 쇼크와 같은 외부 충격 하에서 사회갈등이 경제성장에 미치는 영향을 보여주는 모형을 제시한 바 있다(〈표 9-1〉). 그는 외생적 충격과 갈등관리의 상호작용이 경제성장률에 영향을 끼친다고 설명하면서 사회갈등을 잘 관리하는 국가는 경제위기에 효과적으로 대응한다는 가설을 92개 국가를 대상으로 분석하여 검증하였다. 그 결과 사회갈등 수준이 높은 국가들은 1960~1975년간의 경제성장률에 비해 오일 쇼크 이후인 1975~1989년 사이의 경제성장률이 저하되었다는 점을 확인하였다. 요약하면 로드릭은 1975년 이후 저조한 성장을 경험한 국가들의 공통점이 분열된 사회와 취약한 갈등관리 제도라는 점을 입증하려고 노력했던 것이다.

로드릭의 연구는 상당수의 국가를 비교대상으로 하여, 비교적 장기간의 시계열 분석을 통해 사회갈등과 경제성장과의 상관관계를 밝히려 했다는 점에서 의미 있는 연구이기는 하지만, 사회갈등요인을 측정하는 변수를 소득불균형과 인종다양성으로 한정했다는 점에서 국가 간 사회갈등의 수준을 총체적·입체적으로 파악하는 데는 한계가 있다고 할 수 있다.

표 9-1 로드릭이 사용한 갈등의 경제학 모형

• 경제성장률 = − 외부 충격 × (잠재적 사회갈등요인 ÷ 갈등관리제도) · 잠재적 사회갈등요인: 소득불균형, 인종다양성 · 갈등관리제도: 민주주의 수준, 정부기관의 질과 역량

주: 모형에서 외부 충격은 오일 쇼크와 같은 경제위기를, 음(-)의 부호는 외부 충격 · 사회갈등과 경제성장과의 부(負)의 관계를 의미한다.
자료: Rodrik(1998: 143-158).

2) 비교 모형

이 연구에서는 로드릭 모형의 문제의식은 받아들이되 좀 더 객관적, 종합적으로 국가 간 사회갈등 수준을 비교 파악하기 위해 조정된 국가 간 비교의 틀을 구성하려고 하였다. 우선 사회갈등을 배태시키는 구조적 균열 요인을 체계적으로 분류한 뒤, 대표성 있는 지표를 활용하여 균열의 정도를 가늠한다. 구조적 균열(structural cleavage) 요인이란 사회를 구성하는 집단, 조직, 제도 사이의 상호관계에서 긴장과 분쟁을 가져오는 핵심적, 구조적 인자로서 한 사회구성원들의 신념(정향), 소득, 생산과정에서의 위계, 소속감, 연령의 차이로 인해 발생하고 고착된다. 구조적 균열 요인은 행위적, 행태적 갈등 요인(국책사업으로 인한 이해갈등 등)과는 구별된다.

국가 간 비교를 통해 구조적 균열의 정도를 확인하기 위해서는 적확한 측정 범주를 설정할 필요가 있다. 구조적 균열은 사회갈등(social conflict)이나 분쟁(dispute)을 배태시키는 것이므로, 갈등이 발생하는 정책영역이나 이슈를 중심으로 구분하는 것은 바람직하지 않다. 구조적 균열을 통합적 시각에서 정밀하게 측정하기 위해서는 그 정의에 입각하여 갈등을 표출시키는 근본 원인인 민족 및 종교 갈등, 계층갈등, 노사갈등, 지역갈등, 세대갈등으로 세부 범주를 설정하는 것이 타당하다.

사회적 균열의 정도가 측정되고 나면, 해당 국가가 보유한 갈등관리 역량으로 나누어줌으로써 최종적으로 한 나라의 사회갈등 수준을 객관적으로 파악할 수 있다. 이러한 측정식의 설정은 비록 사회갈등을 일으킬 수 있는 구조적 균열이 존재하더라도 갈등을 관리하는 정부의 역량과 사회적 관용의 수준이 높으면 갈등의 극단적 표출과 심화는 억제, 완화될 수 있다는 논의에 입각하고 있다. 갈등관리 역량은 구조적 균열이 사회갈등으로 표출되는 것을 저감시키는 작용을 한다.

그렇다면 갈등관리 역량은 어떻게 파악할 수 있을까? 갈등관리 역량은 단순한 갈등조정 능력과 기술이 아니다. 정부의 관리기술, 사회적 응

표 9-2 이 연구에서 구성한 사회갈등 수준의 측정식

• 사회갈등 수준 = 구조적 균열 요인 ÷ 갈등관리 역량 · 구조적 균열 요인: 민족 및 종교 갈등, 계층갈등, 노사갈등, 지역갈등, 세대갈등 · 갈등관리 역량: 정치적 조정, 시장제도의 합리성, 사회통합, 문화적 관용, 법·제도 기반의 공고성

집력 및 관용의 총체가 한 국가의 갈등관리 역량이라고 할 수 있다. 즉, 갈등관리 역량을 측정하기 위해서는 정치·경제·사회·문화·법·제도의 측면을 포괄해야 한다. 따라서 갈등관리 역량을 파악하기 위해서는 정치적 조정, 시장제도의 합리성, 사회통합, 문화적 관용, 법·제도 기반의 공고성 등 5개의 범주를 설정하여 비교하는 것이 바람직하다.

이상에서 논의한 바와 같이 구조적 균열 요인과 갈등관리 역량의 세부 측정 범주를 고려하여 사회갈등 수준의 측정식을 구성하면 〈표 9-2〉와 같다.

2. 구조적 균열 요인의 측정

1) 측정 지표의 설정

이제 구체적인 측정에 들어가도록 한다. 비교의 대상은 OECD 30개국이다. 먼저 국가 간 정치적, 경제적, 사회적 균열 정도의 차이를 비교 분석하기 위해 각 측정 범주별로 국제기구(OECD) 및 연구·조사기관(IMD, PRS Group 등)의 정량화된 경성·연성지표를 추출하는 작업이 필요하다. 각 균열 요인을 가늠하기 위한 측정 지표는 〈표 9-3〉과 같이 선정하였다(각 지표의 설명과 자료원에 대해서는 〈부표 9-1-1〉을 참조). 각 지표는 각기 다른 척도를 사용하고 있으므로 표준화 작업이 필수적이다. 여기서는 점수보다는 각국 간의 상대적 차이를 확인하는 것이 주목적이므로, 개별 지표의 가장 높은 점수를 100점으로 환산한 뒤 측정 대상 국가

표 9-3 구조적 균열 요인의 측정을 위한 지표

균열 요인	측정 지표
민족 · 종교	종교적 긴장 민족(인종)적 긴장
계층	소득 10분위 배율 GDP 중 조세수입 비중 지니계수
노사	노사분규 일수 실업급여 대체 수준 산업재해 발생률
지역	지역별 인구집중도 지수 최고–최소 소득 지역 간 GDP 차이
세대	65세 이상 노인 부양비 청장년 간 고용률 격차

간 균열 정도의 차이를 점수의 격차로 표현하는 방법을 사용하였다.

2) 구조적 균열 요인의 측정 결과

측정의 결과, 〈그림 9-7〉에서 보는 바와 같이 한국사회의 구조적 균열의 정도는 30개국 중 12위였고, 잠재적 갈등 수준이 가장 높은 부문은 계층갈등이었다(각국별 균열 요인별 측정의 세부결과에 대해서는 〈부표 9-2〉 참조). 계층갈등에 이어 노사갈등, 지역갈등, 세대갈등, 민족·종교갈등 순으로 균열의 정도가 높았다. 이 결과는 사회통합위원회가 주관하는 "2012년도 사회통합에 대한 국민의식조사 결과"(강신욱 외 2012: 61-63)와도 대체로 일치한다.[2]

〈그림 9-7〉에서 확인되듯이 세대갈등과 민족 및 종교갈등은 OECD 국가의 평균 수준을 밑돌았는데, 이는 전통적 미덕과 가족주의로 인해 세대 간 균열이 상대적으로 깊지 않고, 다민족·다종교 국가에서 주로

2 이 조사에서 국민은 시급하게 해결해야 할 갈등에 대해 계층갈등(39.8%), 노사갈등(15.2%), 지역갈등(14.0%), 이념갈등(13.8%), 환경갈등(7.7%), 세대갈등(4.7%), 문화갈등(2.6%), 남녀갈등(2.2%) 순으로 응답하였다.

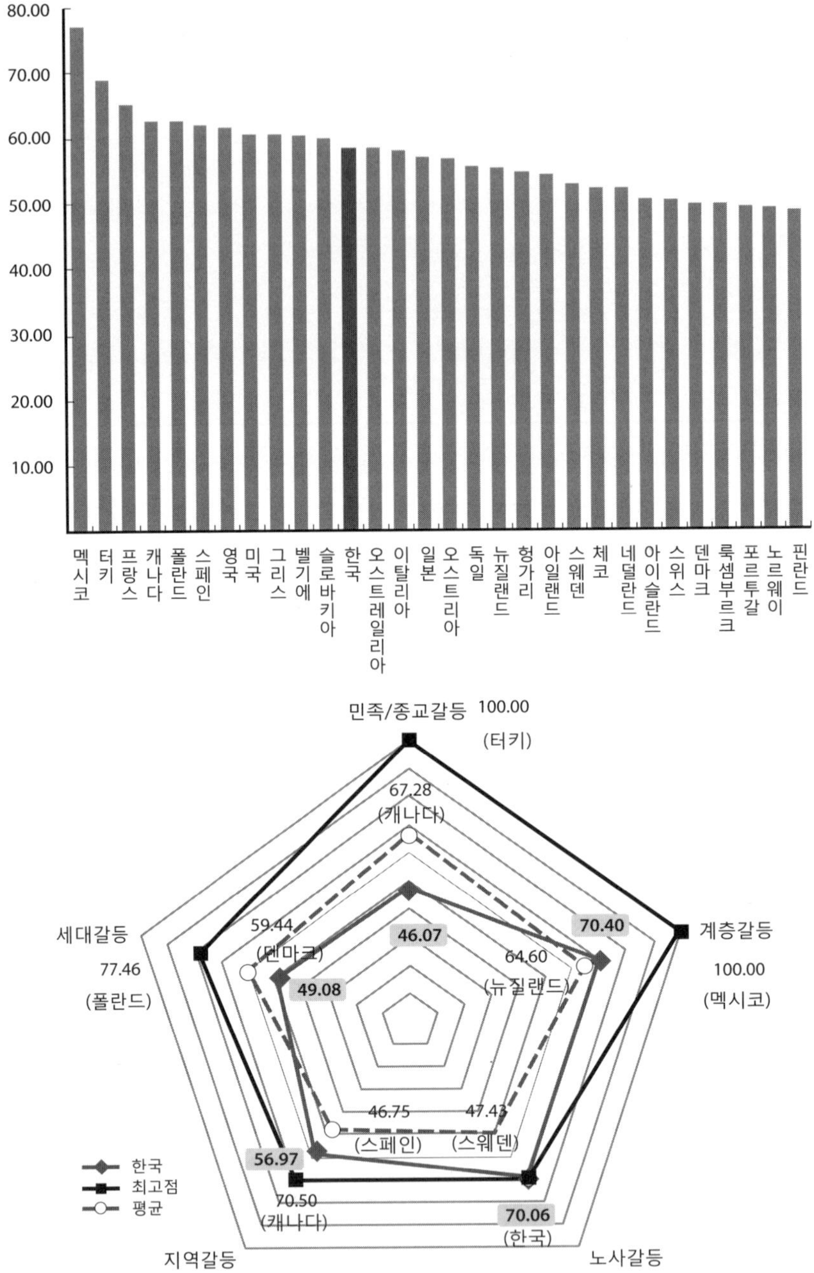

그림 9-7 구조적 균열 요인의 측정 결과(민족·종교 갈등 포함)

관찰되는 반목과 분열이 심각하지 않기 때문인 것으로 보인다. 하지만 한국사회도 점차 다문화 사회로 이행하고 있고, 급속한 고령화로 인한 장·노년 세대와 청장년 세대 간의 인구비중의 역전을 고려하면, 앞으로 민족 및 종교 갈등, 세대갈등과 관련된 측정 지표의 추이도 부정적인 방향으로 움직일 가능성이 있어 경각심을 갖지 않을 수 없다.

실제로 한국사회에서 민족 및 종교 갈등이 크게 노출되지 않았다는 점을 고려해서 구조적 균열의 범주에서 민족 및 종교 갈등을 제외하고 균열의 정도를 측정할 경우, 한국사회의 구조적 균열 정도는 OECD 국가 중 3위로 수직 상승함을 확인할 수 있다(〈그림 9-8〉). 이는 한국 경제와 사회에서 균열의 실제 정도가 상당히 높다는 점을 반영하는 것인데, 여기에 앞으로 심화될 가능성이 있는 민족 및 종교 갈등 등을 잘 관리하지 못한다면 한국사회의 균열은 현재의 수준을 크게 웃돌게 될 것이다.

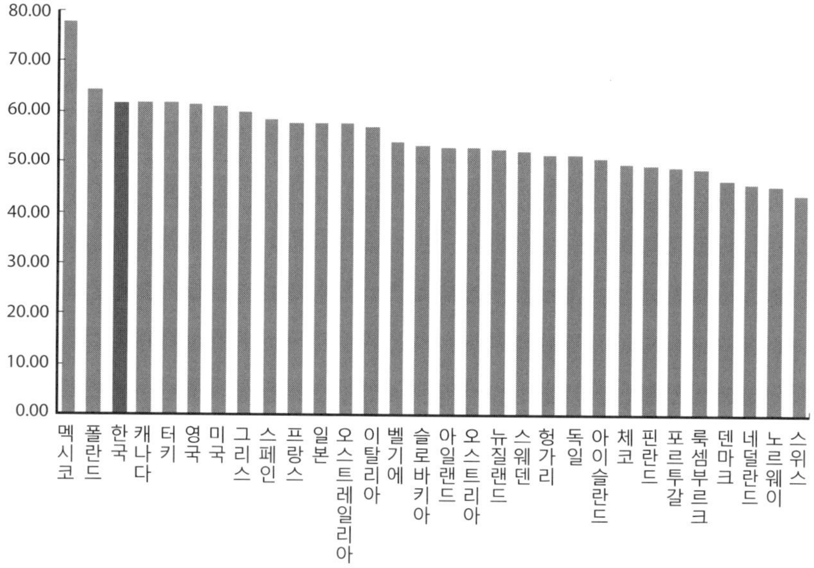

그림 9-8 구조적 균열 요인의 측정 결과(민족·종교 갈등 제외)

3. 갈등관리 역량의 측정

갈등관리 역량의 측정에서는 정치·경제·사회·문화 영역의 갈등관리 역량과 갈등을 조정할 수 있는 법·제도 기반의 견고성을 파악함으로써 사회 전반의 갈등관리 역량을 총체적으로 짚어내고자 하였다. 따라서 세부 측정지표는 갈등의 예방과 조정 능력을 입체적으로 파악할 수 있는 지표를 선택하였는데(〈표 9-4〉), 사회통합과 같이 측정이 쉽지 않은 역량의 경우 다양한 지표를 활용하여 최대한 현실적 수준에 접근하고자 하였다(각 지표의 설명과 자료원에 대해서는 〈부표 9-1-2〉 참조).

표 9-4 갈등관리 역량의 측정 지표

갈등관리 역량	측정 지표
정치적 조정	선거제도 비(非)비례성 지수 정부효과성 민주적 책무성
시장제도의 합리성	공직자 의사결정의 중립성 법과 규제의 틀
사회통합	사회적 응집 공공·민간의 사회적 위험에 대한 지출 근로자 – 기업주 관계
문화적 관용	소수집단에 대한 관용성 도움 받을 수 있는 사람의 비율
법·제도 기반의 공고성	갈등조정 법제의 효율성 국가투명성

측정의 결과, 〈그림 9-9〉에서 보듯이 한국의 갈등관리 역량은 OECD 국가 중 27위에 불과해, 구조적 균열이 심화되거나 분쟁화하는 것을 제어할 수 있는 역량이 미흡한 상태임을 알 수 있다. 특히 갈등관리 역량의 모든 부문에서 지표가 평균 수준을 밑돌고 있어 체계적인 강화 노력이 필요하다고 보인다(각국별 갈등관리 역량별 측정의 세부 결과에 대해서는 〈부표 9-2〉 참조).

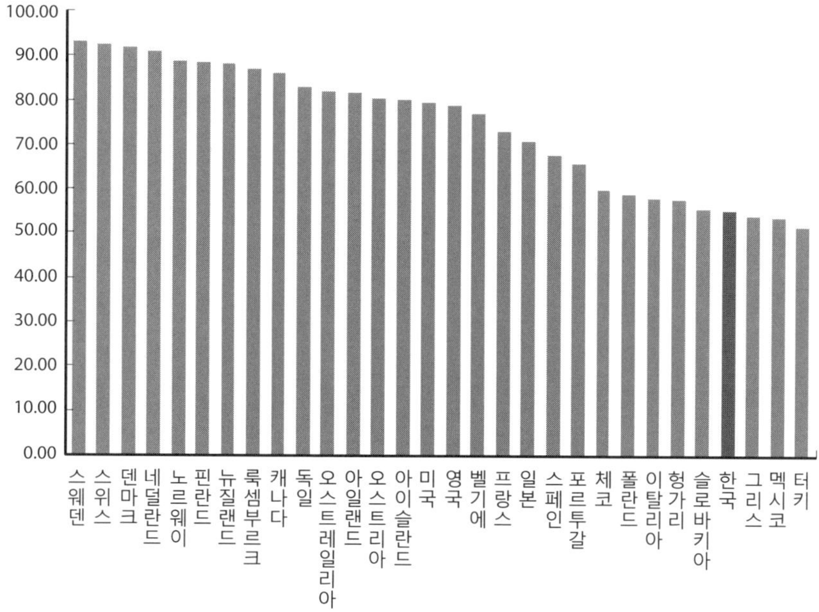

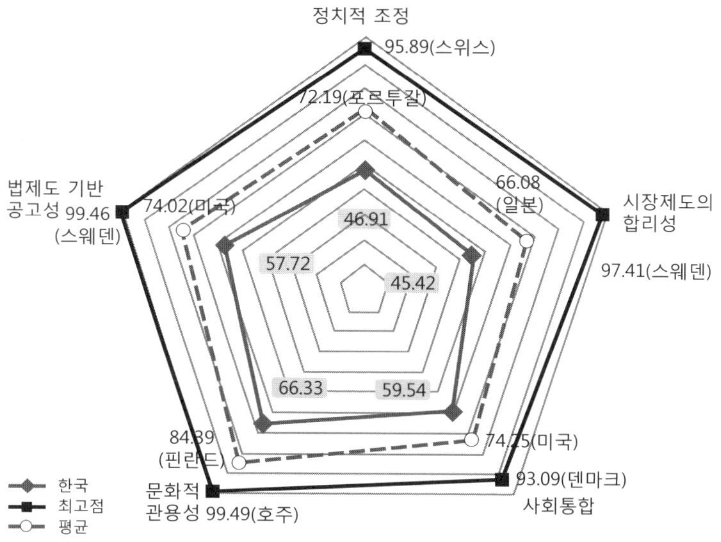

그림 9-9 갈등관리 역량의 측정 결과

4. 사회갈등의 수준

구조적 균열의 정도를 갈등관리 역량으로 나누어 구한 총체적인 사회갈등 수준은 얼마일까? 〈그림 9-10〉에서 보듯이 한국은 OECD 30개국 중 6위의 사회갈등 수준으로 평가되었다. 구조적 균열에 비해 상대적으로 열위인 갈등관리 역량이 한국을 사회갈등 수준의 평가에서 상위권에 있게 하는 원인으로 작용한 것으로 판단된다. 한국보다 사회갈등의 수준이 높은 나라는 멕시코, 터키, 그리스, 슬로바키아, 폴란드 등으로 경제력 측면에서 한국에 미치지 못하는 나라들이다. 또한, 민족·종교 갈등을 구조적 균열에서 제외하고 비교할 경우, 사회갈등 수준이 3위권까지 상승하는 것을 확인할 수 있다. 멕시코와 터키만이 한국보다 앞에 놓인다(〈그림 9-11〉).

각국의 갈등 수준을 좀 더 입체적으로 조망하기 위해 구조적 균열과 갈등관리 역량을 교차 분석하면 〈그림 9-12〉와 같다. 한국은 균열 정도는 높고 갈등관리 역량은 낮아 그래프의 왼쪽 위(2사분면)에 위치하는 것으로 나타났다. 영미권 국가들은 구조적 균열의 정도는 한국과 비슷하나 갈등관리 역량이 높아서 사회갈등 수준이 한국보다 낮은 것으로 평가되었다. 스위스, 덴마크, 네덜란드, 스웨덴 등 북유럽 국가들은 구조적 균열의 정도가 낮은데다 갈등관리 역량도 높아 사회갈등 수준이 최저 그룹에 속하는 것으로 분석되었다.

국가 간 편차가 큰 민족 및 종교 갈등 요인을 제외하고 비교하면, 구조적 균열 요인과 갈등관리 역량의 교차점이 수직으로 상승하는 것으로 나타나서 한국이 최고 수준의 사회갈등 국가군에 편입됨을 확인할 수 있다(〈그림 9-13〉). 앞에서 지적한 바와 같이 한국 사회갈등 구조의 특성, 즉 경제적, 사회적 갈등 수준이 높다는 점을 노출하고 있는 것으로 볼 수 있다.

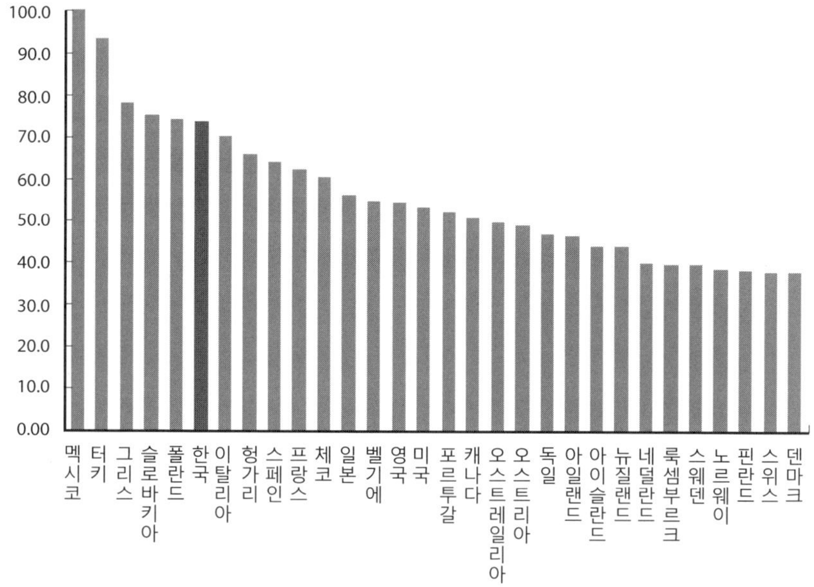

그림 9-10 사회갈등 수준의 국제 비교(민족·종교 갈등 포함)

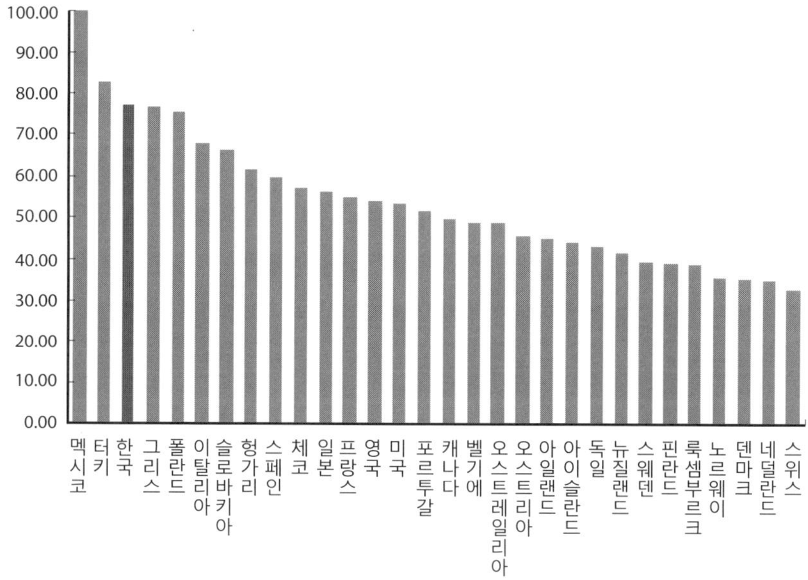

그림 9-11 사회갈등 수준의 국제 비교(민족·종교 갈등 제외)

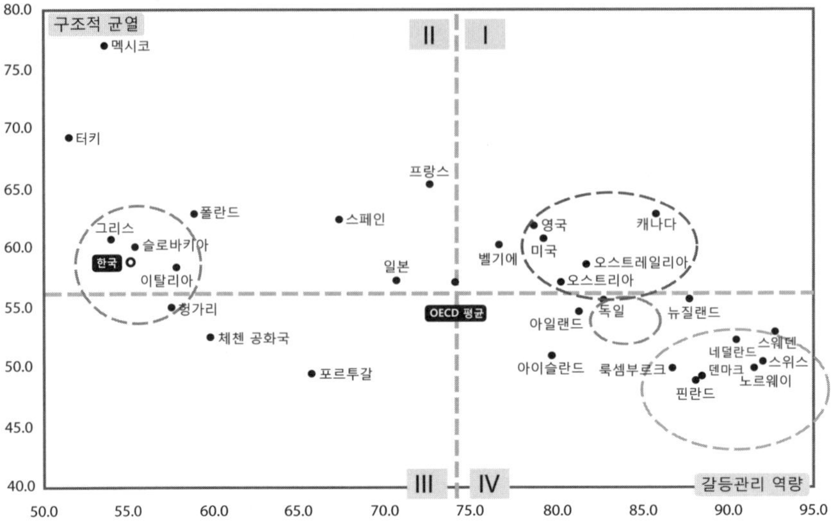

그림 9-12 OECD 국가 대상 구조적 균열과 갈등관리 역량의 교차 분석(민족·종교 갈등 포함)

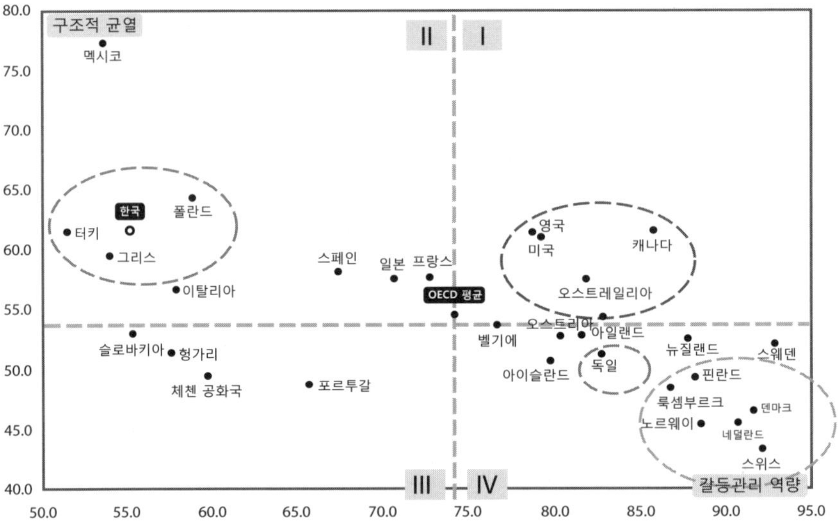

그림 9-13 OECD 국가 대상 구조적 균열과 갈등관리 역량의 교차 분석(민족·종교 갈등 제외)

5. 사회갈등 수준에 대한 비교 분석의 함의

이상의 측정 결과와 전략의 실행 용이성, 사회적 비용 등을 고려하여 구조적 균열 완화와 갈등관리 역량 강화의 방향을 도출하면 다음과 같이 정리할 수 있다(〈그림 9-14〉). 우선, 단기적으로는 구조적 균열 수준은 비슷하지만 갈등관리 역량이 높은 영미형 모델을 참고하고, 중기적으로는 중(中)균열·고(高)갈등관리 역량의 독일형 모델을 추구한 뒤, 장기적으로 저(低)균열·고(高)갈등관리 역량의 북유럽형 국가를 지향하는 것이 바람직해 보인다. 인구 규모를 감안할 때, 저균열·고갈등관리 역량의 북유럽형 모델을 조기에 착근시키기는 곤란한 것으로 판단된다. 다시 말해서 중기적으로는 독일의 갈등조정제도와 의견조정·합의문화의 한국적 실천양식을 모색하는 것이 현실적이라고 할 수 있다. 이러한 전략방향의 경로를 앞서 분석한 구조적 균열과 갈등관리 역량의 교차 분석도에 적용하여 표현하면 〈그림 9-15〉와 같다.

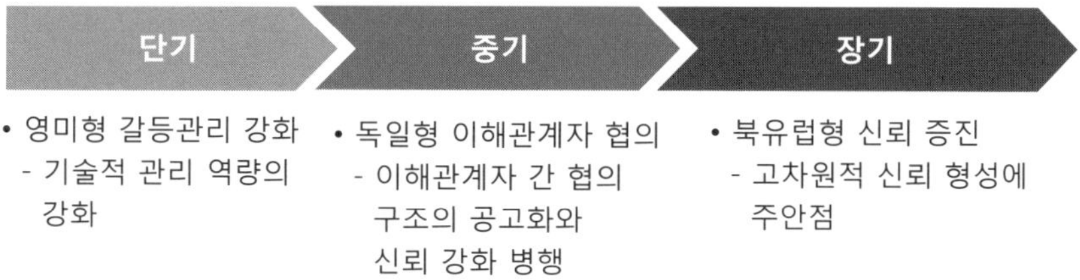

그림 9-14 구조적 균열 완화와 갈등관리 역량 강화의 전략 방향

IV. 갈등관리 역량의 강화 전략

단기 전략으로 채택한 갈등관리 역량의 강화는 영미형의 발달된 갈등관

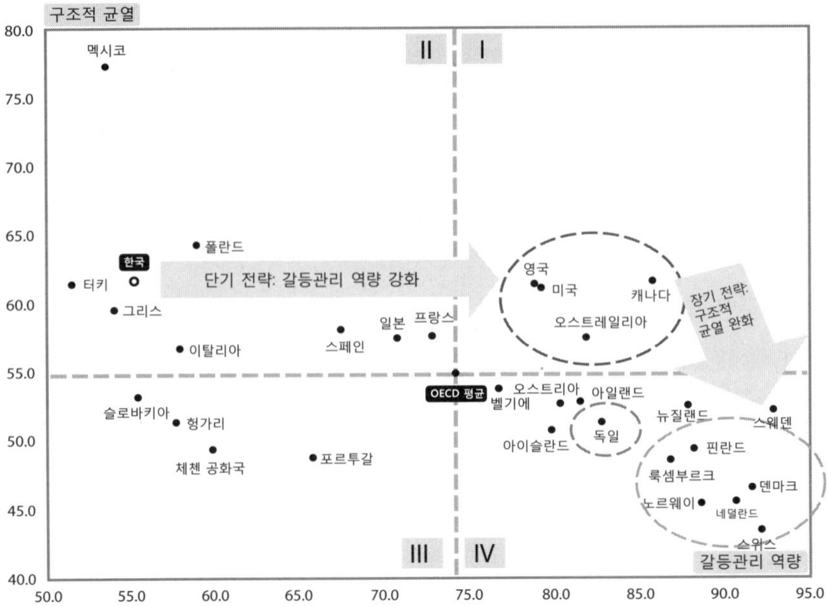

그림 9-15 실행 용이성과 사회적 비용을 고려한 사회갈등 완화 전략의 경로

리제도를 벤치마킹하는 것에 주안점을 두어야 한다. 〈그림 9-12〉에서 확인한 바와 같이 영미계 국가들의 구조적 균열의 수준은 한국과 비슷하다. 물론 사회구조와 문화의 차이, 국가 발전과정의 상이성 등으로 구조적 균열의 내용은 한국과 다르다. 미국, 영국, 캐나다, 오스트레일리아 등 영미계의 고균열·고갈등관리 역량의 국가들은 민족 및 종교 갈등과 지역갈등이 구조적 균열을 심화시킨 것으로 나타난 데 비해, 한국은 상대적으로 계층갈등과 노사갈등이 균열의 주축을 이루는 것으로 보인다. 비록 균열의 내용은 다르더라도 높은 수준의 균열 요인이 있다면, 갈등의 표출 정도는 관리 역량에 따라 달라질 수 있다. 구조적 균열 요인의 저감이 어렵고, 사회적 비용이 많이 드는 점을 감안한다면, 사회갈등의 표출을 억제하는 갈등관리 역량의 제고를 우선하는 전략은 타당하다.

그렇다면 갈등관리 역량을 강화하는 전략은 어디에 주안점을 두어야 할까? 가치갈등보다는 예방과 관리가 비교적 용이한 이해관계 갈등에서 정부의 유연한 갈등조정 기술이 발휘될 수 있도록 역량을 배양하는 것이 바람직하다. 가치갈등은 문화적 변동이 동반되지 않을 경우 쉽게 조정하기가 어렵기 때문이다. 이해관계 조정에서 갈등관리 역량이 제대로 신장되게 하려면 갈등 주체의 규모와 성격에 따라 차별화된 전략을 구사해야 한다(〈표 9-5〉).

먼저 갈등 주체가 특정 소수 대 특정 소수인 경우는 협상을 우선해야 한다(〈표 9-6〉). 일반적으로 5단계로 진행되는 협상에서 단계별로 적용할 원칙을 명확히 인식하고, 강조점에 따라 행동을 조절하면서 필요한 갈등조정 기법을 활용하는 것이 성공의 요체이다. 협상 당사자 간의 이해를 증진하고, 구체적인 이익을 탐색하여 해법을 도출하고, 위반하기 어렵게 공고한 합의를 이루어내는 것이 핵심이다. 규제협상의 경우, 행정기관의 규제로 영향을 받는 이해관계자들이 참여하는 협상을 통해 규제내용에 대해 합의하고, 행정기관은 이것을 바탕으로 규칙을 제정하는 방식이 바람직하다. 특히 협상위원회를 균형 있게 구성하는 것이 성공의 관건이 될 것이다.

찬성이 불특정 다수이지만 특정 소수의 반대가 존재하는 경우는 보상과 설득의 프로세스 중심 전략을 구사하는 것이 효과적이다(〈표 9-7〉).

표 9-5 갈등 주체의 규모와 성격에 따른 전략 분류

		찬성	
		특정(소수)	불특정(다수)
반대	특정(소수)	**협상 우선 전략** Ⅰ • 공정한 규칙 집행 • 당사자 간 대화와 타협을 촉진 • 정책의 효과성 및 유연성 제고 • 사적 중재시장의 조성	**프로세스 중심 전략** Ⅱ • 피해자에 대한 적극적 보상과 설득 • 비용에 대한 사회적 합의 형성 • 정부 정책 집행의 절차적 정당성 제고 • 정책결정의 제 단계에서의 참여 활성화
	불특정(다수)	**정책신뢰 구축 전략** Ⅲ • 국민 부담 및 도덕적 해이 최소화 • 공공선의 극대화 • 정책투명성의 제고 • 시민적 덕성 함양 교육	**커뮤니케이션 활성화 전략** Ⅳ • 이해집단의 참여를 통한 정책 협의 • 공론조사 등에 의한 사회적 대화 • 노사정 합의 등 파트너십 강화 • 미디어 정책토론

표 9-6 협상 우선 전략: 특정 소수 대 특정 소수 간 갈등

구분	적용 협상원칙	강조점	적용가능 방법
제1단계 협상 시작하기	제1원칙 사람과 문제 분리	• 친근감 쌓기 • 간접적 협상의사 전달 • 협상의지 확인 • 협상의 틀 짜기	
제2단계 서로 이해하기	제1원칙 사람과 문제 분리	• 문제의 역사와 현 상황 점검 • 적극적 듣기와 자기주장하기 • 협상대상 안건 결정	시나리오 워크숍, 정책 다이얼로그
제3단계 실익 찾기	제2원칙 주장이 아닌 실제 이익에 초점	• 겉으로 주장하는 것과 실제로 원하는 것 구분 • Chunking 기법의 활용	시나리오 워크숍, 정책 다이얼로그 , Search for Common Ground, Wisdom Conference
제4단계 해법 찾기	제3원칙 상생적인 대안 창출	• 안건별 대안 탐색 • 안건별 대안 평가 • 안건별 대안 선택 • 안건별 대안 실행계획	시나리오 워크숍, 정책 다이얼로그, 합의회의, 시민회의, Wisdom Conference, 문제해결 워크숍, 공론조사, 시민배심원단
제5단계 합의하기	제4원칙 객관적 기준 적용, 합리적 선택	• 합의안 작성 • 합의안 재점검 • 협의안 서명	

보상과 설득을 통해 반대하는 특정 소수를 효과적으로 수긍시키기 위해서는 섬세한 조정 전략을 구사하는 것이 필요한데, 갈등의 원인을 명확히 정의하고 실익을 찾아주는 것이 성공적 조정의 핵심이다. 그리고 조정은 사후 관리도 중요한데, 합의안관리위원회 구성 등이 필수적이다. 합의안관리위원회는 합의안 내용에 대한 해석상의 이견을 조율하고, 합의안의 불성실 이행 등에 대해 논의하는 회의체이다.

찬성이 특정 소수이고 반대가 불특정 다수인 경우는 해당 정책에 대한 신뢰 구축이 우선되어야 할 것이다. 이를 위해서는 정책의 추진과정을 종합적으로 평가한 것을 기초로, 정책의 내용을 일부 수정하여 더욱 효과적인 정책으로 교정하는 평가방식인 형성적 정책평가(formative policy evaluation)를 정책 과정에 활용한다든지, 시민에 의한 대안 작성을

표 9-7 프로세스 중심 전략: 불특정 다수 찬성 대 특정 소수 반대

구분	적용 협상원칙	강조점	적용가능 방법
제1단계 조정 시작하기	제1원칙 사람과 문제 분리	• 조정요청 접수 및 승인 • 갈등당사자들의 의사확인 • 친근감 쌓기 • 조정설명 • 사전약속	
제2단계 서로 이해하기	제1원칙 사람과 문제 분리	• 당사자별 갈등원인 정리 • 유사점, 상이점 정리 • 상이한 갈등원인 재분석	Wisdom Conference
제3단계 실익 찾기	제2원칙 주장이 아닌 실제 이익에 초점	• 겉으로 주장하는 것과 실제로 원하는 것 구분 • Chunking 기법의 활용	Chunking, 갈등관리
제4단계 해법 찾기	제3원칙 상생적인 대안 창출	• 원인별 대안 탐색 • 원인별 대안 평가 • 원인별 대안 선택 • 원인별 대안 실행계획	시나리오 워크숍, Wisdom Conference, 문제해결 워크숍
제5단계 합의하기	제4원칙 객관적 기준 적용, 합리적 선택	• 합의안 작성 • 합의안 재점검 • 합의안 서명	

통해 창의적인 공동정책대안을 개발한다든지, 사회갈등통합조정위원회를 설치하고 사회갈등 및 분쟁 해결에 관한 특별법 제정을 검토하는 것 등이 구체적인 실행방안이 될 것이다. 정부에 대한 신뢰를 높이기 위한 경로로 제안된 갈등조정제도의 체계화는 갈등 및 분쟁 해결을 위한 세밀한 로드맵을 구축하게 함으로써, 갈등구성의 복잡화 등과 같은 환경변화에 대한 적응력을 높이게 할 것이다.

갈등관리 역량의 마지막 강화 전략은 불특정 다수 간의 분쟁을 관리하는 데 유용한 커뮤니케이션 활성화이다. 커뮤니케이션 활성화를 위해서는 다양한 수준의 정책협의가 가능한 거버넌스 구축이 1차적 과제라고 할 수 있다. 특히 다수 대 다수의 갈등은 국론 분열의 상황으로 나아갈 수 있으므로, 정책 과정에서 공론조사를 통한 사회적 대화를 활용하는 것이 바람직하다. 공론의 형성 과정에는 쌍방향 미디어 정책토론을 활용하는 것도 효과적이다. 오프라인 형식의 토론회에서는 의사형성 촉진에 능한

전문가를 사회자로 선정하여 토론의 진행 마디에서 생산적 성과를 구체화할 필요가 있다. 아울러 갈등형 정책 이슈는 정부가 직접 결정하기보다 공익적 판단을 내릴 것으로 기대되는 전문가 기구를 활용하는 것도 유효한 대안이 될 것이다. 영국 Mediation UK나 미국 National Association for Community Mediation과 같은 민간 갈등조정 자문기관의 육성도 고려할 필요가 있다.

V. 구조적 균열 완화를 위한 사회적 신뢰 확충

갈등관리 역량의 강화가 단기전략이라면, 구조적 균열의 완화는 문화적 변동을 포함한 장기전략이다. 비록 실천하기 어렵고 사회적 비용이 많이 들어가지만, 시간을 두고 균열 요인 자체를 줄이는 것이 필요하다. 〈그림 9-15〉의 오른쪽 아래에 자리 잡은 저균열, 고관리역량의 북유럽 국가를 지향하는 전략이다. 그렇지만 북유럽형으로 단기간에 이행하는 것보다는 중간 경유 목표를 설정하는 것이 현실적이다. 즉 중균열, 중관리역량의 독일형 제도를 한국사회의 제도적 맥락과 문화적 특성을 고려하여 벤치마킹하는 것이 필요하다.

구조적 균열의 완화 전략을 본격적으로 논의하기에 앞서, 균열이 분쟁으로 발전되는 구조를 살펴보면서 전략의 구체적 내용을 가다듬을 필요가 있다(〈그림 9-16〉). 구조적 균열이 권력갈등, 이념갈등, 문화갈등의 양태로 표출되는 대형 분쟁으로 발전하는 데는 신뢰 약화가 착화 기능을 한다. 2008년 촛불 사태에서 확인되듯이, 사실 오인도 있었지만 신뢰 약화가 상황 악화를 견인하는 핵심 요인이었다. 특정 혐오시설이나 선호시설의 입지를 둘러싼 갈등이나 환경문제가 핵심 이슈가 된 갈등에

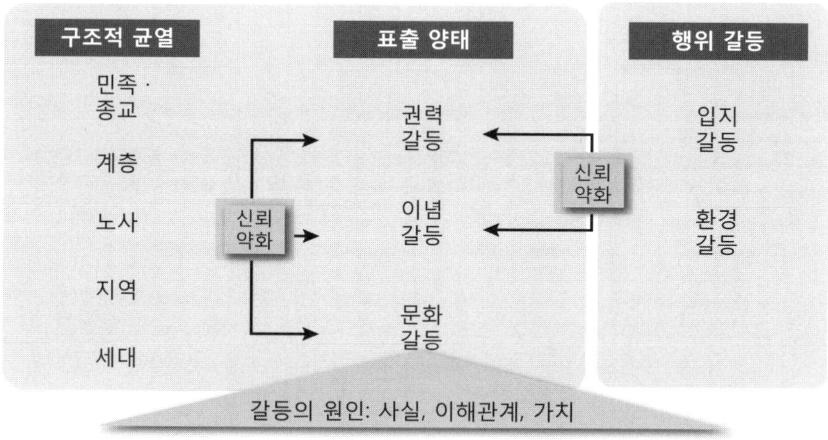

그림 9-16 갈등 지형과 갈등의 증폭 메커니즘

서도, 당사자 간의 신뢰가 불충분하면 자칫 권력갈등이나 이념갈등으로 확대될 수 있다.

따라서 신뢰 확충은 구조적 균열의 분쟁화를 막는 중핵 전략이다. 그렇다면 한국의 신뢰 수준은 어떨까? 공적 신뢰와 사적 신뢰를 종합적으로 평가한 신뢰지수를 살펴보면, 한국은 OECD 국가 중 25위에 불과하다(〈그림 9-17〉). 이것은 한국에서 신뢰가 사회갈등을 억제하는 역할에 한계가 있음을 말한다.

특히, 앞서 산출된 한국의 사회갈등 수준 73.7점에 신뢰지수의 역수를 곱해서 산출한 분쟁의 발생 위험도는 14.1로서 OECD 국가 중 6위에 해당한다(〈그림 9-18〉). 사회갈등 수준에 신뢰지수의 역수를 곱한 이유는 신뢰지수 수준에 비해서 갈등 수준이 어느 정도인지를 측정하고자 한 것이다. 이러한 측정식에 따르면 신뢰 수준에 비해 갈등 수준이 상당히 높은 나라의 경우, 분쟁 발생의 위험이 그만큼 큰 것으로 간주할 수 있다.

이처럼 분쟁 발생의 위험이 큰 상황이므로 신뢰의 배양, 축적, 신장이 매우 긴요하다고 하겠다. 역사적으로 한국은 후발 산업국가였다. 국가,

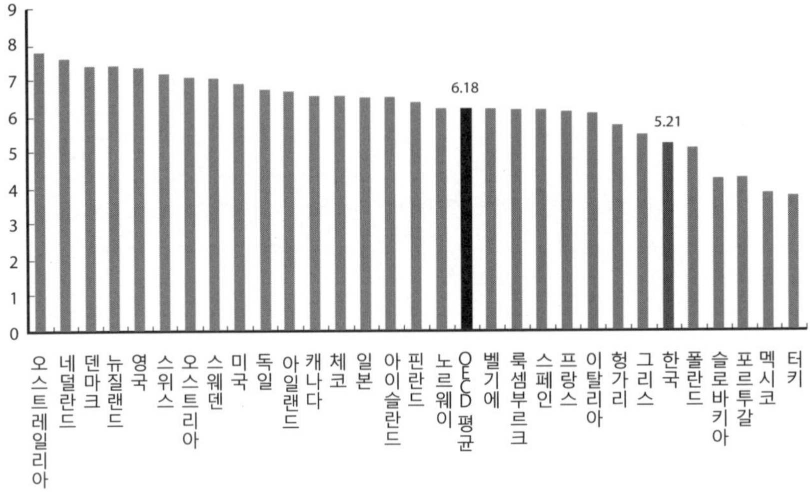

그림 9-17 OECD 국가의 신뢰지수

주: 노르웨이는 측정값이 없어 평균 점수를 적용.
자료: 이동원·정갑영 외(2009), 181쪽을 토대로 재작성.

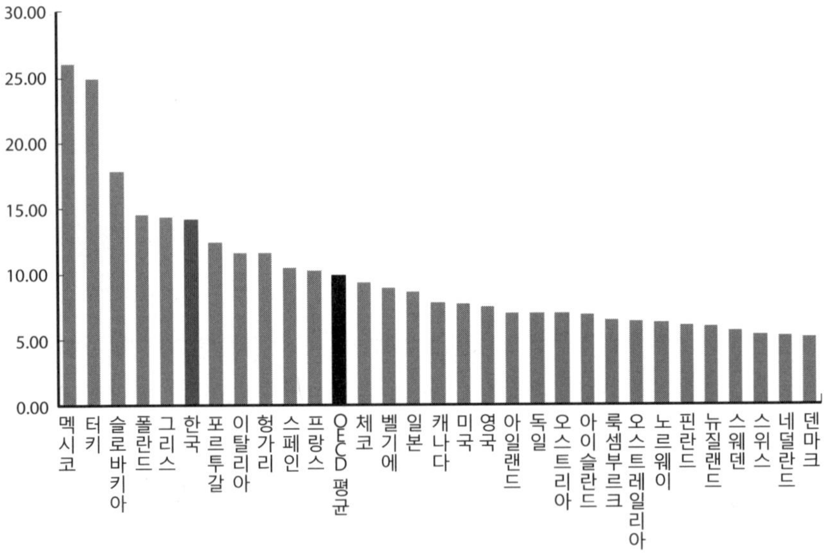

그림 9-18 OECD 국가의 분쟁 발생 위험도

시장, 시민사회가 차례로 성장하면서 3자와 모두 관련된 복합갈등 양상이 표출되고 있다. 국가, 시장, 시민사회 각 영역의 교차점이 사회의 신뢰구조라고 할 수 있는데(〈그림 9-19〉), 바로 이 지점에서 공공선을 지향하는 이해관계 추구의 준칙이 형성되고 세 영역의 상호작용이 균형을 이룰 때, 갈등의 유기적 조정과 대형 분쟁의 제어가 가능할 것이다.

사회적 신뢰의 배양, 축적, 신장을 위해서는 비제도적 노력도 놓치지 말아야 한다. '비지배적 상호성'을 통한 민주주의의 질적 심화를 추구하는 것이 비제도적 노력의 핵심이다. '비지배적 상호성'은 개인의 자율성과 시민적 덕성을 조화시키는 한편, 시민의 자발적 참여와 갈등의 민주적 해결을 동시에 촉진하는 정치적, 도덕적 판단 근거를 말한다(곽준혁 2005: 160-162). 이와 같은 '비지배적 상호성'을 민주적 심의의 조정원칙으로 삼아 갈등 상대방의 정당한 주장을 용납하고, 가치의 다원화와 상호성에 대한 고려를 실천함으로써 민주주의의 질적 심화를 추구하는 것이 요청된다. 한편, 적정한 사회적 긴장과 갈등을 발전의 동력으로 활용하기 위해, 합리적 토론을 통해 이해의 거래가 아닌 공동체의 복리를 중

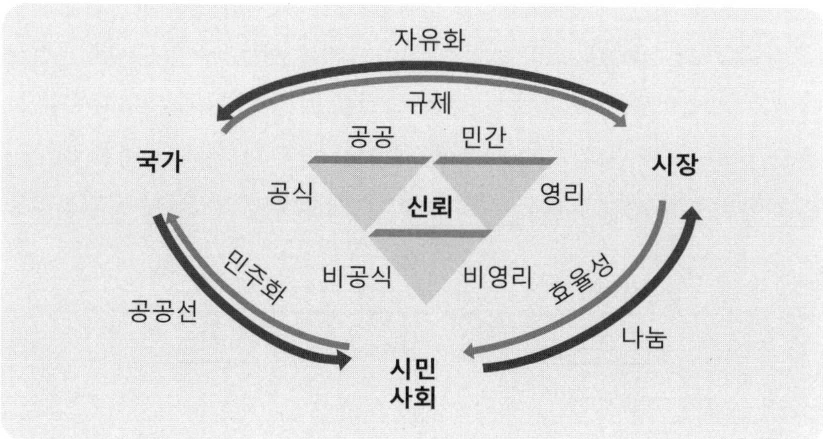

그림 9-19 국가·시장·시민사회의 신뢰 형성 지점

자료: 서문기 외(2001: 21).

시할 필요가 있다. 갈등 당사자가 모든 문제를 단번에 해결하려는 조급함에서 벗어나, 대화와 양보를 통해 쉬운 문제부터 협상함으로써 상호 신뢰를 증진하고, 이를 바탕으로 타협의 범위를 확대하는 것이 이와 같은 비제도적 노력의 구체적 실천방식이라고 할 수 있다.

역사적 경험 속에서 사회적 신뢰의 역할을 확인해본다면, 신뢰 확충이 사회적 균열의 저감에 순기능적으로 작용했는지 검증할 수 있을 것이다. 아울러 고차원적 신뢰 구축의 전략을 추진하는 데도 선진국에서 신뢰를 바탕으로 구조적 갈등을 완화한 경험을 심층적으로 분석할 필요가 있다고 하겠다(〈표 9-8〉). 예를 들면, 의견조정 합의문화를 바탕으로 미래협약을 체결한 독일 폭스바겐의 노사협상, 근로의욕과 공민의식을 저해하는 복지프로그램을 수정하고자 헌법의 재해석을 통해 복지공급방식의 다변화와 효율화를 꾀하면서 일할 의무를 일깨운 덴마크의 복지개혁, 언어공동체와 지역공동체로 교육·문화정책과 사회·경제정책을 이양하는 등 자치 영역을 확대하면서도 연방국가의 기틀을 다진 벨기에의 통합지향적 지역갈등 조정 등은 한국사회의 현실에 적합하게 수용할 필요가 있는 역사적 경험이라고 할 수 있다.

최근 들어 복합적 양상으로 표출되고 있는 입지갈등과 환경갈등에서도 신뢰 구축 전략이 주효한 선진국의 사례를 찾을 수 있다. 민간 전문역량을 문제 해결에 활용하여 공적 신뢰를 보강한 미국 스노퀄미강 분쟁 조정 사례, 주민 자체 조사를 통해 건강과 환경 피해에 대한 의구심을 걷어내고 원자연료 순환 시설을 건립한 일본 아오모리현의 입지갈등

표 9-8 선진국 사회갈등 극복 과정에서의 사회적 신뢰의 역할

유형	사례	시사점
노사	독일의 미래협약: 의견조정 합의문화로 고통 분담	신뢰에 입각한 이익 조정
계층	덴마크의 복지개혁: 공적 부조와 일할 의무 교환	경쟁력 제고 위해 조화 선택
지역	벨기에의 연방제: 자치 영역의 확대	문화적 정체성의 보장
환경	미국 스노퀄미강 분쟁 조정: 민간 전문 역량 결합	중재 활용, 타협점 도출
입지	일본 원자연료 사이클 시설 건립: 주민 자체 조사	의구심 해소, 보상과 설득

해결 사례 등이 이에 해당한다. 이들 선진국의 역사적 경험을 국내의 갈등 현안에 섬세하게 적용할 수 있도록 구체적인 방안과 절차를 강구할 필요가 있다.

부표 9-1 측정지표 상세 설명

1) 구조적 균열

범주	측정지표	지표설명	자료원
민족 · 종교	· 민족적 긴장	민족 국적 언어에서 오는 갈등 수준	ICRG(International Country Risk Guide) 2012(PRS Group)
	· 종교적 긴장	정치적 의사결정에서 종교가 미치는 영향	
계층	· 소득 10분위 배율	소득 10분위 소득/ 소득 1분위 소득	OECD StatExtracts
	· GDP 중 조세수입 비중		OECD StatExtracts
	· 지니계수	소득 불평등 정도	OECD StatExtracts
노사	· 노사분규 일수	근로자 1,000명당 노사분규로 인한 노동손실 일수	IMD
	· 실업급여 대체 수준	실업급여가 소득을 대체하는 정도	OECD StatExtracts
	· 산업재해발생률	인구 10만 명당 산업재해 발생 건수	ILO
지역	· 지역별 인구집중도 지수		OECD *Factbook*
	· 최고–최소 소득 지역 간 GDP 차이	1인당 GDP와 1인당 GRDP의 비교: 가장 차이가 많은 지역과 가장 차이가 적은 지역의 차이를 계산	OECD *Factbook*
세대	· 65세 이상 노인부양비	15~64세 인구 대비 65세 이상 인구의 비중	UN
	· 청장년 간 고용률 격차	50세 이상 고용률/ 20~39세 고용률	OECD StatExtracts

주: IMD, *The World Competitiveness Yearbook 2012*.
WEF, *The Global Competitive Report 2012-2013*.

2) 갈등관리 역량

범주	측정지표	지표설명	자료원
정치적 조정	선거제도 비(非)비례성 지수	득표율과 의석비의 왜곡	국회입법조사처(2010). 「지표로 보는 오늘의 한국」
	정부효과성		World Bank. Governance Indicators
	민주적 책무성		CRG(International Country Risk Guide) 2012(PRS Group)
시장제도의 합리성	공직자 의사결정의 중립성		WEF
	법과 규제의 틀		IMD
사회통합	사회적 응집		IMD
	공공·민간의 사회적 위험에 대한 지출		OECD StatExtracts
	근로자-기업주 관계	근로자와 기업주의 협력 정도	WEF
문화적 관용	소수 집단에 대한 관용성		World Value Survey
	도움을 받을 수 있는 사람 비율		OECD Better Life Index
법·제도 기반의 공고성	갈등조정 법제의 효율성		WEF
	국가투명성	공무원 및 정치인의 부패 수준	TI

주: IMD, *The World Competitiveness Yearbook 2012*.
WEF, *The Global Competitive Report 2012-2013*.

부표 9-2 사회갈등 수준 측정의 상세 결과

순위	국가	사회갈등수준	구조적 균열 평균	갈등관리역량 평균	구조적 균열					갈등관리 역량				
					민족 및 종교 갈등	계층 갈등	노사 갈등	지역 갈등	세대 갈등	정치적 조정	시장 제도의 합리성	사회 통합	문화적 관용	법·제도 기반의 공고성
1	멕시코	100.00	77.22	53.55	76.67	100.00	70.00	66.39	73.03	50.78	53.64	51.44	69.81	42.08
2	터키	93.12	69.13	51.48	100.00	81.54	59.80	41.87	62.45	42.56	51.85	53.81	56.04	53.16
3	그리스	78.03	60.72	53.97	65.00	66.72	63.58	39.13	69.17	58.94	36.32	57.59	71.94	45.05
4	슬로바키아	75.11	60.01	55.40	87.50	61.85	53.86	36.09	60.74	57.28	42.03	60.15	73.13	44.43
5	폴란드	73.83	62.70	58.90	56.67	66.52	55.59	57.28	77.46	58.10	59.37	55.78	67.35	53.90
6	한국	73.69	58.63	55.18	46.67	70.40	70.06	56.97	49.08	46.91	45.42	59.54	66.33	57.72
7	이탈리아	69.83	58.16	57.76	64.17	66.37	44.02	44.38	71.86	58.39	38.47	72.86	76.79	42.28
8	헝가리	65.84	54.75	57.67	68.33	60.26	41.67	37.35	66.15	68.69	37.71	58.03	71.60	52.32
9	스페인	63.95	62.17	67.42	78.33	69.71	43.57	47.86	71.36	57.14	52.53	70.72	94.39	62.30
10	프랑스	62.17	65.24	72.77	95.83	61.16	56.61	44.99	67.61	66.83	56.07	73.86	90.39	76.72
11	체코	60.51	52.20	59.83	63.33	59.74	42.03	32.73	63.16	61.80	49.05	65.88	71.43	50.96
12	일본	56.06	57.15	70.69	55.83	73.55	43.04	48.30	65.01	56.77	66.12	78.16	71.94	80.46
13	벨기에	54.63	60.41	76.68	86.67	57.41	52.85	34.46	70.65	86.91	59.42	78.87	87.24	70.96
14	영국	54.37	61.75	78.75	63.33	67.89	48.59	65.23	63.68	60.41	77.18	79.01	91.24	85.94
15	미국	53.17	60.76	79.26	60.00	78.77	55.13	58.37	51.54	86.15	67.88	74.20	92.18	75.88
16	포르투갈	52.15	49.32	65.59	51.67	72.27	43.11	27.60	51.95	71.93	49.51	71.10	80.19	55.21
17	캐나다	50.70	62.72	85.79	67.50	66.34	55.33	70.50	53.94	81.70	81.52	77.49	96.94	91.29
18	오스트레일리아	49.63	58.61	81.88	63.33	68.69	45.37	66.14	49.50	62.95	81.57	74.38	99.49	91.04

부표 9-2 계속

순위	국가	사회 갈등 수준	구조적 균열 평균	갈등 관리역량 평균	구조적 균열					갈등관리 역량				
					민족 및 종교 갈등	계층 갈등	노사 갈등	지역 갈등	세대 갈등	정치적 조정	시장 제도의 합리성	사회 통합	문화적 관용	법·제도 기반의 공고성
19	오스트리아	49.05	56.81	80.33	73.33	58.03	41.69	42.57	68.43	83.31	69.94	84.01	80.10	84.28
20	독일	46.62	55.65	82.79	73.33	63.48	37.96	38.88	64.59	76.34	76.99	84.55	90.14	85.92
21	아일랜드	46.30	54.43	81.52	60.83	64.18	45.89	38.29	62.95	78.89	74.36	78.02	96.43	79.90
22	아이슬란드	44.06	50.69	79.79	50.83	59.21	37.96	61.85	43.61	84.74	57.43	71.05	98.21	87.50
23	뉴질랜드	43.79	55.45	87.82	67.50	64.57	49.56	43.15	52.50	78.88	90.14	76.68	96.68	96.72
24	네덜란드	39.93	52.20	90.65	79.17	61.98	34.26	42.23	43.34	94.16	85.11	86.21	96.17	91.57
25	룩셈부르크	39.75	49.75	86.80	55.00	61.34	28.22	53.50	50.71	87.74	77.86	85.73	92.69	89.96
26	스웨덴	39.47	52.84	92.85	55.00	55.09	47.22	49.06	57.81	85.94	97.41	89.84	91.58	99.46
27	노르웨이	38.46	49.11	88.56	64.17	54.07	41.69	37.67	47.96	85.36	86.44	88.18	89.03	93.78
28	핀란드	38.34	48.76	88.20	46.67	56.43	43.06	43.76	53.91	89.35	84.84	86.20	86.05	94.54
29	스위스	37.85	50.30	92.15	78.33	64.96	27.30	41.19	39.70	95.89	90.00	91.21	92.60	91.04
30	덴마크	37.72	49.83	91.61	63.33	47.97	44.00	34.59	59.27	90.77	86.31	93.09	93.62	94.26
	평균	56.27	57.25	74.19	67.28	64.60	47.43	46.75	59.44	72.19	66.08	74.25	84.39	74.02

참고문헌

강신욱 외, 2012, 「한국의 사회통합의식에 대한 연구」, 사회통합위원회·한국보건사회연구원.

곽준혁, 2005, 「심의민주주의와 비지배적 상호성」, 『국가전략』 11(2): 141-168.

국회입법조사처, 2010, 「지표로 보는 오늘의 한국」.

김영평, 1991, 『불확실성과 정책의 정당성』, 고려대학교출판부.

김영평, 2002, 「정책갈등의 양상과 갈등 관련자의 윤리적 대응」, 『정부학 연구』 8(2): 113-144.

김용웅·차미숙, 1997, 「국토개발관련 분쟁의 발생 실태와 조정방안에 대한 연구」, 국토연구원.

서문기 외, 2001, 「한국사회 갈등구조에 대한 이해」, 삼성경제연구소.

임도빈·허준영, 2010, 「사회갈등의 확산메커니즘에 관한 연구: 촛불시위를 중심으로」, 『행정논총』 48(4): 55-80.

Bates, R. and A. Krueger, 1993, *Political and Economic Interactions in Economic Policy Reform*, Oxford: Blackwell.

Benhabib, J. and A. Rustichini, 1996, "Social Conflict and Growth," *Journal of Economic Growth* 1: 125-142.

Bowles, Samuel and Herbert Gintis, 1998, *Recasting Egalitarianism: New Rules for Communities, States and Markets*, New York: Verso.

Cohen, A., 1974, *Two-Dimensional Man: An Essay on the Anthropology of Power and Symbolism in Complex Society*, Berkeley: University of California Press.

Coser, Lewis A., 1956, *The Functions of Social Conflict*, Glencoe, Illinois: Free Press.

Davies, James, 1969, "The J-Curve of Rising and Declining Satisfaction as a Cause of some Great Revolutions and a Contained Rebellion," H. D. Graham and T. Gurr (eds.), *Violence in America*, New York: Bantam.

Deutsch, Morton, 1973, *The Resolution of Conflict: Constructive and Destructive Processes*. New Haven: Yale University Press.

Deutsch, Morton and Peter T. Coleman, 2000, *The Handbook of Conflict Resolution: Theory and Practice*, San Francisco: Jossy-Bass Pub.

Giddens, A., 1975, *The Class Structure of the Advanced Societies*, New York: Harper &

Row.

Gurr, Ted, 1974, "Persistence and Change in Political Systems," *American Political Science Review* 68: 1482-1504.

Haggard, S. and R. Kaufman, 1995, *The Political Economy of Democratic Transitions*, Princeton: Princeton University Press.

Huntington, S., 1991, *The Third Wave: Democratization in the Late Twentieth Century*, Norman: Oklahoma University Press.

Jones, Charles, 1994, *The Presidency in a Separated System*, Washington, D.C.: The Brookings Institution.

Krueger, A., 1993, *Political Economy of Policy Reform in Developing Countries*, Cambridge: MIT Press.

Lindblom, Charles E., 1965, *The Intelligence of Democracy: Decision Making through Mutual Adjustment*, New York: The Free Press.

Mills, Miriam K.(ed.), *Conflict Resolution and Public Policy*, New York: Greenwood Press.

Mueller, Dennis, 1997, *Perspectives on Public Choice: A Handbook*, Cambridge: Cambridge University Press.

Nye, Johseph, 1997, *Why People Don't Trust Government?* Cambridge: Harvard University Press.

Olson, Mancur, 1971, *The Logic of Collective Action: Public Goods and the Theory of Groups*, Cambridge: Harvard University Press.

Pondy, Louis R., 1967, "Organizational Conflict: Concepts and Models," *Administrative Science Quarterly* 12(2): 296-320.

Rapopor, Anatol, 1974, *Conflict in Man-Made Environment*, U.S.A.: Penguin Books.

Rodrik, D., 1998, "Globalisation, Social Conflict and Economic Growth," *The World Economy* 21(2): 143-158.

Roemer, John, 1998, *Theories of Distributive Justice*, Cambridge: Harvard University Press.

Ross, Marc Howard, 1993, *The Management of Conflict: Interpretations and Interests in Comparative Perspective*, New Haven and London: Yale University Press.

Schmidt, Stuart M. and Thomas A. Kochan, 1972, "Conflict: Toward Conceptual Clarity," *Administrative Science Quarterly* 17(3): 359-370.

Shapiro, Thomas, 2000, *Great Divides*, Mountain View: Mayfield Publishing.

Skocpol, T., 1979, *States and Social Revolutions*, Cambridge: Cambridge University Press.

Stavenhagen, R. (ed.), 1996, *Ethnic Conflict and the Nation State*, New York: St. Martin

Press.

Stewart, F., F. Humphrey, and Nick Lea, 1997, "Civil Conflict in Developing Countries over the Last Quarter of a Century: An Empirical Overview of Economic and Social Consequences," *Oxford Development Studies* 25(1): 11-41.

Susskind, Lawrence et al., 1999, *The Consensus Building Handbook*, London: Sage.

Thomas, Kenneth W., 1976, "Conflict and Conflict Management" M. D. Dunnette (ed.), *Handbook of Industrial and Organizational Psychology*, 889-935.

Wright, Erik, 1999, *Classes*, New York: Verso.

IMD, *The World Competitiveness Yearbook 2012*.

OECD Better Life Index.

OECD StatExtracts.

PRS Group, ICRG (International Country Risk Guide) 2012.

TI (Transparency International). Corruption Perceptions Index 2012.

World Bank, Governance Indicators.

WEF, *The Global Competitive Report 2012-2013*.

WVS(World Values Survey): www.worldvaluessurvey.org/WVSDocumentationWV6.j.

제10장

한국의 시장경제:
제도의 부정합성과 가치관의 혼란

김병연
(서울대학교 경제학부 교수)

I. 머리말

최근 경제학은 제도, 문화, 가치관 등의 비경제학적 요인들이 경제성과에 미치는 영향에 더욱 주목하고 있다. 사회적 자본(social capital)이 경제에 미치는 효과에 대한 많은 연구가 그 예이다. 사회적 자본을 구성하는 신뢰(trust)와 경제성장의 관계를 연구하는 문헌에 따르면, 신뢰는 물적 투자, 교육, 기업가 형성에 긍정적 영향을 미치는 것으로 밝혀졌다. 그리고 신뢰가 10% 포인트 증가하면 연평균 성장률이 0.8% 포인트 증가하는 것으로 추정되었다(Knack and Keefer 1997). 일반적으로 1인당 국민소득이 높은 나라는 제도와 문화의 질, 가치관 등에서 장점을 보유하고 있다. 반대로 이러한 비경제학적 요인들의 미발전은 낮은 물적·인적 투자로 이어지거나 물적·인적 투자의 긍정적 효과를 상쇄하는 방향으로 작용해 경제성장을 제약할 수 있다.

어떤 정부가 제도·문화 요인을 무시하고 물적 투자에 의한 성장방식만을 고집한다면, 이는 투자 대비 성장 효과가 낮은 결과, 즉 높은 비효율성으로 이어질 것이다. 사회주의 경제를 보더라도, 경제와 사회는 점차 복잡 다원화되는 데 비해 중앙계획경제는 이 변화를 수용하는 기제로

* 이 글은 2012~2013년 서울대학교 경제연구소 학술사업의 연구비 지원을 받았다.

서는 너무 단순하다는 데 붕괴의 중요한 이유가 있다. 즉 개별 경제주체의 정보가 중앙계획에 반영되지 못한 채 단순한 계획과 복잡한 경제 현실 사이에서 주인·대리인 문제, 부패, 비공식경제가 생겨났던 것이다. 그 결과 사회주의 경제는 상대적으로 높은 수준의 물적 투자에도 불구하고 제도적 비효율성 때문에 침체를 넘어서 붕괴하기에 이르렀다.

한국 경제의 발전이 여전히 더 많은 자본 투자로만 가능하다고 주장하는 것은 오래된 경제학에 의존한 구태의연한 발상이다. 실제 물적 투자, 교육 등의 요인은 성장의 투입요인이지만, 이 요인은 다른 요인에 의해 영향받는 매개변수라는 주장이 더욱 설득력을 얻고 있다(Acemoglu et al. 2001). 또한 한국은 사회적 갈등 수준이 높고, 갈등으로 인한 사회적 비용이 높은 국가로 알려져 있다(이재열 2012). 그러나 사회적 갈등을 낮추고 제도와 문화의 질을 높임으로써 경제성장을 높이려는 정책은 찾아보기 어려운 실정이다. 더욱 심각한 것은 이 원인과 현상에 대한 체계적 연구조차 결여되어 있다는 점이다. 이처럼 한국 사회와 경제에서 발생하는 문제의 근본적 이유는 알지 못한 채, 드러난 문제에 대한 증상적 치유, 대증적 반응 등이 그동안 주류를 이루어왔으며, 그 결과 제도와 문화의 일관성과 정합성을 해치는 결과를 가져오기도 하였다.

이 글의 목적은 국가 간 비교를 통해 한국은 제도와 문화, 가치관의 부정합성(不整合性)이 상대적으로 높은 국가이며, 이는 한국의 시장경제 발전에 중요한 제약조건이 되고 있음을 보이는 것이다. 이 장은 다음과 같이 구성되어 있다. II절에서는 경제성장의 결정요인을 다루는 문헌을 요약한다. III절은 제도를 중심으로 경제성과의 결정요인의 국가 간 비교를 시도하고 있다. IV절은 제도와 경제체제를 논의함으로써 한국 경제제도의 부정합성을 지적하고 있으며, V절은 제도의 부정합성과 관련하여 한국인의 문화와 가치관을 분석하고 있다. VI절은 이 장의 내용을 요약하며 그 함의를 논의하고 있다.

II. 경제성장의 결정요인

경제성장의 결정요인에 대한 연구는 경제학의 가장 오래된 연구 주제인 동시에 최근까지도 가장 활발히 연구되는 분야 중 하나이다. 이는 그만큼 경제성장을 결정하는 요인이 다양하며, 그 요인 사이의 관계도 복잡하다는 방증이다. 최근까지의 연구 결과를 종합하면 그동안 비경제학적 요인으로 간주했던 요인들, 특히 문화(가치관 및 사회규범), 비경제적·경제적 제도의 중요성이 크게 부각되는 점이 두드러진다. 예를 들면 제도의 중요성(North 1990; Rodrik 2000; Acemoglu et al. 2002; Rodrik, Subramanian, and Trebbi 2004), 문화(태도, 가치, 신념)의 중요성(Landes 1998; Licht et al. 2007; Barro and McCleary 2003; Pryor 2008; Franke, Hofstede and Bond 1991) 등이 있다.

제도의 중요성을 강조하는 연구에 따르면, 제도는 경제성장의 펀더멘털로서 물적자본, 인적자본 형성에 중요한 기여를 한다는 것이다. 더 나아가 물적자본, 인적자본은 제도만 제대로 갖추어져 있으면 경제 주체의 자유로운 선택에 의해 자연스러운 축적이 가능하다는 것이다. 또한 문화는 오랫동안 형성된 것으로서 제도에 배태되어 있는 것이 보통이다. 따라서 문화는 그것을 반영하는 제도를 통해 장기적으로 경제성장에 영향을 미칠 수 있다.

제도경제학은 제도의 상호보완성(institutional complementarities)을 중시하고 있다. 즉 각국은 경쟁력을 극대화하기 위해서 제도를 정합적으로 형성하려는 경향이 있다는 것이다. 한 제도가 다른 제도의 특성과 부합되지 않으면 그 제도 때문에 경쟁력이 약화될 수 있고, 다른 제도와의 균열은 사회 갈등의 요인이 될 수도 있다.

물적자본, 인적자본과 제도 이외에도 경제성장에 영향을 미치는 다른 요인이 존재한다. 예를 들면 정책의 중요성을 실증적으로 보여주는 연

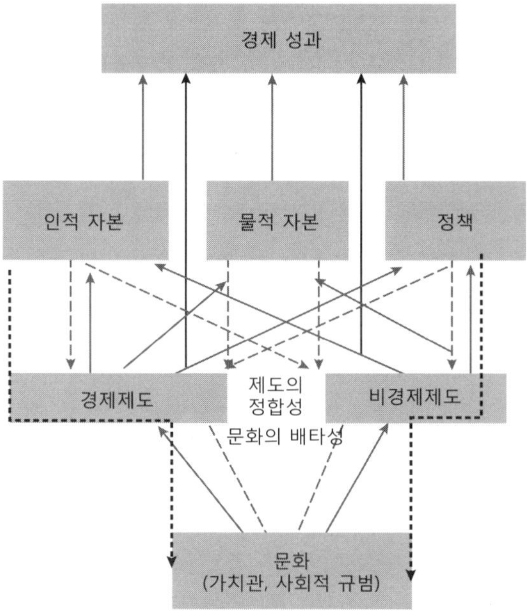

그림 10-1 경제성장의 결정요인

주: 선은 영향의 방향을 표시하며 실선은 보다 펀더멘털한 요인에서 그렇지 않은 요인으로의 영향을 의미하며, 점선은 덜 펀더멘털한 요인에서 더 펀더멘털한 요인으로의 영향을 의미한다.

구도 있다(Rodrik 1999, 2006; Lee and Kim 2009). 이들 결과는 정책이 제도와 문화에 영향을 받는 것은 사실이나, 정책의 자유도가 전혀 없이 이들에 의해서만 결정되는 것은 아님을 이야기하고 있다. 〈그림 10-1〉은 이상에서 논의한 경제성장의 요인들을 종합하고, 이 요인들의 관계를 요약하고 있다.

이하에서는 먼저 경제성장의 결정요인들을 물적자본, 인적자본, 정책, 제도로 분류한 후, 다른 국가와의 비교를 통해 한국의 경제성장을 제약하는 가장 중요한 요인이 무엇인지 살펴본다. 그리고 제도를 경제적 제도와 비경제적 제도로 다시 나누어, 한국의 경우 이 중 어느 제도의 후진성이 더욱 두드러지는지 논의한다. 다음으로 경제제도 혹은 경제체제를 유형별로 분류한 후, 이를 구성하는 제도 사이의 정합성에 대해 논의한다. 특히 한국형 경제제도의 특징을 살펴본 후, 그 정합성을 분석한다. 마지막으로 문화의 배태성 논의에 비추어 한국의 문화, 그중에서도 가치체계의 특징을 논의한다. 이 과정에서 한국인의 가치관의 물질주의적 경도와 아노말리(anomaly) 현상을 지적하면서 이 가치관의 아노말리는 제도의 부정합성의 원인이자 결과인 것으로 주장한다. 이러한 제도의 부정합성과 물질주의 태도, 그리고 가치관의 아노말리는 한국의 저신뢰, 고부패 현상을 가져온 요인으로 이해될 수 있다.

III. 경제성장 결정요인의 국제 비교: 구속제약으로서의 제도

1. 제도, 정책, 자본 관련 변수의 국제 비교

이 절에서는 물적자본, 인적자본, 정책 관련 변수 및 제도 관련 변수를 이용하여 한국과 다른 국가의 경제성장 결정요인의 수준을 상호 비교한다. 〈표 10-1〉은 1인당 국민소득이 1만 달러대일 때의 한국의 제도 변수의 평균과 한국을 제외한 국가들의 1인당 평균 GDP가 1만 달러, 2만 달러, 3만 달러대에 있었을 때 이 국가들의 평균과 비교하고 있다.

〈표 10-1〉에 따르면 한국의 경우, 자본 관련 변수 중에서 GDP 대비 고정자산 형성 비중, 고등교육 취학률은 3만 달러대에 속하는 국가의 평균에 비해서도 앞선다. 1백만 명당 연구자 수와 중등교육 취학률도 1만 달러대의 국가 평균에 비해 높다. 따라서 한국은 물적자본과 인적자본 면에서 상대적 강점을 보유하고 있는 것으로 파악된다. 정책 관련 변수에 있어서는 GDP 대비 연구투자 비중은 3만 달러대의 국가 평균에

표 10-1 한국과 다른 국가들의 경제성장 결정요인 수준 비교

구분	항목	출처	척도	1만 달러 대의 한국	1만 달러 대의 평균	2만 달러 대의 평균	3만 달러 대의 평균
제도	부패	ICRG	6	3.19	4.58	4.92	4.68
	법질서	ICRG	6	4.56	5.23	5.74	5.72
	관료의 질	ICRG	4	3.13	3.51	3.85	3.92
	집행부 제약	Polity IV	7	6.00	6.03	6.51	6.95
	재산권	Heritage	100	82.0	73.9	84.8	86.6
	재산권	Fraser	10	5.90	6.45	7.64	8.19
	사법독립성	Fraser	10	5.36	6.33	7.61	7.72
	계약의 이행	Fraser	10	8.85*	5.95	7.77	7.10
	관료비용	Fraser	10	5.90	5.99	6.55	5.95
정책	연구투자 지출 비중(GDP 대비)	WDI	–	2.71	1.66	1.99	2.46
	노동시장 규제	Fraser	10	4.35	4.70	5.41	5.74
	창업	Fraser	10	6.03	6.36	6.90	7.91
	공공지출 교육비 (GDP 대비)	WDI	–	3.86	5.29	5.39	5.62
자본	연구자 수 (1백만 명당)	WDI	–	2516	1571	3043	4365
	중등교육 취학률	WDI	–	96.9	94.9	111.3	107.9
	고등교육 취학률	WDI	–	64.8	30.5	49.8	48.5
	고정자산 형성 비중 (GDP 대비)	WDI	–	31.8	22.4	22.4	

주: 제도, 정책 지표들 중 정의가 되어 있지 않은 변수들의 경우 숫자가 높을수록 바람직하다. 지표의 선정은 경제성장과 보다 밀접한 관계가 있는 변수를 중심으로 하되, 충분한 관측치가 있는 변수를 중심으로 선정하였다.

*: 관찰치가 적어 신뢰성 낮음.

ICRG: International Country Risk Guide, Polity IV(http://www.systemicpeace.org/polity4.htm), Heritage: 헤리티지 재단, Fraser: 프레이저 재단, WDI: World Development Indicators.

비해서도 높다. 그러나 노동시장 규제와 창업에서는 1만 달러대의 국가 평균에 비해서도 낮다. 즉 한국은 경제성장 요인으로 잘 알려진 연구투자를 촉진하는 정책을 펴고 있으나, 노동시장 규제와 창업 정책에는 효과적인 정책을 실행하지 못하고 있다는 것이다. 그리고 GDP 대비 공공지출 교육비도 1만 달러대의 국가 평균에 비해 낮다. GDP 대비 공공지

출 교육비가 낮다는 것은 민간이 부담하는 교육비가 비싸다는 의미로, 교육 기회의 공평성과 공공재적 성격과 맞지 않은 정책으로 평가된다. 전체적으로 정책 측면에서도 한국은 다른 국가와 비교하여 상대적으로 낙후된 것으로 평가된다.

제도 관련 변수에서는 한국의 후진성이 두드러진다. 한국은 9개의 제도 관련 변수 중에서 계약의 이행과 재산권을 제외하고는 7개 변수에서 1만 달러대 국가 평균에 미치지 못하고 있다. 특히 부패, 법질서, 사법부 독립과 관련된 제도의 후진성은 주목할 만하다. 이는 현재 한국의 경제 성장을 가로막는 가장 구속력 있는 제약조건(binding constraints)은 자본 관련 요인이 아니라 제도적 요인이라는 점을 시사한다. 따라서 제도의 낙후성을 극복하고 그 질을 높이지 않는다면, 많은 자본을 투입하여 성장하는 방식은 더 큰 비효율성을 일으킬 뿐이며, 장기적으로는 성장 방식으로서도 더 이상 유효하지 않을 것으로 짐작된다.

2. 제도의 질 국제 비교: 경제적 제도와 비경제적 제도

여기서 우리는 한국을 비롯한 국가들의 경제 관련 제도의 질을 비교하기 위해 헤리티지 재단의 경제자유도 지수를 이용한다. 헤리티지 재단의 경제자유도는 기업자유도, 투자자유도, 금융자유도, 재산권자유도, 부패자유도 및 노동자유도로 구성되어 있다. 각각의 자유도는 그 나라의 제도와 정책의 결과이므로 자유도 지수는 제도의 질의 대리변수로 간주해도 무방할 것이다. 〈표 10-2〉는 경제 관련 제도의 질을 한국을 비롯해서 국가 상호간에 비교하고 있다.

〈표 10-2〉에 따르면 한국 경제제도의 질의 평균은 미국, 영국보다 크게 낮으나 멕시코, 그리스, 타이완보다 높으며, 스페인과 포르투갈의 사이에 있는 것으로 나타났다. 대체로 경제자유도 지수 순위의 평균은 한

표 10-2 헤리티지재단의 경제자유도의 부문별 순위 (2009)

국가	기업 자유도	투자 자유도	금융 자유도	재산권 자유도	부패 자유도	노동 자유도	순위 평균
한국	13	21	37	27	43	143	47
미국	11	9	7	4	20	5	9
영국	16	1	1	4	12	33	11
스페인	42	9	7	27	25	138	41
포르투갈	31	21	37	27	28	166	52
그리스	36	64	71	50	57	88	61
일본	23	47	71	27	17	20	34
타이완	71	21	71	27	34	146	62
멕시코	32	64	37	50	74	97	59

자료: 헤리티지 경제자유도 지수(2009)(http://www.heritage.org).

국의 1인당 GNI 수준과 유사한 수준으로 한국 경제제도의 질은 낙후되어 있지 않은 것으로 평가할 수 있다. 그러나 특징적인 것은 한국의 경제제도 간 수준의 차이는 상대적으로 큰 것으로 나타났다. 즉 한국의 부패자유도와 노동자유도는 상대적으로 낮은 편인 반면, 기업, 투자, 금융, 재산권 자유도는 비교적 양호한 것으로 평가되었다.

〈표 10-3〉은 세계은행의 거버넌스 자료를 이용하여 비경제제도의 질을 비교하고 있다. 세계은행의 거버넌스 자료가 제시하는 비경제제도로는 정부의 여론 수렴 정도와 책임성, 정치 안정성과 폭력의 부재, 정부 효율성, 규제의 질, 법의 지배, 부패의 통제이다.

2011년 자료를 이용한 한국과 스페인의 비교에서, 6개 항목 중 한국은 정치 안정성과 폭력의 부재, 그리고 정부 효율성 등 2개 항목을 제외하고 4개 항목에서 스페인에 비해 뒤떨어져 있다. 같은 연도의 자료를 이용한 한국과 타이완의 비교에서는 경제제도의 비교 결과와는 달리 정부 효율성을 제외한 모든 항목에서 한국은 타이완에 비해 낙후되어 있다. 그리고 한국과 타이완의 격차는 법의 지배를 제외하고 5% 포인트 이상의 차이를 보이는 등, 비교적 큰 편이다.

주목할 점은 한국은 정부의 여론 수렴 정도와 책임성, 정치 안정성과

표 10-3 비경제제도의 질의 비교: 한국, 스페인, 타이완(퍼센타일)

비경제제도의 종류	연도	한국	스페인	타이완
정부의 여론 수렴 정도와 책임성 (Voice and Accountability)	1996	65.9	89.9	68.8
	2000	64.9	88.5	74.0
	2005	71.2	84.1	77.4
	2011	68.5	84.0	74.2
정치 안정성과 폭력의 부재 (Political Stability and Absence of Violence)	1996	63.0	54.8	82.7
	2000	58.2	65.9	64.4
	2005	61.5	56.3	66.3
	2011	55.2	50.9	76.4
정부 효율성 (Government Effectiveness)	1996	73.2	90.2	77.1
	2000	76.1	92.7	77.6
	2005	82.4	89.3	82.0
	2011	86.3	82.0	83.4
규제의 질 (Regulatory Quality)	1996	66.2	84.8	79.4
	2000	70.1	89.7	85.8
	2005	72.5	88.2	77.9
	2011	79.1	82.0	84.4
법의 지배 (Rule of Law)	1996	69.4	90.9	67.9
	2000	74.2	90.9	71.8
	2005	81.3	84.2	82.3
	2011	80.8	85.9	82.6
부패의 통제 (Control of Corruption)	1996	64.9	83.9	75.1
	2000	64.9	86.8	77.6
	2005	70.7	88.8	74.6
	2011	70.1	81.0	77.7

자료: 세계은행 거버넌스 지표(Worldwide Governance Indicators)(http://info.worldbank.org/governance/wgi/index.aspxtthome).

폭력의 부재 항목의 상대적인 퍼센타일에서 지난 15년 동안 거의 진전이 없었다는 사실이다. 즉 정부는 여론을 수렴하고 소통하는 대신 일방적으로 정책을 결정하고 집행하는 경향이 다른 국가에 비해 상대적으로 높으며, 그 민주적 책임성도 약한 것으로 평가된다. 그리고 정치 불안정과 폭력은 1996년도에 비해서도 오히려 증가한 것으로 평가되고 있다. 지난 15년 동안 부패의 통제 항목에서도 획기적인 개선이 없었으며, 타

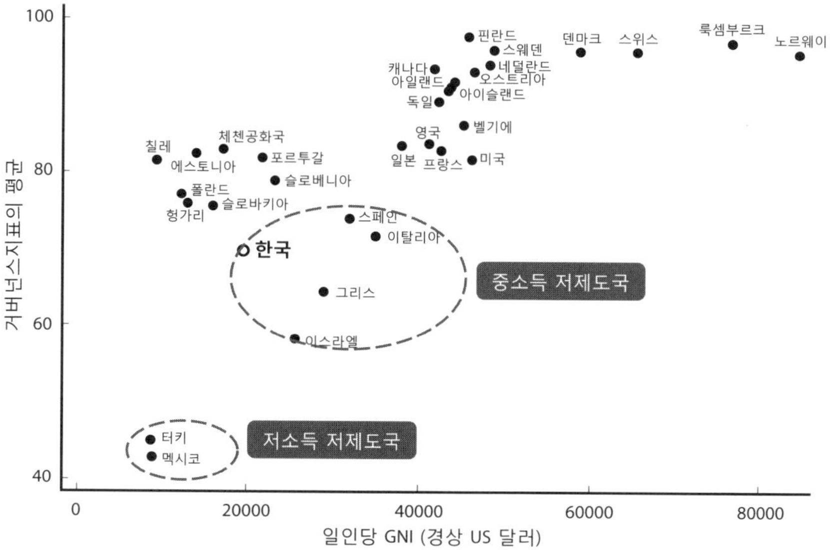

그림 10-2 OECD 국가의 비경제제도의 질 비교

주: 세로축에는 세계은행의 거버넌스 지표(퍼센타일 랭크, 2011년)의 평균과 가로축에는 1인당 국민소득(2011년)을 표시하여 이 두 변수 사이의 관계를 보여주고 있다.
자료: 세계은행 거버넌스 지표(Worldwide Governance Indicators)(http://info.worldbank.org/governance/wgi/index.aspxtthome).

이완과 스페인에 비해서도 부패가 각각 7.6% 포인트, 10.9% 포인트 높은 것으로 나타났다. 이는 부패가 성장에 미치는 효과가 크다는 연구 결과를 고려할 때, 한국의 경제성장에 부패가 큰 제약 요인으로 작용하고 있음을 시시한다(Mauro 1995; Kim and Kim 2012).[1]

〈그림 10-2〉는 OECD 국가를 대상으로 1인당 국민소득과 비경제제

---

1 Mauro(1995)에 따르면 부패의 1단위 표준편차의 변화는 연평균경제성장률을 0.8% 포인트 변화시킨다. Kim and Kim(2012)은 0~6의 스케일에서 부패가 한 단위 변할 때 성장에 미치는 직접, 간접 효과는 0.4%로 추정하고 있다.
그러나 다음 절에서 논의하는 것처럼 부패는 독립변수인 동시에 다른 요인의 종속변수, 특히 제도의 부정합성에 영향을 받는다.

도의 질 사이의 관계를 보여주고 있다. 〈그림 10-2〉에 나타난 것처럼 OECD 국가 중 한국보다 제도의 질이 낮은 국가는 터키, 멕시코, 이스라엘, 그리스를 비롯한 4개국에 불과하다. 그리고 한국보다 1인당 국민소득이 높으면서 제도의 질이 낮은 나라는 이스라엘과 그리스 2개국에 불과하다. 반면 한국보다 1인당 국민소득이 낮으면서 제도의 질이 높은 국가는 5개국에 달한다. OECD 국가 중 터키와 멕시코는 상대적으로 저소득 저제도국으로 명명될 수 있으며, 한국, 그리스, 스페인, 이탈리아, 이스라엘 5개국은 중소득 저제도국으로 분류할 수 있을 것이다. 이 중 이스라엘의 제도의 질이 낮은 이유는 군사적 긴장과 충돌에 기인한 바 크다고 할 수 있다. 특수한 문제를 겪고 있는 이스라엘, 그리고 한국을 제외하고 나머지 국가는 모두 유럽 국가로서 이른바 중소득 저제도국인 그리스, 스페인, 이탈리아다. 그런데 이들 국가 모두 최근 재정위기를 경험하고 있음은 제도의 질의 중요성을 암시하는 중요한 사례라고 할 수 있다.

이 결과를 종합하면, 한국의 경제성장을 가로막는 가장 중요한 문제는 제도의 질, 그중에서도 비경제제도의 질이 낙후되어 있다는 것이다. 여론을 수렴하고 민주적 책임성을 높이며 국민과 소통하는 정부는 좋은 제도의 중요한 구성요소이다. 그리고 정치적 안정성이 제고되고 폭력의 행사가 줄어들며 사법부의 독립성과 법에 의한 지배가 견고해지는 등 제도의 질이 증진되면, 이는 경제성장으로 이어질 수 있다. 또한 이 결과는 규제의 질이 높아지고 부패 정도가 크게 감소해야 한국 경제성장의 새로운 추동력이 생겨날 수 있음을 시사하고 있다.

IV. 한국형 경제제도의 부정합성

1. 제도의 부정합성

앞 절에서 살펴본 바에 따르면 한국은 다른 OECD 국가에 비해 주목할 만한 특징을 가지고 있다. 경제성장의 요인들, 즉 자본, 정책, 제도가 1인당 국민소득에 걸맞게 고루 발전되어 있는 대부분의 다른 국가들과는 달리, 한국은 물적·인적 자본의 강국이나 정책 항목 중 일부가 뒤떨어져 있으며, 제도의 측면에서는 함정에 빠졌다고 할 수 있을 정도로 낙후되어 있다. 특히 제도 중에서도 경제제도는 비교적 발전된 반면, 비경제제도의 낙후성은 심각한 수준이다. 그리고 상대적으로 발전된 것으로 평가되는 경제제도의 면에서도 각 경제제도의 수준의 편차가 큰 편이다. 즉 생산 활동과 직접적 연관이 있는 제도, 구체적으로 기업자유도, 투자자유도, 금융자유도는 높은 반면, 부패자유도, 노동자유도는 상대적으로 낮은 수준이다. 이는 제도의 부정합성, 즉 어떤 경제제도는 비교적 자유로운 시장경제 모델을 따르는 반면, 어떤 제도는 자유시장경제 모델에서 크게 벗어나 있다는 것이다. 이와 같이 경제제도의 부정합성을 〈표 10-2〉에 제시된 순위의 표준편차를 통해 살펴보면, 한국의 제도별 순위의 표준편차는 48.1로서 포르투갈(56.3), 스페인(49.1)보다는 낮으나, 타이완(46.7)보다는 높다. 그 이외 국가는 한국의 표준편차보다 훨씬 낮다(미국 5.8, 영국 12.3, 그리스 17.9, 일본 20.9, 멕시코 24.5).

2. 경제체제와 제도의 정합성

경제제도의 부정합성을 좀 더 자세히 살펴보기 위해 〈표 10-4〉는 경제체제와 이와 관련된 제도의 특징을 미국·영국형, 일본형, 유럽대륙형, 북구형, 한국형으로 나누어서 제시하고 있다. 경제체제를 크게 분류할 때 그 기준은 경제조정 메커니즘(시장 대 계획)과 생산수단 소유(국유 혹은 공유 대 사유)이다. 그러나 우리가 살펴보는 경제체제는 자본주의 내에서의 비교이기 때문에 이 대분류에 따른 체제의 정의를 적용할 수 없다. 그러나 자본주의 내에서도 경제조정 메커니즘으로서 시장 메커니즘에 의존하는 정도는 다를 수 있다. 또 한 나라의 복지 수준은 자본주의 내에서의 체제를 분류하는 중요한 기준이 될 수 있다. 시장중심의 자본주의 경제일수록 복지 제공 수준이 낮으며, GDP 대비 정부지출로 정의되는 정부규모가 작은 것이 일반적이다. 그리고 한 나라의 경제규모가 클수록 정부가 모든 영역에 깊이 개입하는 것의 상대적 비용이 증가한다. 따라서 경제규모와 시장중심적 체제 간에는 양의 상관관계가 존재한다고 볼 수 있다.

교육 커리큘럼도 시장중심적 경제체제일수록 직업교육보다 일반교육을 위주로 구성되어 있다. 학교에서 제공하는 직업교육은 학교와 기업 사이의 촘촘하고 장기적인 연결망을 필요로 하며, 기업에서 제공하는 직업교육은 장기적인 고용관계를 전제한다. 시장중심의 경제체제와 일반교육이 결합되면 급진적 혁신을 필요로 하는 산업에 유리하며, 직업교육이 강할수록 점진적 혁신이 요구되는 전통적인 제조업에 유리하다.

시장중심적 경제체제는 개인주의적 가치관과 정합적이며, 각종 연결망의 역할이 큰 사회일수록 비시장적 조정 메커니즘의 작동 비중이 높다. 그러나 시장 거래도 기본적인 신뢰를 전제하고 있으며 연결망도 그러하므로 높은 신뢰 수준을 보이는 경제에서 각종 제도의 작동이 더욱 원활하게 이루어진다. 그리고 시민사회도 시장의 사각지대를 보완하고 연결망의 질을 높이는 긍정적인 역할을 수행한다. 〈표 10-4〉는 이러한 제도의 특징을 경제체제에 따라 분류, 기술한 것이다.

〈표 10-4〉에 따르면 개인주의가 발달한 미국의 경우 계약과 시장 중

표 10-4 경제체제와 제도의 특징과 정합성

		미국 · 영국형	일본형	유럽대륙형	북구형	한국형
시장의 종류 및 시장조정 메커니즘의 작동 정도	노동시장	고용, 해고의 자유가 높음	고용, 해고의 자유가 낮음	고용, 해고의 자유가 중간 수준	고용, 해고의 자유가 높음	고용 자유 높으나 해고 자유 낮음
	고용관계와 형태, 기간	계약 중심	인사이더 장기고용, 아웃사이더 단기고용	중간 수준의 고용 기간	중간 수준의 고용 기간	인사이더 장기고용, 아웃사이더 단기고용
	기업 간 관계	시장에 따른 계약	장기발전적 연결망 관계	시장과 연결망 혼재	시장과 연결망 혼재	시장과 비대칭적 연결망 관계
	금융제도 및 시장	자본시장, 직접금융 발달	은행을 통한 장기금융	은행을 통한 자금조달	은행을 통한 자금조달	직접금융과 간접금융 혼재
시장 대 비시장 조정 메커니즘		거의 시장	시장과 정부–기업–각종 인맥 관계	시장과 정부–시민–기업 관계	시장과 정부–시민–기업 관계	시장과 정부–기업 – 각종 인맥 관계
복지 수준과 제공 주체		낮은 수준, 정부와 시민단체가 제공	장기고용을 통한 복지, 정부 제공, 복지는 높지 않음	비교적 높은 수준의 복지, 정부가 제공	높은 수준의 복지, 정부가 제공, 시민사회가 집행하는 경우가 많음	낮은 수준의 복지, 정부가 제공
정부 크기		작음 (미국<영국)	작은 편임	큰 편임	매우 큼	작음
경제 규모		큰 편	큰 편	다양함	작음	중간 정도
교육		일반교육	일반교육 OJT 중요	직업교육	직업교육	일반교육
경쟁력 보유 산업		급진적 혁신 – 바이오, IT, 금융	점진적 혁신 산업 – 자동차	점진적 혁신 산업 – 자동차	제조업, 농업 등 다양함	급진적 혁신과 점진적 혁신 양자에 걸쳐 있음
시민사회		발달, 정책 제언과 공공부조(자선)	코뮤니티 중심으로 발달	다양한 시민사회, 노조 발달	다양한 시민사회, 노조 발달	발달 수준이 낮음
가치관 및 문화		개인주의와 높은 신뢰 수준	집단주의와 비교적 높은 신뢰	비교적 개인주의. 비교적 높은 신뢰 수준	개인주의, 그러나 사회적 연대감과 신뢰 높음	개인주와 집단주의의 혼재. 낮은 신뢰 수준

자료: 다양한 문헌을 정리, 저자가 추가하였음.

심의 제도가 가장 중요한 조정 역할을 담당한다. 고용관계는 계약과 시장에 의한 임금 결정을 기초로 하며, 자유로운 이직과 해고를 할 수 있으며, 또한 빈번하다. 기업 간 관계도 계약에 기반을 둔 시장 거래가 중심이다. 금융시장도 자본시장과 같이 시장에서의 객관적 평가와 경영성과에 따라 자본을 조달하는 직접 금융시장이 발달한다. 복지는 시장에서 구매하는 의료보험과 같이 시장이 중요한 역할을 담당하기 때문에 정부의 역할은 작은 편이다. 노동시장에서의 고용과 해고의 자유가 높기 때문에 기업에서의 직업훈련(on the job training)은 많지 않다. 따라서 취업시 대학시절의 평가, 특히 학점의 중요성이 크고, 대학교육은 특정 직업교육보다 일반교육을 위주로 한다.

시장중심의 경제가 원활히 작동되기 위해서는 익명의 상대에 대한 신뢰가 필요하며, 미국은 처음 만나는 사람에 대한 신뢰, 즉 일반적 신뢰도가 높은 편이다. 그리고 작은 정부의 틈을 각종 시민단체(NGO)가 메우고 있다. 미국은 급진적 혁신에 강하며, 따라서 급진적 혁신의 필요성이 높은 IT, 바이오, 금융 산업이 발달하였다.

일본의 경제제도는 미국과 대비되는 점이 많다. 집단주의적 가치관이 반영된 점이 그러하다. 고용관계는 평생직업이라는 단어가 함축하듯 장기고용이 많다. 그러나 1990년대 일본 경제의 침체 이후 경제적 효율성의 제고를 위해 비정규직 채용이 늘어나서 현재는 인사이더와 아웃사이더 모형으로 일본의 고용관계를 설명하는 것이 더욱 적절하다. 기업 간 관계에는 장기발전을 도모하는 촘촘한 연결망이 형성되어 있어 독립적인 여러 기업의 연결사슬이 발달되어 있다. 금융제도는 주거래은행 제도를 통한 간접금융이 중요하였다. 고용과 해고의 자유가 낮은 편이며, 기업 내에서의 직업교육이 상대적으로 더 중요하기 때문에 기업은 직원채용 시 인성이나 팀워크를 먼저 평가하는 경향이 있다. 이처럼 일본형 경제는 시장과 정부, 연결망이 서로 조율, 보완, 때로는 갈등을 일으키면서도 비교적 일관된 제도를 형성하였다.

한국도 외환위기 이전까지는 주로 일본형 경제제도와 유사했던 것으로 평가된다. 그러나 외환위기를 겪으면서 소위 글로벌 스탠더드가 도입되었고, 그 이후 경제사회적 변화가 겹치면서 제도의 부정합성이 증가하였다. 인맥이 중시되는 전통사회에서는 장기고용, 간접금융, 기업 간의 연결망, 낮은 노동시장 자유도, 일반교육 등이 이와 일관된 제도였다. 그러나 현재 한국은 단기와 장기고용의 혼재, 직접과 간접 금융의 혼재, (대기업과 중소기업의 수직적) 비대칭적 연결망, 고용의 자유는 높으나 해고의 자유는 낮은 노동시장 등, 비전형적인 제도의 모습을 보여주고 있다. 또한 집단주의 성향이 강한 국가에서는 복지 수준도 높은 편이나 한국은 비교적 최근에 이르러서야 복지 지출이 크게 증가하는 경향을 보였다. 시장을 적극 도입해야 한다는 주장이 설득력을 얻으면서도 시장을 지탱해주는 신뢰 수준은 낮은 편이며, 시장에서 낙오되는 개인에 대한 사회안전망은 미흡하다. 그리고 노동시장이 경직적이기 때문에 기득권 세력(인사이더)과 진입 세력(아웃사이더) 사이의 갈등이 심화되고 있다.

이러한 혼재와 혼란은 경쟁력 보유 산업 면에서도 드러나고 있다. 한국은 자동차, 조선 산업 등 상대적으로 비시장 중심의 경제에서 경쟁력을 보유하기 쉬운 분야에서도 경쟁력을 가진 동시에, 급진적 혁신이 필요한 IT 산업에서도 경쟁력을 갖고 있다. 즉 일관성이 결여된 한국형 경체제체는 경쟁력 보유 산업의 스펙트럼이 넓다. 그러나 한국의 경제 규모에 비해 광범위하게 펼쳐져 있는 산업 스펙트럼이 언제까지 지속될 수 있을지는 의문이다. 특히 시장적 계약관계 혹은 신뢰에 바탕을 둔 연결망 관계가 아닌 비대칭적 지배관계로 대기업과 하청 중소기업의 관계가 형성됨에 따라, 대기업의 높은 경쟁력에 비해 중소기업의 경쟁력은 크게 낮은 등 구조적 문제가 심각하다.

이처럼 한국형 경제제도는 하나의 특징으로 일관되게 설명하기 어려운, 다양한 경제제도가 일관성을 상실한 채 뒤섞여 있는 경제체제이다.

이러한 제도의 부정합성은 정부 주도의 성장 과정에서 경제성장에 영향을 미치는 직접적 요인에 집중하여 정책을 편 결과이기도 하다. 또한 문제가 발생하면 단기적, 대증적, 여론영합적으로 해결하려 한 결과가 이를 가져온 측면도 있다. 그리고 제도의 부적합성은 다음에서 논의할 한국인의 가치관의 아노말리와도 무관하지 않은 것처럼 보인다.

V. 한국인의 문화와 가치관

1. 홉스테드에 따른 한국인의 가치관 분석

홉스테드(Hofstede)는 1967년부터 1973년까지 전 세계에서 근무하고 있던 IBM 근로자를 대상으로 세계 각국의 문화적 특징을 권력과의 거리(power distance), 개인주의 대 집단주의(individualism versus collectivism), 남성성 대 여성성(masculinity versus femininity), 불확실성 회피 정도(uncertainty avoidance), 장기지향성(long-term orientation)으로 나누어 측정하였다. 홉스테드의 연구 결과는 국가의 문화적 특징과 그 효과를 분석하는 많은 후속 연구를 낳았다. 그러나 홉스테드의 국가 문화의 분류가 시도된 이래 시간이 많이 지나 최근 각 국가의 문화의 특징을 보여주는 데는 한계가 있다. 이 절에서는 홉스테드의 국가 문화의 영역별 정의를 원용, 2005년에 세계 각국의 가치관을 조사한 세계가치관조사(World Values Survey)를 이용하여 한국을 비롯한 각 국가의 가치관 혹은 문화의 특징을 측정하고 있다. 측정 결과는 〈표 10-5〉에 나와 있다(측정방법론은 표의 하단에 기술).

한국은 권력과의 거리, 즉 권력의 불평등한 배분을 수용하는 정도에

표 10-5 홉스테드에 따른 가치관의 국제 비교(국가별 순위)

국가	권력과의 거리	개인주의	남성성	불확실성 회피	장기지향성	평균	분산
한국	11	14	1	20	2	9.6	65.3
오스트레일리아	5	5	13	6	17	9.2	30.2
캐나다	12	6	14	4	9	9.0	17.0
칠레	16	11	17	10	13	13.4	9.3
핀란드	10	9	8	12	15	10.8	7.7
독일	6	15	2	19	1	8.6	64.3
이탈리아	13	19	10	15	4	12.2	31.7
일본	3	20	3	13	14	10.6	55.3
멕시코	15	1	20	16	16	13.6	53.3
노르웨이	17	3	6	8	18	10.4	45.3
폴란드	9	18	19	9	3	11.6	45.8
슬로베니아	2	8	7	17	8	8.4	29.3
스페인	14	13	15	18	11	14.2	6.7
스웨덴	8	2	5	1	19	7.0	52.5
스위스	4	7	4	5	7	5.4	2.3
터키	7	10	12	11	10	10.0	3.5
미국	1	4	16	7	12	8.0	36.5
프랑스		16	11	14	5	11.5	23.0
영국		12	18	3	12	11.3	38.3
네덜란드		17	9	2	20	12.0	66.0
국가 수	17	20	20	20	20		

주: 1. 권력과의 거리(power distance): the extent to which the less powerful members of institutions and organisations within a country expect and accept that power is distributed unequally. 이는 동일한 일을 하지만 일을 더 잘하는 비서에게 높은 임금을 지급하는 것이 정당한가에 대한 응답을 기초로 측정. 숫자가 낮을수록 정당하다는 응답자가 많음을 의미한다.

2. 개인주의(individualism): the degree of interdependence a society maintains among its members. 선택과 통제의 자유에 대한 질문에 대한 응답을 기초로 측정. 숫자가 낮을수록 개인의 자유를 선호하는 응답자가 많음을 의미한다.

3. 남성성(masculinity): this dimension indicates that the society will be driven by competition, achievement and success, with success being defined by the winner / best in field. 자녀 양육시 중요하게 생각하는 덕목에 관한 응답을 기초로 측정 (독립심+근면+책임감+창의성+절약+결단성과 인내 - 관용과 존경 - 신앙심 - 이타심 - 순종). 숫자가 낮을수록 경쟁지향적인 응답자가 많음을 의미한다.

4. 불확실성 회피(uncertainty avoidance): the extent to which the members of a culture feel threatened by ambiguous or unknown situations and have created beliefs and institutions that try to avoid these. 직장 취업에 있어 안정성을 가장 중요한 조건으로 간주하는 응답자의 비중을 통해 측정했다. 숫자가 높을수록 직장의 안정성을 강조하는 응답자가 많은 국가임을 의미한다.

5. 장기지향성(long-term orientation): the extent to which a society shows a pragmatic future-oriented perspective rather than a conventional historical short-term point of view. 여가를 중시하는 응답자의 비중을 통해 측정했다. 숫자가 낮을수록 여가를 덜 중시하는 응답자가 많은 국가임을 의미한다.

서 OECD 17개국 중 11위, 즉 권력의 불평등한 배분을 정당하지 못하다고 응답한 사람들이 평균에 비해 많은 국가에 속한다. 개인주의 정도는 20개국 중 14위로 집단주의적 경향이 상대적으로 높다. 그러나 한국보다 집단주의 경향이 높은 국가 중에는 일본(20위)뿐만 아니라 독일, 이탈리아, 프랑스, 네덜란드 등 유럽 대륙 국가가 다수 포함되어 있다. 즉 동아시아의 특징이라고 간주했던 집단주의가 2000년대의 한국에서는 그렇게 강하지 않다. 남성성은 경쟁지향적 가치관을 의미하는 것으로 한국은 이 면에서 20개국 중 1위를 차지하고 있다. 불확실성 회피 영역에서 한국은 가장 불확실성을 회피하는, 즉 위험기피적 성향을 보이고 있다. 가장 경쟁지향적이면서 가장 위험기피적이라는 일견 모순되어 보이는 가치관은 위험을 기피하기 위해 더욱 경쟁지향적이 된다는 시각에서 보면 이해 가능하다. 그리고 장기지향성, 즉 여가를 가장 덜 중시하는 국가 순위에서도 한국은 20개국 중 독일 다음으로 2위를 차지하고 있다.

가치관이 일관적이라면 개인주의-남성성-위험선호적-장기지향성-권력불평등 비수용성 혹은 이 각각에 반대되는 특징의 조합일 것이다. 즉 각각의 숫자가 일관되게 낮은 국가와 일관되게 높은 국가는 가치관의 일관성이 높은 국가로 평가할 수 있다. 스위스, 스웨덴, 미국은 각 가치관의 지수가 일관되게 낮아 전자에 속하는 국가들이며, 칠레, 이탈리아, 멕시코는 그 지수가 일관되게 높아 후자에 속하는 국가들이다. 그러나 높은 지수와 낮은 지수가 뒤섞여 지수의 평균은 중간에 있으나 각 지수의 분산은 큰 나라는 가치관이 비일관적이다. 한국은 네덜란드 다음으로 분산이 높아 비일관적 가치관을 가지고 있는 것으로 평가할 수 있다. 〈그림 10-3〉은 가치관의 국가별 순위의 평균과 분산을 보여주고 있다. 이를 통해 가치관의 지향 및 그 정합성을 평가할 수 있다. 평균이 중간에 가까운 국가일수록 국가의 문화적 특징이 확실히 정해지지 않았다는 의미다. 그리고 분산이 낮을수록 문화의 일관성이 높다는 의미다.

제도에 대한 문화의 배태성 관점에서 볼 때 3·4분면에 속한 국가들

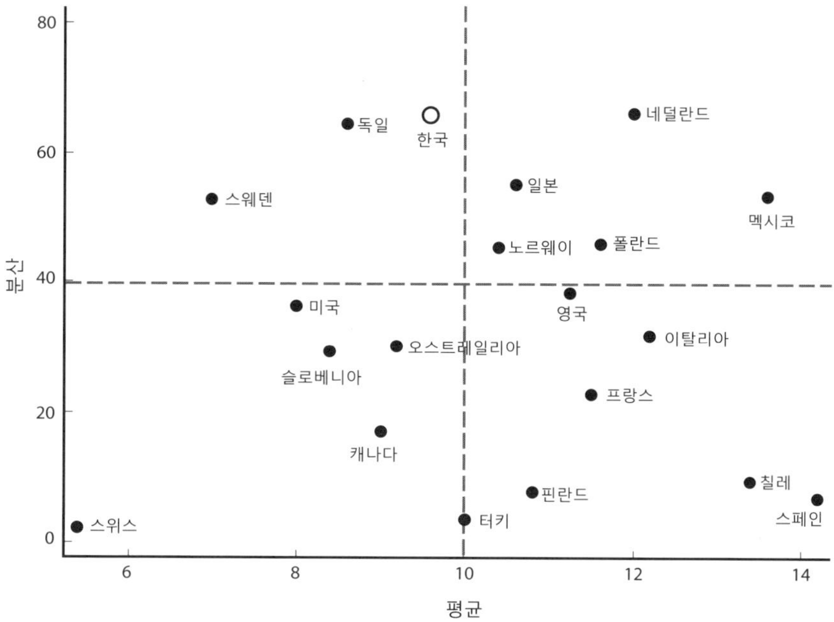

그림 10-3 가치관의 국가별 평균과 분산

자료: 2005년 세계가치관조사(World Values Survey, http://www.worldvaluessurvey.org/wwvs.jsp).

은 시장중심적 경제체제에 부합되는 반면, 4·4분면의 국가들은 시장보다 비시장적 요인들이 경제제도를 결정하는 정도가 상대적으로 높은 체제이다. 스위스, 미국, 오스트레일리아, 캐나다 등이 전자에 속하며, 핀란드, 칠레, 스페인, 프랑스, 이탈리아 등이 후자에 속한다. 한국은 지수의 평균은 전체 국가의 평균에 가까우면서도 분산이 매우 높아, 문화적 일관성이 없으며 문화적 특징이 견고하지 않다. 이는 한국인의 문화는 다양한 여러 가치가 일관성이 없이 혼재된 형태임을 암시한다.

2. 한국인의 물질주의 가치관

한국인의 물질주의 정도는 2005년 세계가치관조사 자료를 이용하여 측정하고 다른 국가와 비교할 수 있다. 〈표 10-6〉은 '부(富)의 중시 정도'를 직접 설문한 자료와 '직장 선택시 최우선 고려사항'이라는 설문으로 부의 중시 정도를 간접 설문한 두 가지 자료를 국가별로 비교하고 있다.

'부의 중시 정도'를 직접 설문한 자료에 따르면, 한국인의 물질주의 정도는 OECD 국가의 평균과 유사하여 그렇게 높지 않은 것으로 나타났다. 스위스, 멕시코보다 높으나 타이완과 스페인에 비해서는 오히려 낮은 것으로 나타났다. 그러나 '직장 선택시 최우선 고려사항'에 대한 설문 결과에 따르면, 한국인의 81%는 소득과 안정성을 먼저 고려한다고 답해, 직장을 선택할 때 평생소득과 관련된 요인을 가장 중시하는 것을 시사한다. 이 수치는 스페인(70.9%), 타이완(65.1%)보다 훨씬 높으며, OECD 평균(53.7%)을 크게 웃돈다. 직장 동료를 가장 중시해서 직장을 선택한다는 비중은 단지 5.8%로 다른 국가에 비해 매우 낮으며, 보람을 중시한다는 비중(13.2%)도 다른 국가에 비해 낮아 OECD 국가 평균의 절반에도 미치지 못하고 있다.

부의 중시 정도를 직접 설문한 결과와 간접 설문한 결과, 한국인의 부의 중시 정도에 차이가 많은 것은 한국인의 이중적 가치관에서 비롯되

표 10-6 국가별 물질주의 정도

항목		한국	스위스	스페인	멕시코	타이완	OECD 평균
A. 부의 중시 정도 높음(1) ⇔ 낮음(6)		4.433	4.894	4.266	4.817	4.414	4.443
B. 직장 선택시 최우선 고려	1. 높은 소득(%)	23.6	12.9	29.2	19.7	16.6	20.9
	2. 안정성(%)	57.4	20.2	41.7	39.0	48.5	32.8
	3. 동료(%)	5.8	15.7	14.8	10.9	17.6	15.2
	4. 보람(%)	13.2	51.2	14.3	30.4	17.3	31.1

자료: 2005년 세계가치관조사(World Values Survey, http://www.worldvaluessurvey.org/wwvs.jsp); 김병연 등(2012).

는 것으로 보인다. 즉 학교 교육 등을 통해 물질주의에 대해 비판적인 교육을 받아 의식적으로는 물질주의에 거리를 두려 하면서도, 실제 삶에 부딪치면 물질주의에 따라 결정하고 행동하는 이중성이 한국인의 문화적 특징의 일부로 판단된다.

잉글하트(Inglehart)는 세계가치관 조사의 자료를 이용하여 각 국가의 탈물질주의 지수(Post-Materialism Index)를 개발하였다. 이 지수는 응답자 중 경제성장, 경제안정, 인플레이션 감소, 질서 유지, 범죄 척결, 튼튼한 국방이 중요하다고 응답한 사람들의 비중과, 언론의 자유, 정부정책 결정에 대한 국민 참여 확대, 직장에서의 참여 확대, 아름다운 도시 및 농촌 환경, 더욱 인간적인 사회, 돈보다는 아이디어가 중시되는 사회가 중요하다고 응답한 사람들의 비중을 고려하여 만든 것이다. 〈그림 10-4〉는

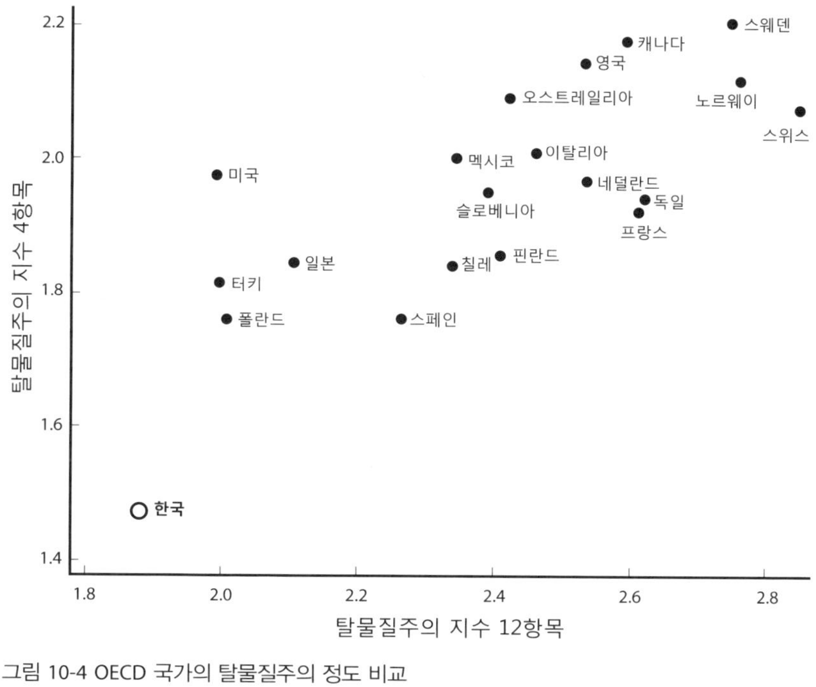

그림 10-4 OECD 국가의 탈물질주의 정도 비교

자료: 2005년 세계가치관 조사(World Values Survey, http://www.worldvaluessurvey.org/wwvs.jsp).

OECD 국가의 탈물질주의 정도를 이 지수를 이용하여 보여주고 있다.

이 자료에 따르면 한국의 탈물질주의 정도는 OECD 국가 중 가장 낮다. 그리고 다른 국가와의 격차도 매우 크다. 한국보다 소득이 낮은 터키, 멕시코, 칠레 등의 탈물질주의 정도도 한국보다 크다. 〈표 10-6〉과 〈그림 10-4〉의 결과를 종합하면, 한국인의 물질주의 정도는 세계적으로 유례 없을 정도로 높은 것으로 평가된다. 한국인의 높은 물질주의는 많은 사람들이 삶의 목표를 물질의 획득과 축적에 두게 하며, 그 결과 홉스테드 지표에서 보여주는 것처럼 이를 추구하는 사람들 간의 경쟁이 심화된 것으로 판단된다. 즉 사회를 구성하는 다수의 구성원이 같은 목표를 가지고 있으면, 이것을 획득하기 위한 경쟁은 더 치열해질 것이다.

물질주의와 이를 위한 경쟁은 1960년대 이후 한국이 중진국으로 발전하는 데 크게 기여한 것으로 평가된다. 이는 한국인의 "경제하려는 의지"를 고양하였다. 그러나 한국이 중진국에서 선진국으로 진입하는 데는 역설적으로 물질주의와 이를 위한 경쟁은 오히려 방해가 되고 있다. 선진국은 신뢰와 저부패, 높은 제도의 질에 기초하는 반면, 한국에서는 이를 이루는 데 있어 가장 걸림돌이 바로 물질주의 가치관인 것으로 판단된다.

물질주의 가치관과 이를 위한 지나친 경쟁은 타인을 신뢰하기보다 경쟁 대상으로 간주하게 한다. 그리고 물질주의가 심할수록 부패가 증가하고 사회 갈등을 심화할 가능성이 높다. 이는 경제적 비효율성의 증가로 이어져 경제성장을 저해한다. 그러나 물질주의 문제는 여기에 그치지 않는다. 물질주의 가치관은 그에 걸맞은 제도를 필요로 한다. 그런데 세계화(Globalization)의 영향으로 투명성, 객관성, 평등성을 지향하는 제도들이 도입되는 경향이 있는 반면, 어떤 제도는 전통적인 요인에 기초하여 오랫동안 변하지 않는다. 바로 여기에 한국에서 제도의 부정합성이 초래되는 중요한 이유가 있다. 경제성장 위주의 제도적 구성, 세계화의 영향으로 수입된 제도, 전통적 제도 등이 상호 충돌하는 현장이 바로 한국사회이다. 여기에다 단기성과 위주의 정부 정책과 기업 경영, 국민의 감정을 자극하고 이를 통해 시청률과 구독률을 올리려는 일부 언론과 문화계의 선정주의(sensationalism), 그렇게 형성된 여론의 압력을 받은 정부와 정치권은 제도의 상호 정합성을 숙고할 시간조차 갖지 못한 채 인기몰이식, 땜빵식 제도를 난립시켜 혼란을 가중시키는 것이다.

한국의 고부패와 저신뢰도 제도의 부정합성 결과로 판단된다. 제도의 정합성이 훼손되면 어떤 규칙과 규범이 적용되어야 하는지에 대한 판단이 어렵다. 그리고 적용되는 규칙과 규범이 서로 달라 혼란이 생긴다. 이 혼란은 정치적, 상업적으로 이용되는 경우가 빈번해지며, 그 결과 자신의 가치관에도 혼란을 가진 대중은 "털어서 먼지 나지 않은 사람은 없다"고 믿게 된다. 이로 인해 오히려 부패가 늘어나고, 타인에 대한 신뢰는 감소하게 된다.

〈그림 10-5〉는 세계은행의 자료를 이용하여 한국, 타이완, 일본, 스페인, 포르투갈의 부패지수 추이를 보여주고 있다. 이 중 타이완, 일본은

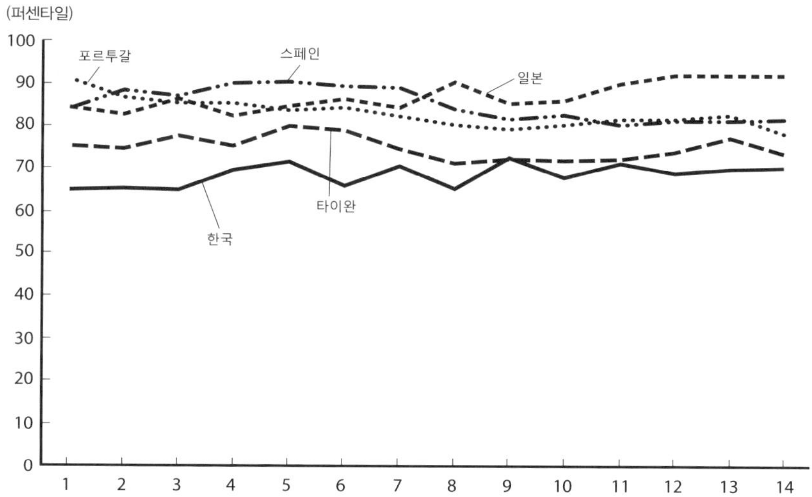

그림 10-5 부패의 통제 수준

자료: 세계은행 거버넌스 지표(http://info.worldbank.org/governance/wgi/). 이 자료의 구체적 방법론 등에 관해서는 Kaufmann, Kraay, and Mastruzzi(2010)를 참고.

아시아 국가이며, 스페인, 포르투갈, 타이완과 한국의 1인당 국민소득은 큰 차이가 없다. 한국은 모든 국가에 비해 부패의 통제 수준이 낮으며, 거의 모든 조사에서 최하위를 기록하였다. 그뿐만 아니라 1996~2011년의 부패 정도를 조사 대상 모든 국가에서의 퍼센타일 순위로 표시하면, 지난 15년간 한국의 부패 통제 수준은 60~70%로서 개선이 미미하다. 즉 한국은 부패의 함정에 빠져 있다. 이렇게 부패의 감소가 어려운 이유는 부패가 제도의 비정합성, 물질주의 가치관, 가치관의 혼란 등과 같은 깊은 뿌리에서 비롯되기 때문이다.

가치관의 혼란에 빠진 한국인은 타인에 대해서는 엄격한 윤리 수준을 요구하는 경향이 있다. 역사 교육에서 모범을 보인 위인들의 이야기를 현실에 그대로 적용하려는 이상주의적 경향도 보인다. 예를 들면 공무원은 나라에 봉사하는 사람으로서 박봉을 감수해야 하며 퇴직 후에도 전관예우를 받지 말아야 한다고 믿는다. 그러나 고시에 합격하여 공무원이 된 사람들은 자신의 능력과 보수 수준의 불일치를 경험하면서 어떤 식의 보상을 바라거나 추구하게 된다. 이들은 부패에 직접 가담할 수도 있고 퇴직 이후 그동안의 박봉을 보상받는 것을 자연스럽고 정당화하는 경향이 있다. 이들도 강력한 물질주의 가치관의 영향에서 벗어나지 않기 때문이다.

시장중심적 경제체제에서는 이들의 보수를 현실화하는 동시에 다른 한편으로는 이들의 일탈 행위나 전관예우를 규제하려 할 것이다. 그러나 한국은 공무원의 보수에는 이상주의적 원리(국가에 봉사)를 적용하면서 오히려 규제만 강화하려 든다. 그러나 이는 규제의 영향에서 비켜날 수 있는 더 교묘하고 새로운 방법의 개발로 이어질 가능성이 높다. 만약 규제가 정말 효과적으로 실행된다면 능력이 우수한 사람은 공무원이 되려 하지 않을 것이다.

이처럼 물질주의와 경쟁, 제도의 부정합성의 결과, 한국사회는 저신뢰 사회가 되었다. 〈표 10-7〉은 국가별 신뢰 정도를 보여주고 있다. 한

표 10-7 국가별 신뢰 수준

	한국	스위스	스페인	멕시코	타이완	OECD 평균
사람에 대한 신뢰						
가족	1.13	1.213	1.094	1.324	1.135	1.143
이웃	2.242	1.986	2.081	2.495	2.079	2.004
지인	2.029	1.721	1.748	2.195	1.89	1.723
처음 만난 사람	3.131	2.593	2.888	3.315	2.935	2.747
공공기관에 대한 신뢰						
행정부	2.595	2.268	2.626	2.648	2.838	2.629
사법부	2.539	2.122	2.443	2.812	2.745	2.219
국회	2.928	2.432	2.533	3.080	3.274	2.640

주: 낮은 수치일수록 높은 신뢰를 의미함.
신뢰는 전적 신뢰, 약간 신뢰, 약간 불신, 전적 불신의 4가지 보기에 대한 응답을 기초로 계산되었음. 예를 들면 1은 전적 신뢰이며 4는 전적 불신임.
자료: 2005년 세계가치관 조사(World Values Survey, http://www.worldvaluessurvey.org/wwvs.jsp), 김병연(2012)에서 재인용.

국은 가족에 대한 신뢰를 제외하고 이웃, 지인, 처음 만난 사람에 대한 신뢰도에서 스위스, 스페인, 멕시코, 타이완과의 비교에서 멕시코를 제외하고 가장 낮은 수준을 보이고 있다. 소득 수준이 비슷한 스페인과 타이완에 비해서도 신뢰 수준이 더 낮으며, OECD 국가의 평균에 비해서도 이웃, 지인, 처음 만난 사람에 대한 신뢰도는 낮은 수준이다. 그러나 공공기관에 대한 신뢰도는 위의 비교 대상 국가 중 멕시코, 타이완보다 더 높은 수준을 보이고 있다. 행정부에 대한 신뢰도는 OECD 국가의 평균보다 높으나 사법부, 국회에 대한 신뢰도는 더 낮다. 즉 한국은 타인에 대한 신뢰도는 낮으나 공공기관, 특히 행정부에 대한 신뢰도는 높은 것이 한국형 경제체제의 비효율성을 억제하는 데 기여하고 있다.

이처럼 한국인의 가치관은 일관성이 없는, 이른바 아노말리 현상을 두드러지게 보이고 있다. 또한 높은 물질주의와 부패 수준, 낮은 신뢰 수준이 서로 영향을 미치고 서로 강화하면서 한국사회의 부정합성을 초래하고 있다. 이러한 가치관과 사회규범의 특질은 부정합적인 제도의 영향을 받기도 하였다. 전통과 관행의 습관이 남아 있는 가운데 미국식 시장경제제도, 세계화의 영향을 받은 제도가 들어와 상호 충돌을 일으키면서 그렇지 않아도 혼란스러운 한국인의 가치관을 더욱 혼란스럽게 만든 것이다.

VI. 맺는말

한국은 일제강점기와 한국전쟁 이후 매우 급속한 경제발전, 정치민주화, 대외 개방의 과정을 겪었다. 다른 나라에서는 수십 년이 훨씬 더 걸렸을 과정을 단기간에 경험한 것이다. 그 결과, 한 가지 변화를 경험하고 이를 체화하여 안착시키는 과정이 채 끝나기도 전에 다른 큰 변화를 경험하게 되어, 새로운 변화가 요구하는 제도와 가치관이 기존의 것과 충돌하는 양상이 빈번해졌다. 이 과정에서 제도와 가치관의 부정합성이 양산되었다. 각각의 가치관이 세대간 차이에서뿐 아니라 한 개인에도 혼재된 상태로 존재하는 가치관의 아노말리 현상이 심화되었다.

전통과 관행의 연속선상에 있는 제도와 영미 사회에서 오랜 기간에 걸쳐 성숙한 제도가 세계화 과정에서 무차별적으로 도입되면서 한국사회에서는 제도의 충돌이 빈번히 발생하고 있지만, 이에 대한 문제제기나 체계적 연구는 크게 부족하다. 가치관의 혼란과 제도의 부정합성은 한국의 경제성장을 제약하는 가장 중요한 요인이 되고 있다. 더욱이 한국인의 가치관은 여러 다른 지향성이 혼재됨과 동시에 세계에서 가장 높은 수준의 물질주의적 태도를 보이고 있다. 이것이 경쟁의 격화로 이어지고, 물질주의와 경쟁의 격화는 고부패, 저신뢰의 풍토를 조성하고 있다. 이는 단지 시간이 해결해줄 문제가 아니다. 소득이 증가하면 나아질 것이라는 가설의 허구를 지난 몇십 년간 경험했으면서도 한국 정부나 한국인은 그 허구를 여전히 붙들고 있는 듯하다. 이는 지난 15년간 국제기관이 평가하는 한국의 부패 수준에서 큰 변화가 없음에서 확인할 수 있다. 한국의 부패 수준은 1인당 국민소득이 비슷한 국가의 그것에 비해 높으며, 타인에 대한 신뢰 수준은 비슷한 1인당 국민소득의 국가에 비해서 낮다.

이러한 제도의 부정합성을 극복하려면 새로운 제도를 도입하기 전에 그것이 기존의 제도와 상호 정합적인지, 한국인의 정신적 가치와 일관적인지를 점검해야 한다. 그렇지 않고서는 한국인도 이해할 수 없는 한국인의 정신세계와 시장경제체제의 아노말리는 지속될 것이다. 이는 사회경제적 비효율성, 고부패, 저신뢰의 함정에 한국사회를 계속 머물게 할 것이며, 경제성장을 저해하는 가장 중요한 요인으로 작용할 것이다. 이제 물적 자본에 대한 투자를 증가시키는 것을 최우선으로 삼는 정부 정책은 지양되어야 한다. 단기 성과 위주의 정책, 여론에 휩쓸려 앞뒤 재지도 않고 도입하는 제도와 법의 과잉 현상도 사라져야 한다. 그래야 제도의 정합성을 지향하는 움직임이 생겨날 수 있을 것이다. 낙관적이지만은 않다. 일본을 포함하여 동아시아 어떤 국가도 강력한 정부 규제의 미로에서 벗어나 자율과 창의를 바탕으로 하여 지속해서 성장하고 있는 예가 없기 때문이다. 과연 한국이 동아시아 문화의 한계를 넘어서는 최초의 국가가 될 수 있을지는 중요한 질문이며 연구과제이다.

참고문헌

김병연, 2012, 「한국 기업과 사회의 경쟁력: 함정과 부족」, 김광억·김병연·이재열·전재성·홍기현, 『한국 기업과 사회의 경쟁력』, 서울대학교출판문화원.

이재열, 2012, 「사회적 갈등 해소 능력」, 김광억·김병연·이재열·전재성·홍기현, 『한국 기업과 사회의 경쟁력』, 서울대학교출판문화원.

헤리티지 경제자유도지수(2009)(http://www.heritage.org)

Acemoglu, Daron, Simon Johnson, and James A. Robinson, 2001, "The Colonial Origins of Comparative Development: An Empirical Investigation," *American Economic Review* 91(5): 1369-1401.

Acemoglu, Daron, S. Johnson, and J. A. Robinson, 2002, "Reversal of Fortune: Geography and Institutions in the Making of the Modern World Income Distribution." *Quarterly Journal of Economics* 117(4): 1231-1294.

Barro, Robert and Rachel McCleary, 2003, "Religion and Economic Growth across Countries," *American Sociological Review* 68(5): 760-781.

Franke, Richard H., Geert Hofstede, and Michael H. Bond, 1991, "Cultural Roots of Economic Performance: A Research Note," *Strategic Management Journal* 12(S1): 165-173.

Hall, Peter and David Soskice, 2001, *Varieties of Capitalism: The Institutional Foundations of Comparative Advantage*, Oxford: Oxford University Press.

International Country Risk Guide (ICRG) Polity IV(http://www.systemicpeace.org/polity4.htm)

Kaufmann, Daniel, Aart Kraay, and Massimo Mastruzzi, 2010, The Worldwide Governance Indicators: Methodology and Analytical Issues (www.govindicators.org)

Kim, Byung-Yeon and Min-Jeong Kim, 2012, Corruption and Economic Growth, mimeo.

Knack, Stephen and Philip Keefer, 1997, "Does Social Capital Have An Economic Payoff? A Cross-Country Investigation," *The Quarterly Journal of Economics* 112(4): 1251-1288.

Landes, David, 1998, *The Wealth and Poverty of Nations*, Cambridge, MA: Harvard University Press.

Lee, Keun and Byung-Yeon Kim, 2009, "Both Institutions and Policies Matter but Differently for Different Income Groups of Countries: Determinants of Long-Run Economic Growth Revisited," *World Development* 37(3): 533-549.

Lichet, Amir, Chanan Goldschmidt, and Shalom H. Schartz, 2007, "Culture Rules: The Foundation of the Rule of Law and Other Norms of Governance," *Journal of Comparative Economics* 35(4): 659-688.

Mauro, Paolo, 1995, "Corruption and Growth," *The Quarterly Journal of Economics* 110(3): 681-712.

North, Douglass, 1990, *Institutions, Institutional Change, and Economic Performance*, Cambridge: Cambridge University Press.

Pryor, Frederic L., 2008, "Culture Rules: A Note on Economic Systems and Values," *Journal of Comparative Economics* 36(3): 510-515.

Rodrik, Dani, 1999, "Where Did All the Growth Go? External Shocks, Social Conflict, and Growth Collapses," *Journal of Economic Growth* 4(4): 385-412.

Rodrik, Dani, 2000, "Institutions for High-Quality Growth: What They are and How to Acquire Them," *Studies in Comparative International Development* 35(3): 3-31.

Rodrik, Dani, 2006, "Goodbye Washington Consensus, Hello Washington Confusion? A Review of the World Bank's Economic Growth in the 1990s," *Journal of Economic Literature* 44(4): 973-987.

Rodrik, Dani, Arvind Subramanian, and Francesco Trebbi, 2004, "Institutions Rule: The Primacy of Institutions Over Geography and Integration in Economic Development," *Journal of Economic Growth* 9(2): 131-165.

Worldwide Governance Indicator (http://into.worldbank.org/governance/wgi/index.aspxtthome).

World Value Survey (http://www.worldvaluessurvey.org/wvs.jsp).

제11장

한국사회의 역사적 특질:

한국형 시장경제체제의 비교제도적 토대

이영훈
(전 서울대학교 경제학부 교수)

I. 머리말

일반적으로 한국은 저신뢰의 사회로 분류되고 있다. 예컨대 1995년 후쿠야마는 세계의 저신뢰 사회를 열거하면서 한국을 거기에 포함시켰다(Fukuyama 1995: 127-145). 그에 대해 지금까지 한국의 연구자들은 이의를 제기하지 않았다. 한국의 연구자들 역시 그들이 저신뢰의 사회에 살고 있음에 동의하고 있다. 2001년 김지희는 한국사회의 신뢰 수준에 관한 제반 경험적 조사와 연구를 종합한 뒤, 한국인들은 강한 가족주의의 영향으로 혈연집단의 테두리를 벗어나는 개인이나 집단을 신뢰하지 않고, 사회적 신뢰 역시 법과 절차의 정당성에 대한 불신 때문에 낮은 수준이라는 결론을 내렸다(김지희 2001: 274). 2009년 이동원과 정갑영도 같은 결론에 도달하였다. 그들이 계산해낸 한국사회의 신뢰지수는 OECD 29개국 가운데 24위의 낮은 곳에 있다(이동원·정갑영 외 2009: 181).

나아가 한국사회의 신뢰 수준은 점점 낮아지는 추세로 조사되고 있다. 세계가치관 조사(World Values Survey)에 따르면, 한국인들이 서로에 대해 가지는 신뢰 수준은, 곧 "일반적으로 말해서 대부분의 사람을 믿을 수 있다고 생각하는가"라는 질문에 긍정적으로 대답한 비율은 1980

* 이 글은 2012~2013년 서울대학교 경제연구소 학술사업의 연구비 지원을 받았다.

년에 38%를 기록한 이래 1990년 34.2%, 1995년 30.3%, 2000년 27.3%, 2005년 28.2%, 2010년에 26.5%로 일관되게 하락해왔다(WVS; 이재열 2011: 61). 저신뢰는 많은 사회적 갈등을 유발한다. 이재열에 따르면 한국사회는 아시아의 신흥경제국들에 비해서는 낮지만, OECD 국가 중에서는 가장 높은 갈등 수준을 보이고 있다(이재열 2011: 77).

그렇다면 한국은 언제부터 저신뢰의 사회인가. 한국을 저신뢰의 사회로 만든 역사적 요인은 무엇인가. 이 같은 질문에 사회학자들은 대개 비슷한 대답을 제시하고 있다. 김지희는 한국이 저신뢰 사회로 된 것은 인간들을 감시하고 억압한 과거의 권위주의 정치에 그 원인이 있다고 하였다(김지희 2001: 275). 임현진은 해방 후 또는 일제하에서 시작한 근대화의 역사가 불균등과 파행을 특징으로 하여 사회의 분열과 갈등을 증폭시켰다고 주장하고 있다. 그에 따르면 한국에서 근대화 과정은 농촌공동체를 파괴하였으며, 물질 만능주의와 생명 경시의 저급한 개인주의 풍조를 만연시켰다(임현진 2009: 16-20). 사회학자들만이 아니다. 이 같은 부류의 대답은 오래전부터 역사학자나 소설가들에 의해 널리 유포되어 왔다. 예컨대 2008년 어느 문필가는 19세기까지의 조선시대만 해도 이기심이 절제된 공동체사회였는데, 20세기에 들어 일제의 통치가 이 체제를 깨뜨리고 천박한 이기심의 정글 자본주의를 이식했다고 주장하였다(김기협 2008: 23-25).

필자는 대학가와 문화계가 공유하는 이러한 민족주의적 내지 탈근대주의적 언설에 동의하지 않는다. 19세기까지의 전통사회가 공동체로 조직된 고신뢰의 사회였다는 주장은 엄밀히 말해 논증된 적이 없는 주관적인 환상일 뿐이다. 필자는 이미 여러 차례 그 같은 민족주의적 언설을 비판해왔다(이영훈 2001, 2011). 이 글은 그 연장선에서 17~20세기에 걸쳐 한국사회가 걸어온 발자취를, 인간관계와 사회단체의 실태 및 그 짜임새의 역사적 전개 과정을 총괄해보고자 하는 것이다.

논의의 출발은 15~19세기 조선왕조의 토지와 인간에 대한 지배체제이다. 그것은 전통사회의 구조와 특질을 깊숙이 규정하였으며, 오늘날의 한국사회도 그것의 역사적 유산에서 자유롭지 않다. 뒤이어서는 19세기까지 한국인들이 결성한 단체로서, 그 시대의 사회조직을 대표했던 동리(洞里)와 계(契)의 역사를 살필 것이다. 연후에 20세기에 들어 한국인들이 당면했던 근대화의 과정을, 전통사회의 구조와 외래 문명이 맞물려 이루어낸 복선(複線)의 전환 과정을 밝힐 것이다. 그 현주소가 다름 아니라 20세기 후반의 한국인을 저신뢰의 사회에 살게 하는 사회의 짜임새라고 할 수 있다.

이 글의 문제의식은 이 같은 사회사적 탐구를 넘어 한국형 시장경제체제의 모색이라는 경제사적 탐구로까지 뻗어 있다. 한 나라의 경제체제는 상품시장, 노동시장, 금융시장 등에서 이루어지는 경제활동의 집적만이 아니라, 당해 사회와 문화를 토대로 하여 세워진 구조물과 같은 것이다. 경제체제의 비교적 특질은 사회와 문화에 배태해 있는 특정의 경향성에 크게 규정된다. 17~20세기에 걸친 한국사회의 전개 과정을 총괄해보려는 필자의 문제의식은 오늘날 한국의 시장경제체제가 스스로 체현하고 있는 그 자신의 유형성에 대한 이해를 지향하고 있다. 이와 관련해서는 절을 바꾸어 최근의 아오키 마사히코(Aoki Masahiko, 青木昌彦) 논문이 제기하고 있는 몇 가지 문제를 검토할 필요가 있다.

II. 아오키의 비교제도분석

2013년 아오키는 종래 일본경제를 주요 대상으로 하여 그가 주도적으로 개척해온 비교제도분석(comparative institutional analysis)을 한국경제와 중국경제에 적용하여 동아시아 3국의 경제체제를 비교분석하는 주목할 만한 논문을 발표하였다(Aoki 2013). 주지하듯이 일본의 이른바 조정시장경제(coordinated market economy)는 기업 간 게이레츠(系列), 회사주의, 종신고용, 연공서열과 같은 특질을 지닌다. 아오키는 이 같은 일본경제의 특질이 그의 전통 사회와 문화에 기인하는 역사적 관련성을, 그 역사적 경로의존성을, 반복적 게임의 전략적 균형이라는 틀로 설명하였다(Aoki 1988). 아오키에 있어서 제도는 "어느 인구집단에 있어서 행해졌고, 행해지고 있고, 행해질 것으로 믿어지는 사회적 게임의 가장 두드러진 방식"이다(Aoki 2013: 235). 게임의 반복성과 지속성, 그 특질에 대한 개별 경기자의 믿음은 어떤 외적인 인지적 원천에 의존한다. 그것은 법, 규범, 단체, 종교적 이념과 같은 것들로서 곧 공식적 내지 비공식적 제도이다.

2013년의 논문에서 이루어진, 동아시아 3국의 경제체제에 대한 아오키의 비교제도분석을 차례로 소개한다. 아오키는 17~19세기 근세 일본을 내포적(內包的, nested)인 멤버십과 포괄적인(all-inclusive) 연대에 기초한 규범의 사회로 규정한다. 근세 일본에 있어서 무라(村)는 구성원의 자격이 명확하게 규정되고 한정된 가운데 구성원의 사회 · 경제생활에 요구되는 납세, 치안, 수리, 교육 등의 공공기능을 포괄적으로 수행하는 단체였다. 이 같은 단체는 상인과 수공업자 사회에서도 발달하였다. 도쿠가와(德川) 막번체제(幕藩體制)는 이 같은 단체가 차곡차곡 쌓인 견고한 구조이다. 이러한 사회구조에서 개별 단체의 멤버들은 협동적 산출물의 공정한 배분이 기대되는 한, 마치 공동의 목적을 가진 것처럼 행동한다. 그러한 조건 하에서 200년간 지속된 도쿠가와 막번체제의 평화가 성립하였다(Aoki 2013: 245-247).

아오키는 17~19세기 중국사회의 특질을 상호침투적 국가(interpenetrative state)와 콴시(關係, quansi)의 두 가지로 요약하고 있다. 청(淸)의 황제는 인구 20~30만의 군현에 1명의 관료를 파견하였을 뿐이다. 황제권력은 군현의 지방행정에 자세하게 개입할 수 없었다. 조세 수취를 비롯한 군현의 지방행정은 지주들의 단체에 위임되거나 그에 의해 중개될 수밖에 없었다. 지주들의 단체는 조세 수취와 기타 공공기능에 자발적으로 참여하였으며, 그 권위를 이용하여 지방관의 공식적 지원을 받으면서 농민들로부터 지대를 수취하였다. 반면 광대한 사적 거래와 계약의 영역은 이러한 중앙과 지방의 상호침투적 내지 중개적 관계 밖에서 영위되었다. 거기서는 거래를 유지하고 계약을 강제하는 메커니즘으로서 콴시가 발달하였다. 콴시는 멤버십에 기초한 단체라기보다 선별적(selective)이고 구성적(constitutive)인 관계로서 당사자들의 지속적인 상호투자를 통해 전략적으로 지지되는 호혜적 신뢰관계를 말한다. 중국사회에서 콴시는 거래와 계약의 안정을 촉구하는 제도적 보완물로서 강력하게 기능하였다(Aoki 2013: 241-246).

일본, 중국에 대비된 전통 한국의 비교제도적 특질은, 아오키에 따르면, 조선왕조의 이중적 권력구조(dual power structure)와 자율적인 사회협약(autonomous social compacts)으로 요약된다. 조선 농촌사회에서 양반은 대토지 농장을 소유하고, 조세와 군역을 면제받는 특권 신분이었다. 농촌양반은 지방권력을 분점함으로써 이중적 권력구조의 한 축을 이루었다. 17세기 농촌 양반은 친족적 연결망으로 조직된 사회적 신분으로 전환하였다. 양반의 친족 조직은 중국의 콴시와 유사하나 콴시보다는 덜 융통적(less flexible)이었고 덜 폐쇄적(less closed)이었다. 반면 일반 농민들은 동계(洞契)와 같은 공동규약으로 그들만의 협동조직을 결성하여 결혼, 장례, 수리와 같은 공동의 필요에 대응하였다. 농민들의 조직과 그의 규범은 중국의 콴시보다는 더 특정적(more specific)이고, 일본의 멤버십에 기초한 규범보다는 덜 포괄적(less inclusive)이었다. 요컨대 17세기 이후의 한국에서는 신분제의 이완과 더불어 융통성과 개방성을 특징으로 하는 사회협약이 활발하게 성숙하였다(Aoki 2013: 247-248).

아오키에 따르면 19세기에 들어 한국, 중국, 일본 세 나라는 모두 내적인 성장 동력을 찾지 못한 가운데 농민반란과 제국주의의 충격을 맞아 국가체제와 사회조직이 정합성을 잃거나 해체되는 위기를 경험하였다. 이후 세 나라는 20세기 후반에 이르기까지 시차를 두고 맬더스 트랩에서 벗어나 근대적 성장에 진입하였다. 그 회복과 재건의 과정은, 아오키에 따르면, 두드러지게 경로의존적이었다. 세 나라는 전술한바 각각의 비교제도적 특질에 기초하여 그와 상호정합적인 형태로 그들의 경제체제를 복구하였다. 게이레츠(系列)를 비롯한 오늘날 일본경제의 비교제도적 특질이 일본 전통사회의 조직적 특질에 기인함은 앞서 지적한 그대로이다. 개혁·개방 이후의 중국경제와 관련하여 아오키가 주목하는 것은 조세 청부를 둘러싸고 지방권력과 향촌(鄕村) 간의 계약 관계가 회복되거나, 촘촘한 콴시의 그물망에 기초하여 향진기업(鄕鎭企業)이 왕성하게 발전하는 것 등이다(Aoki 2013: 256).

한국경제가 전통사회로부터 물려받은 비교제도적 특질과 관련하여 아오키는 식민지기의 활발한 농촌개발, 인구이동, 인적자본의 축적에 주목한다. 그것은 한국 전통사회에 내재한 사회의 융통성과 개방성, 그리고 활발한 사회협약의 능력에 기인하였다. 오늘날 한국경제의 국제경쟁력을 대변하고 있는 대기업집단에 관한 아오키의 이해는 다음과 같다. "한국에서 선행하는 시대에 상대적으로 덜 제약적인 인간의 유동성을 상기하는 민첩한 기업전략은 준(準)가족적(quasi familial)인 재벌들을 국제적으로 경쟁력 있는 집단으로 만들었다"(Aoki 2013: 258).

일본사회와 중국사회에 대한 아오키의 비교적 이해는 양국의 지성사(知性史)에서 오랜 전통을 갖는 것이다. 1947년 중국의 저명한 사회학자 훼이샤오통(費孝通)은 서양사회가 안팎의 경계가 명확히 그어진 단체를 단위 구성으로 하여 그것을 차곡차곡 쌓은 짜임새를 갖는다면, 중국사회는 마치 수면에 돌을 던질 때 생기는 파문의 겹과 같은 자아중심의 사회라고 하였다. 영향력이 큰 사람의 파문은 현(縣)과 성(省)의 범위를 넘을 수도 있지만, 보잘것없는 사람의 파문은 두세 사람에 그친다. 중국사회는 이같이 각 사람이 만들어내는 파문의 중첩으로, 곧 전술한 콴시로 짜인다. 훼이샤오통은 이 같은 중국사회의 짜임새를 차서격국(差序格局)이라 하였다(훼이샤오통 1995: 28-39). 그에 비해 일본의 전통사회에서 각 사람은 그에 부여된 직분에 따라 견고하게 조직된 단체에 소속하였다. 사회는, 나아가 국가는, 이 단체가 견고하게 쌓인 구조이다. 일본의 역사학자 기시모토 미오(岸本美緒)는 중국과 대비되는 이 같은 일본사회의 짜임새를 단체격국(團體格局)으로 비유하였다(岸本美緒·宮嶋博史 1998: 409).

그렇다면 한국 전통사회의 짜임새는 어떠하였던가. 일본, 중국과 대비하여 어떠한 특질의 원리를 지녔던가. 이 같은 질문에 많은 연구자는 한국은 일본과 중국의 중간형이라고 대답해왔다. 이 문제에 관해 지금까지 가장 진지한 관심을 표명해온 연구자는 미야지마 히로시(宮嶋博史)이다. 미야지마에 따르면 한국의 가족·친족과 촌락의 구성은 중국적 원리와 일본적 원리를 능숙하게 결합한, 양쪽의 장점을 모두 흡수한, 중간형에 해당한다. 따라서 한국의 전통사회는 일본의 단체와 같은 조직의 안정성을 구가하면서도 중국의 콴시와 같은 상황의 변화에 유연하게 대처할 수 있는 능력을 동시에 보유하였다(미야지마 히로시 2013: 211-243). 한국의 전통사회가 활발한 사회협약의 능력을 보유하였다는 아오키의 이해도 이 같은 미야지마의 한국사회론과 상통하고 있다.[1]

그런데 엄밀히 말해 중간형은 하나의 유형일 수 있는가. 중간형 나름의 원리는 있는가. 중국사회의 짜임새가 차서(差序)와 그것의 중첩으로서 콴시라면, 일본사회의 짜임새가 직분에 기초한 단체의 결성과 그것의 누적이라면, 한국사회의 짜임새는 무엇인가.[2] 이 같은 질문에 미야

---

1 아오키의 한국사 이해는 宮嶋博史(1982), 宮嶋博史·松本武祝·李榮薰·張矢遠(1992), 岸本美緒·宮嶋博史(1998)에 의존하고 있다.

2 미야지마는 1998년의 저서에서 한국의 사회단체는 일본과 중국에서 보는 바와 같은 '공통의 원리' 내지 '통일적인 아이덴티티'를 결여하였다고 지적하였다(岸本美

지마는 대답하고 있지 않다. 필자가 미야지마의 중간형 사회론에 비판적인 가장 심각한 이유는 사회를 그 전체적 구조로 다루고 있지 않다는 점이다. 후술하겠지만, 17~19세기 조선 농촌사회의 구성원들은 양반과 상민이라는 신분으로 대립하고 갈등하였다. 조선왕조의 지배체제도 그 같은 신분적 차별을 정당화하였다. 이 점은 동시대 일본과 중국에서 찾을 수 없는 한국 고유의 현상이다. 미야지마의 한국사회론에는 이러한 사회의 전체적 구조가 배제되어 있다. 그는 오로지 양반 신분의 가족·친족 구성과 그들이 주도한 각종 결사체에 주목하였으며, 거기서 관찰되는 일본적 특질과 중국적 특질을 아무런 논리적 매개도 없이 편의적인 설명으로 절충하였을 뿐이다.

그런 이유에서 미야지마의 한국사회론은 다분히 관념적이고 비역사적이다. 그의 한국사회론에는 신분제의 굴레로부터 해방되기 위해 대다수 한국인이 벌였던 고투의 역사가, 20세기 후반까지 이어진 그 생생한 삶의 역사가, 누락되어 있다. 한국 전통사회가 인접한 양국의 장점을 능숙하게 결합하여 안정성과 유연성을 겸비하였다면, 왜 그 사회만 제국주의 시대에 이르러 식민지라는 가장 비참한 상태로 전락하고 말았던가. 나아가 무엇 때문에, 어찌하여, 오늘날의 한국은 일본보다 또 중국보다 저신뢰의 사회인가.[3] 미야지마의 한국사회론에는 현대 한국사회가 우리에게

緖·宮嶋博史 1998: 424-428). 필자는 그 편이 한국사회의 이해에 있어서 훨씬 정확했다고 평가하고 싶다. 사회의 구성원들이 서로 다른 신분으로 대립할 때 사회를 관통하는 '공통의 원리'를 상정하기는 곤란하다. 필자는 17~19세기 나아가 20세기 한국사를 급하게 진행된 유교적 전환 나아가 근대적 전환의 과정이었다고 생각하고 있다. 그 문명사적 전환은 급한 와중이었으며, 이에 제반 사회단체가 '공통의 원리'에 입각하여 안정적으로 짜일 여유는 없었다.

3 예컨대 2010년에 이루어진 세계가치관 조사에서 "대부분의 사람을 믿을 수 있는가"라는 질문에 긍정적으로 대답한 비율은 한국에서 26.5%임에 비해, 일본에서는 35.9%, 중국에서는 60.3%였다(WVS).

던져 묻는 이 같은 지적 고뇌가 담겨 있지 않다. 그는 외국인으로서 기묘하게도 현대 한국의 민족주의 정서에 깊이 포섭되어 있다.

요컨대 한국의 전통사회가 활발한 사회협약의 능력을 보유하였다는 아오키의 주장에는 많은 의문이 따른다. 그가 설명하고자 했던 한국경제의 근대적 성장과 국제경쟁력은 한국의 전통사회에 담겨 있는, 활발한 사회협약과는 다른 차원의, 어떤 동력으로 설명되어야 할 것이다. 그러한 시도가 이하의 글이다. 그 점에서 한국 경제체제의 유형적 특질을 사회와 문화에 내재한 모종의 역사적 경향성에서 찾으려는 아오키의 비교제도분석은 그 방법론에서 여전히 타당하다. 한국형 시장경제체제의 모색은 경제학, 사회학, 인류학, 역사학 등이 하나로 접합하는 학제적 연구과제이다. 아오키의 2013년 논문은 그러한 학제적 시도로서 최초의 것이라는 커다란 의의를 지니고 있다. 그럼, 이제부터 17~20세기에 걸친 한국사회의 전개 과정을, 다시 말해 현대 한국사회의 역사적 형성 과정을, 추적하기로 한다.

III. 조선왕조의 토지 지배

조선왕조의 지배체제를 두고 왕조와 양반 신분이 권력을 분점한 '이중적 권력구조'라 한 아오키의 이해는 16세기까지는 어느 정도 타당하다. 1392년에 문을 연 조선왕조는 이전 고려왕조의 지배체제를 계승하여 관료와 중앙군으로 이루어진 지배신분에게 과전(科田)과 군인전(軍人田)으로 불린 토지를 지급하고 그로부터 조세를 수취할 수 있는 권리를 인정하였다. 그렇지만 과전과 군인전은 전국의 토지 가운데 얼마 되지 않았으며, 그것마저 16세기 전반에 이르러 제도적 근거가 소멸하였다. 이로써 특정 부류의 인간이 그의 정치적 지위를 권원(權原)으로 하여 토지를 지배하는 관계는 한국사에서 사라졌다. 이후 모든 토지는 상속, 개간, 매매, 증여와 같은 경제적 행위에 권원을 두는 사적 소유지로 변모하였다. 모든 토지는 왕조에 대해 조세를 부담했으며, 지배신분인 양반의 토지라 해서 그로부터 면제되는 법은 없었다. 17세기 이후 전국의 토지는 조선왕조의 독점적 지배체제 하에 있었다.

18세기 중엽 조선왕조가 지방에 설치한 군현은 332개였다. 당시의 인구는 총 1,860만 정도로 추정되며(權泰煥·愼鏞廈 1977: 327), 이에 군현당 인구는 5~6만 정도였다. 앞서 지적한 대로 중국의 황제는 인구 20~30만의 군현에 1명의 관료를 파견하였다. 조선의 왕은 중국의 황제에 비해 1/5 내지 1/3의 소규모 인구집단에 1명의 관료를 내려보냈다. 다시 말해 지방에 미친 중앙권력의 밀도는 조선이 3~5배 높았다. 이에 중국에서와 같은 중앙권력과 지방세력 간의 '상호침투적' 또는 '중개적' 관계가 조선에서 성립할 여지는 거의 없었다.

조선왕조가 군현에 파견한 수령은 향리들의 도움을 받아 조세를 수취하였다. 군현에 따라 50~200명의 집단을 이룬 향리들은 지방행정을 독점하고 세습하였다. 그들은 양반과 상민의 중간신분으로서 양반으로부터 차별을 받는 처지였다. 군현의 조세는 향리 집단의 구성원인 서원(書員)에 의해 수취되었다. 수령은 서원들이 주도한 조세 행정에 개입하거나 감독할 능력이 없었다. 그렇다고 조세 행정이 서원들의 자의적 권한이나 처분에 맡겨진 것은 아니었다. 조선왕조는 개별 토지에 대한 직접적 지배를 포기하지 않았으며, 서원들의 조세 행정은 그 위에서 관행적으로 구축된 절차와 규범에 충실하였다.

조선왕조는 전국의 모든 전(田), 답(畓), 대(垈)에 개별 필지별로 지번(地番)을 부여하고 그 등급과 크기를 조사한 다음, 조세의 부담을 나타내는 과표(課標)를 부과하였다. 이를 가리켜 양전(量田)이라 하였다. 매년 8~9월 서원은 면(面) 단위로 할당된 자신의 구역을 다니면서 매 필지의 경작자와 재해 상태를 조사하였는데, 이를 가리켜 행심(行審)이라 하였다. 다른 한편 군현의 수령은 봄부터 정기적으로 풍흉과 재해의 상황을 중앙정부에 보고하였다. 이 보고를 근거로 중앙정부는 8~9월 각 도에 조세의 감면액을 통보하였다. 도의 감영(監營)은 이를 예하의 군현으로 분배하였는데, 이는 다시 서원들에 의해 개별 필지에 지급되었다. 이렇게 중앙정부의 방침에 따라 조세를 감면하고 조정하는 조세 행정을 표재(俵災)라 하였다. 연후에 12월 서원들은 그들의 사무소인 군현의 작청(作廳)에서 개별 농가가 부담할 조세의 양을 결정하고 징세 책임자를 선정하는 작업을 벌였는데, 이를 가리켜 작부(作夫)라 하였다(李榮薰 1980: 88-89).

작부가 시작되면 서원들은 우선 행심과 표재의 결과에 기초하여 전년의 깃기(衿記)를 수정하였다. 깃기는 농가별로 납세 필지를 열기(列記)한 징세대장이다. 이 단계에서 가장 힘들고 번잡했던 것은 이래이거(移來移去) 작업이었다. 개별 토지의 경작자는 해마다 빈번하게 교체되었다. 그에 따라 조세 부담을 구 경작자에서 신 경작자로 옮길 필요가 있는데, 이래이거는 그렇게 깃기를 수정하는 작업을 말하였다. 19세기 경상도 진주부(晉州府)의 깃기에 따르면[4] 이래이거의 대상이 되는 토지는 매년 전체 토지의 1/3에 달하였다(李榮薰 1980: 96-127).

거기서 관찰되는 주요 특징의 하나는 이래이거의 범위가 동리나 면을 넘는 경우가 많았다는 사실이다. 동리의 토지는 동리의 주민에 의해서만 경작되지 않았다. 조선의 동리는 그런 취지로 구획된 내포적인 단

---

4 1980년 필자는 경상도 진주부(晉州府) 가서리(加西里)와 종화리(宗化里)의 깃기를 1846년의 것으로 이해하였는데(이영훈 1980), 이는 잘못인 듯하며 1906년으로 보인다. 이 점을 이후 적절한 기회에 수정하는 논문을 작성할 예정이다. 여기서는 깃기의 연도를 막연하게 19세기라고 해두었는데, 이 같은 필자 나름의 계획을 전제해서이다.

체가 아니었다. 이에 어느 동리의 주민이 다른 동리의 토지를 경작할 수도, 거꾸로 어느 동리의 토지가 다른 동리의 주민에 의해 경작될 수도 있었다. 면 간에도 마찬가지였다. 그로 인해 이래이거의 범위는 동리와 면을 넘는 수가 많았다. 바로 그 이유로 17~19세기의 동리와 면은 조세 행정의 자치적 단위로 성립하기 어려웠다. 조세 행정의 주체는 군현의 서원들일 수밖에 없었다.

이래이거 작업이 끝나면 매 농가가 그해에 낼 조세의 양이 사정(査定)되었다. 연후에 서원들은 8결(結)이라는[5] 과표를 단위로 하여 주비(注非)라 불린 징세조직을 만들었다. 매 주비에는 호수(戶首)라 불린 징세의 책임자가 선정되었다. 호수는 주비에 속한 농가들로부터 조세곡을 수취하여 지정된 조창(漕倉)까지 운반하여 납부하는 책임을 졌다. 다시 말해 주비는 조세곡 운반의 편리를 고려하여 대개 8결로 규격화된 납세 농가의 인적 결합을 말하였다. 동리 그 자체는 징세 조직이 아니었다. 8결이 넘는 큰 동리에는 여러 개의 주비가 결성되었다. 또한 주비에는 다른 동리의 토지가 포함되었는데, 전술한 대로 이래이거의 범위가 동리를 초월하였기 때문이다(李榮薰 1980: 80-82, 127-132).

도쿠가와 일본의 경우, 조선의 행심 → 표재 → 작부와 같은 조세 행정 과정은 무라(村)에 의해 주체적으로 수행되었다. 도쿠가와 일본도 조선왕조의 양전(量田)처럼 전국의 모든 토지를 검지(檢地)하여 필지별로 연공(年貢)의 과표를 부여하였다. 그런데 이후의 조세 행정은 조선과 판이하였다. 무라의 촌역인(村役人)과 영주의 대관(代官)은 그해의 농사상태를 고려하여 무라가 부담할 연공의 양을 협상하였다. 무라는 결정된 연공을 공동의 책임으로 수취하고 납부하였는데, 연구자들은 이 수취제도를 가리켜 촌청제(村請制)라고 부른다. 촌역인은 연공을 무라의 백성

5 1결의 넓이는 대략 2~3만m^2이며, 1결의 조세 부담은 보통 조(租) 100두(斗)이다. 1두의 용적은 대략 6L이다.

들에게 공평하게 할당하고 징수할 책임을 졌다. 연공의 협상은 작황의 변동이 크지 않은 한 매년 행할 필요가 없었으며, 이에 영주 권력과 무라의 접촉은 그리 빈번하지 않았다. 무라는 고도의 자치를 누렸다(Tuan-Hwee Sng and Chiaki Moriguchi 2013). 도쿠가와 일본에서 무라는 토지 이용, 용수(用水)의 관리, 재산·권익의 방위 등의 제반 공공기능을 종합적으로 수행하는 생산·생활공동체였다(水本邦彦 1985: 119). 다시 아오키의 표현을 빌리면 무라는 내포적 멤버십의 포괄적 연대를 이루었다.

17~19세기 청 제국은 도쿠가와 일본과 달리 촌락이 아니라 개별 농가를 조세 수취의 대상으로 하였다(Tuan-Hwee Sng and Chiaki Moriguchi 2013). 이전의 명(明) 제국에서는 일본의 촌청제와 유사한 제도가 이갑제(里甲制) 하에서 운영되었으나, 인구의 급격한 증가와 지역 간의 높은 유동성이 그러한 사회적 연대를 해체하였다고 이해되고 있다. 화중(華中)의 경우, 현(縣)의 지방행정은 6방(房)의 서리(書吏)와 차역(差役)에 의해 수행되었으며, 향·리의 조세는 서리·차역의 통제를 받는 쾌역(快役)에 의해 징수되었다. 향·리의 향약(鄉約)과 보정(保正)이 조세 행정을 주체적으로 수행하였다는 증거는 없다(足立啓二 2012: 634). 그 점에서 18세기 중국의 조세 행정은 조선과 비슷한 양상이었다고 짐작된다. 그런데 아오키에 따르면, 중국은 군현의 지주세력이 조세 행정에 구조적으로 개입하여 황제권력이 군현에 부과한 조세량을 수취하여 상납하였으며, 그 과정에서 지주계급으로서 자신의 이해관계를 실현하였다.

이 같은 중앙권력과 지방세력의 상호침투적 또는 중개적 관계를 조선왕조의 토지 지배체제에서 찾아내기는 어렵다. 앞서 소개하였듯이 조선왕조에서 조세 행정의 주체는 군현의 수령과 그를 대리한 향리 집단이었다. 양반 신분의 단체가 군현의 조세 행정에 제도적으로 개입하거나 통제력을 발휘할 수는 없었다. 군현의 읍저(邑底)에는 양반 신분의 단체로서 향청(鄉廳)이 있었다. 향청에는 좌수(座首)와 별감(別監)이 있어서 수령의 지방행정을 보좌하였는데, 주로 군현의 풍기(風紀)와 잡역과 관련된 업무였다. 더구나 좌수와 별감은 군현의 양반세력을 대표하지 못하였다. 후술하겠지만 향청에 결집한 양반들은 신향(新鄕) 또는 향품(鄕品)으로 불린 2등의 양반이었다.

요컨대 조선왕조는 그의 조세 행정에서 지방세력을 중개적인 협조자로 공인하거나 묵인한 적이 없었다. 조세 행정을 장악한 향리 집단은 지방세력을 대표하는 위치에 있지 않았다. 전술한 대로 그들은 양반과 상민의 중간신분으로서 양반에 의해 차별을 받는 처지였다. 향리 집단은 수령 권력의 충실한 대리인이었다. 그들은 조세 행정을 수행하는 과정에서 관행적으로 용인된 범위에서 그들의 생계소득을 확보하였다. 결과적으로 조선왕조의 조세 행정은 지방세력의 중개를 거치지 않은 가운데 토지에 대한 직접적이며 개별적 지배체제로 영위되었다. 양반 신분은 조선왕조의 지배체제를 분점했다기보다 우대를 받는 존재였다. 그들이 특별히 우대를 받은 것은 왕조의 인간 지배체제에서였다.

IV. 조선왕조의 인간 지배

조선왕조는 개별 인간의 노동력을 재원으로 파악하여 그로부터 역(役)을 수취하였다. 이 같은 인간 지배체제는 중국의 경우 9세기 당(唐) 왕조까지의 일이며, 10세기 송(宋) 왕조 이후에는 소멸하였다(唐宋變革). 그에 비해 조선왕조의 개별 인간에 대한 지배체제는, 다소간의 이완을 보이긴 했지만, 19세기까지 완강하게 지속하였다. 오히려 조선왕조에 이르러 개별 인간에 대한 지배체제는 이전의 고려왕조에 비해 일층 강화되었다. 크게 말해 한국사에서 국가의 지배체제가 오로지 토지에 대한 지배로 순화하는, 중국사에서의 당송변혁과 같은, 큰 변화는 경험되지 않았다. 그 점이야말로 다른 나라의 역사와 대비되는, 한국사가 안고 있는 최대의 특질이라고 할 수 있다(李榮薰 1992).

조선왕조의 전 기간에 걸쳐 16~60세의 모든 남정(男丁)은 어떤 형태로든 왕조가 그에게 부과한 역을 부담해야 했다. 양인(良人) 남정에게는 군역(軍役)이 부과되었으며, 향리(鄕吏)와 역리(驛吏)에게는 지방행정과 교통·통신의 역이 부과되었다. 수공업자는 일정 기간 관청에 출두하여 각종 기물을 제작하였다. 왕실과 정부기관에는 공노비(公奴婢)가 있었다. 그들은 정해진 번차(番次)에 따라 소속 기관에 나아가 잡역에 종사하였으며, 비번 시에는 정액의 공물을 상납하였다. 그다음에 양반·관료가 소유한 사노비(私奴婢)가 있었다. 그들 또한 주인에 의해 사역되거나 연간 정액의 공물을 상납해야 했다(李榮薰 1998). 공노비든 사노비든 노비일 경우 16~60세의 여자에게도 신역이 부과되었는데, 이는 조선왕조가 영위한 인간 지배체제의 가장 가혹한 특질을 이루었다. 이들 천민은 16~17세기에 전체 인구의 무려 3~4할을 점하였다. 조선왕조는 양반·관료의 사노비에 대한 지배를 용인하고 지원하였다. 그 점에 관한 한 왕조의 지배체제는 양반·관료에 의해 분점되었다고 이야기할 수 있다. 그렇지만 18세기 이후 노비 인구가 크게 감소함에 따라 이 같은 지배연합은 약화되었으며, 왕조의 인간에 대한 독점적 지배체제가 강화되었다.

농촌사회에서 양반 신분이 그 모습을 드러내는 것은 15세기 이후의 일이다. 왕조의 교체 과정에서 개경(開京)에 집주하였던 고려왕조의 국인(國人)들, 곧 관료와 중앙군은 농촌으로 내려가 터를 잡기 시작하였다. 이후 16세기까지 고려의 국인들은 다양한 연고를 찾아 주로 남부지방에서 그들의 세거지(世居地)를 마련하였다. 그들의 가장 소중한 재산은 노비였다. 그들은 노비를 사역하여 농장을 개척하였다. 15세기 후반 농촌에 정착한 양반들은 유향소(留鄕所)라는 단체를 결성하여 군현의 행정을 보좌하는 권리를 취득함에 성공하였다(李泰鎭 1986). 양반들은 유향소의 권력을 이용하여 토지와 노비에 대한 그들의 지배력을 강화하였다.

그런데 양반이라 해서 왕조의 인간 지배체제로부터 자유롭지는 않았다. 과거에 급제하여 관료의 지위로 나아가지 않은 한, 양반에게도 군역이 부과되었다. 16세기까지 양반 신분의 특권이나 지위는 미확립 상태였다.

양반 신분의 특권이 성립하는 것은 17세기 이후의 일이다. 성리학의 정치철학이 조선왕조를 완전히 포섭함에 따라 양반에게는 군역의 부담이 면제되기 시작하였다. 그들에게는 유학(幼學) 또는 학생(學生)과 같은 오로지 학문에 종사할 역이 부과되었는데, 그것은 역이라기보다 특권이었다. 이렇게 양반 신분의 특권이 성립하자 그로부터 소외된, 군역의 굴레에 매인, 일반 양인들은 점차 상민(常民)신분으로 천시되기 시작하였다. 17세기 이후 한국인들은 반상제(班常制)라는 신분 질서에 얽매였다 (김성우 2001: 423-470).

이상에서 유추할 수 있듯이, 양반의 우월한 신분적 지위는 농촌사회의 안정과 발전을 위한 공공의 질서와 기능을 창출하고 공급함에 그 정당적 근거를 두지 않았다. 그런 의미에서 그들은 농촌사회와 이해를 같이하는 진정한 의미의 지방세력이 아니었다. 그들의 신분적 특권은 왕조로부터의 우대에 그 근거가 있었다. 중앙권력에 연원을 두지 않은 양반은 없었다. 농촌에 정착한 후에도 그들의 시선은 언제나 중앙의 조정으로 향해 있었다. 그들은 서울의 권문세족과 인연을 맺고 이어감에 성의를 다하였다. 그들은 그들만의 서원(書院)과 서당을 세우고 그들의 자제를 교육하여 중앙관료로 출세시킴에 최대한의 투자를 아끼지 않았다. 그렇지만 주변의 상민사회에 대한 그들의 시선은 싸늘하였다. 지위가 고귀한 양반일수록 그들은 왕조의 우대받는 존재로서 군현의 지방행정으로부터, 주변의 상민사회로부터, 스스로를 멀리하였다. 양반세력이나 그들의 단체가 농촌사회의 통합과 발전을 위해 교육, 수리, 영림, 도로, 교량, 치안 등에 투자하거나 새로운 규범을 창출한 사례는 전국 어디서도 쉽게 관찰되지 않는다.

17세기 후반 이래 양반세력 간에는 15세기에 성립한 유향소의 주도권을 둘러싸고 격렬한 쟁투가 벌어졌다. 소수의 전통 양반세력에 맞서 신향(新鄕) 또는 향품(鄕品)으로 불리는 신흥세력이 등장하여 유향소에의 참여를 요구하였다. 신향세력은 유향소에 비치된 향안(鄕案)이란 특권적 장부에 그들의 이름도 등록되어야 한다고 주장하였다. 이 같은 향전(鄕戰)의 결과, 18세기 후반이 되면 대부분의 군현에서 유향소의 주도권은 신향에 의해 장악되었다. 향안은 더 이상 작성되지 않았다. 그와 동시에 유향소는 향청(鄕廳)으로 변질되었다. 18~19세기의 향청은 수령의 보좌기구로서 그 역할과 지위가 점점 낮아졌다. 향청을 책임지는 좌수와 별감은 수령에 의해 신향에서 차출되었다. 전통 양반세력은 좌수와 별감을 향리배와 동일시하고 차별하였다(金龍德 1978: 55-66; 宋俊浩 1987: 148; 정진영 1999).

양반 신분의 이 같은 속성과 분파로 인해 17세기 이후 왕조의 중앙집권체제는 오히려 강화되었다. 19세기 후반에 이르러 왕조의 지배체제는 상민 신분의 커다란 반발에 봉착하였다. 1862년의 대규모 농민봉기를 맞아 왕조는 양반에게도 군역을 수취하는 개혁을 단행하였다(戶布制). 그렇지만 양반들은 왕조의 개혁에 협조하지 않았다. 양반들은 마지못해 군역을 분담하였지만, 그 부담은 상민에 비해 한결 가벼운 것이었다(金容燮 1984: 278-290). 농촌사회의 구성원을 양반과 상민이라는 상이한 인격으로 차별한 반상제는 1910년 조선왕조가 문을 닫을 때까지 폐기되지 않았다.

V. 동리

토지와 인간에 대한 조선왕조의 개별적이며 차별적인 지배체제는 이

전 고려왕조 시대까지 농촌사회가 보존해온 사회협약의 능력에 큰 제약을 가하거나 그것을 변질시켰다. 그러한 변화는 인간들의 가장 친밀한 교섭과 협동의 공간이라 할 수 있는 촌락의 역사에서 두드러지게 관찰되고 있다. 한국사에서 리(里)가 말단 행정단위로 제도화하는 것은 15세기 조선왕조 초기의 일이다. 조선왕조는 지방행정체제를 도(道) → 군(郡)·현(縣) → 면(面) → 리(里) → 통(統)으로 내려가는 위계로 편성하였다. 최말단의 1통은 5호(戶)로, 그 위의 1리는 5통, 곧 25호로 구성되었다. 리에는 이정(里正)이란 책임자가 있었다(『經國大典』 戶典 戶籍). 그렇지만 이 같은 15세기의 지방행정체제는 대개 법조문에 불과하였다. 5호를 1통으로 편제함은 17세기 전반까지 행해지지 않았다. 리는 동(洞), 촌(村) 등으로도 불렸는데(이하 동리(洞里)로 통칭), 그 편제의 실태는 지방마다 다양하였다.

15~16세기 동리의 실태에 관해 우리가 아는 것은 그리 많지 않다. 15세기 전반의 『경상도지리지(慶尙道地理志)』와 『경상도속찬지리지(慶尙道續撰地理志)』는 동리의 존재를 전하는 최초의 자료이다. 거기에 나타난 동리는 17세기 이후의 동리와 그 명칭이나 범위에서 연결되지 않음이 보통이다(金俊亨 1984: 76-77). 15~16세기 동리의 규모는 17세기 후반보다 컸으며, 17세기 후반 이후의 면(面)과 비슷하였다. 그런 가운데 15~16세기의 동리는 후대의 동리보다 일층 공동체적이었던 것 같다. 동리는 일반적으로 향도(香徒)라는 단체로 조직되어 있었다(李泰鎭 1989). 15~16세기까지 서울과 농촌에 침투한 유교의 사회윤리는 아직 표층의 수준에 머물렀다. 초기의 왕조실록에 의하면 당시의 한국인들은 부모의 장일(葬日)을 맞이하여 이웃 향도를 모아 술을 먹고 노래를 하면서 조금도 애통해하지 않았다(『太祖實錄』 7년 12월 辛未; 『世宗實錄』 2년 11월 辛未). 향도는 종교단체로서 염불(念佛)향도라고도 하였다. 향도가 행하는 신사(神祀)에는 술과 음식이 풍성하게 베풀어져 종종 왕조의 규제 대상이 되었다. 향도는 동리민이 활발하게 영위한 공동노동의 단체였다. 향도는 왕조가 군현에 부과

한 조세, 공물, 잡역 등을 수취하는 조직이기도 하였다.

이 같은 향도 공동체를 대신하여 새로운 형태의 동리가 그 모습을 드러내는 것은 1675년에 반포된 5가통사목(伍家統事目)에 의해서이다. 그에 따라 5가는 1통으로 편제되었으며, 5~10통은 소리(小里), 11~20통은 중리(中里), 20~30통은 대리(大里)로 구분되었다. 리에는 이정(里正)과 유사(有司)가 있어서 인구 조사와 치안 유지 등의 직무를 수행하였다. 리 위에는 면이 설치되었다(『備邊司謄錄』 肅宗 元年 9월 26일). 이 같은 지방행정체제의 개혁이 초래한 변화와 관련해서는 경상도 단성현(丹城縣)의 예가 잘 알려져 있다. 1606년 단성현에는 6개 동리가 있었다. 현과 동리 사이에 면이 있으나 방위를 구획하는 정도의 의미였다. 그랬던 것이 1678년에는 8개 면과 60개 동리로 바뀌어 있었다(鄭震英 1993: 9). 구래의 동리가 면으로 승격하고, 그 아래에 있던 소규모 집락이 동리라는 말단 행정단위로 그 모습을 드러낸 것이다.

이후 전개된 동리의 역사에서 뚜렷이 관찰되는 한 가지 특징은 동리의 수가 19세기 말까지 증가일로였다는 사실이다. 단성현의 경우 1678년의 60개 동리가 1825년까지 112개로 증가하였다. 1699년 경상도 울산부 대현·청량·농소·유포 4개 면에 속한 동리는 63개였는데, 1801년까지 114개로 증가하였다(鄭震英 1993: 7). 전국의 동리 총수가 파악되는 것은 1790년의 일이다. 같은 해에 편찬된 『호구총수(戶口總數)』에 따르면 전국 332개 군현에 속한 동리는 총 39,465개였다(서울大學校奎章閣 1996: 〈표 2〉). 그랬던 것이 1910년까지 62,532개로 1.6배나 증가하였다(金翼漢 1996: 67).

동리 수의 증가는 인구의 증가나 개간의 진전이 아니라 기존의 동리가 둘로 나뉘는 이른바 분동(分洞)에 의하였다. 분동의 주요 원인은 주민 간의 신분적 갈등이었다. 촌락이 상이한 신분의 혼거(混居)로 이루어졌음은 다른 나라에서 쉽게 찾을 수 없는, 조선왕조 고유의, 역사적 특질이다. 전술한 대로 17세기 이후 반상제라는 신분 질서가 정착하였다.

동리는 복수의 집락으로 이루어졌으며, 각 집락에는 상이한 신분집단과 친족집단이 거주하였다. 양반 신분의 집락은 동리의 지배세력을 이루었으며, 상민신분의 집락을 차별하고 지배하였다. 이러한 신분 구조의 동리를 반촌(班村)이라 하였다.

분동을 일으킨 갈등은 반촌의 지배세력인 양반 친족집단 간에 헤게모니 다툼이 벌어지거나 양반 신분의 지배에 대해 상민신분이 반발하는 등, 그 양상이 다양하였다(鄭震英 1993: 12-22). 전자의 경우 하나의 반촌이 두 개의 반촌으로 갈라졌으며, 후자의 경우 하나의 반촌이 하나의 반촌과 하나의 민촌(民村)으로 분리되었다. 민촌은 상민신분의 동리를 말하였다. 갈등은 주로 동리에 부과된 군역이나 잡역을 주민에게 분배하는 과정에서 발생하였다. 양반 신분은 군역을 면제받는 특권을 누렸을 뿐 아니라, 잡역을 상민신분의 주민에게 전가하였다.

상민신분 가운데는 친족 결합을 강화하면서 경제적 능력과 사회적 지위를 향상시키는 그룹이 있었다. 그들은 양반 신분의 지배를 부정하고 그로부터의 독립을, 곧 분동을 쟁취하였다. 새로운 동리에서 그들은 양반 신분으로 행세하였으며, 이는 또 한 차례의 분동을 예비하는 조건으로 작용하였다. 이처럼 17~19세기에 걸친 분동의 장기추세는 반상(班常)의 대립구조를 안은 반촌이 공간적으로 확산하는 과정이었다. 양반 신분의 확산을 동반한 농촌사회의 구조적 변동은 그렇게 획일적이지는 않았다. 민촌에 양반 신분이 침투하여 서서히 원주(原住) 상민을 하민(下民)으로 종속시키는 다른 한편의 추세도 있었다(李榮薰 2001: 251-259).

어쨌든 17~19세기 동리는 다른 신분의 인간들로 구성되었으며, 그들 간의 신분적 통합과 갈등을 구조적 특징으로 하였다. 같은 기간 농촌사회에는 유교적 종법(宗法)으로 결합된 양반 신분의 친족집단이 확산되었으며, 그 와중에서 인간들의 가장 친밀한 교섭과 협동의 공간이라 할 수 있는 동리는 지속적으로 유동하고 재편되었다. 1675년에 반포된 5가통사목은 동리를 "혼인과 장례에 서로 돕고 환란에 구휼하고 선행을 권면하는" 공동체로 규정하였지만, 동리 내부의 인간관계는 그렇게 통합적이지만은 않았다.

17~19세기 동리가 안정적 구조로 정착할 수 없었던 다른 한 가지 요인은 소농경영의 불안정성에 있었다. 농업기술과 시장경제의 저수준에 규정되어 개별 농가가 자립적 소농으로 성숙한 정도에는 한계가 있었다. 1717년 경상도 단성현 법물야면(法勿也面)의 호적에는 368호가 등록되어 있었다. 이후 이들이 법물야면의 호적에서 가계(家系)를 계승한 기간은 평균 41년이었다. 신분별로 차이가 있어 양반 신분의 가계는 평균 78년, 상민신분의 가계는 평균 30년 전후였다. 이에 108년 뒤인 1825년까지 존속한 가계는 총 368호 가운데 양반 신분의 45호에 불과하였다. 이후에도 농가의 안정성은 개선되지 않았으며, 오히려 악화되었다(이영훈·조영준 2005: 12~17).

이처럼 18~19세기 농민들은, 특히 하층 신분의 농민들은 1~2세대 안에 다른 면으로 주거를 옮기거나 절가(絶家)를 함이 보통이었다. 친족집단도 이 같은 소농경영의 불안정성과 이동성에 규정되어 그 존속이 그리 안정적이지 않았다. 예컨대 1690~1858년 경상도 대구부 월배(月背) 지역에 있어서 장기 존속한 친족집단은 11개, 소멸한 친족집단은 11개, 거의 소멸 중인 친족집단은 4개였다. 크게 번영하여 그 지역의 지배세력으로 군림하게 된 친족집단은 3개였다(嶋陸奧彦 2010: 200-201).

VI. 계

17~19세기의 동리가 그 내부의 대립적 신분구조로 인해 도쿠가와 일본의 무라와 같은 내포적 멤버십의 포괄적인 연대가 아니었음은 부정할

수 없지만, 그렇다고 그 시대 나름의 사회협약의 능력을 부정하거나 과소평가해서는 곤란하다. 제반 공공기능의 확보에서 동리의 역할은 불충분하였지만, 그를 보완하거나 대체하는 단체로서 다양한 형태의 계(契)가 발전하였다.

계는 일반적으로 몇 사람 혹은 수십 명이 특정의 목적을 위해 일정한 규약을 만들고 금품을 갹출하여 공동재산을 조성한 결사체를 말한다. 당초 양반 신분의 사교계(社交契)로 출발한 계는 15~16세기에 동계(洞契)와 족계(族契)로 성립하고, 17~18세기에는 학계(學契), 혼상계(婚喪契)로 발전하고, 19세기에는 군포계(軍布契) 등으로 더욱 분화하였다(김필동 1999: 369-387). 계는 일반적으로 단일의 목적을 추구하였다. 동계는 동리 내의 신분 질서와 교화를, 족계는 조상의 제사 봉행을, 학계는 서당의 설치와 운영을 목적으로 하였다. 계는 성원들의 약속과 그를 위한 공동재산의 운영으로 존속하였다. 약속이 지켜지지 않거나 공동재산이 처분되면 계는 해체되었다.

17~19세기에 계가 전국적으로 또 형태별로 얼마나 존재했는지는 짐작하기 어렵다. 그에 대해 1942년 문정창(文定昌)이 '수십만'이라고 언급한 적이 있는데(文定昌 1942: 304), 어디까지나 막연한 추론일 뿐이다. 그에 대한 공식적인 조사가 이루어지는 것은 1926년의 일이다. 총독관방문서과(總督官房文書課)의 조회에 대해 각 도가 회답한 바에 따르면, 당시 전국적으로 1만 9,067개의 계가 있었다. 가입자는 총 81만 4,138명이었다. 목적별로 분류하면 동계와 서당계 등 공공 목적이 1,623개에 8만 2,312명, 족계와 혼상계 등 부조 목적이 1만 1,696개에 35만 1,172명이었다. 뒤이어 산업 목적과 금융 목적의 계가 있었다(朝鮮總督府 1926: 28). 이 가운데 산업 목적과 금융 목적의 계는 주로 일제하에서 생겨난 것이다. 그에 비해 공공 목적과 부조 목적의 계는 그 기원이 19세기 이전으로 올라가는 경우가 많다.

1926년의 조사가 어느 정도 철저했는지는 의문이지만, 어쨌든 그에 의해 최초로 파악된, 전통성이 강한, 공공 목적과 부조 목적의 계에 가입한 사람은 1만 3,319개의 계에 43만 3,484명이었다. 당시 한국인의 세대 총수는 348만 정도였다. 세대마다 1명이, 다시 말해 가장 1명이, 1개의 계에 가입하였다고 단순화하면, 당시 총 세대의 12%가 전통적인 계에 가입해 있었던 셈이다. 19세기는 경제적 위기와 정치적 혼란의 시대였다(李榮薰 1997). 그 와중에서 상당수의 계가 해체되었다고 보인다. 그 점을 고려하더라도 17~19세기 전통사회에서 계의 보급이 보편적이었다고 이야기하기는 어렵다. 여러 형태의 계 가운데 공공성이 가장 강한 것은 동계이다. 1926년의 보고서에서 동계의 수가 알려진 군은 충북 청주군(淸州郡)이 유일한데, 모두 33개이다(朝鮮總督府 1926: 151). 청주군의 동리 수는 1912년 이전의 구동리는 948개, 이후의 신동리는 343개이다(越智唯七 1917: 156-167). 이로부터도 동계의 결성이 모든 동리에서 일반적이었다고 이야기하기 어렵다.

계의 결성과 운영은 일반적으로 양반 신분을 그 주체로 하였다. 동계는 양반 신분의 지배력이 강한 반촌에서 결성되었다. 동계는 반상의 신분 질서를 수호하고, 상민들을 교화하고, 환난을 구호하고, 혼상에 서로 부조함을 목적으로 하였다. 동계는 상계(上契)와 하계(下契)로 그 조직이 나뉘었다. 상계는 양반 신분을, 하계는 상민 신분을 구성원으로 하였다. 이 같은 동계의 구조를 흔히들 상하합계(上下合契)라 하였다. 동계 내의 상하 질서는 봄·가을로 소집되는 동회(洞會)의 좌석 배치에서 뚜렷이 드러났다. 예컨대 1756년에 결성된 경기도 광주부 경안면(慶安面) 2리의 동약(洞約)은 신분에 따른 당(堂)-계(階)-정(庭)의 좌차(坐次)를 명확히 하였다. 마루에는 양반이, 계단에는 중인이, 마당에는 상민이 자리를 잡았다(韓國精神文化硏究院 1990: 198-239).

동계 역시 동리와 마찬가지로 그 존속이 안정적이지 않았다. 예컨대 위 경안면 2리의 동약은 그리 오래가지 못했다. 2리에는 8개의 집락이 있었는데, 그 가운데 3개가 1790년까지 별개의 동리로 독립하였다. 전술한 대로 상민의 집락이 양반의 지배에 반발하여 분동을 한 것이다. 그에 따라 기존의 동계는 해체되고 좁은 범위에서 재결성되었다. 동일한 사례는 여러 동리에서 적지 않게 관찰되고 있다. 반상의 갈등만이 아니었다. 공동재산의 운영을 둘러싼 양반 친족집단 간의 갈등이 동계를 해체하기도 하였다(李榮薰 2001: 273).

동계의 다른 한편의 기능은 공동노동의 조직과 동원에 있었다. 동계는 하계의 상민들을 15명 전후의 패(牌)로 편성하였다. 큰 동리에는 몇 개의 패가 조직되었다. 농시(農時)를 맞아 패는 동리의 모내기와 김매기에 동원되었다. 패는 농기(農旗)와 징의 인도 하에 동리의 답을 순차로 신속하게 돌았다. 패의 공동노동에는 술과 음식이 풍성하게 제공되었다. 그 비용은 상계의 답주(畓主)들에 의해 제공되었다. 그 외에 답주들은 고임(雇賃)을 분담하였는데, 이는 공동노동에 동원된 하계원에게 노동량에 따라 분배되었다.

흔히 두레[農社]로 불린 이 같은 공동노동의 조직과 관행은 종래 한국인들의 우수한 공동체 문화를 상징하는 민속으로 알려져왔지만(愼鏞廈 1984; 이해준 2005), 근래의 인류학적 연구는 그에 대한 재고를 요구하고 있다. 두레의 전형은 양반세력이 강한 반촌에서 상계가 하계의 노동력을 동원하는 강제체제와 그에 부수하는 문화였다(오창현 2008). 동리의 양반 부민(富民)들은 두레를 통해 가난한 하민들의 노동력을 수탈하였다. 두레는 소농의 자율적인 노동 과정을 억압하였다(안승택 2007: 416-417). 두레의 성립은 17~18세기에 걸친 이앙법의 보급이 그 주요 계기였다고 이해되고 있는데(주강현 1995: 47-51), 필자의 소견으로는 상하합계의 동계의 성립이 그 사회적 계기로서 더 중요했다고 보인다.

동계가 결성되지 않은, 수적으로는 다수였던, 상민 신분의 민촌에서 어떠한 협약이 맺어졌는지, 거기서 15~16세기의 향도는 어떻게 계승되고 있었는지는 참고할 문헌이 거의 없는 실정이다. 유교의 침투가 미약하였던 함경도 등 북부 산간지대에서는 20세기 전반까지 향도의 유제가 비교적 온전하게 남아 있었다(李泰鎭 1989: 15-16). 나머지 지방에서 향도가 체현하였던 유교 이전의 전통 신앙과 생활문화는 양반세력의 억압을 받아 점점 위축되었음이 분명하다. 전술한 대로 1675년의 5가통사목 이후 새롭게 출현한 동리는 19세기 말까지 계속 분화하면서 유동하였다. 상민의 상층부가 2등의 양반 신분으로 진입하였던 반면, 상민의 하층부는 침투해온 양반 신분에 종속된 하민으로 전락하였다. 이 같은 전반적 추세로부터 자유로운, 비유교적인, 독자의 협약체로서 민촌이 건재했다고 이야기하기는 어렵다.[6]

동계가 점점 좁아지는 동리의 공간에서 양반의 상민에 대한 지배 조직으로 그 기능을 단순화하자 교육, 수리, 영림 등 별도의 공공기능을 위한 계들이 다양하게 발달하였다. 서당은 3~4개 동리에서 하나가 건립되었는데, 이의 운영을 위해서 여러 동리의 양반들이 연합하는 학계

---

6 이해준은 15~16세기 향도 공동체가 17세기에 이르러 양반 신분이 주도한 상하합계의 동리에 편입되지만, 19세기 말까지 공동체로서의 원형을 유지하였다고 주장하고 있다(이해준 1991, 1996). 이해준은 향도에 기원하는 17~19세기 상민들의 공동체를 촌계류(村契類)라고 범주화하였다. 촌계류는 18~19세기에 걸쳐 양반의 지배체제에 반발하여 분동(分洞)을 쟁취하거나 상호간의 연합을 결성하여 사회적 변혁의 주체로까지 성장하였다. 필자는 이 같은 이해준의 주장이 그에 합당한 실증적 근거를 갖추었다고 평가하지 않는다. 양반 신분이 지배하는 반촌의 경우, 동리를 구성하는 복수의 집락 가운데 상민들의 집락이 있고, 그 내부에 상민끼리의 협동적 질서가 성립해 있었음을 부정할 필요는 없다. 인간들이 집락을 구성하는 기본 이유는 그로부터 발생하는 이웃효과로서 협동을 추구하기 때문이다. 그 이웃효과가 이전 시대의 향도에 기원을 둔다는 주장도 수긍할 수 있다. 그렇지만 그 이웃효과에 따른 협동적 질서 그 자체와 그것이 17~19세기 조선왕조의 직접적 토지지배와 개별적 인신지배, 동리에 대한 양반 신분의 억압, 소농경영의 불안정성과 이동성 등의 제약 아래서 공동체로서 조직을 결성, 유지하고 나아가 사회적 변혁의 주체로까지 성장하였다는 주장은 전혀 차원이 다른 문제이다. 후자에 관한 한, 엄밀히 말해, 이해준의 실증은 시도되지도 않은 편이다.

(學契)가 조직되었다. 수리조직인 천방계(川防契) 역시 보(洑)가 여러 동리를 통과하였기 때문에 여러 동리의 연합으로 결성되었다. 동리를 둘러싼 산림은 양반 친족집단에 의해 소유되었는데, 그의 관리를 위해 송계(松契)가 조직되었다. 동리에 속한 양반 친족집단이 복수일 경우 복수의 송계가 조직되었다. 이 경우 송계는 학계, 천방계와 달리 동계보다 범위가 작았다. 양반 친족집단은 다른 동리의 친족집단과 족계(族契)를 조직하여 조상을 위한 재사(齋舍)를 건립하고 시제(時祭)를 봉행하였다. 나아가 면과 군의 범위에서는 양반의 결사체로서 면계(面契)와 향계(鄕契)가 있었다. 개인을 단위로 해서는 예컨대 주인과 노비 사이에, 양반과 향리 사이에, 의생(醫生)·약재상(藥材商)과 단골 고객 사이에, 특정 서비스의 안정적 공급을 위해 2인계가 다양하게 체결되었다(李榮薰 2001: 269-283).

이처럼 17~19세기 남부 농촌사회에는 양반 신분을 주체로 하여 범위와 수준을 달리하는 다양한 계가 중첩(重疊)으로, 비유컨대 '다층이심(多層異心)'으로, 발달하였다(李榮薰 2001: 282). 동리를 구심으로 하여, 또는 직능을 공동이해로 하여, 단단하게 결속된 단체는 존재하지 않았다. 크게 보아 17~19세기 조선사회는 일본형의 내포적이며 포괄적인 단체사회가 아니라 중국형의 선별적이며 구성적인 관계사회로 진화하고 있었다. 그렇지만 개인 간의 쌍무적이며 호혜적인 신뢰관계는 인간들의 사회적 지위를 반(班)과 상(常)으로 차별한 신분제에 따라 크게 제약되었다. 그 점이 중국의 관계사회와 달랐다.

VII. 복선의 전환

조선왕조의 5세기에 걸친, 17세기 이후에 가속된, 한국문명의 '유교적 전환'(Deuchler 1992)은 양반 신분의 친족집단을 농촌사회에 널리 확산시켰다. 1930년 조선총독부의 국세조사(國勢調査)는 한 마을에서 10세대 이상 거주한 동성 친족집단이 전국에 걸쳐 1만 6,889개나 됨을 확인하였다(朝鮮總督府 1933: 159-424). 동성 친족집단이 거주한 마을은 대부분 반촌으로 분류될 수 있다. 자세한 소개는 별도의 기회로 미루고, 결론만 소개하면 1930년 당시 전국의 마을 가운데 대략 4할이 반촌에 속하였다.[7] 이 사실이야말로 조선왕조 5세기에 걸친 유교적 전환이 20세기의 한국사회에 넘겨준 가장 의미심장한 역사적 유산이었다.

유교적 전환을 상대화하거나 제어했던 다른 흐름의 역사는 없었던 편이다(宋俊浩 1987: 160-164). 17~19세기에 양반 신분의 위세와 특권이 생산계급 민중의 도전을 맞아 해체되기 시작하였다는 종래의 학설은 설득력을 상실한 지 오래다. 전술한 대로 양반 신분의 발전은 속성상 그에 의해 차별되는 상민신분을 그 대극(對極)에 두었으며, 그로 인해 농촌사

---

7 1930년 국세조사 부속조사에서 조사된 동성 친족집단은 한 동리에서 10세대 이상 거주한 동성호(同姓戶)의 집단을 가리켰다. 여기서 동리라 함은 1910년대 지방행정제도의 개편에 따라 생겨난 신동리(新洞里)를 말하며, 1930년 당시 전국적으로 2만 8,283개에 달하였다. 이 신동리는 여러 개의, 보통 구(區)라고 불리는, 집락으로 이루어졌다. 그것이 구동리(舊洞里)로서 조선시대의 동리를 말하는데, 1910년 당시 전국적으로 6만 1,473개에 달하였다(金翼漢 1996: 67). 이 구동리가 한국인의 일상생활에서 통상의 마을이었다(그것 역시 몇 개의 소집락으로 구성되었음은 앞서 지적하였다). 1930년 신동리에서 거주한 동성 친족집단은 200세대 이상의 대규모에 달하기도 하였다. 여기서는 한 마을(구동리)에 거주한 친족집단의 규모를 평균 10~30세대로 가정한다. 그래서 신동리에 거주한 친족집단의 규모가 30~50세대인 경우는 2개 마을에, 50~70세대는 3개 마을에, 70~100세대는 4개 마을에, 100~150세대는 5개 마을에, 150~200세대는 6개 마을에, 200세대 이상은 7개 마을에 분산 거주하였다고 가정한다. 그렇게 해서 10~30세대의 친족집단이 거주한 전국의 마을을 계산하면 총 2만 9,488개이다. 이 수는 마을(구동리) 총수 6만 1,473개의 48%라는 큰 비중이다.

회의 구조는 지속해서 유동하였다. 아직도 양반 신분으로 승격하지 못한, 그러할 용의로 충만한, 상민신분이 많이 남아 있었다. 그 점에서 유교적 전환은 미완이었으며, 한참도 더 진행한 뒤에야 멈출 장기지속이었다.

유교적 전환과 별도로 한국인들은 일제의 지배하에서 근대적 전환이라는 또 하나의 장기지속을 맞이하였다. 20세기 한국사는 이 두 가지 다른 시간성의 문명사적 전환이 복선(複線)으로, 상호 규정으로, 전개하는 과정이었다. 한국인들이 양반과 상민이라는 신분적 굴레에서 법제적으로 해방되는 것은 1912년에 발포된 조선민사령(朝鮮民事令)에 의해서였다. 그에 따라 일본의 민법(民法)이 식민지 조선에 의용(依用)되었다. 민법이 상정하는 인간은 사권(私權)의 주체로서 개인이다. 인간은 태어나면서부터 누구에게도 예속되지 않은, 자신의 생명과 신체와 재산에 대해 절대적 권리를 보유한 자유의 존재이다. 유감스럽게도 조선왕조는 그의 백성을 이 같은 근대적 인간으로 탈바꿈하기 위한 민법의 제정을 끝내 거부하였다. 조선민사령으로 출현한 근대적 인간에 실체를 부여한 것은 근대적 재산권이었다. 1920년대 전반까지 전(田), 답(畓), 대(垈), 임야(林野), 산지(山地), 광산(鑛山), 어장(漁場) 등의 각종 부동산에서, 나아가 각종 채권(債權)과 저작권(著作權)·의장권(意匠權) 등의 무체재산(無體財產)에 이르기까지 포괄적인 범위에서 근대적 재산권이 창출되었다(이영훈 2005). 한국사에서 사권의 주체로서 근대적 인간은 정신적 가치에서보다 물질적 재산권에서 먼저 성립하였다.

전통 사회조직에 가해진 근대적 충격으로서는 1914~1918년에 행해진 지방행정체제의 개편이 가장 직접적이었다. 총독부는 조선왕조로부터 물려받는 317군을 220군으로, 4,336면을 2,522면으로, 6만 2,532동리를 2만 7,595동리로 통폐합하였다. 그 결과 인구와 토지의 규모가 비교적 균일한, 경계가 명확하게 그어진, 지방행정구역이 성립하였다. 새로운 행정체제에서 기능이 특별히 강화된 것은 면(面)이었다. 면장은 도

장관(道長官)에 의해 임면되는 관료로서 판임관(判任官)의 지위를 부여받았다. 면은 종래 동리와 각종 계가 수행하던 공공기능을 흡수하였다. 면의 행정은 도로, 교량, 하천, 제방, 관개, 배수, 시장, 조림, 농사, 축산, 묘지, 위생, 소방 등을 두루 포괄하였다. 면사무소를 구성한 면장과 면서기는 구래의 2등 신분이었던 향리를 위시한, 개항 이래 그 사회경제적 지위를 상승시켜온, 신흥유력자 계층으로 충원되었다(金翼漢 1996: 56-86). 크게 말해 농촌사회의 주도 세력은 구래의 양반 신분에서 신흥유력자 계층으로 교체되었다(李勛相 1994).

새로운 법제와 행정체제를 주요 경로로 하여 농촌사회에 침투한 근대문명은 전통 인간관계와 사회조직을 크게 재편하였다. 무엇보다 반상제가 공식 영역에서 사라졌다. 동계를 통한 양반의 상민 지배도 동리의 통폐합에 따라 크게 약화되었다. 구동리(舊洞里)의 장은 대개 하민 출신으로서 소사(小使)와 같은 존재로 천시되었으나, 구장(區長)으로 이름을 바꾼 신동리(新洞里)의 장은 신흥계층에서 충원된 자들로서 그 권위와 직능이 이전과 달랐다. 지역에 따라 그 변화의 양상은 다양하였다. 구래의 양반 신분이 총독부의 지배정책에 능동적으로 호응하여 구장 또는 면장에 취임하는 경우도 있었다(강성복 1992: 101-102). 가장 뚜렷한 변화는 농촌에 이식된 학교와 각종 조합에서 관찰되었다. 예컨대 종래 동계가 운영하던 동사(洞舍)나 서당은 하민의 자제도 취학하는 학교로 그 용도가 바뀌었다. 그에 따라 학교평의원회의 구성과 운영은 구래의 동계나 학계와 다를 수밖에 없었다(李榮薰 2001: 293).

인간관계와 사회조직의 변화가 단절적인 것만은 아니었다. 근대는 전통의 형식을 빌리거나 그것을 계승하는 경로로 이식되었다. 예컨대 어촌이 지선어장(地先漁場)의 어업권을 취득하기 위해서는 어촌계(漁村契)로 조직되어야 했다. 일본의 어업조합이 이식되면서 계의 형식을 빌린 경우이다. 개성에서 상인들의 계가 새롭게 조직되었는데, 이는 전통 상인의 조직인 전(廛)이 조합으로 재편되면서 계를 칭한 경우이다. 1911년

함경북도는 일본의 산업조합과 조선의 향약을 결합하여 동계(洞契) 규칙을 제정하고 이를 관내 전 동리에서 실행하였다(朝鮮總督府 1926: 69-75, 114-118, 147-149).

이 외에 실로 다양한 형태의 계가 총독부의 농촌·농업정책의 지원을 받아, 또는 그에 호응하는 민간의 자발로 결성되었다. 앞서 소개한 바 있는데, 1926년 총독부가 파악한 전국의 계는 총 1만 9,067개에 81만 4,138명이었다. 그 가운데 농계(農契), 우계(牛契), 월수계(月收契) 등, 산업·금융 목적의 계가 4,260개에 11만 4,582명이었다. 이들 산업·금융 목적의 계는 대부분 1910년 이후 총독부의 지배와 함께 생겨났다. 1926년 이후에도 계는 증가하는 추세였다. 1938년 전국의 계는 총 2만 9,257개에 90만 3,640명이었다(朝鮮總督府 1938: 88). 근대 문명의 이식과 함께 신분제의 굴레에서 벗어난 인간들은 전통의 형식을 빌려 새로운 관계와 단체를 창출하고 있었다.

그렇다고 전통적 인간관계와 사회조직이, 그에 침투해 있는 유교적 정신문화가, 일방적으로 쇠퇴하고 소멸해간 것은 아니었다. 근대가 전통의 형식을 빌려 이식된 것과 마찬가지로, 전통 역시 근대로부터 스스로를 변형하고 확장할 계기를 찾았다. 민법의 의용(依用)이 한국인의 일상생활에서 가져온 가장 중대한 변화는 호주(戶主)가 성원의 자격과 재산을 통제할 권리를 갖는 호주제 가족의 창출이었다. 그 일본형의 가족이 쉽사리 수용되었던 것은 호주제가 제사를 적장(嫡長)의 권리로 승계하였던 전통 친족제와 친화적이었기 때문이다. 이에 호주제 가족의 창출은 호주가 된 모든 남성에게 일본형의 가부장권을 부여하였을 뿐 아니라, 신분의 고하를 막론하고 유교적 제례를 그의 권리와 의무로 보급하는 계기이기도 하였다. '유교적 가족제도'는 오히려 식민지기에 보편적으로 확산되었다(홍양희 2005: 200).

근대 민법이 창출한 호주제 가족은 전통과의 친화성에서 자연스럽게 인간들의 친족결합을 강화하였다. 동성 친족집단은 산간의 후진지역으로, 연해의 간척지로 확산하였다. 친족제에 있어서 식민지기에 나타난 중요한 변화는 친족집단의 광역적 통합이다. 식민지 초기의 정치적 혼란이 어느 정도 진정되자 1920년대에 이르러, 인쇄업의 발전과 더불어, 족보가 활발하게 간행되었다. 족보는 종래의 소규모 파보(派譜)를 넘어 여러 지역의 친족집단을 통합한 대동보(大同譜)로 발전하였다. 철도와 버스로 개선된 교통 사정은 친족집단의 지역 간 통합을 촉진하였다. 나아가 전국의 유명한 친족집단을 종횡으로 통합한 만성대동보(萬姓大同譜)가 편찬되었다. 족보의 간행은 1935년이 그 절정을 이루었다(李榮薰 2000: 74-75; 이영훈 2009: 38; 핫토리 2007: 2). 이 같은 문화사적 변화를 거치면서 상당수의 한국인이 자신의 원 신분을 양반으로 입증할 상징을 취득하였다.

반상제가 공식 영역에서 소멸하였지만, 농촌사회에 대한 양반 신분의 지배구조는 쉽사리 해체되지 않았다. 반상제의 해체에 조응하여 양반들은 그들만의 지역 내 결속을 강화하였다. 19세기 말 동학농민봉기 이후 각지에서 체결되기 시작한 양반들의 유계(儒契) 또는 유학계(幼學契)가 그 좋은 예이다(李榮薰 2001: 294-295; 정승모 2002). 유계는 하민들의 노동력을 동원할 수 없게 된 양반들이 그들만의 상호부조를 위해 조직한 것이다. 그렇지만 양반세력이 강한 전형적인 반촌에서는 식민지기에도 여전히 하민들을 상여군으로 동원하였다. 반촌에서 거행된 동회(洞會)의 양상은 전통시대의 그것과 별로 다르지 않았다. 양반들은 사랑과 마루에 앉고 하민들은 마당에 섰다. 하민들에게 발언의 기회는 부여되지 않았다(강성복 1992: 99-100).

전술한 대로 두레라는 공동노동의 관행은 전통시대에 상하합계의 반촌에서 상계가 하계의 노동력을 동원하기 위한 것이었다. 식민지기에 걸쳐 두레는 쇠퇴하는 추세였다(愼鏞廈 1984: 44-51). 임노동, 품앗이, 고지대(雇只隊)와 같은 대안적 노동 형태의 보급과 더불어 반상제의 해체가 그 중요한 요인이었다. 그렇지만 양반 지주의 세력이 강한 마을에서 두레와 그에 부수하는 공동체적 민속은 식민지기에도 끊어지지 않았다(오창현 2008). "조선의 향촌사회는 일제의 침략으로 결코 망하지 않았으며, 일제 치하에서 그 본래의 구조와 성격에는 근본적인 변동이 없었다."(宋俊浩 1987: 290)[8]

VIII. 나선사회의 성립

1937~1953년은 전쟁의 시대였다. 총독부는 사회의 자발적 결사로서 각종 계를 전시동원체제로 강제 편입하였다. 각종 산업·금융 목적의 계는 수리조합, 산업조합, 금융조합, 식산계(殖産契) 등으로 통합되었다. 공공 목적과 부조 목적의 계는 그 활동이 억압되었다. 일제의 패망과 전시동원체제의 해체는 거기로 강제 편입된 사회조직의 무산(霧散)이기도 하였다. 식산계는 공중 분해되었다. 금융조합 등 각종 조합도 그 기능을 정지하였다. 지선어장(地先漁場)의 어촌계도 해체되었다. 해방과 더불어 한국사회는 조직 면에서 진공 상태에 빠져들었다. 살아남은 단체라고는 가족과 친족집단이 거의 유일하였다.

---

8 1943~1944년 경성제국대학의 교수로 재직중인, 일본의 저명한 농촌사회학자인, 스즈키 에이타로는 조선 농촌의 동리를 일본의 무라(村)와 동질의 사회적 통일체로서 자연촌(自然村)이라고 평가하였다(鈴木榮太郎, 1973). 여기서 그에 관해 자세하게 소개하고 비평하는 것은 전후 문맥에서 어색하므로 생략한다. 스즈키의 조선 농촌조사는 그가 사회적 통일체로서 자연촌으로 규정한 일본의 무라가 조선에도 존재하는지를 확인하기 위해 그가 일본 농촌조사에서 활용한 기준과 방법론을 그대로 조선 농촌조사에 적용했다는 문제점을 안고 있다. 스즈키에 대한 세밀한 비판으로는 服部民夫(1974)와 本田 洋(2007)을 참조할 수 있다.

일제하에서 발족한 한국문명의 근대적 전환은 1948년 대한민국의 건국으로 그 정치적 결실을 맺었다. 건국과 더불어 실시된 농지개혁은 근대적 전환에 박차를 가하였다. 농지개혁에 의한 지주제의 폐지는 그에 부대하였던 반상제의 유제를 해소하는 일대 계기였다. 전형적인 반촌에서 잔존했던 노비들이 그 모습을 완전히 감추는 것은 농지개혁 이후였다(정진상 2000). 반촌에서 하민들을 양반가의 상여군으로 동원하는 관행도 농지개혁을 경계로 소멸하였다. 두레 민속도 하민들의 반발을 맞아 중단되었다(崔在錫 1975: 507). 농지개혁 이후 한국인들은 명실공히 그 신분적 지위에서 자유롭고 평등해졌다.

그렇다고 한국인의 사회생활에서 반상의 신분 질서나 감각이 갑자기 완전하게 해소된 것은 아니었다. 그 역사적 잔재는 앞으로 한 세대는 더 완강하게 뻗칠 터였다. 사회학자 핫또리 타미오(服部民夫)는 전북의 어느 마을에서 두 친족집단 간의 주종관계가 1970년대 후반까지 이어지고 있음을 보았다(핫토리 타미오 2007: 40). 경기도의 어느 마을에서는 수백 년간 그 마을을 지배한 명문가의 농사를 위한 두레가 1970년대까지도 행해졌다(오창현 2008: 100). 경기도 북부의 어느 마을에서는 1980년대까지 장례를 위한 두 개의 계가 병존하였다. 하민을 상여군으로 동원할 수 없게 된 양반들이 그들만의 장례를 위한 계를 조직하자, 하민도 그들만의 계를 대항적으로 결성하였던 것이다(강성복 1992: 118-123).

농지개혁으로 평등해진 인간들이 새롭게 추구한 사회적 결합은 어떠한 모양이었을까. 자유로운 시민사회가 금방 출현하지는 않았다. 농지개혁의 가시적 효과는 '유교적 인간화'였다. 상민들도 문중(門中)을 조성하고, 시제(時祭)를 지내고, 전국적 규모의 종친회에 가입하고, 부모의 운구(運柩)를 상여로 모시게 되었다. 그렇게 누구나, 어느 정도의 재력을 갖추었다면, 유교적 위신재(威信財)를 추구함으로써 한 몫의 평등한 인간으로 자립하고자 했던 1950년대의 풍조를 가리켜 인류학자 오창현은 '유교적 인간화'라고 표현하였다(오창현 2008: 112). 그렇게 한국문명의 유교적 전환은, 그것의 근대적 전환과 어울린 복선의 전환은, 농지개혁 이후에도 그 진행을 계속하였다.

복선의 전환이 가져온 농촌사회의 조직적 특질은 1958년 경기도 광주군과 용인군의 접경부에 위치한 6개 동리에 대한 사회학적 조사에서 뚜렷하게 드러났다. 2개의 반촌과 2개의 민촌에서는 협동적 질서가 그런대로 성립해 있었지만, 반상이 뒤섞인 2개의 동리에서는 전혀 그렇지 못하였다. 반촌 자체도 그리 잘 통합된 상태는 아니었다. 반촌을 구성한 복수의 친족집단 간에는 가문의 위세를 둘러싼 경쟁과 갈등이 잠복해 있었다. 전통적 형태의 동계나 그에 부수했던 동제, 두레, 농악 등의 민속은 모든 동리에서 사라지고 없었다. 6개 동리에서 관찰된 계는 모두 19종이었는데, 336명의 가장 가운데 1종 이상의 계에 참여하고 있는 사람은 128명에 불과하였다. 나머지 다수의 208명은 혼자서 고독하게 살았다. 그들이 신뢰하는 인간과 단체는 가족과 친족이었으며, 그다음이 이웃이었다. 이웃효과가 빚어내는 협동은 최소한의 수준에 머물렀다. 그 밖에 동리에는 학교의 사친회, 교회, 4H클럽, 산림조합, 정당과 같은 단체들이 있었지만, 관료제적 행정기구에 의한 동원인 경우가 많았다(李萬甲 1960).

1950년대의 한국인을 가장 친밀하게 결속한 친족집단도 실은 그리 잘 단합된 공동체가 아니었다. 1964년에 이루어진 사회학적 조사는 친족집단의 기본 기능이 제사의 거행과 족보의 편찬 등, 가문의 위세를 드러냄에 있음을 확인하였다. 공유재산에서 나오는 적지 않은 수입 대부분은 그러한 위선(爲先)사업에 투여되었으며, 가난한 족원(族員)을 위한 공동체적 부조는 거의 없었다. 친족집단의 내부에는 종가를 중심으로 한 위계가 형성되어 있어서 갈등의 소지를 내포하였다. 공유재산의 관리와 시제의 봉행은 종가에 의해 주도되었으며, 나머지 족원들은 단지 시제에 참여함으로써 그들의 원 신분을 과시하는 효용을 누렸을 뿐이다. 진정한 의미의 생활공동체는 동고조(同高祖)의 이른바 당내집단(堂內

集團)으로 한정되었다(崔在錫 1975: 209-278).

동시대의 한국사회를 누구보다 열심히 관찰한 사람은 1947~1963년 사이의 도합 7년간 미대사관의 문정관(文政官)으로 근무한 그레고리 헨더슨(Gregory Henderson)이다. 전국의 140개 군 가운데 그가 방문하지 않은 곳은 1개 군에 불과하였다. 반복되는 여행에서 그가 체득한 한국사회의 조직적 특질은 한마디로 동질성(homogeneity) 그것이었다. 한국은 인종, 자연환경, 언어, 종교, 생활풍습 등에서 세계 어느 나라에서도 유례를 찾기 어려운 동질성을 과시하고 있다. 그러한 자연적, 인문적 토양에서 한국은 일찍부터 통일국가를 성립시키고 중앙집권적 정치체제를 강고하게 유지해왔다. 한국사회의 동질성은 역사적으로 강화되어왔다. 상인과 수공업자는 천시되었으며, 전문적인 직능으로 뭉쳐진 단체는 소멸하였다. 저 아름다운 고려청자와 조선백자를 구워낸 장인 집단은 지금 어디 가고 없는가. 한국사회는 점점 농촌 일변도로 동질화하였다. 조선시대의 인간들은 양반, 중인, 상민, 천민의 위계로 그 신분 서열이 정연하게 구분되었지만, 각 신분은 공동의 이해로 뭉친 계급(class)이 아니었다. 신분의 경계는 모호하였으며, 상호간의 유동이 가능하였다.

이 같은 사회의 조직적 특질에서 원자화된 개인들은 그의 사회적 지위를 개선하기 위한 유일한 통로로서 중앙권력을 추구하였다. 중앙으로 올라가기 위해서는 과거제(科擧制)라는 공식적 통로만이 아니라 혈연, 학연, 지연 등의 비공식적인 집단연고가 중요하였다. 중앙정부는 권력자들에게 출세의 기회를 제공한 집단연고에 기인하는 몇 개의 도당과 파벌로 분열되었다. 조선왕조는 외관상의 강력한 중앙집권성에도 불구하고 상층부에 잠재한 이 같은 분열적 계기로 권력의 응집성에서 현저한 취약성을 드러냈다. 헨더슨은 이같이 원자화된 개인이 집단연고를 매개로 중앙권력을 경쟁적으로 추구하는 한국사회의 짜임새를 전국을 휘감는 거대한 소용돌이(vortex)에 비유하였다. 헨더슨이 관찰한 한국사회는 조선왕조 시대나 1950년대나 단극(單極)의 소용돌이에 휘말린, 원자화된 개체로 구성된, 직능 단체를 결여한, 개체 상호간의 관계는 주로 국가권력에 대한 관계로 규정되는, 비정형성과 고립을 특징으로 하는 대중사회였다(그레고리 헨더슨 2000: 44; Henderson 1968).

1968년에 발표된 헨더슨의 한국사회론은 그 강렬한 비유 속에 한국인의 자치 능력을 폄하하거나 비관하는 서구인들의 편견을 내포하고 있어서, 그의 진의와 무관하게, 지난 45년간 한국의 연구자들에게 철저하게 무시되어왔다. 그렇지만, 그의 때때로 지나친 문학적 은유와 직관을 배제한다면, 그의 부지런한 관찰과 광범한 독서가 도달한 한국사회의 역사적 특질에 필자는 공감하고 있다. 헨더슨에 대한 비판은 그가 조선왕조 시대에 농촌 양반들이 얼마나 활발하게 각종 결사를 체결했는지, 그래서 그들이 얼마나 강고한 지방세력으로 존재했는지를 알지 못하거나 과소평가했다고 지적하고 있다(Cumings 1974). 이 같은 대중적 비판에는 적지 않은 동조자가 있지만, 전술한 대로 농촌 양반들은 진정한 의미의 지방세력이 아니었다. 헨더슨에게 부족한 점이 있다면, 그것은 그가 관찰한 한국적 소용돌이가 형성, 강화되어온 역사적 과정을 실증적으로 좀 더 명확히 하는 작업일 터이다. 바로 그 점을 필자는 이 글에서 보완하고 있다고 생각한다.

헨더슨의 '소용돌이'는 한국인의 언어감각에서 그 진의를 이해하기 쉽지 않은 말이다. 또한 '소용돌이'에는 한국사회에 내포된 중앙지향성, 그 동태성을 지나치게 과장한다는 문제가 있을 듯하다. 필자는 넓은 아래에서 좁은 위로 말려올라가는 나선(螺線)이라는 표현이 언어감각의 중립성에서나 기하학적 정확성에서 더 적절하다고 생각한다. 요컨대 한국사회의 구조적 특질은 나선형이다. 앞서 제2절에서 필자는 아오키의 최근 논문을 소개하면서 중국은 차서(差序)·관계(關係)사회이고, 일본은 단체(團體)사회라고 하였다. 그에 대비된 한국사회의 짜임새는 나선사회(螺線社會)이다. 그림으로 세 나라의 짜임새를 비교하면 다음과 같다.

중국과 일본에 대해서는 앞서 해설하였으므로 설명을 생략한다. 한국

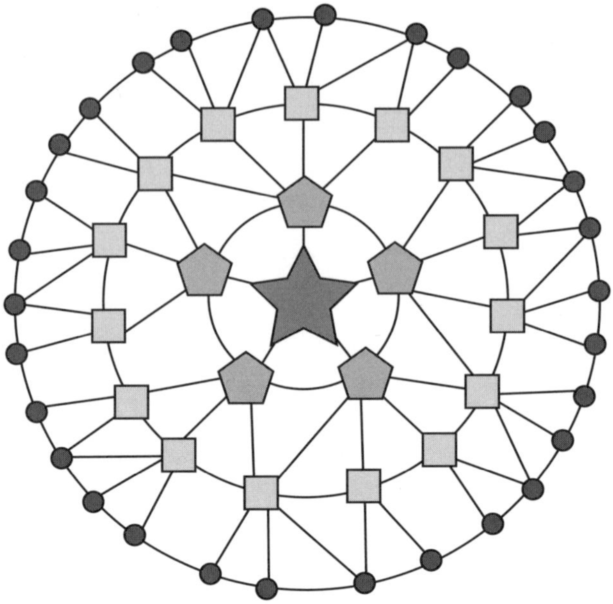

그림 11-1 중국사회의 짜임새: 차서·관계사회

그림 11-2 일본사회의 짜임새: 단체사회

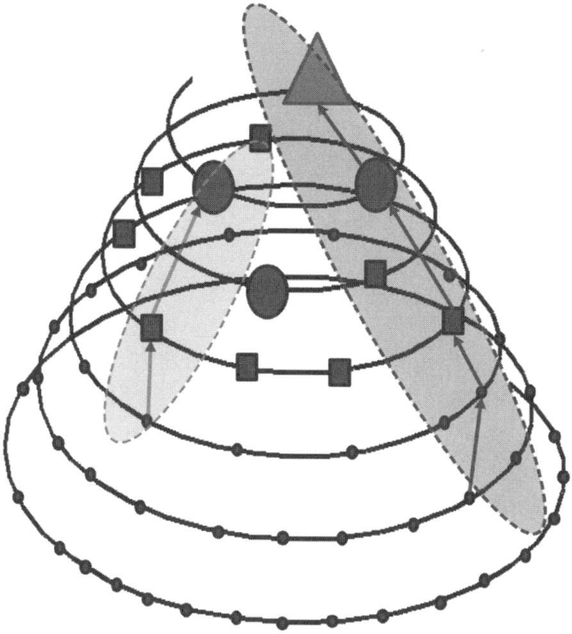

그림 11-3 한국사회의 짜임새: 나선사회

의 나선사회를 나타내는 〈그림 11-3〉에서 나선의 다른 층위에 놓인 인간들을 연결하는 선과 그것을 둘러싸고 있는 점선은 혈연, 학연, 지연 등의 집단연고를 나타낸다. 나선을 그대로 따라가서는 최상층부에 도달할 수가 없기 때문에 층위 간의 도약이 필요하다. 그것을 매개하는 것이 곧 집단연고이다. 나선사회의 그 같은 양상에 대해서는 다음 절에서 자세하게 살핀다.

IX. 나선사회의 양상

1965년 빈센트 브란트(Vincent Brandt)라는 하버드 대학원생이 충남 서산군 해미면의 석포리(石浦里)에 찾아들었다. 석포리는 반농반어(半農半漁)의 궁벽한 촌이었다. 그가 석포리에 머문 기간은 1년이다. 내·외의 인류학자가 그렇게 길게 주민과 밀착하면서 마을의 구조를 관찰한 것은 브란트가 처음이지 않을까 싶다.[9] 농지개혁과 한국전쟁을 겪은 뒤인지라 마을을 분열시켰던 신분적, 계급적, 이념적 갈등은 사라지고 없었다. 석포리는 유교적 윤리로 잘 단합된 몇 개의 친족집단으로 구성되었다. 젊은이들은 그들의 부조(父祖)와 마을의 어른들을 공경하였다. 주민 상호 간에는 염치와 배려로 잘 조절된 평화로운 질서가 성립해 있었다. 주민은 저녁마다, 브란트가 보기에는 개인생활이 없다고 할 정도로 자주자주, 같은 연령대끼리 모여 술과 노래와 담소를 즐겼다. 주민 간에 분쟁이라도 발생하면, 이웃 어른들의 조정으로 쉽게 화해가 성립하였다. 주민은 그들이 '인심 좋은 마을'을 구성하고 있다는 외부의 평판에 자부심을 느끼고 있었다.

그런데 마을은 친척, 이웃, 동료 사이에 형성된 친밀한 대면관계의 누적 이상이 아니었다. 젊은 인류학자는 그 점을 놓치지 않았다. 주민 모

---

9 이후 농촌마을을 찾은 미국인 인류학자는 클라크 소렌슨(Clark Sorensen)이다. 그는 1976~1983년에 걸쳐 강원도 춘천시 서남의 산곡리(山谷里)를 연구하였다. 그의 주된 관심은 가족과 친족을 단위로 한 소농경제에 두어져 있었다. 그는 마을의 구조 그 자체에 대해서는 큰 주의를 기울이지 않았다. 그런 가운데서도 그가 산곡리의 마을 구조에 관해 별로 고민하지 않고 내린 간단한 결론은 브란트를 비롯한 이전의 연구자들이 공통으로 도달했던 그것과 별로 다르지 않다. 산곡리는 공동의 재산과 신앙으로 뭉쳐진 법인(法人, corporation)이기보다는 출입이 자유로운, 친족적 유대와 상호 근접성에서 발생하는 편익의 단위일 뿐이었다(Sorensen 1981: 51).

두를 포괄하는 정서적 유대와 그에 기초한 집단적 정체성은 취약하였다. 젊은 인류학자는 1년에 걸친 노력에도 동리 자체가 하나의 지리적 실체로서 연대하는 증거를 발견하지 못하였다. 어느 주민이 소를 방조제에다 고집스럽게 방목할 때, 그렇게 방조제를 훼손할 수 있는 위험한 행위가 반복될 때, 주민은 그 사람을 제어할 수 없었다. 결국 서산군청에 근무하는 마을 출신의 대학을 졸업한 관리가 찾아와 그 사람을 엄하게 꾸짖은 후에야 그의 무분별한 행위는 중단되었다. 중앙정부가 마을에 제공한 사업자금은 누가 봐도 자격이 모자라는, 전과자 출신의, 어느 고집 센 주민에게 배당되었다. 누구도 그 부당한 결정이 내려지는 과정에 저항하지 않았다. 그렇게 마을은 공공의 관점에서보다 좋은 이웃관계를 해치지 않으려는 조심스러운 배려에서 타협적으로 경영되었다. 공(公)과 사(私)의 구분은 불분명하였다. 대부분의 주민은 궁벽한 어촌에 사는 그들의 운명에 불만을 토로하였으며, 그들의 자식은 내지의 농촌이나 도시로 결혼해 나가길 소망하였다(Brandt 1971).

석포리의 이 같은 마을 구조는 1960년대의 농어촌이라면 어디서도 흔하게 관찰되는 것이었다. 마을은 잘 뭉쳐진 단체라기보다 선량한 이웃관계의 누적으로 존재하였다. 농가의 시장거래는 반경 5km 내외를 권역으로 하여 5일마다 열리는 장시(場市)를 무대로 하였다. 장시의 수는 소농경제의 발전에 따라 1950년 826기에서 1975년 1,047기로 꾸준하게 증가하였다. 장시는 상업적 거래만이 아니라 농촌 주민이 교제하고 여가를 즐기고 외부 세계의 정보를 입수하는 문화적 통합의 단위이기도 하였다.

전국의 장시에 대한 조사가 이루어지는 것은 매우 늦게도 1975년의 일이다. 김성훈(金成勳)의 보고서에 따르면 장시에 나오는 상인의 대다수는 여전히 이동상인이거나 반이동상인이었다. 장시마다 시장번영회와 같은 상인단체가 조직되어 있었지만, 그들은 지방정부에 의해 장시 운영의 주체로 공인받지 못하였다. 19세기 이전으로 역사가 올라가는 상인들의 조직은 거의 발견되지 않았다.[10] 시장의 질서를 자율적으로 관리하는 단체나 규범은 거의 관찰되지 않았다. 상인과 농민 간의 거래는 단골 여부에 따라 균형 가격과 수량이 달라지는 부정한 양상을 보였다. 예컨대 곡물을 중개하는 되쟁이[升手]는 되를 쓰고 굴렁대를 굴리는 방법에 따라 곡물의 실제 거래량을 8~30%나 능숙하게 조정하였다(國立農業經濟硏究所 1997: 232-250, 293-307). 1941년 문정창은 전국의 장시를 조사한 뒤 시장 거래의 특질을 무질서, 무계획, 무조직, 잔치와 같은 소란, 폭리로 요약하였다(文定昌 1941: 123-124). 전통 장시의 그러한 양태는 1975년 김성훈 등이 다시 전국의 장시를 찾았을 때도 그리 개선되지 않은 상태였다.

친족과 선량한 이웃으로 둘러싸인 농촌에 비해 도시에서의 사회생활은 일층 삭막하였다. 1963년 대구시의 조사에 의하면, 120개의 가난한 가정 중 55개 가정은 다른 가정과 밀접한 관계를 맺지 않았다. 51개 가정은 단 1개 가정과, 11개 가정은 2개 가정과 친하게 지냈으며, 3개 이상 가정과 친하게 지내는 가정은 사실상 하나도 없었다. 또한, 77개 가정은 이웃과 음식을 나눠 먹지 않았으며, 34개 가정은 단지 다른 1개 가정과 나눠 먹었으며, 그 이상의 가정과 나눠 먹은 가정은 없었다. 또한, 82개 가정은 경조사에 이웃을 방문하지 않았다. 너무나 가난했던 나머지 그들은 이웃과 소득을 나눠야 할지 모르는 기회를 꺼렸다. 도시의 빈민가에는 어떠한 공동시설도, 공동사업도, 그것을 만들고 관리할 리더

---

10 농촌 장시를 무대로 한 상인조직의 실태에 관해서는 2009년에 나온 조영준의 논문이 거의 유일하다. 충남 홍주(洪州) 일대 6군의 보부상단이 남긴 1851~1959년의 명부와 기타 자료에 의하면, 상인조직의 주요 기능은 상호부조였으며, 경제적인 기능은 거의 없었다. 상단 그 자체는 조직의 유지에 뜻을 둔 소수인의 결합이었으며, 대다수 회원은 반농반상(半農半商)으로서 가입과 탈퇴가 자유로웠다. 1851~1959년간 상단에 가입한 사람은 총 4,529명인데, 그 가운데 6년 이상 멤버십을 유지한 사람은 5%에 불과하였다(조영준 2009).

십도 없었다. 부유한 중산층 사회에서는 YMCA, 적십자사, 교회, 학교, 회사와 같은 응집력 있는 단체가 있었지만, 이들 '버터 냄새'를 풍기는 단체는 고립적이고 분산적인 대중사회 속에서 섬과 같은 존재에 불과하였다(그레고리 헨더슨 2000: 356-358).

1965년 사회학자 최재석은 농촌에서건 도시에서건 일반적으로 단체를 결여한 1960년대의 대중사회에서 인간들이 취하는 사회적 행동의 원리를 분석한 『한국인의 사회적 성격』을 출간하였다(崔在錫 1965). 그에 따르면 당시 한국인들의 사회적 행동을 설명하는 원리는 가족주의, 감투지향의식, 상하서열의식, 친소(親疎)구분의식, 집단지향의식의 5가지였다. 사회는 가족의 확장된 형태였으며, 이에 인간들의 사회적 행동은 철두철미 가족주의의 원리에 규정되었다. 가족생활에서와 마찬가지로 사회생활에서 인간들은 예민하게 상호간의 서열을 의식하면서 높은 지위의 감투를 추구하였다. 가족의 경계가 명확하듯이 인간들은 그의 사회생활에서 친밀한 집단과 소원한 집단을 익숙하게 구분하였다. 동족(同族), 동계(同鄕), 동창(同窓)은 친밀한 집단을 대표하였다. 가족주의 사회에서 자립적 개인이란 범주는 결여되었다. 인간들은 개체로서 독립하기 이전에 그를 보호하고 이끌어줄 집단을 지향하였다. 이는 사회생활의 곳곳에서 공과 사의 혼동, 이성과 감성의 혼동, 그에 따른 분쟁을 일상적으로 일으켰다. 최재석은 도시의 공동수도에서 벌어지는 줄서기의 행태에서 그 좋은 예를 찾고 있다. 행렬 중의 어느 사람은 아버지의 친구, 집안사람, 고향사람, 직장의 상사가 물통을 들고 나타나면 어김없이 자기 앞에다 그 사람들을 끼워주었다. 최재석의 저서는 한국인의 도덕능력을 높이 평가하는 민족주의 풍토가 주류를 이루는 학계에서 그리 좋은 평판을 얻지 못했지만, 1995년까지 세 차례나 판을 거듭하였다.

1994년에는 역사학자 최봉영이 『한국인의 사회적 성격』이라는 최재석과 같은 제목의 책을 출간하였다(崔鳳永 1994a, 1994b). 이 책의 백미는 현대 한국인의 사회적 행동을 이끄는 원리나 규범을 조선성리학에서 찾고 있다는 점이다. 다시 말해 조선왕조가 패망한 지 80년이 넘도록, 일본과 미국으로부터 근대 문명이 수입된 지 80년이 지나도록, 한국인들의 사회적 행동의 원리에는 어떠한 근본적인 변화가 없었다는 점이다. 최봉영의 더없이 도발적인 주장을 요약한다. 조선성리학의 인간, 사회, 국가에 대한 이해에는 어떤 근본주의적 원리가 시원으로 작용한다. 최봉영은 그것을 통체(統體)라고 한다. 그 통체는 자신을 여러 수준의 부분자(部分子)로 발현한다. 통체의 본질은 가(家)이다. 가의 발현으로 부분자는 자가(自家), 본가(本家), 업가(業家), 국가(國家)의 수준으로 이어진다. 자가는 나를 말하며, 본가는 가족이며, 업가는 사회적 직업과 지위이다. 인간은 부모에 효도하고 처자를 자애롭게 보살핌으로써 가족을 이루고, 나아가 사회적으로 출세하여 업가를 성취한다. 그것으로 자신의 인격을 완성할 뿐 아니라 가족과 가문의 사회적 위세를 드높일 수 있다.

가(家)가 발현하는 최고 수준은 국가이다. 사회적으로 출세한 인간은 드디어 국가의 동량이 되어 세상을 평화롭고 풍요롭게 만들어야 한다. 그것은 한 인간이 자신을 완성하는 최고 형태이다. 이렇게 한 인간이 차례로 높은 수준의 가(家)를 성취해가는 가장 중요한 수단은 다름 아닌 교육이다. 한국에서 교육은 서구적인 의미의 개체와 그 자립을 위한 것이라기보다 가(家)의 순차적 성취를 위한, 곧 사회적 출세를 위한 경로로서 중시되었다. 사람들은 세속적인 학력, 금력, 권력을 최고의 가치로 설정하고 그것을 획득하여 자신과 가문의 지위를 드높이는 것을 출세라 하였다. 출세가 지향하는 정신적 가치는 빈약하다. 최봉영에게 현대 한국사회는 오로지 학력, 금력, 권력이 인간들의 사회적 인격을 구별하는 야만세계와 다를 바 없는 상태이다(崔鳳永 1994b: 77-146).

1997년 종교학자 최준식 교수가 현대 한국사회를 관찰한 결론은 최재석, 최봉영의 그것과 조금도 다르지 않았다. 그는 비교문화학의 거장 홉스테드(G. Hofstede)에 준거하여 한국사회의 문화적 특질을 추구하였다. 홉스테드가 제시한 비교문화의 기준은 권력의 불평등한 분배를 얼마나 참아내는가, 집단주의냐 개인주의냐, 남성적이냐 여성적이냐, 불확실성을 회피하느냐 선호하느냐 등이다(최준식 1997: 21-26). 최준식의 분석에 따르면 한국사회의 특질은 유난히도 집단주의이며, 그 기저에는 그가 '내새끼주의'라고 이름을 붙인 지독한 가족주의가 도사리고 있으며, 권력의 불평등한 행세를 용인하는 권위주의이며, 불확실성을 회피하는 안정지향이다. 덧붙여 종교학자인 최준식은 이 같은 비교문화적 특질의 심원에는 역사와 함께 오래된 무교(巫教)의 심성, 놀이, 종교문화가 자리 잡고 있다고 지적하고 있다(최준식 1997).

이상과 같은 현대 한국의 사회적, 문화적 특질에 관한 인류학자, 사회학자, 역사학자, 종교학자의 설명을 전제하면서 다시 〈그림 11-3〉으로 돌아가자. 여기서는 일본의 단체나 중국의 콴시와 같은 인간관계의 안정적 질서는 없는 편이다. 사람들은 중앙을 향해 말려올라가는 나선의 어느 자리에 있다. 위치가 바뀌어 차등이 생기면 인간관계는 끊어지기 쉬워 불안정하다. 장기의 신뢰관계는 좀처럼 관찰되지 않는다. 인간들을 중앙의 상층부로 밀어올리는 공식적 통로는 교육이다. 거기에다 동족, 동향, 동창과 같은 비공식적인 집단연고가 또 하나의 출세 경로를 이룬다. 집단을 추구하는 한국인의 사회적 행동의 기저에는 여러 학자의 공통된 지적대로 가족주의가 도사리고 있다. 가족주의의 사회적 표현이 집단주의이고, 집단주의의 정치적 지향이 관료주의이다. 한국의 집단은 일본의 단체처럼 성원을 통할하는 내포적이며 포괄적인 연대가 아니다. 한국의 집단은 중국의 콴시처럼 상호투자로 성립하는 쌍무적인 신뢰관계도 아니다. 한국의 집단연고는 협약이나 상호투자를 통해 취득된 것이라기보다 개인의 입장에서는 약간의 우연성과 함께 무임승차로 주어진 것이다. 집단연고의 그러한 속성으로 인간들은 잠재적으로 서로 불신하며, 나아가 상층으로 향한 더 나은 기회를 찾아 기회주의적으로 행동한다. 현대 한국인들은 이 같은 짜임새의 사회에서 살아남기 위해 악전고투를 하고 있다. 앞서 소개한 대로 한국인 상호간의 일반적 신뢰의 수준은 1980년의 38%에서 2010년의 26.5%에 이르기까지 점점 낮아져왔다.

X. 고도성장의 사회적 동력

한국경제는 1963년부터 고도성장의 대질주(大疾走)를 시작하였다. 이후 1987년까지 25년간의 연평균 경제성장률은 8.7%에 달하였다. 1인당 국민소득은 1962년 82달러에서 1987년 3,218달러로 증가하였는데, 환율의 변동을 고려한 실질소득의 증가는 6배나 되었다. 이 같은 경제성장은 같은 기간 세계에서 가장 급속한 것이었다. 이 대질주를 뒷받침한 사회적 동력은 무엇인가. 이제 그에 대답할 차례가 되었다.

제2절에서 소개한 대로 아오키는 한국 전통사회의 융통성과 개방성, 그리고 활발한 사회협약의 능력에 주목하였다. 지금까지 필자는 아오키의 그 같은 한국사회 이해를, 그가 무의식적으로 대변하고 있는 한국의 민족주의 언설을 비판적으로 검토해왔다. 한국의 전통사회가 융통성과 개방성을 지녔던 것은 사실이다. 그것은 사회가 어떤 고정적인 단체나 질서로 짜이지 않았던 짜임새의 다른 표현에 지나지 않는다. 비슷한 취지의 지적은 여러 연구자에 의해 이루어졌다. 필자는 '다층이심(多層異心)'이란 말로 사회조직의 중심이 없거나 중심이 분산된 상태를 묘사한 적이 있으며(李榮薰 2001: 282), 같은 취지로 헨더슨은 '비정형성'이라고(그레고리 헨더슨 2000: 44), 미야지마는 '통일적인 아이덴티티'의 결여라고 하였다(岸本美緒 · 宮嶋博史 1998: 424-428).

융통성과 개방성의 속성이 이러하기 때문에 한국 전통사회가 활발한 사회협약의 능력을 보유하였는지는 의문이다. 아오키가 주목한 것은 일반 농민이 주체가 된 동계(洞契)의 결성과 운영이다.[11] 그렇지만 앞서 설명한 대로 전통시대의 동계는 양반 신분의 조직으로서 상민들을 지배하고 동원하기 위한 것이었다. 민촌에서 상민끼리의 동계가 활발히 결성되고 장기 지속하였다는 증거를 필자는 알지 못한다. 상민들은 동계의 결성과 운영에 필요한 문식(文識)의 능력을 일반적으로 보유하지 않았다. 아득한 고대부터 이어져왔을, 15세기부터 그 모습이 드문드문 관찰되는, 일반 민중을 주체로 하는 염불과 공동노동의 향도(香徒) 공동체가 유교적 전환이 가속화한 17세기 이래 어떠한 추이를 보였는지, 결국 어떻게 해체되고 말았는지를 오늘날의 연구자들은 잘 알지 못한다. 향도의 문화적 요소는 20세기 역사에 잠복하였을 터이다. 종교학자 최준식은 예민하게도 현대 한국인의 집단심성의 근저에 자리하고 있는 샤머니즘에서 그 흔적을 발견하고 있다(최준식 1997: 261-306).

고도성장의 사회적 동력과 관련해서는 고도성장에 못지않게 커다란 변화를 일으켰던, 유감스럽게도 중도반단(中途半斷)으로 끝나고 말았던,

11 이 외에 아오키는 식민지기에 있었던 일반 농민에 의한 활발한 수리조직의 결성에 주목하고 있다(Aoki 2013: 254). 관련하여 아오키가 참고한 문헌은 필자와 미야지마 히로시(宮嶋博史) 등이 식민지기의 수리조합에 관해 수행한 공동연구의 성과물이다(李榮薰·張矢遠·宮嶋博史·松本武祝 1992). 식민지기에 수리조합과 일본인 농장주에 의한 수리개발 이외에, 전통 수리조직에 의한 수리의 확충이 적지 않았던 것은 사실이다. 실은 그 같은 지적은 이 공동연구에서 필자가 행한 것이다. 그렇지만 그것의 자세한 실태에 관해서는 아직 참고할 만한 연구가 없다. 필자의 짐작으로는, 앞서 본문에서 관련 지적이 있은 그대로 1910년대 이래 산업과 금융 목적의 계(契)가 활발하게 결성되었는데, 전통 수리조직의 발전도 그 일환이었다고 보인다. 그런데 수리계(水利契)의 확충이 총독부 산업정책의 밖에서 자율적으로 이루어졌는지는 의문이다. 역시 앞서 지적한 대로 이들 산업 목적의 계는 해방 후 모두 해체되었다. 그 점을 고려하면 식민지기 수리계의 확충이 어느 정도 자발적이었는지 의심스럽다. 아오키는 식민지기 전통 마을을 단위로 한 수리조직의 확충에 너무 큰 의미를 부여한 셈이다.

새마을운동이라는 사회사적 대사건에 주목하고자 한다. 1971년 박정희 정부는 새마을가꾸기사업의 하나로 전국 3만 3,267개 마을에[12] 시멘트 335부대씩을 내려보냈다. 이후 조사된 그것의 용도는 마을마다 가지각색이었다. 어느 마을에서는 요긴하게 공동시설을 짓는 데 투입했는가 하면, 다른 마을에서는 집집에 나누어주거나, 방치한 가운데 빗물에 굳어버린 예도 있었다(내무부 1973: 71). 이후 새마을운동의 지도자로 활약한 사람들은 한결같이 1960년대의 농촌사회가 친족집단 간의 불화, 반상(班常)의 갈등, 남녀 차별, 도박과 음주로 무기력하게 찌들어 있었다고 주장하였다. 그들이 남긴 적지 않은 분량의 회고는, 다소간의 과장과 정치적 편향을 안고 있지만, 그 시대를 기억하는 다수 한국인이 공감하는 농촌사회의 진면목을 그리고 있다.

1973년 정부는 새마을운동의 효율적 추진을 위해 전국 3만 4,665개 마을을 리더십과 공동사업의 유무를 기준으로 2,307개의 자립(自立)마을, 1만 3,943개의 자조(自助)마을, 1만 8,415개의 기초(基礎)마을로 구분하였다(내무부 1980: 22). 기초마을은 영어로 후진마을(under-developed village)로 번역되었는데, 아무런 리더십과 공동사업이 없는, 그야말로 주민이 원자로 고립된 마을을 가리켰다. 중간의 자조마을에서는 리더십이 취약하였다. 강한 리더십으로 공동사업을 영위하는, 잘 조직된 단체로서 자립마을은 전체 마을의 7%에 불과하였다. 개인과 국가 사이의 중간단체를 결여한, 원자화된 개인으로 이루어진, 사회라고는 친밀한 이웃관계의 누적으로만 존재하는, 나선사회의 짜임새는 이 같은 전국적 마을조사에서 더없이 적나라하게 확인되었다.

새마을운동이 1979년까지의 짧은 기간에 거둔 성과는 고도성장 이상의 기적적인 것이었다. 1973년 7%에 불과하던 자립마을은 1979년까지

---

12 주 7)에서 말한 구(區), 곧 1910년대 이전의 구동리(舊洞里)를 말한다.

97%로 증가하였다. 나머지 3%의 마을은 자조마을이며, 가장 후진적인 기초마을은 말끔히 사라졌다. 기초마을이 자조마을로, 나아가 자립마을로 승격하기 위해서는 엄격하게 설정된 몇 가지 조건을 충족해야 했다. 예컨대 자립마을로 지정되기 위해서는 마을의 간선도로가 뚫려야 하며, 지붕과 담장이 80% 이상 개량되어야 하며, 농지의 수리율(水利率)이 85% 이상이어야 하며, 공동의 회관·창고·작업장과 100만 원 이상의 기금을 보유한 가운데 농외소득의 개발로 호당 연간소득이 140만 원 이상이어야 했다(내무부 1980: 23-24).

불과 7년에 전국의 마을을 자립마을로 끌어올린 것은, 여러 연구자가 지적하고 있듯이, 정부가 마을에 차별적인 등급을 부여하였기 때문이다(좌승희 2006: 272-275). 예컨대 정부는 1972년 새마을운동의 기치를 올리면서 지난해에 수령한 시멘트를 낭비한 53%의 마을을 정부 지원 대상에서 제외하였다. 정부의 지원은 이후 자립마을과 자조마을로 지정된 비교적 건실한 마을만을 대상으로 하였다. 자립마을에는 대통령의 표창과 하사금이 내려졌다. 이같이 마을마다 사회적 등급이 부여되고 정치적인 차별이 이루어지자 전국의 모든 마을이 새마을운동에 빨려들었다. 새마을운동은 한국인들이 그들의 사회적 신분과 정치적 위신과 관련해서는 얼마나 열정적으로 단결할 수 있는지를 잘 보여주었다. 새마을운동은 한국 나선사회의 동력이 중앙집권적인 위신재(威信財)의 추구에 있음을 다른 무엇보다 훌륭하게 입증해주었다.

한국사회사에서 새마을운동이 추구한 가장 의미 있는 변혁은 마을을 공유재산과 공동사업의 주체로, 곧 법인(法人, corporate)으로 재편성하는 것이었다. 새마을운동에 의해 전국의 모든 마을은 마을규약에 기초한 주민의 총회로 그 구조가 바뀌었다. 총회는 지도자를 선발하였으며, 공동사업을 계획하고 추진하였으며, 그와 관련된 예산과 결산을 심사하였으며, 그 잉여금을 공동기금으로 비축하였으며, 마을회관과 작업장을 공동명의로 소유하였다(내무부 1980). 새마을운동을 밀어붙였던 박정희 대통령은 명백히 일본형의 단체사회를 지향하였다.

박정희 대통령의 비극적 죽음에 뒤이은 새마을운동의 변질과 종식이 오늘날의 농촌사회와 어떻게 관계하는지에 관해서는 참고할 연구가 보이지 않는다. 새마을운동의 선풍이 농촌사회에 잔존한 반상의 신분감각을 말끔히 청소한 것은 부정할 수 없을 터이다. 15세기 이래의 유교적 전환은 드디어 그 장대한 서사의 막을 내렸다. 농촌 주민들은 그들이 이전에 경험한 적이 없는 단합으로 새로운 형태의 공공을 창출하였다. 예컨대 반촌에서 원 신분에 따라 복수로 영위된 혼상계(婚喪契)는 이즈음에서야 진정한 의미의 대동계(大同契)로 통합되었다(정승모 2002: 152).

그렇다고 한국인들이 곧장 진정한 의미의 시민적 연대를 창출한 것은 아니었다. 앞서 소개한 최봉영과 최준식의 한국사회 비판은 1990년대를 대상으로 하였다. 흔히 1987년의 정치적 변혁을 계기로 한국의 정치는 '민주화시대'에 접어들었다고 하지만, 그러한 정치적 언설은 언제나 소걸음으로밖에 진행하지 않은 역사에 대한 몰이해에 근거하고 있다. 1990년대에 이루어진 전남 남원 지역에 관한 인류학자 혼다 히로시(本田洋)의 관찰은 농촌사회의 구조가 이전 시대와 별반 다를 바 없음을 전해주고 있다. 마을은 사회적 경계와 협동적 활동의 지연적 기반을 이루고 있지만, 성원의 자격을 제한하거나 가입 및 탈퇴에 관한 규제를 두지 않은 개방적이며 유동적인 조직이었다. 동리의 공유재산도 공동체의 지속성을 보장하기보다는 상황에 따라 쉽게 분할할 수 있는 쌀, 현금, 전답 등으로 보유되었다. 동리의 공공물은 그것을 활용하고 유지할 의지와 능력이 있는 사람이 존재하는 한에서 조직되는 협력의 한 형태였다(혼다 2002). 혼다의 이 같은 보고는 필자가 지금까지 그 역사를 추적해 온 17세기 이래의 마을 구조와 본질적으로 다르지 않다.

나선사회가 고도성장에 제공한 동력에 관해 설명하는 것은 별로 어렵지 않다. 고도성장을 지휘한 박정희 대통령은 마치 잘 알고 있었던 양 능숙하게 나선사회의 짜임새와 친화적인 개발정책을 추구하였다. 한국

경제의 고도성장은 정부가 주도하여 세계시장에서 국제경쟁력을 갖춘 대규모 공장을 기간산업에서부터 차례로 건설해가는 과정이었다. 이 같은 경제정책의 원리를 가리켜 오원철은 '엔지니어링 어프로치'라고 간명하게 요약하였다(오원철 1995~1999). 공장의 성공적 건설과 경영은 소수의 신뢰할 만한, 능력이 검증된 기업가들에게 맡겨졌다. 정부는 그들의 재산권을 보장하였으며, 외국자본으로부터 그들을 보호하였으며, 다소간의 경쟁력을 갖추었다고 판단되면 국제시장에 진출하도록 몰아쳤다(李相哲 1998).

박정희 정부의 공학적 경제건설이 성공할 수 있었던 것은 공장 건설의 프로젝트가 원료, 중간재, 기계, 기술의 단계적 소추(遡追)에서 과학적이었을 뿐 아니라, 세계시장의 동향을 예측하고 시장점유율을 끌어올림에 있어서 정확하고 집요하였기 때문이다. 시행착오를 거듭하는 과정에서 한국경제는 최고 집권자에서부터 말단의 경제주체에 이르기까지 개발정보를 획득하고 공유하는, 극히 민활하게 작동하는 관민협동체제를 구축하였다(이영훈 2013: 329-336).

고도성장의 개발체제는 재벌로 불리는 대기업집단을 성장시켰다. 대기업집단의 경쟁력은 그가 보유한 우수한 인적자본이 발휘하는 다각적 프로젝트의 수행능력에 있었다(이근 외 2007: 20-21). 식민지기 이래 교육은 한국인들이 그의 사회적 지위를 개선할 수 있는 고속도로로 역할을 하였다. 오랜 기간 반상제의 차별을 견뎌온, 잘 교육된 우수한 인적자본이 계층 상승의 기회를 찾아 잔뜩 웅크리고 있는 나선사회의 짜임새에서 대기업집단의 등장은 정치와 관료제를 대체하는, 또 하나의 중앙집권적 위신과 위계의 창출을 의미하였다. 한국사에서 단극자장(單極磁場)의 시대는 지나가고, 진정한 의미의 민주적인 다원사회가 문을 열었다(헨더슨 2000: 302). 재벌은 순식간에 전국적 범위에서 사회의 창조적 에너지를 흡수하는 선풍의 핵을 이루었다.

다시 말해 고도성장을 뒷받침한 사회적 동력은 역사적으로 형성된 나선사회의 짜임새 그 자체로부터 공급되었다. 크게 말해 전통사회의 조직적 특질과 고도성장기 한국사회의 그것과는 본질적으로 다르지 않았다. 근대적 전환이 개시된 지 50년 이상의 세월이 흘렀지만, 인간들의 사회적 행동에는 놀라울 정도로 변화가 없었다. "조선왕조의 성균관과 과거가 수행했던 관료의 선발과 훈련의 기능은 오늘날 약간의 현대적인 옷을 입은 채 국립 서울대학교에서 재현되고 있다."(헨더슨 2000: 320) 일류 대학을 졸업하고 각종 국가고시에 합격하는 것은 조선왕조의 과거에 급제하는 것과 진배없는 개인과 가문의 영광이었다. 그다음의 위계에 위치한 재벌에의 취직은, 재벌에 대한 지식인사회로부터의 타성적인 비판에도 불구하고, 대부분의 젊은이들이 사회적 위신과 경제적 안정의 추구를 위해 필사적으로 통과해야 하는 또 하나의 국가고시를 이루었다.

그렇지만 재벌을 위시한 소수의 엘리트가 누리는 특별한 기회는 고도성장의 경주가 끝나자 다수 대중이 제기하는 불만의 대상이 되었다. 헨더슨의 별로 유쾌하지 않은 지적대로 한국적 소용돌이의 역사는 그 상층부가 권력을 지향하는 엘리트들의 파당이 주도하는 비생산적인 도덕논쟁으로 일관되어왔다. 고도성장을 주도한 권위주의 정치체제가 해체되고 이른바 민주화 시대가 개막된 것은 그러한 정치적 전통과 무관하지 않다. 이후 권력을 잡은 정치 엘리트들은 기회와 소득의 평등을 기치로 내걸고 대기업집단을 억누르면서 중소기업이 주도하는 성장의 새로운 바람을 일으키고자 무던히도 노력하였지만, 지금까지 근 30년간 그리 볼만한 성과를 거두지 못하였다. 그것은 나선사회의 짜임새와 친숙한, 그리하여 다수의 한국인이 신바람으로 참여할 수 있는, 역사적 경로가 아니었다.

XI. 맺는말

조선왕조의 토지와 인간에 대한 지배체제는 지방세력의 중개를 용인하지 않은 일원적인 중앙집권성을 특질로 하였다. 조선왕조의 권력이 지방세력에 의해 분점되었다는 아오키의 이해는 그에 합당한 근거를 갖추기 어려운 가설이다. 흔히들 지방세력으로 알려져온 양반 신분은 중앙권력에 연원을 둔, 그와의 연줄을 놓으려 하지 않은, 중앙권력으로부터의 우대에 존립의 근거를 두는 집단이었다. 그들은 지방의 산업을 육성하고, 지방의 발전을 위한 제반 공공기능을 창출하고, 그를 통해 자신의 계급적 이해를 도모하는, 진정한 의미의 지방세력이 아니었다. 양반 신분은 그들만의 각종 계를 결성하여 그들의 신분적 지위와 특권을 추구하였다. 17~19세기는 이 같은 양반 신분의 친족집단과 그들의 촌락으로서 반촌이 이전의 원주사회(原住社會)를 종속시키면서 확산하는 이른바 유교적 전환의 과정이었다. 그러한 문명사적 전환을 억제하거나 그와 경쟁하는 다른 흐름의 역사는 없었던 편이다. 농촌사회의 기초 조직으로 동리는 거기에 포섭되거나 그로 인해 분열하면서 서서히 반촌으로 변해갔다.

유교적 전환 이전의 원주사회가 17세기 이후 어떠한 동향을 보였는지는 자료의 결여로 알기 어려운 영역이다. 향도로 불린 그 공동체는 아마도 유교적 전환에 밀려 위축되거나 해체되었을 터이다. 원주사회는 낮은 위계의 향반(鄕班)으로 상승하거나 반촌에 종속하는 하민으로 분화하였다. 상민신분의 이른바 민촌이 독자의 규범과 연대로 건재했다는 증거는 없다. 농촌사회의 기층을 이룬 일반 농민이 활발한 사회협약의 능력을 발휘하였다는 아오키의 이해는 그에 합당한 근거를 구하기 어려운 가설이다.

20세기에 들어 일제의 조선 지배의 하나로 근대적 전환이 개시되었다. 사권의 주체로서 개인의 범주가 창출되고, 근대적 재산권이 확립되었으며, 그 토대 위에서 근대적 경제성장이 이루어졌다. 농촌사회에는 관료제적 행정체제와 더불어 각종 근대적 결사체가 이식되었다. 그런데 근대의 이식은 전통의 형식을 빌리거나 그와 결합하는 형태가 많았다. 그러한 연관에서 유교적 전환도 그 진행을 멈춘 것은 결코 아니었다. 근대적 평등의 이식은 유교적 평등의 확산을 그 실질적 내용으로 하였다. 점점 더 많은 한국인이 자신의 원 신분을 양반으로 입증할 친족집단을 결성하고, 족보와 족제 등의 상징을 추구하였다. 인간의 사회적 지위를 반상으로 차별한 신분제나 신분감각은 사회 곳곳에서 건재하였다. 20세기 한국사는 유교적 전환과 근대적 전환이 상호규정으로 어울린 복선의 전환이었다.

1937~1953년에 걸친 전쟁, 해방, 분단, 건국, 또 한 차례의 전쟁에 이르는 격동의 정치 과정은 유교적이든 근대적이든 이 사회를 구성한 대부분의 결사체를 총동원하였다가 해체해버렸다. 살아남은 것은 친족집단 정도에 불과하였다. 농지개혁은 전통 신분제의 유제를 청소하는 계기였지만, 그로 인해 한국인들이 곧바로 시민적 연대에 들지는 않았다. 신분제의 굴레에서 해방된 상민들이 추구한 것은 이전과 마찬가지로 유교적 인간화였으며, 그러한 한에서 복선의 전환은 이후에도 그 흐름을 이었다.

1950~1970년대의 한국사회는 농어촌과 도시에서나, 농촌 장시와 도시 재래시장에서나, 어디에서나 고립적 개인들이 최소한의 이웃효과로 체결하는 대면관계와 그것의 누적으로 존재하였다. 인간 제 관계를 공동의 이해와 질서로 결속하고 안정시키는 사회단체는 존재하지 않았다. 원자화된 인간들은 중앙권력으로 향하는 위계에서 그들의 지위를 끌어올릴 수 있는 기회를 맹렬하게 추구하였다. 그러한 집단적 노력과 치열한 경쟁에서는 교육이라는 공식적 통로와 더불어 동족 · 동향·동창이라는 집단연고가 못지않게 중요한 역할을 수행하였다.

필자는 17~19세기의 유교적 전환과 20세기의 복선의 전환이 가져온 1950~1970년대 한국사회의 조직적 특질을 두고 '나선사회'라고 규정하였다. 일찍이 헨더슨이 한국 전통사회의 짜임새를 두고 '소용돌이' 라는 비유를 구사한 데 착안하여, 그것을 적절히 개선한 것이다. 헨더슨이 관찰한, 세계사에서 유례가 드문 한국사회의 동질성은, 그것이 불러일으키는 소용돌이의 짜임새는, 오래전부터 내려온 어떤 운명적인 토착성이라기보다, 이 글에서 필자가 유교적 전환과 복선의 전환으로 설명하고자 했던 17~20세기 사회사의 흐름이 1950년대에 도달한 현주소로 고쳐 이해될 필요가 있다. 헨더슨의 생각도 원래 그러했다고 짐작되지만, 그러한 시각에서 헨더슨의 한국사회론을 재평가할 필요가 있다.

나라마다 서로 다른 유형의 시장경제체제는 나라마다 사회의 짜임새가, 인간들이 신뢰하고 협동하는 원리가 상이하기 때문이다. 이 점을 구명한 아오키의 비교제도분석은 결국 인간들은 역사로부터 익숙하게 물려받은 사회적 행동의 원리에 따라 그들의 경제체제를 자연스럽게 구축한다고 주장하는 셈이다. 1960년대에 들어 고도성장을 개시한 한국인들도 마찬가지였다. 일본이 단체사회라면, 중국이 차서·관계사회라면, 한국은 나선사회이다. 박정희 정부는 소수의 선별된 기업가들을 적극 지원함으로써 중앙권력에 비견되는 위신과 위계의 사닥다리를 이 사회에 풍성하게 제공하였다. 대기업집단은 한국인들이 반상제의 시련을 경과하면서 축적해온 성장의 잠재력을 총동원하였다. 대기업집단은 정부에 의해 육성되었지만, 세계시장에 노출된 연고로 정부의 통제를 벗어나 이 단극의 나선사회를 다원적인 구조로 민주화시킴에 성공하였다.

이상이 이 글의 요약이다. 이 글은 의욕에 넘친, 논리와 실증에서 앞으로 보완되어야 할, 몇 가지 가설로 짜여 있다. 조선시대의 양반 신분을 진정한 의미의 지방세력으로 볼 수 없다는 필자의 주장에 대해 해당 연구자들이 어떠한 반응을 보일지 조심스럽다. 20세기 한국사를 유교적 전환과 근대적 전환이 어우러진 복선의 전환으로 규정한 것은, 따지고 보면 그리 새로운 주장도 아니지만, 연구자들의 공동 관심과 필드 워크로 그 실체를 확보해가야 할 문제제기다. 서두에서 밝힌 대로 이 글은 한국형 시장경제체제의 모색을 위한 작업의 하나로 쓰였다. 나선사회의 짜임새가 고도성장의 동력으로 작용하고, 오늘날 한국 경제체제의 비교적 유형을 규정하는 역사적 관련에 대한 이 글의 서술은 차라리 문학적 상상력에 가까울 수 있다. 연구자가 비판을 두려워한다면 끝내 아무런 성취도 이룰 수 없을 것이다. 검토할 만한 문제제기라는 약간의 평가에도 필자는 충분히 행복할 것이다.

참고문헌

강성복 엮음, 1992, 『용화리의 역사와 민속: 충남 금산군 제원면 용화리 사례연구』, 금산문화원.

國立農業經濟研究所, 1977, 『韓國農村市場의 制度와 機能研究: 그 史的考察과 構造機能의 分析』, 農業經濟研究報告 88호.

權泰煥·愼鏞廈, 1977, 「朝鮮王朝時代 人口推定에 關한 一試論」, 『東亞文化』 14: 289-330.

그레고리 헨더슨 저, 2000, 『소용돌이의 한국정치』, 박행웅·이종삼 옮김, 한울아카데미.

김기협, 2008, 『뉴라이트 비판』, 돌베개.

金容燮, 1984, 「朝鮮後期의 賦稅制度 釐正策」, 『增補版 韓國近代農業史研究: 農業改革論 · 農業政策』 上, 一潮閣.

김성우, 2001, 『조선중기 국가와 사족』, 역사비평사.

金龍德, 1978, 『鄕廳研究』, 韓國研究院.

金俊亨, 1984, 「18세기 里定法의 展開: 村落의 기능 강화와 관련하여」, 『震檀學報』 58: 69-96.

김지희, 2001, 「한국사회의 신뢰수준」, 김우택·김지희 편, 『한국 사회 신뢰와 불신의 구조: 미시적 접근』, 小花.

김필동, 1999, 『차별과 연대: 조선 사회의 신분과 조직』, 문학과지성사.

내무부, 1973, 『새마을運動: 시작에서 오늘까지』.

내무부, 1980, 『새마을운동10년사』(자료편).

文定昌, 1942, 『朝鮮農村團體社』, 日本評論社.

文定昌, 1941, 『朝鮮の市場』, 日本評論社.

미야지마 히로시, 2013, 『나의 한국사 공부』, 너머북스.

서울大學校 奎章閣, 1996, 『戶口總書』.

宋俊浩, 1987, 『朝鮮社會史研究: 朝鮮社會의 構造와 性格 및 그 變遷에 관한 연구』, 一潮閣.

愼鏞廈, 1984, 「두레 共同體와 農樂의 社會史」, 『한국사회연구』 2: 11-53, 한길사.

안승택, 2007, 「식민지 조선의 근대농법과 재래농법: 경기남부 논밭병행 영농의 환경·기술·역사에 대한 인류학적 연구」, 서울대학교 인류학과 박사학위논문.

오원철, 1995~1999, 『한국형 경제건설: 엔지니어링 어프로치』 1~7, 한국형경제정책연구소.

오창현, 2008, 「농지개혁과 마을 공동체의 변형: 경기동남부의 두 지역을 중심으로」, 『비교문화연구』 14(2): 77-121.
이근 외, 2007, 『해방 이후 한국기업의 진화 I: 1976~2005년간의 통계의 구축과 기초분석』, 서울대학교출판문화원.
이동원 · 정갑영 외, 2009, 『제3의 자본』, 삼성경제연구소.
李萬甲, 1960, 『韓國農村의 社會構造: 京畿道六個村落의 社會學的 硏究』, 韓國硏究圖書館.
李相哲, 1998, 「韓國의 後發産業化와 産業政策: 化學纖維産業의 事例를 中心으로」, 『經濟發展硏究』 4(1): 115-147, 韓國經濟發展學會.
李榮薰, 1980, 「朝鮮後期 八結作夫制에 대한 硏究」, 『韓國史硏究』 29: 75-137.
李榮薰, 1992, 「朝鮮時代 社會經濟史 硏究에 있어서 몇 가지 基礎的 難題들: 小經營의 歷史的 發展過程과의 관련에서」, 『國史館論叢』 37: 111-133.
李榮薰, 1998, 「朝韓國史에 있어서 奴婢制의 推移와 性格」, 歷史學會 編, 『노비 · 농노 · 노예: 隷屬民의 比較史』, 一潮閣.
李榮薰, 2000, 『韓國 市場經濟와 民主主義의 歷史的 特質』, 韓國開發硏究院.
李榮薰, 2001, 「18 · 19세기 大渚里의 身分構成과 自治秩序」, 安秉直 · 李榮薰 編著, 『맛질의 農民들: 韓國近世村落生活史』, 一潮閣.
이영훈, 2005, 「시장경제제도의 성립과 발전」, 李大根 외, 『새로운 한국경제발전사: 조선후기에서 20세기 고도성장까지』, 나남출판.
李榮薰, 2007, 「19세기 朝鮮王朝 經濟體制의 危機」, 『朝鮮時代史學報』 43: 267-290.
이영훈, 2009, 「성리학 전통에 비친 대한민국의 건국」, 『정신문화연구』 32(2): 31-57.
이영훈, 2011, 「한국사회 갈등의 역사적 배경」, 『時代精神』 51: 82-105.
이영훈, 2014, 『대한민국 역사』, 기파랑.
李榮薰 · 張矢遠 · 宮嶋博史 · 松本武祝, 1992, 『近代朝鮮水利組合硏究』, 一潮閣; 일역본, 宮嶋博史 · 松本武祝 · 李榮薰 · 張矢遠, 1992, 『近代朝鮮水利組合の硏究』, 日本評論社.
이영훈 · 조영준, 2005, 「18~19세기 農家의 家系繼承의 추이: 경상도 丹城縣 法勿也面 戶籍에서」, 『경제사학』 39: 3-25.
이재열, 2011, 「사회 발전과 사회적 갈등 해소 능력」, 김광억·김병연·이재열·전재성·홍기현, 『한국 기업과 사회의 경쟁력』, 서울대학교출판문화원.
李泰鎭, 1986, 「士林派의 留鄕所 復立運動」, 『韓國史會史硏究: 農業技術 발달과 社會變動』, 지식산업사.
李泰鎭, 1989, 「17·8세기 香徒 조직의 分化와 두레 발생」, 『震檀學報』 67: 1-30.
이해준, 1991, 「朝鮮時代 香徒와 村契類 村落組織」, 『역사민속학』 1(1): 8-43.
이해준, 1996, 『조선시기 촌락사회사』, 민족문화사.

이해준, 2005, 「한국의 마을문화와 자치·자율의 전통」, 『한국학논집』 32: 213-234.

李勛相, 1994, 「朝鮮後期의 鄕吏와 近代 이후 이들의 進出: 仲裁 엘리트의 談論과 그 歸結」, 『歷史學報』 141: 243-274.

임현진, 2009, 「21세기 한국의 발전모델 탐색: 소강(小康) 강중국(强中國) 발전모델을 향하여」, 박삼옥·양승목·윤영관·이근·임현진, 『지속가능한 한국발전모델과 성장동력』, 서울대학교출판문화원.

정승모, 2002, 「葬禮와 관련한 洞契의 변화와 '유학'계: 19세기 후반 이후의 경기지역 사례를 중심으로」, 『역사민속학』 15: 140-155.

정진상, 2000, 「해방직후 사회신분제 유제의 해체: 경남 진양군 두 마을 사례연구」, 지승종 외 공저, 『근대사회변동과 양반』, 아세아문화사.

鄭震英, 1993, 「조선후기 村落의 구조와 '分洞'」, 『國史館論叢』 47: 1-30.

정진영, 1999, 「조선후기 향촌 양반사회의 지속성과 변화상 (1): 안동 향안의 작성과정을 중심으로」, 『大東文化硏究』 35: 253-283.

조영준, 2009, 「19~20세기 보부상 조직에 대한 재평가: 元洪州六郡商務右社를 중심으로」, 『경제사학』 47: 39-77.

좌승희, 2006, 『新국부론』, 굿인포메이션.

주강현, 1995, 「두레연구」, 경희대학교 국어국문학과 박사학위논문.

崔鳳永, 1994a, 『韓國人의 社會的 性格(I): 一般理論의 構成』, 느티나무.

崔鳳永, 1994b, 『韓國人의 社會的 性格(II): 一般理論의 適用』, 느티나무.

崔在錫, 1965, 『韓國人의 社會的 性格: 主로 言語生活의 分析에 依한 接近』, 民潮社.

崔在錫, 1975, 『韓國農村社會硏究』, 一潮閣.

최준식, 1997, 『한국인에게 문화는 있는가』, 사계절.

韓國精神文化硏究院, 1990, 『古文書集成』8(廣州安氏·慶州金氏 篇).

핫토리 타미오, 2007, 『개발의 경제사회학: 한국의 경제발전과 사회변동』, 유석춘·이사리 옮김, 전통과 현대; 원저, 服部民夫, 2005, 『開發の經濟社會學: 韓國の經濟發展と社會變容』, 文眞堂.

혼다 히로시, 2002, 「한국 지역사회의 지연성과 공동성: 남원 지역의 사례에서」, 한경구·이토 아비토 공편, 『한일 사회조직의 비교』, 아연출판부; 日本語版: 本田 洋, 2002, 「韓國の地域社會における地緣性と共同性: 南原地域の事例から」, 伊藤亞人·韓敬九 編, 『韓日社會組織の比較』, 慶應義塾大學出版會.

훼이샤오통, 1995, 『중국 사회의 기본 구조』, 이경규 역, 一潮閣; 원저 費孝通, 1947, 『鄕土中國』.

『太祖實錄』

『世宗實錄』

『備邊司謄錄』

宮嶋博史, 1982,「李朝後期の農業水利」,『東洋史研究』41: 645-695.

宮嶋博史·松本武祝·李榮薰·張矢遠, 1992,『近代朝鮮水利組合の研究』, 日本評論社.

金翼漢, 1996,「植民地期朝鮮における地方支配體制の構築過程と農村社會變動」, 東京大學大學院 人文社會系研究科 博士學位論文.

嶋陸娛彦, 2010,『韓國社會の歷史人類學』, 風響社.

鈴木榮太郎, 1973,『朝鮮農村社會の研究』(鈴木榮太郎著作集 V), 未來社.

服部民夫, 1974,「鈴木榮太郎著作集V『朝鮮農村社會の研究』刊行の持つ問題点について」,『未來』89: 48-56, 未來社.

本田 洋, 2007,「村はどこへ行った: 『朝鮮農村社會踏查記』と韓國農村共同體論の位相」,『韓國朝鮮文化研究』10: 45-73, 東京大學大學院人文社會系研究科 韓國朝鮮文化研究室.

水本邦彦, 1985,「村共同體と村支配」, 歷史學研究會 · 日本史研究會 編集,『講座日本歷史 5 近世1』, 東京大學出版會.

岸本美緒·宮嶋博史, 1998,『世界の歷史: 明清と李朝の時代』12, 中央公論社; 국역본, 기시모토 미오·미야지마 히로시 지음, 김현영·문순실 옮김, 2003,『조선과 중국: 근세 오백년을 가다』, 역사비평사.

越智唯七, 1917,『新舊對照朝鮮全道府郡面里洞名稱一覽』, 中央市場.

朝鮮總督府, 1926,『朝鮮の契』, 大和商會印刷所.

朝鮮總督府, 1933,『朝鮮の姓』, 大海堂印刷株式會社.

朝鮮總督府, 1938,『農山漁村に於ける契』.

足立啓二, 2012,『明清中國の經濟構造』, 汲古書院.

Aoki, Masahiko, 1988, Information, *Incentives and Bargaining in Japanese Economy*, Cambridge University Press.

Aoki, Masahiko, 2013, "Historical Sources of Institutional Trajectories in Economic Development: China, Japan and Korea Compared," *Socio-Economic Review* 11(2): 233-263.

Brandt, Vincent S. R., 1971, *A Korean Village: Between Farm and Sea*, Harvard University Press, Cambridge, Massachusetts.

Cumings, Bruce G., 1974, "Is Korea a Mass Society?" *Occasional Papers on Korea* No.1: 65-81, The Joint Committee on Korean Studies of the American Council of

Learned Societies and the Social Science Research Council.

Deuchler, Martina, 1992, *The Confucian Transformation of Korea: A Study of Society and Ideology*, Harvard University Press; 국역본, 마르티나 도이힐러 지음, 2003, 『한국사회의 유교적 변환』, 이훈상 옮김, 아카넷.

Fukuyama, Francis, 1995, *Trust: the Social Virtues and the Creation of Prosperity*, New York: Free Press; 국역본, 프랜시스 후쿠야마 지음, 1996, 『트러스트: 사회도덕과 번영의 창조』, 구승회 옮김, 韓國經濟新聞社.

Henderson, Gregory, 1968, *Korea: The Politics of the Vortex*, Harvard University Press, Cambridge, Massachusetts; 국역본, 그레고리 헨더슨 저, 2000, 『소용돌이의 한국정치』, 박행웅·이종삼 옮김, 한울아카데미.

Sorensen, Clark W., 1981, *Over the Mountains are Mountains*, University of Washington Press.

Tuan-Hwee Sng and Chiaki Moriguchi, 2013, "Taxation and Public Goods Provision in China and Japan before 1850," working paper, Institute of Economic Research, Hitotsubashi University.

WVS(World Values Survey): www.worldvaluessurvey.org/WVSDocumentationWV6.j.

찾아보기

ㅇ

ㅈ

The Korean Market Economy System

Edited by Young Hoon Rhee

This book presents the results of collective research efforts that build on the idea that the Korean economic system represents a unique type of market economy. Introduction, (Chapter 1) written by Young Hoon Rhee, summarizes the main contents of the ten chapters in this book, and highlights the important findings in these chapters. The introduction also briefly traces the history of the Korean economy over the past fifty years. Rhee's main argument is that the high performance of the Korean economy was almost nothing but the realization of plentiful "advantages of backwardness" latent in the early 1960's Korean economy by the government and large enterprises. Therefore, various problems arose, such as the concentration of innovation capacities in a handful of large enterprises, significant conflicts between firms and workers, small firms and large firms, regular workers and irregular workers, in addition to increased income inequality amid low provision of social securities. Furthermore, such conflicts and distortions have been addressed via government intervention rather than voluntary coordination and agreements of the market or society. Hence, based on the literature on the varieties of capitalism hotly debated in the 2000s, Rhee states that the Korean economy is a statist market economy.

In Chapter 2, Keun Lee investigates the development of the national innovation system of Korea since the mid-1980s, and focuses on the mechanisms and patterns of "catch-up" in certain industries. The Korean economy successfully entered industries in which the cycle time of technology is short, for example, notably the semi-conductor industry, and achieved the diversification and indigenization of technology. Since the 2000s, the Korean economy has produced innovations in industries in which the duration of technology is relatively long. Lee argues that cooperation among firms is one of the preconditions for such a risky investment to be successful.

Chapter 3, authored by Keonbeom Lee, looks at Korea's big business groups, and claims that the phenomenon of big business groups increasing their share in a nation's economy is also found in other countries. Nevertheless, he points out unique features of Korean big business groups: excessive discrepancies between the shares of the stocks belonging to the owners' families and the cash flow, owners' involvement in management, and firm ownership being kept within the family. In order to resolve these problems, he suggests a policy that reduces premium on control rights of firms.

In Chapter 4, Joo Hoon Kim argues that unlike the experience of developed countries, Korea's SMEs emerged in the midst of the development of heavy and chemical industries in the 1970s as a mechanism which supplied parts to large firms. The relationship between large firms and SMEs remained a cooperative partnership until the 1980s. At that time, points of conflict arose as large firms began to specialize in technology intensive goods whereas SMEs produced labor intensive parts as outsourcing companies. In order to rectify such problems, Kim emphasizes the establishment of fair trade practices, punitive damages, and the horizontal networks between large firms and SMEs.

Chapter 5, authored by Chang-Uk Kim and Jeung-Kun Kim, discusses the excessively high share of self-employment in the employment category. The occurrence of lower levels of income and frequent bankruptcy of the self-employed can be expected given harsh competition aimed at "killing the other" and also the lack of associations which represent small sized firms. Kim and Kim suggest that the development of various kinds of service based on networks with local residents, and voluntary coordination among the self-employed based on social norms can mitigate such negative outcomes.

In Chapter 6, Myung Heon Lee introduces the unique feature of Korean agriculture in which decreases in real income have occurred despite increases in real output. He ascribes this to the mass distribution system and the poor response of the farmers to the longer food value chain represented by the growth of dining out industry. The low activities of agricultural cooperatives in the areas of selection, distribution, and processing, which can be considered as an effective way to increase the income of farmers, can be added as another cause of such a problem.

In Chapter 7, Chulhee Lee shows that in comparison with other OECD countries, the employment rate of senior workers in Korea is the highest. However, Lee also points out that high shares of senior workers are classified as temporary workers who also face the shortest periods of employment. He argues these phenomena resulted from the disintegration of family ties which were the traditional system of support for senior citizens and the deficiencies of public pension in Korea. Increasing costs of education and the presence of the unemployed adults supported by their parents can be considered as further causes of such problems.

In Chapter 8, Nak Nyeon Kim presents a new estimate of Korea's income inequality based on the records of income tax. According to his estimates which focus on disposable income, income inequality in Korea is the fifth highest among OECD countries. Furthermore, income inequality has sharply deteriorated since the 1990s approaching levels observed in Anglo-Saxon economies. He argues that this was caused by a shift of industrial structure toward skill intensive industries and the introduction of the Anglo-Saxon system of corporate governance.

In Chapter 9, Sun Bin Kim compares the level of social conflict and trust among OECD countries and claims that together with Mexico, Turkey, Italy and Greece, Korea belongs to the group of countries which have high social conflict but possess low capacities to manage such conflicts. In order to improve such situations, Kim suggests law-based governance, similar to models in Anglo-Saxon countries, should be established in the short-term. In the long run, he recommends the formation of a system that fosters agreements among the main stake-holders, similar to Germany.

In Chapter 10, Byung-Yeon Kim argues that, despite possessing high level of physical and human capital, the Korean economy suffers from institutional deficiencies such as low quality of regulations, the government, and law and order. Based on comparisons of OECD countries, he shows that Korea belongs in the group of middle-income countries which have low levels of development of institutions. Furthermore, institutional inconsistencies, which are deeply associated with the excessive materialism of Koreans, are substantial in Korea. According to Kim, the fundamental obstacle in Korea's long-term development depends on how such anomalous characteristics of institutions and value system of Koreans can be overcome.

Young Hoon Rhee, author of Chapter 11, claims that the traditional Korean communities can be characterized as low-trust societies affected by conflicts among residents of different social classes. Educational achievements were an important source of climbing up social ladders in the highly centralized traditional Korean society. This contributed to rapid economic growth since the 1960s by supplying a highly motivated and well-educated labor force. However, large firms which grew rapidly in the process of economic development became relatively independent from government, which caused conflicts with the centralized system of bureaucracy. Increasing government regulations in response to various imbalances reflect the lack of voluntary coordination among stake holders.

지은이 소개

이영훈

서울대학교 사회과학대학 경제학과에서 박사학위를 취득하였으며, 한신대학교, 성균관대학교를 거쳐 서울대학교 경제학부 교수로 재직하다 정년퇴직하였다. 일본 교토대학 경제학부, 규슈대학 한국연구소, 미국 USC 한국연구소의 방문교수를 역임하였다. 경제사학회 회장, 한국고문서학회 회장, 한국제도경제학회 회장을 역임하였다. 1988년 한국경제학회의 청람상을 수상하였으며, 2013년에는 경암교육문화재단의 경암학술상을 수상하였다. 17~20세기 한국경제사가 주요 연구 분야이다. 주요 저서로는 『조선후기사회경제사』, 『수량경제사로 다시 본 조선후기』(공편), 『한국경제사』 I · II 등이 있으며, 120여 편의 논문을 발표하였다.

이 근

서울대학교 경제학과를 졸업하고, 미국 캘리포니아대학교(버클리)에서 경제학 박사학위를 취득하였다. 현재 서울대학교 경제학부 교수이자, 서울대 경제연구소장이다. 또한 (사)경제추격연구소장, 기술경영경제학회장, 유엔본부 개발정책위원회 위원; Globelics(이사) 등을 맡고 있으며, 주요 연구 분야는 경제추격론, 기업조직, 기술혁신, 산업정책, 중국 및 북한 경제 등이다. 기술경제 분야의 대표 국제 학술지인 *Research Policy*의 공동편집인이며, 한국인 경제학자로는 최초로, 영국 케임브리지대학교 출판사에서 단독 저서(*Schumpeterian Analysis of Economic Catch-up*: 2013/11)를 출판하였다.

이건범

서울대학교 경제학과에서 경제학 박사학위를 받았다. 현재 한신대학교 글로벌협력대학 경영학과 교수로 재직하고 있다. 한국금융연구원 연구위원, MIT와 워싱턴주립대 방문학자, 국민경제자문회의 전문위원, 금융위원회 자문관 등을 역임하였다. 기업조직의 변화, 금융의 역할과 구조 변화에 관심을 갖고 있으며, 주요 논문으로 “From Diversification Premium to Diversification Discount During Institutional Transitions,” “The Dark Side of Internal Capital Allocation: the Case of Korean Chaebols” 등이 있다.

김주훈

KDI 산업·서비스연구부장으로 재직하고 있으며, 서울대학교 경제학과 대학원(석사)을 거쳐 미국 워싱턴대학교(세인트루이스 소재)에서 경제학 박사학위를 받았다. KDI 기획조정실장과 부원장, 기획재정부 장관자문관, 총리실 규제개혁위원 등을 역임하였다. 연구 분야는 산업경쟁력, 중소기업, 서비스산업 등이며 산업구조 고도화 정책연구에 집중해왔다. 〈비전 2011〉, 〈경제혁신 3개년계획〉 등의 대형 연구프로젝트 총괄책임을 수행하였다.

김창욱

삼성경제연구소 수석연구원으로 재직하고 있으며, 서울대학교에서 경제학 박사학위를 받았다. 한국사회과학연구소와 현대경제연구원에서 연구원과 연구위원으로 재직하였으며, 현대경제연구원 정보화사업실장 및 삼성경제연구소 복잡계센터장을 역임하였다. 진화경제학 접근 및 복잡계 방법론에 기반한 산업 동태 분석, 제도 변화 분석에 관심을 갖고 연구를 진행하고 있으며, 한국시스템다이내믹스학회, 한국복잡계학회, 사단법인 경제추격연구소의 이사로 활동하고 있다. 산업정책과 제도변화에 대한 논문과 저서로는 『지식기반 경제와 산업정책』, 『진화경제학의 정책적 함의』, 『대한민국 정책지식생태계』, 『상생의 경제학』, 『북한 시장화 연구를 위한 복잡계적 분석 틀의 재정립』 등이 있다.

김정근

미국 위스콘신주립대학(University of Wisconsin-Madison)에서 사회복지학 박사학위를 받았다. 미국 국립고령화연구소(National Institute on Aging) 박사후 연구원, 미국 미시건대학교(University of Michigan-Ann Arbor) 사회복지학과 겸임교수, 삼성경제연구소 경제정책실 수석연구원을 역임하였다. 현재 강남대학교 사회복지학과 교수로 재직 중이다. 한국, 중국과 일본의 고령화와 베이비붐 세대에 대한 연구를 하고 있으며, 주요 저서로는 *Early Retirement in the Three Types of Welfare States*, 『고령화 시대 의 노인 1인 가구: 소득변화의 특징과 시사점』, 『베이비부머 임금근로자의 자영업전환과 소득변화 연구』, 『늙어가는 중국』 등이 있다.

이명헌

인천대학교 경제학과 교수로 재직하고 있으며, 서울대학교 경제학과에서 학사와 석사를, 독일 괴팅엔대학교 농업경제학과에서 박사학위를 받았다. 한국조세연구원에서 근무한 바 있고, 관세정책, 농가소득 및 그와 관련된 정책에 관한 연구를 해왔다. 공저서로 『농업·농촌의 이해』, 『유럽지역경제론』이 있다. 19세기 후반 네덜란드 역사에도 관심을 갖고 연구하고 있다.

이철희

서울대학교 경제학부 교수로 재직하고 있으며, 미국 시카고대학교에서 경제학 박사학위를 받았다. 미국 뉴욕주립대학교 경제학 교수, 영국 케임브리지대학교 방문교수, 미국 UCLA 방문교수 등을 역임하였고, 한국경제학회 청람상을 수상했으며, 2001년 이후 현재까지 미국 National Bureau of Economic Research의 연구원(research economist)과 미국 국립보건원(NIH) 연구프로젝트의 책임연구원(project leader)으로 활동하고 있다. 건강, 은퇴, 인구고령화 등의 문제를 주로 연구하고 있으며, 20여 편의 국제학술지 논문을 포함하여 총 50여 편의 논문을 게재하였다. 주요 저서로는 『한국의 고령노동: 경제활동과 고용구조의 장기적 변화』가 있다.

김낙년

동국대학교 경제학과 교수로 재직하고 있으며, 서울대학교 경제학과를 거쳐 일본 동경대학에서 박사학위를 취득하였다. 경제사학회 회장 등을 역임하였으며, 현재 낙성대경제연구소 소장을 맡고 있다. 식민지기의 국민계정 통계를 추계하였고 이를 해방 후와 연결한 성과를 『한국의 경제성장 1910-1945』, 『植民地期朝鮮の国民経済計算 1910-1945』, 『한국의 장기통계: 국민계정 1911-2010』으로 펴낸 바 있다. 현재는 경제 및 사회 분야의 장기 역사통계를 정비하고 이를 집대성한 통계집을 발간하기 위한 공동연구에 참여하고 있다.

김선빈

삼성경제연구소 경제정책실 수석연구원으로 재직하고 있다. 서울대학교 정치학과와 같은 대학원 정치학과에서 정치학을 탐구하였고, 고려대학교 대학원 박사과정에서는 행정학을 공부하였다. 대통령 자문 지속가능발전위원회 갈등정책전문위원을 역임하였으며, 환경부, 보건복지부, 농림축산식품부, 관세청 갈등관리심의위원으로 활동하고 있다. 제1 저자로서 『상생의 경제학』, 『대한민국 정책지식 생태계』, 『긍정의 경제학』 등의 저작을 펴낸 한편, 「생계형 자영업의 실태와 활로」, 「자영업의 3高 현상과 완화 방안」, 「중소기업의 새로운 활로, 네트워크형 협력」 등 정책 처방을 담은 다수의 보고서를 작성하였다.

김병연

서울대학교 경제학부 교수로 재직하고 있으며, 영국 옥스퍼드대학교에서 경제학 박사학위를 받았다. 영국 에섹스대학교와 서강대학교 교수를 역임하였고 영국경제사학회 수여 T. S. Ashton Prize, 한국경제학회 청람상을 수상하였으며, 한국연구재단의 인문사회 분야 우수학자로 선정되었다. 경제체제와 이행, 경제발전 그리고 북한경제를 주로 연구하고 있으며, *Journal of Comparative Economics*, *British Journal of Political Economy*,

Economics of Transition, *Journal of Economic History* 등의 국제학술지에 30여 편의 논문을 게재하였다. 주요 저서로는 『한국 기업과 사회의 경쟁력』(공저, 2012), 『북한경제에서의 시장과 정부』(공저, 2012), *Financial Sector Reform in Transition Economies: Implications for North Korea* (공동 편저, 2009) 등이 있다.